国家社会科学基金项目和西南财经大学211项目

大型国有经济

主体股份制与增强控制力研究

DAXING GUOYOU JINGJI ZHUTI GUFENZHI
YU ZENGQIANG KONGZHILI YANJIU

纪尽善 著

人民出版社

目　录

前　言

我国国有企业股份制改造,已经经历了三十多年风风雨雨的曲折历程,从理论探讨到实际试验(试点)和有领导的发展,取得了举世瞩目的成就。特别是近十多年来,股份制改造对于改善我国国有企业的外部环境,转换国有企业内在机制,创新国有企业基本制度,搞活国有企业,增强国有经济控制力,促进国有经济和整个国民经济的增长与发展,都起到了十分重要的作用。

目前,我国大多数国有企业先后都进行了股份制改造,特大型国有企业,即大型国有经济主体股份制改造也正在进行试点。大型国有经济主体广泛进行股份制改造势在必行。研究我国大型国有经济主体股份制改造与增强控制力问题,对推进我国大型国有经济主体广泛进行股份制改造,增强控制力,深化改革,加快发展具有重要现实意义和实践指导意义;对促进我国国有经济股份制改造与增强控制力理论和社会主义市场经济体系理论的完善和发展具有重要的理论意义。

本书作为西南财经大学"211工程"三期建设项目课题研究报告,成果来源于2004年下半年以来笔者承担的国家社会科学基金项目课题"我国大型国有经济主体股份制与增强控制力研究"报告结题成果及前期调查、研究的部分成果。

这些研究主要是运用经济制度与经济发展相互关系理论和股份制度原理,比较、借鉴发达国家和地区大型国有经济主体股份制改造与增强控制力,建立相关先进机制、体制的经验,结合中国股份经济实际,特别是中国大型国有经济主体股份制改造与增强控制力实际,研究阐述我国大型国有经济主体股份制改造与增强控制力的部分机理、模式、根本要求和具体思路、对策和政策。

2004年下半年以前,笔者已公开出版了与课题相关的著作多部,发表研究论文数十篇,从事相关课题研究多项,为本书立项和成果完成打下了基础。该课题的阶段性成果也有多项。本书正是在上述前期研究成果和阶段性成果的基础上,经过重新分析研究并进行补充修改写成的。可以说,笔者对我国国企股改问题的考察、分析和调查研究,是随着我国改革、开放的不断深入,随着我国经济发展形势的发展而与时俱进的。

在本书研究过程中,笔者曾到一些地方进行过大型国企(大型国有经济主体)股改与增强控制力实地考察调研,参加过一些全国和地方大型国企股改与增强控制力问题研讨会和实地考察与调研活动,参加过一些人大、政协有关国企改革的考察活动。特别是本人在参加十次九届、十届全国人大和两次全国人大常委会会议期间,聆听了不少领导、干部和群众对国企股改与增强控制力问题的见解。通过这些考察调研活动和研讨学习活动,笔者了解到不少大型国企股改与增强控制力问题的实际情况,拓展了研究视野。

本书的不少理论观点和政策建议都是根据实际情况和客观需要提出来的,也是笔者在参与大型国企股改与增强控制力问题调研和学习活动基础上得到的收获。笔者的目的在于抛砖引玉,以期在积极推进我国大型国企改革发展中,更好地推进我国大型国有经济主体股份制改造深化发展,更好地推进我国大型国有经济主体增强控制力以加快发展。

由本书导言写成的《关于我国大型国有经济主体实行股份制改造的建议》(十条)曾于2007年提交十届五次全国人大会议(原建议见本人著《中国经济发展建议》第1—18页)。国务院国有资产监督管理委员会商财政部、劳动保障部、建设部、银监会、证监会和全国人大财经委后曾书面答复:"你们的建议既充分肯定了近十年来我国国有企业股份制改造取得的成绩,同时也指出了目前大型国有经济主体在股份制改造中存在的不足,并从大型国有经济主体股份制改造的方向、模式、总体思路以及建立现代产权制度、规范企业治理结构、创造良好的法制环境等十个方面提出了很好建议,对我们的工作有很大的帮助。在今后的大型国有经济主体股份制改造工作中,我们将吸纳你们提出的好建议。"

该课题研究在前期调查研究中曾得到一汽集团宣传部长及范雅刚同志、宝钢集团纪星同志、五粮液集团全国人大代表王国春董事长、长虹集团刘体斌总经理和全国人大代表何明芬工会主席、双马集团全国人大代表唐月明董事长、成都卷烟厂全国人大代表程佳华厂长、四川汇源集团全国人大代表朱开友董事长的大力支持。我的博士生李未无、周晓明、姜新旺、段唯、赵国友、郑茂、郑礼明、杨志远、杨忠君、周恩静、潘从文、庞娟、袁彦等同学为本书研究作了部分辅助研究工作和辅助工作。在此一并致谢！

　　我国大型国有经济主体股份制改造与增强控制力问题研究是一项极其复杂而庞大的系统工程，需要我们认真研究探讨的问题甚多。本书所作的研究仅是其中众多问题之一。鉴于本书所研究问题的复杂性，又受到客观条件和本人水平的限制，遗漏和不当之处在所难免，恳请读者批评指正。

纪尽善
2009 年春于光华园

导　言

　　增强大型国有经济主体控制力是我国经济体制改革和经济发展的重要战略任务。股份制改造是大型国有经济主体增强控制力具有关键性战略意义的重大举措。我国国有企业股份制改革,已经经历了三十多年风风雨雨的曲折历程,从理论探讨到实际试验(试点)和有领导的发展,取得了举世瞩目的成就。近十多年来,股份制改革对于改善我国国有企业的外部环境,转换国有企业内在机制,创新国有企业基本制度,搞活国有企业,增强国有经济控制力,促进国有经济和整个国民经济的增长与发展,都起到了十分重要的作用。

　　目前,我国大多数国有企业先后都进行了股份制改造,大型、特大型国有企业,即大型国有经济主体股份制改造也正在进行试点。大型国有经济主体广泛进行股份制改造势在必行。我国大型国有经济主体股份制改造增强控制力问题亟待研究。

　　本书适应这种客观需要,运用经济制度与经济发展相互关系理论和股份制机理,比较、借鉴发达国家和地区大型国有经济主体股份制改造与增强控制力,建立相关先进机制、体制的经验,结合中国股份经济实际,特别是中国大型国有经济主体股份制改造实际,研究阐述了我国大型国有经济主体实行股份制改造的机理、模式、方向、总体思路要求和在股份制改造中把改制和重组结合起来,实行企业产权制度改革、企业治理结构制度改革、主辅分离、辅业改制和产权多元化,做强做大,增强控制力的机理、具体思路、对策和政策问题。

　　1. 对我国大型国有经济主体股份制改造增强控制力创新意义问题的研究探讨

　　长时间以来,我国经济理论研究和经济体制改革与经济工作实践中,一般多是从微观的企业制度创新,搞活大型国有经济主体,增强大型国有经济主体企业活力和竞争力,促进大型国有经济主体企业发展意义上,研究探讨股份制改造的重要意义的。单从这个视角和意义上研究探讨股份制改造的重要意义,很不适应我国大型国有经济主体深化改革和加快发展对理论研究与制度供给的客观需要。

本书和上述研究不同之处在于既从微观的企业制度创新,增强大型国有经济主体企业活力和竞争力,促进大型国有经济主体企业发展意义上,又从宏观体制创新,增强国有经济控制力的意义上探讨股份制改造的重要意义问题,阐述股份制改造是大型国有经济主体增强控制力具有关键性战略意义的重大举措。

主要从大型国有经济主体企业制度创新发展的一般规律、企业制度的比较分析、企业发展的客观要求和企业体制改革的方向等方面,研究探讨了股份制改造,对改革我国大型国有经济主体的传统国有企业制度,建立适应社会主义市场经济新体制的现代企业制度,搞活大型国有经济主体企业,增强大型国有经济主体企业活力和竞争力,促进大型国有经济主体企业发展,做强做大,增强国有经济控制力的重要意义问题;股份制改造,把改制和重组结合起来,进行主辅分离、辅业改制,精干主业、搞活辅业、主辅双赢,做强做大和通过实行产权多元化,做大做强,增强国有经济控制力的重要意义问题。

2. 对我国大型国有经济主体股份制改造总体思路要求问题的研究探讨

长时间以来,我国国有企业股份制改造基本上采取的是先建立不完善、不规范的股份制企业制度和企业集团制度,而后再进行完善、规范的总体思路。

本书研究提出并论证了我国大型国有经济主体股份制改造,不应再采取以往先建立不完善、不规范的股份制企业制度和企业集团制度,而后再进行完善、规范的总体思路。而应采取一开始就要建立完善、规范的股份制企业制度和企业集团制度的总体思路。

大型国有经济主体股份制改造,把建立完善、规范的股份制企业制度和股份制企业集团制度作为总体思路,必须对完善、规范的股份制企业制度和股份制企业集团制度要有一个全面正确的认识和理解。

长时间以来,在我国经济理论研究和经济体制改革与经济工作实践中,许多同志多把股份制视为一种集资组织方式、或财产组织方式、或经营管理方式;还有许多同志又多把股份制视为一种企业产权组织方式或企业治理结构组织方式,并且是从上述某一方式的意义上探索和研究股份制企业制度。虽然这种探讨和研究十分必要,而且也是很有意义的。但要较为全面系统地认识和探讨大型国有经济主体股份制改造应采用建立完善、规范的股份制企业制度总体思路的理论和方法,正确制定建立完善、规范的股份制企业制度的具体思路、政策和对策都是很困难,甚至是不可能的。

本书和上述研究不同之处首先在于:是从企业制度是一个企业资金制度、企业财产制度和企业经营管理制度三者互相联系统一的系统的意义上;企业制度是一个企业产权结构制度、企业产权关系制度与企业治理结构制度三者互相联系统一的系统的意义上,研究探索大型国有经济主体股份制改造所要建立的股份制企业制度。从而,是把大型国有经济主体股份制改造所要建立的股份制企业制度,当成一个企业资金制度(企业产权结构制度)、企业财产制度(企业产权关系制度)和企业经营管理制度(企业治理结构制度)三者互相联系统一的整体或系统来认识理解的;同时,又是把大型国有经济主体股份制改造所要建立的股份制企业制度,当成一个企业产权结构制度、企业产权关系制度与企业治理结构制度三者互相联系统一的整体或系统工程来认识理解的。

我国大型国有经济主体与个体(或单个)国有企业不同,它是由若干个体(或单个)国有企业组成的企业群体组织。因而,在进行股份制改造时,它不仅应建立个体(或单个)国有企业完善、规范的股份制企业制度;而且还应建立企业群体(或整体)组织完善、规范的企业集团制度。

长时间以来,在我国经济理论研究和经济体制改革与经济工作实践中,一般多把企业联合组织视为一般企业集团。我国大型国有经济主体群体(或整体)组织股份制改造以建立这种一般企业集团为其总体思路,是不能建立完善、规范的企业集团制度的。

本书和上述研究不同之处其次在于:提出并论证我国大型国有经济主体群体(或整体)组织进行股份制改造,要建立完善、规范的企业集团制度不应是一般企业集团,而应是股份制企业集团制度,即大企业集团制度。

长时间以来,我国国有企业股份制改造基本上采取的就是先建立不完善、不规范的股份制企业制度和企业集团制度,而后再进行完善、规范的总体思路。许多不完善、不规范的改制企业和企业集团实际上多把股份制企业制度当成了一种集资组织方式,多是按“以资为本”的基本要求建立起来的。

本书和上述研究不同之处第三在于:提出并论证了我国大型国有经济主体股份制改造,不应把“以资为本”作为建立股份制企业制度和股份制企业集团制度的根本要求,建立不完善、不规范的股份制企业制度和股份制企业集团制度;而应把“以人为本”作为根本要求,建立完善、规范的股份制企业制度和股份制企业集团制度。“以人为本”,建立完善、规范的股份制企业制度和股份制企业集团制度其实质和目的是要调整好各种人的利益关系,其具体要求应是建立能正确处理所有者、经营者和职工利益关系的产权制度和治理结构制度。

3. 对我国大型国有经济主体股份制改造具体思路、政策和对策问题进行了研究探讨

主要是对我国大型国有经济主体股份制改造模式、企业及企业集团产权制度和治理结构制度改革及其完善、规范等具体思路、政策和对策问题进行了研究探讨。

长时间以来,在我国大型国有经济主体股份制改造模式选择方面,有些采用了一般国有企业股份制改造模式:大型国有经济主体的个体(或单个)国有企业采取建立股份制企业制度模式,而群体(或整体)未采取建立股份制企业集团制度模式;有些采用了一般企业集团制度模式:大型国有经济主体的群体(或整体)采取一般联合经济组织模式,而个体(或单个)国有企业却未采取建立股份制企业制度模式。

本书与此不同之处在于,我国大型国有经济主体与个体(或单个)国有企业不同,它是由若干个体(或单个)国有企业组成的企业群体组织。因而在进行股份制改造时,它不仅应采取个体(或单个)国有企业所采用的股份制企业制度模式,而且还应采取企业群体(或整体)组织的股份制企业集团制度模式。这种模式选择与上述现行两种模式选择根本不同。并且还设计了企业群体(或整体)组织建立股份制企业集团制度的过渡模式和目标模式;研究了过渡模式向目标模式转换趋势问题。

在我国大型国有经济主体股份制改造,建立股份制企业及企业集团产权制度及其完善、规范方面,本书根据大型国有经济主体股份制改造的一般要求,结合我国实际,比较和借鉴发达国家和地区大型国有经济主体股份制改造建立相关先进机制、体制的经验,设计了我国大型国有经济主体建立股份制企业和企业集团产权制度,包括建立企业产权占有权、使用权、收益权、处分权制度的具体制度安排;探讨了完善、规范现有的股份制企业和企业集团产权制度的思路、政策和对策。

4. 对我国大型国有经济主体股份制改制与重组结合,做强做大与做大做强,增强控制力的具体思路、政策和对策问题进行了研究探讨

主要是对我国大型国有经济主体股份制中,实行主辅分离、辅业改制,精干主业,搞活辅业,主辅双赢,增强控制力和实行产权多元化,做大做强,增强控制力的具体思路、政策和对策问题进行了研究探讨。

在我国大型国有经济主体股份制实行主辅分离、辅业改制,精干主业、搞活辅业,主辅双赢,做强做大,增强控制力方面,本书在对我国大型国有经济主体股份制实行主辅分离、辅业改制的实际情况进行具体调查研究的基础上,分析了我国大型国有经济主体股份制实行主辅分离、辅业改制的现状和存在的问题,提出了进一步搞好主辅分离、辅业改制的具体思路、政策和对策建议。

在我国大型国有经济主体股份制实现产权多元化,做大做强,增强控制力方面,本书根据大型国有经济主体股份制改造的一般要求,结合我国实际,比较和借鉴发达国家和地区大型国有经济主体股份制改造建立相关先进机制、体制的经验,在对我国大型国有经济主体股份制实现产权多元化,做大做强,增强控制力的实际情况进行具体调查研究的基础上,分析了我国大型国有经济主体股份制实现产权多元化的现状和存在的问题,提出了进一步实现产权多元化的具体思路、政策和对策建议。

5. 对解决我国大型国有经济主体股份制改造的配套问题和法制建设问题进行了研究探讨

主要是对解决我国大型国有经济主体股份制中,处置不良资产、分离政策性业务,加快法制建设,为我国大型国有经济主体股份制改造创造宽松良好的环境条件问题的具体思路、政策和对策问题进行了研究探讨。

在解决处置不良资产问题方面,本书分析了我国处置不良资产的现状和问题,对强化债权管理、债务重组、规范发展资本市场,化解不良资产和债务的具体思路、政策和对策问题进行了研究探讨。

在分离政策性业务方面,本书对分离大型国有经济主体政策性业务,包括银行政策性金融业务和企业办社会政策性负担有关业务的具体思路、政策和对策问题进行了研究探讨。

在加快法制建设方面,本书对完善股份制企业制度的法律法规和制定完善保障和促进大型国有经济主体股份制改造的配套法律的具体思路、政策和对策问题进行了研究探讨。

二、本书论点要述

1. 股份制改造是大型国有经济主体增强控制力具有关键性战略意义的重大举措

本书研究的大型国有经济主体,即我国国有经济需要增强控制力的行业和领域的大型或特大型国有企业。这些大型或特大型国有企业区别于一般国有企业或中小国有企业的显著特征在于：它们一般多是处于一定垄断地位的国有大企业或垄断性企业；它们一般多是规模庞大、产品范围广泛、具有庞大生产经营网络系统、众多生产经营企业的特大型企业联合（或集合）的企业群体（或整体）组织。在我国实行社会主义市场经济体制下，在我国社会主义市场经济不断完善和发展的历史过程中，这些大型国有经济主体客观上仍然会在长时期，或在相当长的时期内保持其特殊垄断企业地位；在我国，不少大型国有经济主体都是经营资产数千亿元、从事生产经营的职工达数千数万人、产品范围广泛、具有庞大生产经营网络系统，具有众多生产经营企业的特大型企业联合（或集合）的企业群体（或整体）组织。它们在国民经济中具有特殊的重要的战略地位和作用。

我国经济改革的目标是要建立社会主义市场经济体制，发展社会主义市场经济。为了实现这个目标，我国必须调整和完善所有制结构，建立以公有制为主体，多种所有制经济共同发展的基本经济制度。在多种所有制经济共同发展的社会主义市场经济体制下的国有经济已经不再是国民经济的唯一垄断者，而是国民经济中起主导作用的经济力量。国有经济的主导作用，主要体现在国民经济控制力上。大型国有经济主体是我国国民经济的支柱，增强大型国有经济主体控制力对增强国有经济控制力对我国经济体制改革深化发展，推进我国经济结构调整，推进我国经济发展都具有特别重大的战略意义。

股份制即股份制企业制度是一种实行企业社会集资投资的资金制度（企业产权结构制度）、企业财产所有权与经营权分离的企业财产制度（企业产权关系制度）和企业所有权与经营权职能、机构分离的企业的经营管理制度（企业治理结构制度）的企业制度；同时，也是一种实行多元化企业产权结构，企业财产所有权、经营权分离的企业产权制度和企业所有权与经营权职能、机构分离的企业治理结构制度的企业制度。

在我国国有经济需要控制的行业和领域，大型国有经济主体可以通过股份制改造，转变机制，创新企业制度，搞活大型国有经济主体，增强大型国有经济主体的活力和竞争力，促进大型国有经济主体发展，强身健体，做强做大，增强国有经济控制力；也可以通过股份制改造，把改制和重组结合起来，推动国有资本和非国有资本投向大型国有经济主体，做大做强，增强国有经济控制力。

在我国国有经济需要控制的行业和领域，大型国有经济主体增强控制力既需要通过股份制改造，转变大型国有经济主体机制，创新大型国有经济主体企业制度,强身健体,做强做大,增强控制力;又需要推动国有资本和非国有资本投向大型国有经济主体,做大做强,增强控制力;并且后者也离不开前者,因为要推动国有资本和非国有资本投向大型国有经济主体,也需要将原有国有经济主体改造成股份制企业,才能从根本上解决推动国有资本和非国有资本投向大型国有经济主体的投资主体多元化问题。所以,在当前和今后相当长时期内,股份制改造都是大型国有经济主体增强控制力具有关键性战略意义的重大举措。

同时,目前我国大量的大型国有经济主体仍是国有独资企业;大多数现代企业制度试点企业建立的也仍是国有独资公司;大量的大型国有经济主体也还是行政性企业集团。要放大国有资本功能,增强国有经济的控制力,必须加快大型国有经济主体股份制改制步伐,使股份制成为国有经济的主要实现形式。除造币等极少数的企业之外,其他大型国有经济主体,包括特大型、大型国有企业都应通过规范上市、中外合资、相互参股、兼并收购等多种途径进行股份制改革,实现投资主体多元化,发展混合所有制经济:新建的大型国有经济主体,更应采用股份制形式,通过控股、参股、联合等多种方式,广泛吸纳外国资本、民营资金以及社会其他方面资金,进一步增强和放大国有资本的功能。对需要国有资本控股的企业,也应区别不同情况实行绝对控股和相对控股。加快大型国有经济主体股份制改造对放大国有资本功能,增强国有经济控制力具有特别重要的现实意义。

我国大型国有经济主体实行股份制是大企业发展的普遍规律和要求;是建立现代企业制度的客观要求;也是加快发展,增强活力、增强竞争力的现实选择。

我国《宪法》和《中共中央关于国有企业改革和发展若干决定》为大型国有经济主体实行股份制改造,增强控制力提供了法律和政策决策依据;国有企业改革深化发展,为大型国有经济主体实行股份制改造增强控制力指明了方向,奠定了基础条件。我国大型国有经济主体已具有实行股份制改造增强控制力的可行性。

2. 股份制应是我国大型国有经济主体企业制度改造的方向

我国大型国有经济主体体制改造必须确立并坚持正确的改造方向。其正确的改造方向不是由人们的主观意志和愿望决定的,而是由我国社会经济发展及其经济体制自身决定的。

(1)股份制首先应是我国大型国有经济主体企业产权制度改造的方向。

产权即财产所有权是指所有人依法对自己的财产享有占有、使用、收益、处分的权利。不同企业制度中,由于企业产权内在结构整合和分离状态不同,会有不同的产权关系规则和规范。不同企业产权关系的各种规则和规范便形成了不同企业的产权制度。

根据企业产权权能结构状况,企业产权制度应包括企业产权占有权、使用权、收益权和处分权制度。企业产权占有权制度是企业所有者产权关系制度。企业产权使用权制度是企业财产所有者和经营者产权关系制度与权责关系制度。企业产权收益权制度是产权收益分配关系制度。企业产权处分权制度是企业产权流通关系制度。

现代产权制度是与现代市场经济相适应的产权制度。它是一种"归属清晰、权责明确、保护严格、流转顺畅"的企业产权制度。股份制企业产权制度就是典型的现代企业产权制度。

我国传统大型国有经济主体的产权占有权制度是一种一元化产权结构制度。在社会主义市场经济体制下,必须实行股份制企业的多元化的企业产权结构制度,即企业资金制度。因而实行股份制企业的多元化的企业产权结构制度,即企业资金制度也就应该成为我国大型国有经济主体产权占有权制度的改造方向。

我国传统大型国有经济主体产权的使用权制度是一种以国家为唯一产权主体,企业财产所有权和经营权合一,或企业所有者财产和企业经营者财产合一的企业产权关系制度,即企业财产制度。在社会主义市场经济体制下,必须实行股份制企业的企业财产所有权和经营权分离的企业产权关系制度,即企业财产制度。因而,实行股份制企业的企业财产所有权和经营权分离的企业产权关系制度,即企业财产制也就应该成为我国大型国有经济主体产权使用权制度的改造方向。

我国传统大型国有经济主体的产权收益权制度是一种企业所有者完全享有企业财产收益权制度。在这种企业财产收益权制度下,由于企业不是企业财产的经营者,不能享有企业经营财产的财产收益权。因而,这种企业产权收益权制度实质上是一种企业所有者独享产权收益即财产收益权制度。在社会主义市场经济体制下,必须实行股份制企业的企业财产所有者(国家)和经营者(企业)共享产权收益权制度。因而,实行股份制企业的企业财产所有者和经营者共享产权收益权制度也就应该成为我国大型国有经济主体产权收益权制度的改造方向。

我国传统的大型国有经济主体的产权处分权制度是一种企业所有者完全享有财产处分权的企业产权处分权制度。在这种企业财产处分权制度下,由于企业不是企业财产的经营者,不能享有企业经营财产的财产处分权。因而,这种企业产权收益权制度实质上是一种企业所有者独享产权处分权制度。在社会主义市场经济体制下,必须实行股份制企业的企业财产所有者(国家)和经营者(企业)共享产权处分权制度。因而,实行股份制企业的企业财产所有者和经营者共享产权处分权制度也就应该成为我国大型国有经济主体产权处分权制度的改造方向。

（2）股份制也应是我国大型国有经济主体企业治理结构制度改造的方向。

企业治理结构制度主要是指企业组织管理机构及其行为机制,又可称之为企业组织管理制度,它本身又是企业经营管理制度的有机组成部分,而且是其核心构成部分。从这个意义上讲,企业治理结构制度也是企业经营管理制度,它是由企业产权制度决定的,并且是企业产权制度的具体化。

企业所有权与经营权职能、机构明确分开,经营权职能、机构专门化的企业组织管理机构制度是典型的现代企业治理结构制度。股份制企业治理结构制度是典型的现代企业治理结构制度。

我国传统大型国有经济主体企业治理结构制度是一种所有权和经营权合一的企业治理结构制度。在社会主义市场经济体制下,必须实行股份制企业的企业所有权与经营权职能、机构明确分开,经营权职能、机构专门化的企业治理结构制度。因而,实行股份制企业的企业所有权与经营权职能、机构明确分开,经营权职能机构专门化的企业治理结构制度也就应该成为我国大型国有经济主体企业治理结构制度的改造方向。

3. 我国大型国有经济主体个体企业股份制改造应建立股份制企业制度的模式;整体企业股份制改造应采用股份制企业集团制度模式

大型国有经济主体与个体(或单个)国有企业不同,它是由若干个体(或单个)国有企业组成的企业群体组织。因而在进行股份制改造时,它不仅应采取个体(或单个)国有企业所采用的股份制企业制度模式,而且还应采取企业群体(或整体)组织采用的企业集团制度模式。

在国际上,19 世纪末叶,企业集团在各发达国家就已形成和发展起来,而在我国直到改革开放初期尚未出现企业集团概念。企业集团有广义企业集团和狭义企业集团之分。广义企业集团即一般企业集团。它是一种联合或结合的企业群体(或整体)组织制度。我国大量行政性企业集团多是这种联合或结合的企业群体(或整体)组织。狭义企业集团即股份制企业集团。其典型是日本企业集团模式。又可称为股份制企业集团或大企业集团。大企业集团是一种以大企业为核心、诸多企业为外围、具有多层次组织结构;以经济技术或经营联系为基础,资产为联结纽带;实行集权和分权领导体制;规模巨大,实行多角化经营的企业联合组织或企业群体组织。企业集团是一种以特殊方式结合起来的企业联合组织,它和一般企业联合组织和大公司都有着本质区别。

通过对股份制与企业集团产生、形成和发展历史的考察分析可以看到,股份制产生、形成和发展先于企业集团产生、形成和发展。同时企业集团作为股份制企业的联合或群体组织,又是股份制企业以资产为纽带联合形成的。股份制是企业集团的基础,企业集团是股份制发展的必然结果。股份制企业是企业集团的个体企业组织形式,企业集团是股份制企业的联合或群体组织形式。

通过对股份制与企业集团生成一般原因和条件的考察分析可以看到,股份制是在社会化大生产商品经济,即市场经济一定程度发展下,生产社会化与个别占有制矛盾发展的必然产物,而大企业集团则是社会化大生产集中导致垄断形成和发展的必然产物。股份制生成的原因和条件是企业集团生成的原因和条件的前提和基础。企业集团是较股份制更高级的企业组织形式或社会经济组织形式。

股份制企业,即公司制是适合股份制改造个体(或单个)企业的企业制度模式。我国大型国有经济主体股份制改造所选择的个体企业股份制改造模式应是股份制企业,即公司制模式。

大企业集团作为股份制企业的一种特殊组织形式是适合股份制企业为主体和基础的企业群体组织,或若干个别企业即单个企业联合(或集合)的企业整体组织的股份制企业组织模式。我国大型国有经济主体的股份制改造应采用大企业集团模式,即股份制企业集团模式。

采用大企业集团模式是各国大企业发展的普遍规律和要求。选择大企业集团模式是我国大型国有经济主体实行股份制改造的客观要求。同时,实行大企业集团企业制度对大型国有企业改革发展具有特殊功能作用。可见,我国大型国有经济主体股份制改造选择大企业集团模式具有客观必然性。

我国大型国有经济主体股份制改造是一个同我国社会主义市场经济新体制建立、完善及社会主义市场经济相适应的逐步发展过程。现有大型国有经济主体改造成为大企业集团可设定为国有大企业集团过渡模式和国有控股大企业集团目标模式两种具体模式。

　　我国大型国有经济主体股份制改造,采用过渡模式和目标模式首先是我国国有企业采用渐进式改革方式,需要经过不同阶段的客观要求决定的。其次也是由其股份制改造发展本身也具有两阶段性特征决定的。

　　我国国有企业改革发展始终是我国经济体制改革的中心环节。大型国有经济主体在整个国有企业改革发展中,始终处于核心地位并具有示范性、全局性和引导性的作用。基于这些特殊性质,采用过渡模式或使改制工作先在不改变企业原国家所有制范围内进行,先易后难地顺利推进改制企业的产权制度,治理结构制度和劳动人事制度、社会保障制度及国有资产管理制度改革等各项制度改革工作。这不仅对于正确处理改制大型国有经济主体改革、开放、发展和稳定的关系,保证大型国有经济主体股份制改造各项工作,能够在一个安定稳定的环境条件下顺利进行,具有十分重大的特殊意义和作用;而且对于维护和巩固我国社会安定和稳定,推进我国改革开放和经济社会全面发展也具有十分重大的特殊意义和作用。

　　我国大型国有经济主体在采用股份制企业集团模式进行股份制改造过程中,其过渡模式必然向目标模式转变,这也是由它自身的性质和特点及其改革和深化改革客观要求决定的。

　　4. 我国大型国有经济主体股份制改造应以建立完善、规范的股份制企业制度和企业集团制度为总体思路,以"以人为本"为根本要求

　　我国国有企业股份制改造,多经历了一个由建立不完善不规范的股份制企业制度和企业集团制度,到建立完善、规范的股份制企业制度和企业集团制度的过程。在扩大企业自主权和实行承包制转换企业经营机制阶段,股份制改造试点企业一般建立的是社会集资型股份制企业制度,或不完善不规范的两权分立型股份制企业制度,和一般联合经济组织型企业集团;在进行制度创新阶段,股份制改造试点企业一般才开始组建完善、规范的股份制企业制度和股份制企业集团制度。

　　长时间以来,我国国有企业股份制改造采取的就是先建立不完善不规范的股份制企业制度和企业集团制度,而后再进行完善、规范的总体思路。采取这种总体思路的主要原因是因为在扩权和实行承包制阶段,我国国有企业股份制改造还不具备建立完善、规范的股份制企业制度和企业集团制度的条件和基础。

　　现阶段我国大型国有经济主体股份制改造,是在大量国有企业股份制改造基本完成的基础上广泛进行的,也是在国有企业改革进行制度创新阶段广泛进

行的,国有企业股份制改造已经具备建立完善、规范的股份制企业制度和股份制企业集团制度的基本条件和基础。大型国有经济主体股份制改造一开始就应走建立完善、规范的股份制企业制度和股份制企业集团制度的道路。因此,大型国有经济主体股份制改造一开始就应把建立完善、规范的股份制企业制度和股份制企业集团制度作为总的指导思想,即总体思路。

把建立完善、规范的股份制企业制度和股份制企业集团制度作为大型国有经济主体股份制改造总的指导思想,即总体思路,必须对完善、规范的股份制企业制度和股份制企业集团制度要有一个全面系统的正确认识和理解。

长时间以来,在我国经济理论研究和经济体制改革与经济工作实践中,许多同志多把股份制视为一种集资组织方式、或财产组织方式、或经营管理方式,还有许多同志又多把股份制视为一种企业产权组织方式,或企业治理结构组织方式,并且是从上述某一方式的意义上认识理解股份制企业制度。这要较为全面系统地正确认识理解大型国有经济主体股份制改造所应建立的完善、规范股份制企业制度,正确制定建立完善、规范的股份制企业制度的具体思路、政策和对策都是很困难的,并且也是难以解决许多认识分歧的,甚至是根本不可能的。

因为,企业制度是由企业内部的各种制度构成的一个相互联系的系统或统一整体。企业内部的基本制度主要是企业的资金制度、财产制度和经营管理制度。在企业制度内部,企业资金制度是决定企业财产制度的,企业财产制度又是决定企业经营管理制度的。企业产权结构制度是决定企业产权关系制度的,企业产权关系制度又是决定企业治理结构制度的。现代企业制度应是一个由现代企业资金制度、企业财产制度和企业经营管理制度构成的,相互联系的系统或统一整体。或者说,现代企业制度应是一个由企业产权结构制度、企业产权关系制度和企业治理结构制度构成的相互联系的系统或统一整体。

现代企业制度的主要形式是公司即股份制企业制度。股份制企业制度是一种实行企业社会集资投资的资金制度;企业财产所有权与经营权分离的企业财产制度和企业所有权与经营权职能、机构分离的企业的经营管理制度的企业制度;同时,也是一种实行多元化企业产权结构,企业财产所有权与经营权分离的企业产权关系制度和企业所有权与经营权职能、机构分离的企业治理结构制度的企业制度。

如果单从股份制企业制度是一种集资组织方式上认识理解股份制企业制度和大型国有经济主体股份制改造,就可能片面强调其集资方面的功能作用。但如果大型国有经济主体只改变其集资方式,而不改变其财产关系和经营管理制度,不把企业财产所有权和经营权分开,也就不能实行所有权和经营权职能机构分离的企业经营管理制度;如果单从股份制企业制度是一种财产组织方式的意义上认识理解股份制企业制度和大型国有经济主体股份制改造,又可能片面强调其明确产权关系的功能和作用。但如果大型国有经济主体不改变其财产来源和构成制度,即企业资金制度(包括集资或投资制度),就没有必要,也不可能建立企业所有权和经营权明确分开的产权关系。因为,如果大型国有经济主体的资金都是一元性的资金,企业财产的所有者和经营者都属同一主体,那也是不可能实行所有权和经营权明确分开的企业财产制度的;如果单从股份制企业制度是一种经营管理方式的意义上,认识理解股份制企业制度和大型国有经济主体股份制改造,又可能片面强调其经营管理方面的功能和作用。但大型国有经济主体不改变其资金制度和财产制度,同样也是不可能建立所有权和经营权职能、机构分离的企业经营管理制度的。从而,也是不可能建立完善、规范的股份制企业制度的。正因为如此,我国大型由经济主体股份制改造所应建立的完善、规范的股份制企业制度,必须是一种实行企业社会集资投资的资金制度;企业财产所有权与经营权分离的企业财产制度和企业所有权与经营权职能、机构分离的企业的经营管理制度这三种企业制度相互联系、相互有机结合统一的企业制度。

同样,如果单从股份制企业制度是一种实行多元化企业产权结构,财产所有权与经营权分离的企业产权制度意义上,认识和理解股份制企业制度和大型国有经济主体股份制改造,就可能片面强调其改革企业产权制度方面的功能作用。但如果大型国有经济主体只改变其产权制度,而不建立财产所有权与经营权职能、机构分离的企业治理结构制度,那也是不可能真正建立实行多元化企业产权结构,企业财产所有权与经营权分离的企业产权制度的。如果单从股份制企业制度是一种实行企业所有权与经营权职能、机构分离的企业治理结构制度意义上,认识和理解股份制企业制度和大型国有经济主体股份制改造,就可能片面强调其改革企业治理结构制度方面的功能作用。但如果大型国有经济主体只改变其企业治理结构制度,而不建立实行多元化企业产权结构,财产所有权经营权分离的企业产权制度,那也是不可能真正建立实行企业所有权与经营权职能、机构分离的企业治理结构制度。从而,也是不可能建立完善、规范的股份制企业制度的。正因为如此,我国大型由经济主体股份制改造所应建立的完善、规范的股份制企业制度,必须是一种实行多元化企业产权结构的企业产权结构制度,实行企业财产所有权与经营权分离的企业产权关系制度和企业所有权与经营权职能、机构分离的企业治理结构制度这三种企业制度相互联系、相互有机结合统一的企业制度。

长时间以来,在我国经济理论研究和经济体制改革与经济工作实践中,许多同志多把企业集团视为一般企业联合组织或群体组织。要较为全面系统地正确认识理解大型国有经济主体股份制改造,所应建立的完善、规范的企业集团制度,正确制定建立完善、规范的股份制企业集团制度的具体思路、政策和对策都是很困难的,并且也是难以解决许多认识分歧的,甚至也是根本不可能的。

正如在本研究报告第三章所论证我国大型国有经济主体群体(或整体)组织进行股份制改造,建立完善、规范的企业集团制度不应为一般企业联合(或结合)的经济组织,而应是股份制企业集团制度,即大企业集团制度。

股份制企业集团制度是一种以大企业为核心、诸多企业为外围、具有多层次组织结构;以经济技术或经营联系为基础,资产为联结纽带;实行集权和分权领导体制;规模巨大,实行多角化经营的企业联合组织或企业群体组织。大企业集团与以特殊方式结合起来的企业联合组织和一般企业联合组织,与大公司(是由母公司〔或总公司〕、子公司〔或分公司〕及子公司等多层次的诸多企业组成的企业群体组织)都有着本质区别。这就是我国大型国有经济主体股份制改造所应建立的完善、规范的股份制企业集团制度。

由于长时间以来,我国国有企业股份制改造基本上采取的就是先建立不完善不规范的股份制企业制度和企业集团制度,而后再进行完善、规范的总体思路。许多不完善不规范的改制企业都建成了较为典型的社会集资型股份制企业,许多不完善不规范的企业集团都建成了较为典型的行政性企业集团。这些股份制企业、企业集团实际上多把股份制企业制度当成了一种集资组织方式,多是按"以资为本"的根本要求建立起来的。按"以资为本"的根本要求进行大型国有经济主体股份制改造,不能正确合理调整股份制改制重组企业各种人——所有者、经营者和职工的根本利益关系。既不合乎大型国有经济主体股份制改造的一般要求,也不符合我国大型国有经济主体股份制改造的实际需要。因此,我们不应再把"以资为本"作为我国大型国有经济主体股份制改造,建立完善、规范的股份制企业与企业集团制度的总体要求。

我国应把"以人为本"作为建立完善、规范的股份制企业制度和股份制企业集团制度的根本要求。这是因为"以人为本"是实行股份制企业制度的本质要求;是大型国有经济主体自身的本质要求;是大型国有经济主体改革实践的客观要求,也是构建社会主义和谐社会的客观要求。

一切改革都是利益关系的调整。实质上就是对各种人的利益进行合理调整和兼顾。大型国有经济主体股份制改造过程实质上也是一个利益关系调整过程。如果利益关系调整不好,不仅影响大型国有经济主体的改革和发展,而且还可能危及社会稳定。在我国大型国有经济主体股份制改造中,与股份制改造前比较,由于利益主体已经发生了新的变化,利益结构已经发生了新的变化,利益关系的机制、体制也应有相应调整变化。所以,"以人为本"的实质和目的是要调整好各种人的利益关系。

大型国有经济主体的各种人应包括企业的所有者(企业的股东、国家)、企业的经营者(企业)和企业的生产者(职工、员工)。他们是企业整体的利益相关群体和个体。

由于股份制企业是一种实行以股票(或股权证)形式集中或联合社会资金的企业社会集资和投资的企业资金制度,以企业财产所有权和经营权明确分开的企业法人财产制度和以企业所有权与经营权职能、机构分离的企业经营管理制度的,独立从事生产经营活动的营利经济组织。营利是股份制企业生产经营的目的,也就是股份制企业各种人或不同群体和个体的整体利益。

大型国有经济主体股份制改造要"以人为本",在建立机制、体制时,首先应把建立保证企业营利这个整体利益的机制、体制放在首位。因为,企业营利是企业各种人或不同群体和个体的利益的根本来源。企业营利状况决定企业各种人或不同群体和个体的利益分享状况。只有把建立保证企业营利这个整体利益的机制、体制放在首位,为企业营利和不断增进企业营利提供机制、体制制度保障,使企业营利并不断增进企业营利,才能充分实现企业各种人或不同群体和个体的利益;才能充分兼顾各种人或不同群体和个体的利益,妥善协调好各种人或不同群体和个体的利益关系;才能充分实现关心各种人或不同群体和个体的利益要求,维护各种人或不同群体和个体的权益。

由于股份制企业必须根据市场的需要由股东投资或增加投资,由企业组织职工(员工)生产经营市场需要的商品和服务,并不断努力搞好企业生产经营,才能不断增进营利。企业的所有者(股东)投资或增加投资的积极性,企业经营者(企业)和企业的生产者(职工、员工)努力搞好企业生产经营的积极性,又是企业营利和不断增进企业营利的根本基础和条件。而企业所有者、经营者和职工的积极性本质上通常一般都是受利益驱动,由利益决定的。

所以,大型国有经济主体股份制改造要"以人为本",在建立机制、体制时,在把建立保证企业营利这个整体利益的机制、体制放在首位的同时,还应建立保证企业的所有者(股东)投资或增加投资的积极性,企业经营者(企业)和企业的生产者(职工、员工)努力搞好企业生产经营积极性的群体和个体利益机制、体制,为充分激励和调动他们的投资和努力搞好企业生产经营积极性,为企业营利和不断增进企业营利提供机制、体制制度保障。

大型国有经济主体股份制改造要"以人为本",在建立机制、体制时,既不能只重视企业整体利益而忽视企业各种人或不同群体的利益,也不能把企业各种人或不同群体的个体或群体利益置于整体利益首位,而应建立整体、群体和个体利益互相协调、有机统一的机制和体制。

建立整体、群体和个体利益互相协调、有机统一的机制和体制,就是应建立能正确处理企业的所有者(企业的股东、国家),与企业的经营者(企业),与企业的生产者(职工、员工)利益关系的企业机制、体制。简言之,也就是应建立能正确处理大型国有经济主体中的所有者、经营者和职工利益关系的企业机制和体制。

建立能正确处理大型国有经济主体中的所有者、经营者和职工利益关系的企业机制和体制,必须建立能正确处理大型国有经济主体中的所有者、经营者和职工利益关系的企业和企业集团的企业产权制度。

大型国有经济主体股份制改造,首先要进行将原有企业资产转变为股份制企业股份资产的企业产权制度改革。企业产权制度改革是关系到改制企业所有者、经营者和职工利益关系的首要根本问题。因而,在大型国有经济主体股份制改造中,"以人为本",首要方面就在于应建立能正确处理企业的所有者、经营者和职工利益关系的企业产权制度。

由于企业产权即所有权或财产所有权,包括占有权、使用权、收益权和处分权。企业产权制度改革包括企业产权占有权、使用权、收益权和处分权制度改革。因此,建立"以人为本"的企业产权制度应包括建立能正确处理企业的所有者、经营者和职工利益关系的企业产权占有权、使用权、收益权和处分权制度。

——把我国大型国有经济主体改造成股份制企业,首先必须将其原有的一元性企业产权占有权制度改造成多元性企业产权占有权制度,实行股份制企业的多元性企业产权占有权制度。

因此,大型国有经济主体股份制改造在股权设置方面,应建立一种企业所有者、经营者和职工均能持股的股权结构制度。除按现行《公司法》规定应将企业国有资产转化为国有股份资产设置国有股、可吸收外单位法人、社会个人和外资投资入股,设置法人股,社会个人股及外资股外,还应设置职工个人股。

——把我国大型国有经济主体改造成股份制企业,还必须将其原有的以国家为唯一产权主体、企业财产所有权和经营权合一,或企业所有者财产和企业经营者财产合一的企业产权使用权制度,改造成为企业财产所有权和经营权明确分开,或企业所有者财产和经营财产明确分开的企业产权使用权制度,实行股份制企业的企业法人财产制度,并使企业法人财产关系具体化。

——把我国大型国有经济主体改造成股份制企业,还必须将其原企业国家所有者财产独享产权收益权的企业产权收益权制度,改造成国家所有者财产和企业经营财产及其他投资者财产共享产权收益权的企业产权收益权制度。实行股份制企业的企业产权收益权制度,即实行按股平等分配股利的企业产权收益权制度。

——把我国大型国有经济主体改造成股份制企业,还必须将其原企业国家所有者财产独享产权处分权的企业产权处分权制度,改造成国家所有者与企业经营共享产权收益权的企业产权处分权制度。实行股份制企业的企业产权处分权制度,即实行股份制企业的企业产权变动、终止制度,包括企业产权合并与分立、增资与减资制度和破产、解散与清算制度等企业产权处分权制度。

——把我国大型国有经济主体改造成股份制企业,还必须将其原有所有权与经营权不分,所有权与经营权职能、机构合一,经营权职能、机构不能专门化、独立化的企业治理结构制度,改造成股份制企业的企业所有权与经营权明确分开,所有权与经营权职能、机构明确分开,经营权职能、机构专门化,独立化的企业治理结构制度,实行"股东会—董事会—经理人—监事会"企业组织管理机构制度。实行股份制企业内部的人事制度和激励约束机制制度。

建立能正确处理大型国有经济主体中的所有者、经营者和职工利益关系的企业机制和体制,必须建立能正确处理大型国有经济主体中的所有者、经营者和职工利益关系的企业和企业集团的企业治理结构制度。

企业治理结构制度改革是我国大型国有经济主体实行股份制改造的重要组成部分。同样也是关系改制企业整体利益及其职工的群体和个体利益增进的根本问题。因而,大型国有经济主体股份制改造"以人为本"的重要方面还在于应建立"以人为本"的企业治理结构制度。

5. 我国大型国有经济主体股份制改造应建立完善、规范的股份制企业产权制度

企业产权制度改造的内容包括企业产权占有权、使用权、收益权、处分权制度改造。把我国大型国有经济主体改造成股份制企业或公司(包括股份有限公司和有限责任公司)和股份制企业集团,首先必须将其原有的一元化企业产权占有权制度,即一元化企业产权结构制度或企业资金制度改造成多元化企业占有权制度,实行股份制企业或股份制企业集团的多元化企业产权结构制度或企业资金制度(资金来源构成制度)。设置国家股、法人股、个人股和外资股股权制度。

把我国大型国有经济主体改造成股份制企业或企业集团,将其国有资产转换成国有股份。设置国家股,建立健全国家股权制度,对于使我国大型国有经济主体形成科学的企业组织结构制度,优化资源配置和进行企业化经营等都具有十分重大的意义和作用。

在实行股份制改造过程中,国有资产可以通过新创股份制企业,通过不同地区、行业、不同所有制企业进行联合。通过与外资合资、合作经营以及通过原有企业进行股份制改造等方式实行股份制。

实行股份制改造的方式方法不同,国家股形成的途径或设置方法也不同:在新建股份有限公司时,国家或地方可以通过有权代表国家的政府部门或机构以其新创公司的资产折价,或以其资金直接认股或购买股票的方式将国有资产转化成国家股;在国有企业与不同地区、行业、不同所有制的股份有限公司,进行合并、联合时,企业的所有国有资产,包括有形资产和无形资产,都必须折成股份,实行资产合并或联合,这时企业的国有资产也就直接转化成为国有股或国家股;在国有企业与外商合资、合作办企业时,由于合资、合作企业是有限责任公司或股份有限公司性质的企业。无论企业的国有资产、资金或是外商资金都必须折成股份。这时企业的国有资产、资金便直接转化成国家股;在对原国有企业进行股份制改建时,由于原企业国有资产和企业自有资产或其他资产是连在一起的,其国有资产存量转化为国家股时必须进行清产核资与资产评估,并在此基础上划分股份,设置为国家股。

股份公司的股份形式,一般有普通股与特别股之分。大型国有经济主体改制公司的股权形式时,国家股一般不应转化为特别股的优先股。在那些与国民

经济、国计民生或国家安全有重大关系,但国有经济拟退出的股份制公司还可以设置作为特别股的黄金股。

法人股是由法人财产投资形成的股份。在我国大型国有经济主体实施股份制改造时,是否应设置企业法人股这是难以回避的问题。因为在大型国有经济主体改制过程中和改制后,如何保证改制企业的持续稳定发展,如何解决持续稳定地调动和发挥企业及职工的积极性问题,较之于中小国有企业改制发展来说具有更加特殊的重要意义和作用。设置企业法人股对解决大型国有经济主体股份制改制过程中和改制后企业的稳定发展,以及持续地调动和发挥企业及企业职工的积极性,推进企业的发展,增进企业整体利益和企业及其职工的群体和个体利益都具有十分重要的意义和作用。

虽然目前我国关于大型国有经济主体实施股份制改造时是否设置企业法人股问题长期意见分歧,但在实际上设置企业法人股早已成为事实。大型国有经济主体实施股份制改造时设置的法人股实际上就是企业法人股。因为,大型国有经济主体实施股份制改制后,其法人财产就是企业经营财产,或企业拥有经营权的财产。企业对其财产所有者即投资人授予企业经营的财产享有占有、使用、收益和依法处分的权利,实际上通常应指除企业出资人拥有的企业财产的原始所有权和最终所有权(原始产权和最终产权)以外的其他各种产权权能的总和。企业用经营财产向别的企业投资入股形成的法人股,或以其法人资本(法人经营财产)向社会回购的本公司(企业)股票(股份)形成的法人股都是企业法人股。并且,在大型国有经济主体股份制改制企业设置企业法人股,在国外早已是较为普遍的经验了。因而,在我国大型国有经济主体股份制改制时,允许设置企业法人股也应该是可行的。

我国把大型国有经济主体转化为社会公众型股份有限公司或股份制企业集团时还可以吸收本企业职工和本企业以外的社会居民的个人投资设置个人股。无论是社会居民个人股,还是企业职工个人股都不应在实行股份制的大型国有经济主体股份结构中成为居于主导地位的主体股份。

我国大型国有经济主体改造为股份制企业(包括股份有限公司、有限责任公司和股份制企业集团)还可以吸收外国和我国香港、澳门和台湾地区投资者的投资。设置外资股,建立外资股权制度。设置外资股是我国大型国有经济主体股份制改造的客观要求。设置外资股对国有经济主体进行股份制改造和发展都有着十分重要的意义和作用。

　　把我国大型国有经济主体改造成股份制企业或公司(包括股份有限公司和有限责任公司)和股份制企业集团,还必须把原有的企业财产所有权和经营权合一,或企业所有者财产和企业经营者财产合一的企业产权使用权制度,改造成企业财产所有权和经营权分开,或企业所有者财产和企业经营者财产明确分开的企业产权使用权制度。实行股份制企业的企业法人财产制度。

　　确立企业法人财产制度的基本要求是要确立公司对其经营财产的法人财产权、企业完善的经营权和具体化的企业产权。把我国大型国有经济主体改造成股份制企业和股份制企业集团要确立法人财产制度,同样也必须确立公司对其经营财产的法人财产权,企业完善的经营权和具体的企业股权,即国有企业股股权,实现企业法人财产关系具体化。

　　把我国大型国有经济主体改造成股份制企业,即公司(包括股份有限责任公司和有限责任公司)和股份制企业集团还必须将其国家所有者财产独享产权收益权的产权收益权制度,改造成国家所有者财产、企业经营者财产和其他所有者财产投资者都应是股东,都应享有产权收益权的可共享产权收益权制度。实行股份制企业按资平等股利制度和公积制度。

　　把我国大型国有经济主体改造成股份制企业或公司(包括股份有限公司、有限责任公司)和股份制企业集团,还必须将其原有国家或国有资产所有者独享企业财产处分权制度,改造成股份制企业或股份制企业集团的企业所有者与企业经营者都有企业产权处分权——企业所有者对企业财产的最初产权,即原始产权和最终产权(终极产权)享有处分权;企业经营者(企业)对企业经营财产享有处分权——的共享企业产权处分权制度,实行股份制企业的产权变动、终止制度。

　　我国有一些大型国有经济主体改制为股份制企业时都建立了股份制企业产权制度,但尚不规范不完善。目前仍有相当一部分大型国有经济主体还没有进行产权制度改革,已经改制企业的产权制度尚需进一步完善、规范,建立完善、规范的股份制企业产权制度。建立完善、规范的产权制度对实现大型国有经济主体对实现股份制改造目标,创新企业制度具有十分重要的意义。

　　目前,我国大型国有经济主体改制股份制企业建立完善、规范的股份制企业产权制度,需要进一步解决的问题主要是:企业改制目标定位和产权制度改革要求不明确问题;产权制度改革具体政策和配套改革有关政策不完善问题;产权制度改革操作不规范问题。

　　建立完善、规范产权制度可考虑的基本思路应是进一步明确股份制改造目标定位和产权制度改革要求;进一步完善产权制度改革具体政策和配套改革有关政策;进一步规范产权制度改革操作。

进一步明确改制目标定位应进一步明确大型国有经济主体股份制改造的目标定位是建立现代企业制度。我国企业实行股份制改造与建立现代企业制度两者是统一的,既具有同一性又具有差别性。建立现代企业制度是我国大型国有经济主体股份制改造的根本目标。大型国有经济主体企业建立起公司制度后还需要有一定的规范和发展过程,才能实现"产权清晰、责权明确、政企分开、管理科学",才能成为适应社会主义市场经济体制要求的现代企业制度。我们不应把股份制改制与建立现代企业制度对立起来。也不应把股份制与建立现代企业制度等同起来。

进一步明确股份制改造产权制度改革要求应转变观念,统一思想认识;正确制定完善、规范的企业产权制度改革方案。包括建立完善、规范企业产权占有权、使用权、收益权和处分权制度改革方案和配套改革方案。

进一步完善产权制度改革具体政策应使改制企业建立完善、规范产权占有权制度的股权设置制度的具体政策,主要应完善国有股、法人股、个人股和外资股设置制度的具体政策。当前,特别应尽快建立完善、规范的股权设置制度的具体政策:一是非国有企业(民营企业、外资企业)收购国有股权政策;二是企业职工购股有关政策;三是黄金股设置政策;完善改制企业建立完善、规范产权使用权制度的企业法人财产制度的具体政策,主要是应具体完善确立企业法人财产权,完善企业经营权,使企业法人产权关系具体化的具体政策;完善改制企业建立完善、规范产权收益权制度的股利分配制度的具体政策,主要应具体完善股利分配政策制度的具体政策和股利分配制度的具体政策;完善、规范的产权处分权的产权变动、终止制度的政策,主要应具体完善、规范改制企业建立完善、规范的产权合并、分立制度、增资、减资制度和破产、解散与清算制度的具体政策。

进一步规范产权制度改革操作应健全和执行规范的制定改制方案制度;健全和执行规范的清产核资制度;健全和执行规范的企业的财务审计和资产评估制度;健全和执行规范的企业的产权交易管理制度;健全和执行规范的维护职工的合法权益的操作制度。

6. 我国大型国有经济主体股份制改造应建立完善、规范的股份制企业治理结构制度

把我国大型国有经济主体改造成股份制企业或公司(包括股份有限公司和

有限责任公司)和股份制企业集团,还必须把原有企业的所有权与经营权职能、机构合一、经营权职能、机构不能专门化、独立化的企业治理结构制度,改造成企业所有权与经营权职能、机构明确分开、经营权职能、机构专门化、独立化的企业治理结构制度。实行股东会——董事会——经理人——监事会企业组织管理机构制度。实行股份制企业的内部的人事管理和激励约束制度。

组织管理机构设置的原则应为:所有权与经营权分离原则;分权制衡原则;民主管理原则;集体领导与分工负责相结合原则。

股东会由股东组成。股东既享有一定的权利,同时又对公司承担着有限责任。股东的责任就是出资,股东只承担自己持有股份认购价格的资本(资金)数额,而对公司的债权人和公司都不承担其他任何责任。股东权利一般应包括:管理权、检查权、股息权、公司财产权。

股东表决权制度,是股东大会制度的重要组成部分。股东是通过行使表决权行使其股东权的,表决权是股东对股东会议提案表示赞成或反对的权利。普通股的股东一般都通行一股有一表决权原则。为了保护众多小股东的利益,可采取通过公司章程规定股东股票数超过一定数量时表决权采用相应递减的原则,或允许股东按照应选董事的人数把全部票数集中投于他所愿意选举的董事名下,即实行累积投票制适当限制大股东表决权。

股东会是公司的最高权力机构,由全体股东参加,在特殊情况下,可由股东代表参加。股东会一般应设公司成立大会、股东年会、临时股东大会和特别股东大会四种形式。

董事会是股份有限公司的经营决策机构。设立董事会的目的是将资产的所有者与经营者分离,赋予经营者以充分的自主权,使有才能的经营者能够更好地对公司财产进行经营管理。董事会由创立大会或股东大会选举的全体董事组成。董事会设董事长一人,副董事长若干人。董事长和副董事长由董事会以全体董事的过半数选举产生,董事长为公司的法定代表人。董事会是一种常设机构又是一个实行集体决策的组织机构。组成董事会的董事,可以是本公司股东,也可以是非股东。

监事会是对公司经营活动依法进行监督的常设机构。监事会一般由股东大会选出并代表股东大会执行监督的职能,负责监督董事会及其执行机构的业务活动和财务活动,以确保董事及经理们依法按照公司章程正确有效地行使职权,而不是滥用职权。股东大会、董事会和监事会三个机构之间既相对独立,又相互制衡,既使经营者有充分的自主权,又保障资产所有者的利益。

经理人机构由经理构成,是公司的经营机构,又是公司的管理机构。经理人员由董事会选聘,负责主持公司的生产经营管理工作经理和经理班子受董事会制约。

我国有一些大型国有经济主体的企业或银行改制为股份制企业时都建立了股份制企业法人治理结构制度。但许多改制企业的法人治理结构建设尚需进一步完善和规范。大型国有经济主体实行股份制改造,必须建立完善、规范的法人治理结构制度。建立完善、规范的法人治理结构对加强改制企业管理,实现大型国有经济主体制度创新具有十分重要的意义。

目前,我国大型国有经济主体改制股份制企业建立完善、规范的法人治理结构需要进一步解决的问题主要是:股东会未建立或不完善、不规范问题;董事会、经理人机构不完善、不规范问题;监事会不完善、不规范问题。完善、规范法人治理结构可考虑的基本思路主要应为:深化国有资产管理体制改革,理顺产权管理关系,完善、规范出资人制度;理顺股东会、董事会与经理人关系,建立完善、规范的股东会、董事会、经理人机构;理顺董事会、经理人与监事会关系,完善、规范监事会,加强改制大型国有经济主体监督;建立健全我国的企业家制度,培养造就一支现代企业家队伍。

建立完善、规范的股东会应使股东会真正成为股份制企业的最高权力机构。为此,可实行适当限制大股东表决权制度。

建立完善、规范的董事会制度应依法规范企业组织形式;建立权力机构、监督机构、决策机构和执行机构之间的分权制衡的运行机制;建立董事会授权制度,提高董事会决策效率,形成对市场的快速响应机制;建立董事责任追究体系和约束机制,促进董事诚信履职和勤勉尽责;规范母子公司管理关系,完善国有资产监督管理和保值增值体系。

完善、规范监事会,加强改制大型国有经济主体监督应加强改制企业投资者对企业生产经营的监督;加强改制企业经理对企业内部生产经营活动的监督;加强改制企业员工对涉及劳动者正当权益行为的监督。

建立健全我国的企业家制度,培养造就一支现代企业家队伍应着力于提高我国企业家的素质;建立健全我国的企业家制度,包括建立健全企业家选拔任用制度、企业家培训制度、企业家管理制度和企业家的激励制度。

7. 我国大型国有经济主体股份制改造应建立完善、规范的股份制企业集团制度

股份制是我国企业集团发展的必然趋势。我国大型国有经济主体无论是改

制重新组建股份制企业集团,还是行政性企业集团改造成股份制企业集团的政策目标和应遵循的基本原则:一是应以壮大大型国有经济主体经济,增强国有经济控制力为目标。坚持以社会主义公有制为主体,多种所有制经济结合为基础的基本原则;二是应以建立两权分离、政企分开的现代企业制度为目标。坚持自愿互利和政府引导相结合的原则;三是应增强企业活力和竞争力,促进社会主义经济增长和发展为目标。坚持优化组合、结构合理、依靠科技、增强后劲原则。

我国大型国有经济主体改制和重新组建的股份制企业集团以其核心层企业存在的实态,一般可分为单核心型和多核心型两类。各企业在组建集团时,应根据实际需要选择适合的类型。

我国现有大型国有经济主体改制和改造组建股份制企业集团可以通过建立主导产品型企业集团、联合销售或联合服务企业集团、联合科研生产型企业集团、综合企业集团等不同形式实现。

我国现有大型国有经济主体改制和改造组建股份制企业集团也可以通过生产技术经营联合到资产合并联合、企业主体重组、控股公司重组等不同途径实现。

我国大型国有经济主体股份制企业集团组织机构设置:按照股份制的一般要求,单核心型股份制企业集团应设置股东权、决策权、监督权和经营管理四大组织机构。股东权组织由股东代表组成,它是集团的所有权组织。因而,也就应是集团的最高权力机构;决策权组织即经营决策权组织是董事会。董事会是进行经营决策的常设机构;监督权组织应称为监事会。它是监督检查董事会业务执行情况的常设机构;经营管理组织是集团公司的经理人机构。

多核心企业集团除应在每个核心企业及其系列企业中的控股参股企业组成的股份制企业中设置股东会、董事会、监事会和经营管理组织机构外,在各核心企业系列之间还应设置集团经理会,建立集团投资、金融和商贸公司或中心。

我国大型国有经济主体行政性企业集团的股份制改造一般都应经过一个企业改制——企业重组改制——整体改制的发展过程。而且整体改制也要经过一个过渡模式阶段和目标模式两个发展阶段。

现有行政性企业集团实行股份制企业集团改造的基础是集团企业改制。在集团企业改制基础上再进行集团企业重组改制和集团公司重组改制。最后再进行集团整体改制。

我国大型国有经济主体现行行政性企业集团实行股份制企业集团改造,应在其成员企业及集团公司实行股份制改造和集团内部完成重组改制的基础上，在条件成熟后，整个企业集团的成员企业和集团公司再实行一体化的股份制企业集团体制改造。并且可以实行"整体改造、整体上市"，建成公众型股份制企业集团。

8. 我国大型国有经济主体股份制改造要把改制与重组结合起来，做大做强，增强控制力

我国大型国有经济主体的股份制改制重组结合增强控制力，主要是通过实行主辅分离、辅业改制，和实现产权多元化改革，实施加快股份制改造步伐战略、并购重组战略、发展大企业集团战略、鼓励民营企业参与大型国有经济主体的股份制改造战略等做大做强实现的。

主辅分离、辅业改制制度安排的内容主要是，国有大中型企业在进行结构调整、重组改制和主辅分离中，可利用企业内部的非主业资产、闲置资产和关闭破产企业的有效资产（以下简称"三类资产"），改制创办面向市场、独立核算、自负盈亏的法人经济实体，采取多种渠道分流安置企业富余人员和关闭破产企业职工，减轻社会的就业压力。对于改制为非国有控股的企业，允许改制企业用三类资产中的国有净资产支付解除职工劳动关系的经济补偿金；职工个人取得的经济补偿金，可在自愿基础上转为改制企业的等价股权或债权。主辅分离与过去分离辅业最大的区别、最重要的特点是提出辅业单位要改制为产权多元化的经济实体，建立以产权清晰为基本特征的现代企业制度和规范的法人治理结构，成为一个合格的市场主体，不能再是一个没有任何产权变化的国有独资企业。过去的主辅分离只解决了分灶吃饭、独立核算的问题，大多数没有触及产权关系和劳动关系的改革，因此，分离得并不彻底，实际上分而不离，主体企业还要承担无限责任。应该说，企业过去进行的分离辅业是改革的第一步，也就是通过独立核算，培养辅业的竞争能力和适应市场的能力，为进一步实施辅业改制奠定基础和条件。

在我国大型国有经济主体实行股份改造增强控制力的改制重组过程中，实行主辅分离、辅业改制重组，可以精干主业企业，搞活辅业企业，实现主辅双赢，对搞好整个改制重组工作、做强做大大型国有经济主体、增强大型国有经济的控制力都具有十分重要的意义和作用。

主辅分离、辅业改制涉及产权关系和劳动关系，是国有企业最深层次的改革，是关系到改制员工的切身利益，政策性强，操作难度大。推进这项改革一般

必须具备以下条件和要求：一是应引导职工群众转变观念；二是应确保国有资产不流失和维护职工合法权益；三是主体企业应对改制企业大力支持和扶持；四是应选择好改制企业的带头人。

目前，我国实施主辅分离、辅业改制涉及国有企业深层次的矛盾，特别是直接关系到参与改制企业员工的切身利益，推进这项改革对稳定有一定风险，困难大，问题多。必须采取有力的对策措施，才能有效推进这项改革深化发展。一是应抓住机遇，转变观念，加快步伐；二是应建立改制企业完善、规范的治理结构制度；三是应进一步努力做好辅业改制中维护职工合法权益工作；四是应进一步完善有关主辅分离政策问题。

产权多元化是大型国有经济主体产权制度改革的一般模式，也是我国大型国有经济主体改革和发展的客观要求。在我国大型国有经济主体实行股份改造增强控制力的改制重组过程中，实施产权多元化是搞好整个改制重组工作重要组成部分，在当前和今后相当长的时期内，都应是我国大型国有经济主体改革和发展突破的重点。实施产权多元化对搞好整个改制重组工作，做大做强大型国有经济主体、增强大型国有经济的控制力都具有十分重要的意义和作用。

我国大型国有经济主体产权多元化实质上也就是要实现股权多元化。根据本书关于我国大型国有经济主体股份制改造的模式设计，在其改制实施过渡模式阶段一般可实行不同国有股股权，包括不同国家股、国有法人股、企业法人股和职工个人股权多元化改制或改制重组模式；在其改制实施目标模式阶段一般可实行不同国有和非国有股股权多元化，包括不同国家股、国有法人股、企业集体股、职工个人股和各种非国有股，包括各种非国有法人股和社会公众自然人股股权多元化重组模式。

我国大型国有经济主体产权多元化或股权多元化可根据不同大型国有经济主体在国民经济中的特殊地位和作用，一般也可设计为国有股份公司和国有控股公司（或国有控股经营公司）两种主要模式（后者包括大型国有经济主体企业集团、集团公司和上市公司）。

关系国家安全的行业，主业企业一般可以采取把国家独资改造为多个国家股东合资及国家股东和国有法人股东合资的企业形式，即可以有条件地允许其他国有法人参股，形成多元国有法人持股的股权结构，以形成多元产权主体制衡格局。

基础产业、社会公益性行业和一些特殊行业一般可采取国家绝对控股公司或控股经营公司的企业形式,非国有的法人和个人可以适量参股,总参股量以不超过 50% 为限。对于微观效益不高的一些社会公益性企业,为鼓励非国有的法人和个人参股,国家可给予其一定的政策性补贴。

国民经济支柱产业以及国家重点支持的高新技术产业,一般可采取国家相对控股的企业形式,非国有的法人和个人可以加大参股量,具体参股比例以单个法人和个人的持股比例不超过国家股比例为限。

对于大型国有经济主体中那些需要退出的竞争性产业企业,可以考虑逐步退出,由非国有的法人和个人经营;或者允许非国有的法人和个人占大股,国家只以普通参股者的身份进入。个别关系国家或地方国计民生的重要的特殊企业,国家或地方还可以以"黄金股"股权参股。

由于大型国有经济主体产权多元化实质上要实现股权多元化。而传统国有经济主体股权多元化,一般首先要通过实行股份制改造才能实现。所以,股份制改造应是我国大型国有经济主体实现产权多元化的首要基本途径。

资产重组是企业资产结构按照不同时期的经济发展走向及市场变动的需要进行的优化配置和重新组合。资产重组也是大型国有经济主体实现产权多元化的重要实现途径。

我国大型国有经济主体资产重组的基本原则:一是应坚持公有制为主体、多种所有制经济共同发展的基本经济制度。毫不动摇地巩固和发展公有制经济,增强国有经济的控制力、影响力、带动力,发挥国有经济的主导作用。毫不动摇地鼓励、支持和引导非公有制经济发展,鼓励和支持个体、私营等非公有制经济参与国有资本调整和国有企业重组。二是应坚持政府引导和市场调节相结合,充分发挥市场配置资源的基础性作用。三是应坚持加强国有资产监管,严格产权交易和股权转让程序,促进有序流动,防止国有资产流失,确保国有资产保值增值。四是应坚持维护职工合法权益,保障职工对企业重组、改制等改革的知情权、参与权、监督权和有关事项的决定权,充分调动和保护广大职工参与国有企业改革重组的积极性。五是应坚持加强领导,统筹规划,慎重决策,稳妥推进,维护企业正常的生产经营秩序,确保企业和社会稳定。

我国大型国有经济主体资产重组的主要目标应是:进一步推进国有资本向关系国家安全和国民经济命脉的重要行业和关键领域集中,加快形成一批拥有自主知识产权和知名品牌、国际竞争力较强的优势企业;加快国有大型企业股份制改革,完善公司法人治理结构,大力发展国有资本、集体资本和非公有资本等参股的混合所有制经济,实现投资主体多元化,使股份制成为公有制的主要实现形式。

我国大型国有经济主体资产重组的主要内容是产权重组。企业产权重组包括企业产权、债权与股权结构调整和企业因合并、分立、增减资本以及内部优化组合其资产总量与资产结构时的产权、债权与股权结构调整。

改革开放以来,我国国有企业在资产重组中已实践了多种产权重组方式和途径。这些产权重组方式和途径对大型国有经济主体资产重组(包括主业企业和辅业企业)一般也是适用的。其主要是:内部重组、合并重组、分立重组。根据产权重组的实际和特征,一般有兼并、收购、拍卖、授权、合并、分立、租赁、承包、划转、托管、破产等方式。

我国大型国有经济主体资产重组应推进国有资本向重要行业和关键领域集中,增强国有经济控制力,发挥主导作用。重要行业和关键领域主要包括:涉及国家安全的行业,重大基础设施和重要矿产资源,提供重要公共产品和服务的行业,以及支柱产业和高新技术产业中的重要骨干企业。鼓励非公有制企业通过并购和控股、参股等多种形式,参与国有企业的改组改制改造。对需要由国有资本控股的企业,要区别不同情况实行绝对控股和相对控股;对不属于重要行业和关键领域的国有资本,按照有进有退、合理流动的原则,实行依法转让,防止国有资产流失。对国有资产转让收益,应严格按照国家有关政策规定进行使用和管理。

当前,加快我国大型国有经济主体股份制改造推进产权多元化,一是应加快产权制度改革;二是应加快治理结构制度改革;三是应加快政府管理大型国有经济主体体制创新;四是应强化管理和监督。

为了推进大型国有经济主体结构调整和资产重组,目前我国正在广泛地实施培育和发展大企业集团战略。实施培育和发展大企业集团战略具有十分重要的意义和作用。培育和发展大企业集团应加快现代企业制度建设,促进体制机制转换;提高核心竞争力,做优做强大企业集团;壮大规模做大大企业集团;同时还应为培育和发展大企业集团创造良好的外部环境条件。

对于大型国有经济主体中那些需要退出的竞争性产业企业,可以考虑逐步退出,由非国有的法人和个人经营;或者允许非国有的法人和个人占大股,国家只以普通参股者的身份进入。个别关系国家或地方国计民生的重要的特殊企业国家或地方还可以以"黄金股"股权参股。因此,支持和引导非公有制经济发展,鼓励和支持个体、私营等非公有制经济参与国有企业改革——国有资本调整和国有企业重组,应成为推进大型国有经济主体产权多元化的重要战略。

当前,我国民营企业参与国有企业改革存在的主要问题:一是歧视观念与推进阻力问题;二是法制与政策环境条件尚不完善问题;三是政府和中介服务比较落后问题;四是民营企业自身的素质缺陷与行为不规范问题。

为了进一步推进民营企业参与大型国有经济主体股份制改造,应进一步转变观念,加快推进民营企业参与国有企业改革;进一步加快民营企业参与国有企业有关法律、法规和政策建设;进一步改进政府和中介机构的服务;进一步引导民营企业努力提高自身素质,积极参与国有企业改革。

9. 化解不良资产,分离政策性业务及企业办社会负担,为我国大型国有经济主体的股份制改造创造良好环境条件

不良资产和政策性业务及企业办社会问题,是影响和推进大型国有经济主体股份制改造,增强控制力需要认真研究解决的两个重要配套问题。

不良资产包括企业不良资产和银行不良资产。企业不良资产是企业资产的账面价值大于实际价值的这部分资产。主要包括:企业应收款项的呆坏账损失;企业固定资产损失和企业各类投资损失。

近些年来,虽然我国处置不良资产已取得显著成效,但目前不但还有相当大一部分历史上积累的,已经剥离的不良资产尚未处置,而且,还出现了大量新的不良资产损失。

从微观上看,我国大型国有经济主体企业和银行的不良资产和债务首先是企业和银行经营管理不善造成的。这就决定了我们必须采取相应的强化管理的对策才能化解不良资产;强化管理化解不良资产应强化企业债权管理;强化债权管理应治理逃废债务、应进行信用风险管理、应加强企业信用环境制度和制度建设。

目前我国大型国有经济主体企业资产质量明显不高,不仅仅表现为高负债结构,严重的是大量不良债务存在,极大地影响企业的正常经营,降低了企业信誉,也相应加大了金融风险,成为制约进一步深化改革与发展,进行股份制改造的一大障碍。因此,必须着力消减化解大型国有经济主体企业不良债务,卸掉多年生成和积累起来的企业债务包袱,才能进一步为深化改革和发展,进行股份制改造打好基础,创造条件。

我国大型国有经济主体企业债务主要体现在金融债务上,企业的不良债务

反映到银行,就表现为银行的不良债权或不良资产。从宏观上看,我国大型国有经济主体企业和银行的不良资产和债务多数都是长期生成和积累起来的,其成因除企业和银行经营管理不善外,同时也是我国经济改革和经济运行过程中诸多矛盾长期发展的必然产物。

目前,我国大型国有经济主体消减企业不良债务采用的行政化手段和办法虽已显现一定成效,但仍难以大幅度处置企业金融债务,消减银行不良贷款。只有市场化手段和办法,才可能成为我国大型国有经济主体企业今后大幅度处置企业金融债务,消减银行不良贷款问题的主要手段和办法。同时,规范发展资本市场也是化解企业不良债务的重要手段和办法。

银行政策性业务和企业办社会问题也是影响和推进大型国有经济主体股份制改造,增强控制力需要认真研究解决的一个重要配套问题。

要通过股份制改造把现有国有商业银行改造成真正的商业银行,必须彻底分离国有商业银行政策性业务,提高商业银行商业化经营度。而彻底分离国有商业银行政策性业务,就是使政策性业务从商业银行全部退出,商业银行只经营商业性业务。

为了降低国有商业银行经营中仍然存在的政策性业务而带来的经营风险,国有商业银行经营中应努力采取种种有效措施,努力提高经营水平和效益。

为了解决国有商业银行政策性业务与商业性业务的彻底分离问题,需要进一步完善政策性金融体系,发展我国的政策性银行。

目前,企业办社会降低了大型国有经济主体企业资本金的利润率,严重阻碍了企业的经济发展和经济效益的提高,导致了大型国有经济主体企业的活力不足,适应市场的能力差,影响了企业的发展潜力和发展后劲,已成为大型国有经济主体企业的沉重负担。为了使大型国有经济主体企业通过股份制改造成为真正的自我经营、自负盈亏、自我发展、自我约束的市场竞争主体,必须分离大型国有经济主体企业办社会职能。

分离企业办社会职能最根本的问题是应加快改革政企不分的管理体制,关键是应加快政府转变职能,使政府全面履行管理全社会的社会职能,全面承担起履行管理全社会的社会职能的责任。政府应逐步扩大社会管理的社会职能范围,并逐步接收"企业办社会"的企事业单位和行政管理机构的移交和进行集中管理。政府应根据企业兴办的这些企事业单位和行政管理机构的不同类型,采取区别性的分离政策。

分离"企业办社会"最大的难点问题是政府接纳能力不足,关键是资金问题。要解决这个问题一方面政府应增加对分离"企业办社会"的改制成本的投入。一方面还可引导社会资金对办社会进行投资。政府可适当利用政策优惠手段、引导社会资金进行多层次办学、办校、办服务业等方面的"办社会"。同时政府还可利用市场机制的作用,引导资金的流速和流向,使企业多层次进行办社会的工作,把一些企业办社会的功能承接过来,以减除企业的负担。

要改革政企不分管理体制,加快分离企业办社会职能,一方面应加快政府转变职能,使政府全面履行管理全社会的社会职能,全面承担起履行管理全社会的社会职能的责任;一方面也应要求企业努力转变观念,深化改革,加快改革步伐,主动积极采取有效措施,配合政府职能转变,共同加快企业办社会的分离。

分离"企业办社会"还存在的一个重要难点问题是,如何解决分离"企业办社会"后企业职工在社会保障和住房保障等方面的后顾之忧问题。实行分离"企业办社会"前,国有企业富余人员由企业包干安置,退休后在企业领退休金,住房也由企业提供保障,实行分离"企业办社会"后,职工可能对社会保障、住房保障等方面存在后顾之忧。要解决这些问题,政府部门必须加速社会保障体系和住房保障体系建设。努力搞好富余人员分流安置工作。政府部门要积极建立和完善失业、养老、医疗等社会保障制度。设立社会保障税,规范社会保障负担。管好用好社会保险基金。在保证基金正常支付和安全流动的前提下,通过多渠道确保其保值增值。

10. 加快法制建设为我国大型国有经济主体股份制改造创造良好的法制环境条件

在我国大型国有经济主体进行股份制改造中,更需要发挥法制的保障和促进作用。加快法制建设对大型国有经济主体股份制改造,增强控制力具有十分重要的意义和作用。

加快我国大型国有经济主体股份制改造的法制建设,应完善股份制企业制度的法律法规。一是应完善现代产权制度法律法规。需要进一步健全和完善建立现代产权制度、国家出资人制度、投资主体多元化制度与职工持股制度的法律法规。二是应完善公司法人治理结构制度法律法规。需要进一步健全和完善合理配置公司机关职权法律法规、完善股东大会制度法律法规、完善董事会法律法规、完善强化监督机制法律法规。

加快我国大型国有经济主体股份制改造的法制建设,应制定完善保障和促进大型国有经济主体股份制改造的配套法律。需要制定《企业集团法》、完善国有资产管理法律法规、完善垄断行业管制法律法规。

第一章　大型国有经济主体股份制改造与增强控制力

本书拟运用经济制度与经济发展相互关系理论与股份制度理论,股份制与增强控制力机理比较、借鉴发达国家和地区大型国有经济主体股份制改造建立相关先进机制、体制的经验,结合中国股份经济实际,特别是中国大型国有经济主体股份制改造实际,研究阐述我国大型国有经济主体实行股份制改造的模式、方向、总体思路要求和在股份制改造中把改制和重组结合起来,实行企业产权制度改革、企业治理结构制度改革、主辅分离、辅业改制和产权多元化,做强做大,增强控制力的具体思路、对策和政策问题。

本章首先着重分析大型国有经济主体实行股份制改造对增强国有经济控制力的意义。

第一节　我国大型国有经济主体改革与增强国有经济控制力

一、我国大型国有经济主体改革

企业、市场和政府是市场经济体制的三大经济主体。作为市场经济体制经济主体的大型、特大型国有企业即大型国有经济主体。

本书研究的大型国有经济主体,即我国国有经济需要控制的行业和领域的大型或特大型国有企业,是指"涉及国家安全行业、自然垄断的行业、提供公共产品和服务的行业,以及支柱产业和高新技术产业中的重要骨干企业"。主要是指在国有经济调整中,需要国有资本集中的,关系国家安全和国民经济命脉的重要行业和关键领域的大型或特大型国有企业。包括涉及国家安全的行业,重大基础设施和重要矿产资源,提供重要公共产品和服务的行业,以及支柱产业和高新技术产业中的重要骨干企业。

这些大型国有企业区别于一般国有企业或中小国有企业的显著特征在于：

1. 它们一般多是处于一定垄断地位的国有大企业或垄断性企业。

2. 它们一般多是规模庞大、产品范围广泛、具有庞大生产经营网络系统、众多生产经营企业的特大型企业联合（或集合）的企业群体（或整体）组织。

这些垄断性企业的特殊垄断性质和地位有的是由于它们本身就是自然垄断行业企业性质决定；有的是由于它们本身就是具有唯一性或公益性企业决定的；有的是其企业产品产业在保障国家安全，增加国家财政收入，维护社会整体利益，推进国民经济发展中的特殊重要战略地位和作用性质决定的。

在我国实行社会主义市场经济体制下，在我国社会主义市场经济不断完善和发展的历史过程中，这些大型国有经济主体客观上仍然会在长时期，或在相当长的时期内保持其特殊垄断企业地位。

如果具体分析一下，我们不难看到，那些涉及国家安全的重要骨干企业，现在是行政性垄断企业，今后长时期内有的还可能是行政性垄断性企业。如军工、造币、航天公司等。有的在一定时期可能还是行政垄断性企业，如某些高新技术产业的重要骨干企业。那些规模巨大，经营事业范围广泛，具有网络性生产营业的自然垄断行业和提供公共产品和服务行业的企业，现在是经济性垄断性企业，今后在长时期，或在相当长的时期内大量（大部分企业或企业的主业）仍将是经济性垄断性企业。支柱产业的重要骨干企业在今后的一定时期，有的也还可能保持其经济性垄断性企业地位。

在我国，不少大型国有经济主体都是经营资产数千亿元、从事生产经营的职工达数千数万人、产品范围广泛、具有庞大生产经营网络系统，具有众多生产经营企业的特大型企业联合（或集合）的企业群体（或整体）组织。它们在国民经济中具有特殊的重要的战略地位和作用。

我国大型国有经济主体是社会主义全民所有制企业。社会主义全民所有制是社会主义社会全体劳动者共同占有生产资料的公有制形式。在社会主义全民所有制范围内，全体劳动者都是生产资料的主人。全民所有制生产资料的使用是为了实现全体劳动者的共同利益。因此，社会主义全民所有制的建立，产生了全社会劳动者对生产资料的平等所有关系和共同利益。

全民所有制的本质特征是生产资料和劳动成果的全社会共同占有。但是，社会主义全民所有制有一个不断完善和发展的过程。在社会主义初级阶段，由于生产力水平不高，同时还存在集体所有制和个体所有制等其他公有与非公有制经济形式。全民所有制生产资料的真正名副其实的占有者，还只是全民所有制经济领域内的职工，只有他们才实现了与全民所有制生产资料的直接结合，才能直接从全民单位的生产成果中获取收入。全民所有制内部还存在着企业局部经济利益和职工个人的经济利益。因此，社会主义初级阶段的全民所有制还是一种不完全、不成熟的全民所有制。

在社会主义初级阶段相当长的一个历史时期内，我国全民所有制必然采取国家所有制形式，即由社会主义国家代表全体人民行使生产资料的所有权。这是由于：

——社会主义全民所有制是同现代化生产中高度社会化的生产力相适应的生产资料公有制形式。社会化大生产中的各个部门、各个企业之间，相互联系、相互制约构成一个有机整体。任何部门和企业都不能离开这个整体而孤立地存在和发展。同样，这个社会化大生产的正常进行也必须要各部门、各企业按比例协调发展。这就必然要求有一个社会中心来对整个社会化大生产实行统一指挥和协调。在社会主义社会的相当长的历史时期内，由于还不具备国家消亡的条件，社会主义国家机器仍然必须存在和巩固。这时，能够担当指挥和协调整个社会经济的社会中心只有社会主义国家。

——社会主义全民所有制是社会主义社会全体劳动者共同占有和支配生产资料的公有制形式。因此，社会主义全民所有制的生产资料属于全社会劳动者共同占有和支配。但这是一个整体概念，它不是生产资料归一部分劳动者，或者由一个一个劳动者占有的总和。并且，作为全体劳动者的共同占有，也不归每个劳动者或社会主义劳动者的集合体直接占有。它在客观上也就要求有一个能够代表全体劳动者的根本利益和愿望的社会机构，来行使这种对生产资料的占有权，为全体劳动者谋福利。在社会主义社会相当长的历史时期内，只有社会主义国家才能代表全体劳动者的根本利益，因而，国家应以全体劳动者代表的资格，占有和支配全民所有制的生产资料。

——从历史发展的过程来看，我国社会主义全民所有制产生于对大资本的剥夺和中小资本的"赎买"。无论是剥夺大资本还是赎买中小资本的过程都是由国家直接组织和领导的。我国社会主义全民所有制产生后，新建的全民所有制企业又多是由中央或地方政府财政投资兴办的，这也使得这些社会主义全民所有制企业建立后，在相当长的历史时期必然采取国家所有制形式。

　　总之,在我国社会主义初级阶段,在我国社会主义社会相当长的一个历史时期内,由于全民所有制的社会主义全民所有制的性质和特点,社会主义国家的性质以及全民所有制产生的历史过程,决定了全民所有制企业必然采取国家所有制企业,即国有企业形式。

　　虽然现阶段我国社会主义全民所有制企业必须采取国有企业形式,但并不应是国家直接占有和使用国有企业的生产资料从事具体生产经营活动。而必须实行生产资料所有权和经营权两权分离的管理体制。

　　我国大型国有经济主体所有权和经营权必须分离的主要原因是:

　　——大型国有经济主体是整个社会分工体系中的一个基本环节,国家不可能对每个大型国有经济主体的一切活动都进行准确的合理的安排。大型国有经济主体拥有经营权可以使整个社会分工体系更加协调地运转,使社会需要得到更好地满足。

　　——大型国有经济主体是全民所有制经济进行生产经营活动的基本单位,让大型国有经济主体拥有经营权,可以更好地反映和实现社会生产和消费需要,从而充分挖掘企业潜力,搞好企业生产和经营。

　　——国家所有制经济的生产经营任务要由各企业完成。把经营权交给大型国有经济主体,就可以使企业从经济上实现责、权、利相结合。有利于正确处理国家、集体和个人三者之间的利益关系,充分调动大型国有经济主体企业和职工的社会主义积极性。

　　大型国有经济主体要实行所有权和经营权两权分离的管理制度,就必须是一个能够依法自主经营、自负盈亏、独立核算的相对独立的经济实体或社会经济组织。为此:

　　——大型国有经济主体要有依法取得的独立财产。虽然,大型国有经济主体的国家财产属全民所有,国家依照所有权与经营权分离的原则,授予企业经营管理权。企业对国家授予的经营管理的财产应享有占有、使用、收益和处分的权利。这样,它才能成为一个相对独立的经济实体或社会经济组织。

　　——大型国有经济主体既拥有国有企业财产的经营权,同时也就必须要有对其经营财产经营管理的自主决策权,必须实行自主经营。企业如何经营,如何发展,企业资产如何依法转移,包括相互投资、相互联合、相互转让,都应由企业依法决定。大型国有经济主体如果没有自主经营的权利,其经营权就不能实现。因而也不能成为一个相对立的经济实体或社会经济组织。

——大型国有经济主体又必须实行自负盈亏、独立核算。只有这样,它才能以自己从事生产经济活动的收入抵偿自己的支出,才能摆脱一切进入消费的产品。

在我国未实行企业改革的长时间里,由于我们没有正确认清社会主义生产具有商品性这种本质,把社会主义经济当成了自给自足的自然经济或产品仅是为了自身消费的产品经济。以产品的调拨和直接分配代替了商品交换,以产品生产代替商品生产。所有的全民所有制企业,包括大型国有经济主体都被当成了一个"大工厂",各个企业成了这个"大工厂"里的车间。因而,互相调拨或直接分配的产品,并不是为社会生产的,而是为自己的消费而生产的。同时,在全民所有制内部各企业间,产品也不是经过交换而进入消费的。大型国有经济主体的产品(至少是生产资料)采取的是实物调拨或配给的方式进行直接分配。尽管在其调拨或配给中,也是要计价的,但却不是以等价为条件,即使其调拨价格不足以补偿生产其产品企业的耗费,调出企业仍然必须调出自己的产品;同时,即使调入产品不适合调入企业的需要,调入企业也必须接受。由此可见,在我国传统的旧体制下,大型国有经济主体的产品并没有成为商品。因而,大型国有经济主体必须摆脱不必要的行政束缚而做到自主经营,才能成为一个相对独立的经济实体或社会经济组织。

最后,大型国有经济主体还必须是一个社会商品生产和经营单位。这是因为社会主义初级阶段的社会生产仍然是商品生产。大型国有经济主体是社会主义社会的生产建设和商品流通的直接承担者,是社会生产力发展和技术进步的主导力量。只有承认大型国有经济主体是社会主义商品生产和经营单位,即社会主义商品生产者,它才能把自己的产品当做商品来生产,从而也才能把自己的产品拿到市场上去进行交换。这样,才存在所谓经营问题,也才存在自主经营、自负盈亏、独立核算问题。也只有这样,大型国有经济主体才能成为相对独立的经济实体或社会经济组织。

大型国有经济主体要成为商品生产者,它的产品就必须成为商品。商品是属于不同所有者的用来交换的劳动产品。大型国有经济主体产品要成为商品,它必须是为社会生产的,用来交换并通过交换实现成为商品。

大型国有经济主体要成为依法自主经营、自负盈亏、独立核算的相对独立的经济实体,它就必须要有经营管理的自主决策权。

长期以来,由于我们实际上是把大型国有经济主体当成了一种单纯的生产机构或生产组织,大型国有经济主体没有自己应有的经营管理自主权。因而,它不能实行自主经营、自负盈亏、独立核算,不能成为相对独立的经济实体。

正是由于传统的大型国有经济主体体制是一种与产品经济体制基本适应的企业制度,才使它不能成为商品生产者。传统的大型国有经济主体的企业制度是一种与社会主义经济条件下的社会化大生产的商品经济,即社会主义市场经济新体制不相适应的微观管理体制,因而必须实行改革。

大型国有经济主体改革的根本目的在于搞活企业,增强企业活力,增强企业竞争力。为了达到这个目的,大型国有经济主体改革主要应解决好两个方面的关系问题,即确立国家和国有企业的正确关系和国有企业职工和国有企业之间的正确关系。

确立这两个正确关系是一个内容十分复杂、规模十分庞大的系统工程。它需要经历一个逐步发展的过程。

三十多年来,我国大型国有经济主体改革已经经过了扩大企业自主权和转换企业经营机制两个发展阶段,并且,已经取得了历史性的突破和巨大成就。目前,大型国有经济主体改革正处于制度创新阶段。

大型国有经济主体改革可以更好地发挥国有经济在国民经济中的主导作用,以保障国家安全和支撑国民经济的增长;可以加快现代企业制度的建立,使企业真正成为适应市场经济的法人实体和竞争主体,增强国有经济的控制力;可以实现政企分开,实现所有权和经营权分离,使企业自主经营、自负盈亏,提高国有企业的盈利能力;可以减轻企业负担,分离企业办社会职能,分离辅业,盘活辅业资产,使国有企业真正平等参与市场竞争;可以加强企业内部管理,建立健全科学合理的公司治理结构,建立完善企业经营管理制度和劳动用工制度,使企业规范有效运转,使国有资产能够保值增值。

我国大型国有经济主体改革,经过三十多年的努力推进,从宏观方面调整国有经济布局,从微观方面调整大型国有经济主体企业的产权结构已发生了深刻变化,大型国有经济主体企业的历史包袱在逐步减轻,产权结构等状况正在逐步调整,许多大型国有经济主体的基层企业都已改制或正在改制为股份公司或有限责任公司等股份制企业。而多数大型国有经济主体作为这些股份制企业的群体(或整体)组织尚未实行股份制改造,仍然存在着政企不分,职能不清的现象;许多已改制为股份制企业的大型国有经济主体企业仍然股权单一,产权主体一元化的国有独资公司,这样,国有资本仍然大量分散于自身并不具备明显优势的一般竞争行业和中小型企业,使得有限的国有资本不能有效集中使用,严重削弱了国有经济的控制力,使之难以真正起到主导作用。同时也限制了民营资本和民营企业的发展空间;大量大型国有经济主体企业承担的社会职能仍然过多,负担沉重,参与市场竞争能力低下,直接影响着大型国有经济主体企业的生存和发展。

我国大型国有经济主体也必然实行股份制改造。大型国有经济主体实行股份制改造必须选择其群体(或整体)股份制改制模式。

这些大型国有经济主体群体(或整体)基于特殊垄断企业组织地位及实行股份制改制的客观需要,需要一种比一般企业联合组织或企业群体组织更为优越的股份制企业联合组织模式。

我国传统的大型国有经济主体企业管理体制是一种政企不分、两权合一的企业管理体制或企业制度。企业体制改革的很重要任务就是需要建立起一种政企分开、两权分离的新型企业制度。

改革开放以来,我国企业改革正是朝着这个重要目标不断深入发展的。大型国有经济主体企业改制需要打破部门和地区的条块分割、冲破传统体制的束缚,使其成员企业不再属于哪个部门,哪个地区的直属企业,政府部门对这些企业主要运用经济手段和行政手段(包括法律手段)进行间接调控和管理。

大企业或大型国有经济主体群体(或整体)组织是技术进步的产物。技术进步和社会化大商品生产的发展是紧密相连的。正是在社会化大商品生产,即市场经济条件下,由于科学技术进步,机器大生产发展要求实行联合化;资源综合开发和合理利用,需要众多的企业和事业单位配合;科研、设计、生产一体化倾向,也要求企业联合。我国大型国有经济主体群体(或整体)组织企业改制也需要建立一种可以在科研、技术协作和联合的基础上,能与科研机构、大专院校和企业联合起来共同研制,开发高科技产品的群体(或整体)企业组织制度。实行这样的企业组织制度才有利于增强科研生产企业和单位的经济实力,并提高其科研生产能力,促进技术进步,提高控制力。

现代经济的发展要以科学的广泛应用和技术进步为基础。而现代科学的发展、技术的进步又要以经济的发展为前提。我国大型国有经济主体群体(或整体)组织改制,一方面,由于它本身是规模经济具有强大的科研、生产和技术开发能力,可以为技术进步提供强大的物质技术基础;另一方面,由于其自身经济增长和发展,又有赖于科学技术的进步和广泛应用,这又可以为推动技术进步提供强大的动力。因而,我国大型国有经济主体群体(或整体)组织改制对促进大型国有经济主体企业技术进步也有特殊功能作用。

产业结构是再生产过程中产业之间和各产业内部各部门之间的经济技术联系和比例关系。它是随着社会经济的发展以及需求状况的发展而变化的。及时合理地调整产业结构是保证社会再生产正常进行和健康发展的必要条件。但产业结构的合理与否,又是建立在生产结构和产品结构是否合理,是否能满足社会需要的基础上的。我国大型国有经济主体群体(或整体)组织改制需要使其成员企业在其生产经营活动中由于实行统一领导和专业化分工协作,能够根据社会需要,根据技术经济和专业化分工协作的合理要求,适时调整成员企业的生产销售计划,调整成员企业的生产结构和产品结构,从而实现社会产业结构及时合理地调整。因而,我国大型国有经济主体群体(或整体)组织改制对促进其成员企业产业结构的合理调整也具有特殊的重要意义和作用。

二、国有经济控制力

"国有经济控制力"应是指国有经济控制的企业和事业单位在国民经济中的影响程度。国有经济控制力具体体现在国有经济对国民经济的调节能力和保障能力上,也具体体现在国有经济实体的控制力上。

国有经济调节能力是国有经济通过控制支柱产业和高科技产业中的骨干企业对整个国民经济运行进行引导,使之健康、有序、稳步发展的能力。

国有经济保障能力是国有经济通过控制国防、战略性物资生产部门、高科技领域以及社会公共等部门,保障国家安全、经济安全和社会稳定的能力。

国有经济实体的控制力是指国有经济各个经济实体对其企业经营活动的控制能力,即对企业经营活动的控制权。

国家统计局课题组曾对国有经济控制力提出了一种计算方法。这种计算方法首先从静态上考察国有经济的调节力、保障力状况,主要测算国有经济在各行业中的比重。一般而言,国有经济比重越高,对整个经济的影响越大,调节和保障作用就越强。

其次,从国有经济经济实体的控制力动态上考察国有经济的控制力和发展活力状况,测算国有经济的投入产出效率。通常情况下,投入产出越高,经济量的增长就越多,发展速度就越快,经济活力就越强,对当前及未来整体经济的影响和调节作用就会增强。

最后,将这两种测算结果结合起来,整体评价国有经济对经济的控制力。

根据国家统计局课题组的研究成果,评价国有经济控制力的指标体系及计算方法如下:

调节保障力系数(静态指标)。$AJ = 0.3M_1 + 0.4M_2 + 0.3M_3$

其中:A 表示调节保障力系数;J 表示行业;M_1 为国有总资产在行业中的比重;M_2 为国有销售收入在行业中的比重;M_3 为国有所有者权益在行业中的比重。

活力系数(动态指标)。

$$CJ = 0.3(1 + d_1J)/(1 + D_1J) + 0.2(1 + d_2J)/(1 + D_2J) + 0.25(1d_3J)/(1 + D_3J) + 0.25d_4J/D_4J$$

其中:C 表示活力系数;J 表示行业;d_1、D_1 分别为国有和全行业销售收入增长率;d_2、D_2 分别为国有和全行业总资产增长率;d_3、D_3 分别为国有和全行业所有者权益增长率,d_4、D_4 分别为国有和全行业劳动生产率,因式前的常数是根据各指标的重要程度而分别赋予的权重。

控制力系数。

$RJ = AJ \cdot CJ$

其中:R 表示控制力系数;J 表示行业。最后根据各行业在工业经济中的重要程度不同,分别赋予不同的权重系数 fJ,计算出国有经济总的控制力系数。

根据这种计算方法,国家统计局课题组曾在一份研究报告中对我国国有工业控制力水平进行了测算。其结果是,1999 年我国国有工业控制力系数为0.611,其中调节保障力系数为 0.6170,活力系数为 0.990,基本控制了整个工业行业。

国家统计局课题组研究报告还提出,在 196 个工业行业中,国有经济应逐步从 146 个行业撤离,在 35 个行业保持一定控制力,在 15 个行业居于垄断地位。应逐步撤离的 146 个一般性竞争行业,包括服装、纺织等行业;满足一般消费需求的食品、饮料业、日用品行业;可以通过市场机制作用自行完成集中化和提高竞争力的产业,如部分家电制造业以及对资金和技术要求不高的其他制造业。国有经济无须垄断经营、但应保持一定控制力的 35 个行业,包括三种类型:一是比较重要的自然资源如煤炭、铁矿等矿产资源的开采;二是关系到国家综合经济实力和国际竞争力的高技术产业,如航天、新兴材料、计算机技术、生物医药等;三是正在成为新的增长点的支柱产业,如电子、石油化工、汽车等。必须由国有经济垄断或以垄断为主的行业有 15 个,如军工、电力等。①

关于国有经济经济实体的控制力的计算方法还有的主张用控股法。控股法就是按照国有经济的控股能力来计算国有经济控制力。

按此方法,国有经济具有控股能力的企业应包括:

1. 国有独资企业。包括单一国有经济投资主体和多个国有经济投资主体构成的企业。

2. 国有绝对控股企业。一般指国有经济的资本份额应当占总资本的一半以上,即 50% 以上的企业。

3. 国有相对控股企业。这类企业一般至少有三个投资主体,若国有经济投资主体所占份额虽然未超过半数,但与其他经济成分的投资主体各自所占份额相比相对较大,即使只占 10%—20% 也应属于国有经济控股企业范畴。

4. 对于仅两方合资而国有经济与非国有经济各占 50% 的企业,其经济范畴应当跟随掌握经营支配权的投资方的经济成分归属。一般说来,投资双方在协议之初对于企业经营支配权就有约定,若国有经济投资主体获实际经营权,则也应属于国有经济控股企业范畴。

按照国有经济的控股能力来计算国有经济控制力,可以计算出国有经济在整个经济总量中的规模和比重。计算出国有经济控制力。国有经济在整个经济中的总量指标可以根据不同的分析目的设置,例如国内生产总值(增加值)、总产值、营业收入等,但这还不够,因为这些指标只能反映国有经济在国民经济中的地位,而不能反映控制力。为了反映国有经济的控制力,还应当从资本的角度构造指标。例如可以构造为:

国有经济控制力 = 受国有资本支配的非国有经济资本/国有经济资本。意指单位国有资本能控制的非国有资本数量;

或者,国有经济控制力 = 受国有资本支配的非公有制经济资本/国有经济资本。意指单位国有资本能控制的私人、外资等非公有制资本数量;

国有经济控制规模 = 国有经济经营总量/国有经济资本。意指单位国有资本的产出控制能力;

---

① 国家统计局课题组:《国有经济成为经济发展的控制性力量》,《中国信息报》2000 年 11 月 16 日。

当然,还可以根据分析需要构造其他复合指标。[①]

三、股份制改造是大型国有经济主体增强控制力,具有关键性战略意义的重大举措。

我国经济改革的目标是要建立社会主义市场经济体制,发展社会主义市场经济。为了实现这个目标,我国必须调整和完善所有制结构,建立以公有制为主体,多种所有制经济共同发展的基本经济制度。在多种所有制经济共同发展的社会主义市场经济体制下的国有经济,已经不再是国民经济的唯一垄断者,而是国民经济中起主导作用的经济力量。国有经济的主导作用,主要体现在国民经济控制力上。

大型国有经济主体是我国国民经济的支柱。[②] 增强大型国有经济主体控制

---

① 参见李崇新:《关于国有经济控制力核算的探讨》,《统计与信息论坛》2001 年第 3 期。

② 2003 年,我国国有和国有控股企业的资产总量为 19.7 万亿元,净资产 8.4 万亿元,实现利润 4951 亿元,上缴的税金是 8105 亿元,分别占全国工商企业近 1/2。我的中央企业一共有 189 户,2003 年实现的利润是 3006 亿元,上缴的税金是 3563 亿元,占全国大型国有经济主体税金的 44%,占上缴利润的 66%。2004 年,我国国有和国有控股工业企业 3.18 万户,资产总额为 10.16 万亿元,销售收入 7.15 万亿元,实现的利润是 5312 亿元,上缴的税金是 5364 亿元,企业户数只占全部 21.95 万户规模以上 14.5%,资产总额占 52%,销售收入占 38%,实现利润占 46.8%,上缴税金占 60.5%(李荣融:《关于国有资产监管和大型国有经济主体改革的情况报告》,《全国人民代表大会公报》2005 年第 4 期,第 329 页)。2006 年,全国国有企业户数共计 11.9 万户,比 2003 年减少 3.1 万户;职工由 1990 年的 4363 万人下降到 2003 年的 2045 万人;当年实现销售收入 16.2 万亿元,比 2003 年增长 50.9%;实现利润 1.2 万亿元,比 2003 年增长 147.3%;企业资产总额 29 万亿元,比 2003 年增长 45.7%;户均资产 2.4 亿元,比 2003 年增长 84.6%,年均增长 22.7%。2007 年中央企业实现销售收入 9.8 万亿元,比 2003 年增长 1.2 倍,年均增长 21.8%;实现利润 9968.5 亿元,比 2003 年增长 2.3 倍,年均增长 34.9%,六成以上的企业利润年均增幅超过 30%。2007 年中央企业平均总资产报酬率 8.3%,比 2003 年提高 3.3 个百分点;平均净资产收益率 11.9%,比 2003 年提高 6.9 个百分点。2002 年到 2007 年,中央企业资产总额年均增加 1.5 万亿元,销售收入年均增加 1.3 万亿元,实现利润年均增加 1500 亿元,上缴税金年均增加 1000 亿元,国有资产保值增值率达到 144.4%(《坎坷曲折　激昂壮阔——国企改革 30 年纪实》,国务院国有资产监督管理委员会《中国经济网》。ww.ce.cn/xwzx/gnsz/gdxw/200808/27/t20080 ... 49K,2008 年 8 月 27 日,百度快照)。据国务院国资委主任李荣融在 2008 年 12 月 25 日召开的"全国国有资产监督管理工作会议"上介绍:2008 年 1 至 11 月,全国 31 个省(区、市)、新疆生产建设兵团、深圳、厦门、宁波、大连国资委直接监管和委托监管的国有及国有控股企业,实现销售收入 5.8 万亿元,同比增长 22.9%;实现利润 2744.2 亿元,同比下降 12.3%;上缴税金 3485.2 亿元,同比增长 19.3%。中央企业实现销售收入 10.8 万亿元,同比增长 20.2%;实现利润 6830.4 亿元,同比下降 26%;上缴税金 9221.4 亿元,同比增长 20.6%(《经济参考报》2008 年 12 月 26 日)。

力,对增强国有经济控制力,对我国经济体制改革深化发展,推进我国经济结构调整,推进我国经济发展都具有特别重大的战略意义。

股份制即股份制企业制度是一种实行企业社会集资投资的企业资金制度(企业产权结构制度)、企业财产所有权与经营权分离的企业财产制度(企业产权关系制度)和企业所有权与经营权职能、机构分离的企业的经营管理制度(企业治理结构制度)的企业制度;同时也是一种实行多元化企业产权结构,财产所有权与经营权分离的企业产权制度和企业所有权与经营权职能、机构分离的企业治理结构制度的企业制度。

在我国国有经济需要控制的行业和领域,大型国有经济主体可以通过股份制改造,转变机制,创新企业制度,搞活大型国有经济主体,增强大型国有经济主体活力和竞争力,促进大型国有经济主体发展,强身健体,做强做大,增强国有经济控制力;也可以通过股份制改造,把改制和重组结合起来,推动国有资本和非国有资本投向大型国有经济主体,做大做强,增强国有经济控制力。这是由于:

——股份制是一种实行企业社会集资和投资的企业资金制度的企业制度,它能进行社会集资和投资,其产权能在产权市场和资本市场转让、流动。并能通过国有股权的转让、流动,灵活地从一些企业部分或全部退出;也可以根据需要进入另一些企业,从而有利于国有资本的优化配置。

——股份制企业制度具有可以放大国有资本的功能。一般情况下,国有股占51%以上的股份就可以控股;在股权高度分散的情况下,有时国有股占20%—30%甚至更低比例也能有效控股。因此,少量的国有资本,可以控制、带动比它自身价值量大得多的总资本。

——实行股份制企业制度可以形成多元化的产权关系。即使是国有独资公司,也可以由多家国有投资公司共同控股或交叉持股,形成有效的制衡机制,有利于对国有资产的监管和它的保值、增值;有利于建立公司法人治理结构。实行股份制就要按照现代公司制的要求,在企业内部建立股东会、董事会、监事会,并由董事会聘任经理人员,这样就在企业内部建立起所有者和经营者之间的委托代理和制衡关系。

在我国国有经济需要控制的行业和领域,大型国有经济主体增强控制力既需要通过股份制改造,转变大型国有经济主体机制,创新大型国有经济主体企业制度,强身健体,做强做大,增强控制力;又需要推动国有资本和非国有资本投向大型国有经济主体,做大做强,增强控制力;并且后者也离不开前者,因为要推动国有资本和非国有资本投向大型国有经济主体,也需要将原有国有经济主体改造成股份制企业,才能从根本上解决推动国有资本和非国有资本投向大型国有经济主体的投资主体多元化问题。所以,在当前和今后相当长时期内,实行股份制改造都应是国有大型国有经济主体增强控制力的关键性战略举措。

同时,目前我国大量的大型国有经济主体仍是国有独资企业;大多数现代企业制度试点企业建立的也仍是国有独资公司;大量的大型国有经济主体也还是行政性企业集团。要放大国有资本功能,增强国有经济的控制力,必须加快大型国有经济主体股份制改制步伐,使股份制成为国有经济的主要实现形式。除造币等极少数的企业之外,其他大型国有经济主体,包括特大型、大型国有企业都应通过改制规范上市、中外合资、相互参股、兼并收购等多种途径进行股份制改造,实现产权(投资)主体多元化,发展混合所有制经济;新建的大型国有经济主体,更应采用股份制形式,通过控股、参股、联合等多种方式,广泛吸纳外国资本、民营资金以及社会其他方面资金,进一步增强和放大国有资本的功能。对需要国有资本控股的企业,也应区别不同情况实行绝对控股和相对控股。加快大型国有经济主体股份制改造对放大国有资本功能,增强国有经济控制力具有特别重要的现实意义。

第二节　我国大型国有经济主体股份制改造原因条件分析

一、实行股份制是大企业发展的普遍规律和要求

企业作为从事生产经营活动,实行独立核算的营利经济组织,它是社会生产的组织形式,也是社会生产的基本单位。从历史上看,企业是社会化大生产的商品经济,即市场经济的产物。在前资本主义社会中,由于社会化大生产的商品经济尚未充分形成和发展,生产方式以手工劳动为主,社会生产的基本单位是作坊和手工工场。随着社会生产的发展,机器大工业代替了工场手工业,在资本主义社会,社会化大生产的商品经济即市场经济占据了统治地位,这时,工厂制度逐渐产生发展起来,从而企业才逐渐取代作坊和手工工场成为社会生产的基本单位的。

现代有三种最主要的企业制度,即独资、合伙和公司,即股份制企业制度。早在12世纪初,就已经出现了独资企业和合伙企业。十四五世纪这些企业在官

方注册经营工商业。15世纪到18世纪,独资和合伙企业普及欧洲成为当时工商企业的主要制度。典型的公司则是17、18世纪产生,19、20世纪才形成和广泛发展而逐渐成为工商企业的主要企业制度。

在现代社会生产中,公司即是股份制企业,是比独资企业和合伙企业更优越的企业制度。这是因为:

——公司在组织上具有永恒的连续性,而独资企业和合伙企业在组织上则不具备这种连续性;

——在公司中由于公司的财产同股东的财产是完全分开的,股东的变化不会影响公司的结构。而在独资企业和合伙企业中,由于其财产属个人或全体合伙成员所有,个人或合伙人的变化会影响公司的结构;

——公司是一个独立的法人,它在民事流转中可以以自己的名义活动。而独资企业和合伙企业不是法人,因而在民事流转中不能以自己的名义活动;

——公司可以以自己的名义订立契约并承担契约责任。独资企业和合伙企业所订立契约则是个人或合伙人的契约,他们对这些契约负有个人或共同责任;

——公司的股份可在公司条例限定范围内自由转让,而合伙组织的出资却只有在所有合伙人同意后才能转让。

公司即股份制企业制度又是适合大企业发展的现代企业制度。其主要原因在于:

——在社会化大生产的商品经济即市场经济发展的今天,企业必须要有巨大规模,才能取得技术发展方面的优势来成功地与其他企业进行竞争。而一个企业要获得大规模经营所必需的工厂、设备及销售市场,需要的资金是十分庞大的,这是任何个人或为数不多的一伙人所不能提供的。因而,就需要采取向广大社会公众筹集巨额资金的企业形式。公司的股份所有制通过认股或股票发行和买卖使它能够有效地集中大量社会资金。同时典型的公司是股份有限公司,它又为个人规定了有限责任,股东不为企业债务负责,这就可以向与企业并无多大关系的广大社会公众筹集资金。公司股东的有限责任既是企业能够公开招募社会资金的基本条件,也是企业得以迅速集中大量社会资金的重要保证。

——公司的组织的资产具有连续性。一个规模巨大的企业如果它的组织和资产由于它的所有人或经理的死亡而自动终止,由于它的成员或管理部门变动而发生变动,那就会造成许多混乱、困难或危险,从而就会影响企业结构以及生产营业的发展。而由于公司的财产和组织具有永存性和独立性,这就可以连续经营自己的业务并保持财产与组织,而不致发生因财产转手和组织变动引起的种种混乱、困难和危险。

——公司的管理部门具有独立性。大企业公司股东人数众多,绝大多数股东既是企业财产的所有者,又是企业财产的经营者,必须实行企业财产所有权和经营权两权分离的企业经营管理制度。公司即股份制企业的资本所有权和经营权是分开的。这样,企业的经营管理也就具有独立性,具有很大的自由和灵活性,具有很强的应变能力,因而,也就很有利于企业的发展。

正是由于企业制度产生发展经历了一个由独资企业和合伙企业向公司,即股份制企业过渡的发展历程,股份制企业又是较独资、合伙企业更为优越的更适合大企业发展的企业制度,并且是适合大企业发展的现代企业制度。因而向股份制过渡必然也就成了现代大企业发展的一般趋势和普遍规律。

当代世界上许多著名大企业都曾是由独资或合伙企业逐步过渡到股份公司企业的。

例如,日本的三井集团,它是在17世纪初靠经营当铺和酿酒业起家的,后来发展成为家族康采恩。1910年,其家族总公司"三井合名公司"虽然采取了持股公司的形式。但处在这个金字塔形集团结构顶端的仍是三井家族。直到二次大战后,新形成的三井财团才真正建立了实行公司法人产权的股份公司制度的。

日本本田公司,它1946年成立时,仅仅是一家技术研究所。1948年便成为拥有100万日元资本的本田技研工业公司,由私人业主制企业转变成为股份制企业,1957年12月公司股票在东京股票交易所正式上市。

福特汽车公司一开始便采取了股份公司的形式。1903年,亨利·福特组建的福田汽车公司发行1000股股票,每股面值100美元。福特和煤炭商马尔抖姆逊各拥有255股,取得了对公司的共同控制权。业已发迹的福特以1亿美元买下了其合作者的全部股份,遂将公司变成了家族企业。公司只不过是福特手中的橡皮图章。1956年虽然再次允许家族以外的人拥有公司股权,但福特家族仍将有40%的表决股权。后来由于严重亏损,再加上公司内外出现的强烈不满,1979年福特二世不得不将公司经营大权转交给家族以外的菲利浦·卡德威尔,他本人并于1982年退休。从此才结束了这家公司长达77年的家族统治。

国外大企业,一般遵循的都是逐步向股份制转变这样一条普遍规律。

欧美著名企业西门子公司和通用汽车公司都走的是逐步向股份有限公司转变的路子。

西门子公司的创始人维尔纳·冯·西门子1847年6月与好友约翰·哈尔斯克联合创办了"西门子——哈尔斯克有线电报制造所"。以后事业有很大发展,在国外创办了多家分公司。1881年和1886年先后将其英国分公司和俄国分公司改为股份公司。1897年西门子总部也改组成为股份有限公司。西门子公司今天早已成为世界级巨型股份有限公司企业。

美国通用汽车公司的创始人威廉·克拉普·特本来是位马车运输业经营者。20世纪初,他看好正处于初创阶段的汽车工业,于1904年买下别克汽车公司。1908年别克年产量从4年前的47辆增加到8820辆。成为全国颇具控制力的汽车制造厂家。同年他宣布在新泽西州成立了通用汽车公司。此后,杜兰特不仅把别克汽车厂并入通用汽车公司。而且,买进了多家汽车厂。1910年,陷入困境的通用汽车公司向波士顿的李·汉金斯银行和纽约的赛格曼银行举债,使公司落入银行家手中。杜兰特被迫离开通用汽车公司后又创办了雪佛莱等5家汽车厂并在杜邦财团帮助下大量收购通用汽车公司的股票,再次执掌通用汽车公司的大权。1920年在经济危机中通用汽车公司再度陷入困境,杜兰特不得不退出公司。此后,通用汽车公司落入杜邦与摩根财团之手。1995年通用汽车公司已成为有雇员71万人,销售汽车830万辆,净收益69亿美元,世界首屈一指的工业巨子。

印度塔塔集团是从家族企业转为股份公司的又一典型。塔塔集团的创始人詹姆谢特吉·塔塔于1877年创办第一家纺织厂时,印度正处在英国殖民统治之下。此后,塔塔家族又相继进入了钢铁、电力、油脂、旅馆、化工、无线电、汽车制造、航空、银行、保险等领域。起初,塔塔集团不仅带有浓厚的家族色彩,而且深受英国殖民统治的影响。1887年,塔塔把自己的商行改为"塔塔父子有限公司",成了经管和创办塔塔企业的经理行。其经理行,本是英国殖民者控制印度经济的工具,后来印度本国的一些大企业也采用这一手段来扩大实力。其具体做法是:经理行在创办企业建立信誉后,便把大部分股票脱手,尔后只凭经理行合同控制这家公司,分享其利润,向其收取佣金。在经理行制度下,经理行对塔塔企业系统的控制是全面和专断的,所以,各企业的董事会有名无实。1970年印度政府废除经理行制度后,原来控制塔塔企业系统的公司改为专门向塔塔企业和非塔塔企业提供技术咨询的咨询公司。塔塔集团才从家族企业转为股份公司的。

国外的其他一些私营公司,一般也都是从小打小闹——家族企业——大企业,最后转变成股份有限公司的。

日本索尼公司也是一个从数十人小厂迅速发展成现代跨国公司的成功典型。索尼公司创建于1946年5月,它的创始人是一位被称为"发明的天才"的技术专家井深大。开始只有20名职工,创业资本仅有19.5万日元。1945年井深大创建东京通讯研究所时,办公地点只有借来的一间房子。1946年5月,井深大创建索尼公司,当时定名为"东京通讯工业公司"。后来,这家小企业迅速发展成为现代股份公司,其股票甚至在美国上市。

韩国三星集团1938年在创办"三星商会"时,职员只有40人,注册资本只有3万韩元(相当于2000美元),主要从事贸易和少量的制造业。1941年三星商会改称"株式会社三星商会"。从此,它由一个私人商会初步具备了现代企业雏形。1948年改称"三星物产公司",成为真正意义上的股份制企业。20世纪90年代,它已成为一个拥有50多个系列公司(1994年合并、清理、出售后现只剩24个系列公司),20多万名职工的巨型企业集团。1995年它被美国《幸福》杂志评为世界第十四大公司。[①]

总之,以上事实表明,向股份制企业即公司转变,正是世界各大企业发展所普遍走过的道路。

二、股份制改造是建立现代企业制度的客观要求

建立现代企业制度是我国企业改革的目标,也是我国大型国有经济主体改革的目标。我国建立社会主义市场经济体制,实现大型国有经济主体改革目标,所要建立的现代企业制度是"产权清晰、责权明确、政企分开,管理科学"的现代企业制度。我国大型国有经济主体只有实现股份制,才能实现建立现代企业制度的改革目标。

企业制度是由企业内部的各种制度构成的一个相互联系的系统或统一整体。企业内部的基本制度主要是企业的资金制度、财产制度和经营管理制度。可以认为,现代企业制度基本上应是一个由现代企业资金制度、现代企业财产制度和现代企业经营管理制度构成的相互联系的系统或统一整体。

这是因为,现代企业的生存和发展都首先需要一定数量的资金(资本),有

---

① 参见戎殿新、罗红波主编:《现代企业制度与国外大公司》,经济日报出版社1998年版,第10—15页。

了一定数量的资金才能购买生产资料、组织劳动者,使生产资料和劳动者相结合,以从事各种生产经营活动。所以,企业资金制度,即企业资金筹集、投放制度或集资投资制度,它是企业的生存制度,也是企业首要的制度。企业资金制度实质上是企业资金来源构成制度,企业的所有制结构制度,即企业产权结构制度。所以,它又是企业最基本的制度;其次,一个企业筹集一定数量资金组建起来后,又存在着一个所筹资金(财产)的所有权和经营权的确认和管理问题,也就是还存在着一个企业财产的产权关系制度,即企业财产制度问题。① 所以,企业财产制度或企业产权关系制度也必然成为企业基本制度的重要组成部分;再次,一个企业组建起来后,必须将其资金(资产)投入各种生产经营活动,这又必然建立各种经营管理制度。所以,企业经营管理制度或治理结构制度也必然成为企业基本制度的重要组成部分。企业经营管理或治理结构制度主要是企业经营管理职能和机构制度,即主要是企业治理机构制度或企业治理机构组织制度。

在现代企业制度内部,企业资金制度是决定企业财产制度的,企业财产制度又是决定企业经营管理制度的。

从现代企业制度的三种主要形式来看,独资企业是作为一个企业主单独出资进行生产经营活动,并归其个人所有和控制的企业。它又叫"个人企业"或"单人业主制企业"。独资企业基本特征是:

——企业的自有资金来源于企业主一人的个人集资,即企业主人的原始投资及企业主一人积累的利润再投资。除此之外,企业在急需资金而自有资金又无法扩大以满足生产经营活动的需要时,他无权向社会筹集资金,只能向他人借款或向银行等金融组织贷款;

——企业的财产完全是企业主一人的财产。并且,企业用来取得生产资料和劳动力并使之互相结合,从事生产经营活动的经营财产和企业主的个人财产在法律上并无区别。企业生产经营活动的结果,完全由企业主一人负责承担。如果企业生产经营有了盈利,其利润完全归企业主一人所得,不需要同他人共同分摊。如果企业因生产经营亏损而负债,也必须完全由企业主个人负无限清偿

---

① 企业的产权制度包括企业财产构成或结构制度和企业财产关系制度。企业财产构成或结构制度即资金构成制度或企业资金制度,它是企业财产的集资投资制度或企业的所有制结构制度、企业产权结构制度、企业产权占有权制度。企业财产关系制度又是企业财产制度。它是由企业财产构成或结构制度决定的企业财产的所有权和经营权的确认和管理制度、企业产权使用权制度,但它又是决定或可以包含企业财产收益权制度和企业财产处分权制度的。

责任；

　　——独资企业是由企业主一人直接控制和经营的。企业主同时又是企业家,其使用人或经理对外无权代表企业,只有企业主一人才有代表权。在经营管理方面,企业主无须同他人商量,即可决策。

　　合伙企业作为两个以上企业主共同出资进行经营,并归他们共同所有共同支配和控制的企业。其基本特征是：

　　——企业的自有资金是由合伙人的个别集资,即合伙人按照契约、协议以金钱、劳务、信用等方式直接共同提供的原始投资及其积累的利润再投资。除此之外,企业在急需资金而自有资金又无法扩大以满足生产流通经营活动需要时,它也无权向社会筹集资金,只能向他人或向银行等金融组织贷款；

　　——企业的财产是企业主或合伙人的私人财产。企业生产经营活动的结果,是由合伙人全体共同承担。如果企业生产经营有了盈利,其利润归全体合伙人共同分享。如果企业因生产经营亏损而负债,也由合伙人全体共同负连带清偿责任；

　　——企业是由全体合伙人共同联合经营,共同直接控制的企业。合伙人全体均为企业主,这些企业主同时也是企业家,其使用人或经理人对外也无权代表企业,只有合伙人全体才有代表权。在经营管理方面,合伙人全体原则上必须互相商量,并取得一致意见。

　　公司即股份制或公司制企业制度,有广义、狭义之分。

　　广义的公司即股份制企业制度包括各种类型的公司企业,它本质上是一种把不同所有者的不同份额资本(资金)集中起来,联合进行生产经营,并按照投入的资本(资金)参与分配的企业组织形式。

　　狭义的公司即股份制企业一般指股份有限公司。它是股份制或公司制企业的典型形式。公司制企业和独资企业与合伙企业不同。其基本特征是：

　　——在企业资金制度方面,独资企业和合伙企业都实行的是企业个别集资投资的资金制度。它是一种通过企业所有者的原始投资及其积累的利润再投资的方式筹集企业资金的制度。公司制企业则实行的是企业社会集资投资的资金制度。它是一种通过发行股票方式把社会资金集中或联合起来,筹集资金的制度；

　　——在企业财产制度方面,独资企业和合伙企业都实行的是自然人财产制度。它是一种企业财产所有权和经营权没有分开的企业财产制度。公司制企业则实行的是企业法人财产制度。它是一种企业财产所有权和经营权明确分开的企业财产制度；

——在企业经营管理制度方面，独资企业和合伙企业都实行的是所有权与经营权职能、机构合一的企业经营管理制度。而公司制企业则实行的是所有权与经营权职能、机构分离的企业的经营管理制度。

如果我们把以上三种现代企业制度的基本特征作一对比分析，我们就可以看到符合中国社会主义市场经济体制要求的"产权清晰、责权明确、政企分开、管理科学"的现代企业制度，主要应是公司制企业制度而不应是独资企业和合伙企业制度。

这是因为：独资企业和合伙企业都是一种一元性所有制结构的企业制度，企业财产的所有权和经营权都是同属于一个所有者或一伙所有者的，它们没有必要，也不可能分开。所以，如果我国大型国有经济主体企业实行独资企业或合伙企业制度，其所有权结构制度会依然故我，企业所有权和经营权依然无法明确分开。国家应拥有企业国有资产的所有权，企业应拥有企业财产（包括国有资产）的经营权这种产权关系也就无法清晰。也就是说，这就使企业无法实现产权清晰；企业产权不清晰，相应的也就无法明确经营者，即企业的责权关系。因而，也就无法使企业建成适应社会主义市场经济体制要求的产权清晰、责权明确的现代企业制度；也正因为企业财产的所有权和经营权不能分开，经营管理企业财产所有权和经营权的职能、机构也就不能分开。这样，国家作为大型国有经济主体企业财产所有者与经营者经营管理企业的职能、机构也就不能分开，于是政企也就依然不能分开；由于经营管理企业财产的所有权与经营权的职能、机构不能分开，企业经营管理职能和机构也就无法实现专门化和独立化。这样，企业也就无法成为真正的市场经济主体，无法及时合理地根据市场经济关系变化，调整自己的经营管理决策。从而也就无法科学地搞好企业经营管理。因而，也就无法使企业建成适应社会主义市场经济新体制要求的政企分开、管理科学的企业制度。

反之，公司制企业是一种多元性所有制结构的企业制度。企业财产的所有权是属于多个所有者的，众多的企业财产所有者没有必要，也没有可能直接经营管理企业的财产。他们必然要把企业财产的经营权委托交付给企业。所以，也就必然要实行所有权和经营权明确分开的企业法人财产制度。如果大型国有经济主体企业实行公司制企业制度，其所有权结构制度会由原来的国家（或集体）单独所有的一元性所有制结构，转变为多元性所有制结构，企业财产的所有权和经营权必然明确分开。国家应拥有国有资产的所有权,企业应拥有企业财产(包括国有资产)的经营权这种产权关系也就清楚明晰了。企业产权明晰,也就可能明确企业财产经营者,即企业的责权关系。这样也就可能把企业建成适应社会主义市场经济新体制要求的产权清晰、责权明确的现代企业制度,也正因为如此,企业财产所有权和经营权明确分开了。国家作为企业财产所有者和经营者经营管理企业的职能和机构也就必然分开,这样,也就可以实现政企分开。同时,因为经营管理企业财产的所有权与经营权的职能机构明确分开了,企业经营管理的职能、机构也就可能实现专门化和独立化,企业也就可能成为真正的市场经济主体,根据市场经济关系的变化,及时合理调整自己的经营管理决策,科学地搞好企业经营管理活动。这样,也就可能把大型国有经济主体建成适应社会主义市场经济制度的政企分开,管理科学的现代企业制度。

三、股份制改造也是增强活力和竞争力加快发展的现实选择

在我国实行社会主义市场经济新体制下,大型国有经济主体实行股份制改造是增强活力和竞争力,加快发展的现实选择。

第一,深化企业制度改革是大型国有经济主体增强活力和竞争力,加快发展的根本出路和现实选择之一。

目前,大型国有经济主体的企业制度在相当大的程度上仍停留在两权合一、政企不分的状态。大型国有经济主体作为企业,应以营利为其经营目标,但现在仍承担很多企业办社会负担。从内部看,由于产权关系不明晰,权、责、利关系不清仍然在很大程度上影响企业和职工的积极性难以持久调动和发挥。

实行股份制后,股权作为一种资产所有权,责、权、利关系相连,能规范投资者与经营者的责、权、利关系,规范所有权和经营权,通过真正实现两权分离而让经营者获得较为充分的经营自主权,增强灵活经营积极创利的动力,持久地调动和发挥地区和基层银行和职工的积极性,增强活力和竞争力,加快发展。

第二,改变资产质量是大型国有经济主体增强活力和竞争力,加快发展的根本出路和现实选择之二。

目前大型国有经济主体的大量不良资产虽是我国经济运行中诸多矛盾长期发展的产物。但长期实行传统的企业制度和银行制度是造成其不良资产的主要因素。这是因为在我国传统的企业制度和银行制度条件下,企业和银行的资金制度、财产制度和经营管理制度都是所有权与经营权合一的,政企不分的经济组

织制度。企业和银行的资金筹集和投放都受计划指令制约,企业需要资金,通过政府(部门或地方)计划指令由财政拨款或银行贷款供给,银行信贷指标依据政府(部门或地方)旨意投放。企业取得银行信贷资金后,由于仍实行的是一种不能自主集资和投资的企业资金制度,并且实行的是一种企业财产所有权与经营权及其职能、机构合一的企业财产制度和企业经营管理制度。企业产权关系不清晰、责权关系不明确,政企不分、管理不科学,这就往往容易造成大量投资决策失误,经营效益低下,并且容易造成资产经营管理不善、高额亏损、负债。而由于银行不仅贷款投入受计划和行政旨意制约,贷款收回也因受企业投资经营效益低下制约和政府行政旨意制约而无法保全。这样也必然使大量银行信贷成为不良资产。与此同时,由于传统的银行制度,也是一种所有权与经营及其职能、机构合一,政企不分的金融企业制度。银行在非信贷业务的经营管理中,决策失误、经营管理不善,也必然使部分资产因经营效益低下而成为不良资产。改革开放三十多年以来,我国经济体制,银行信贷体制,企业制度和银行制度虽已有了不少改革,但还只是一个逐步深化的过程。目前,上述制度弊端已经有了一定程度的消除,但仍未从根本上解决问题。因而,不良资产还在继续生成,甚至扩大。

目前,我国企业已广泛实行了股份制。在这个基础上大型国有经济主体实行股份制后,可以通过两权分离和自我约束来遏制新的不良资产产生,通过大力改善资产结构,改善资产经营管理,提高经营资产质量和经营效益,增强活力和竞争力,加快发展。

第三,加快发展是大型国有经济主体增强活力和竞争力,加快发展的根本出路和现实选择之三。

"入世"给我国既带来了一定的发展机遇,也带来了一定的挑战,特别是随着经济运行中各种主导层次矛盾的不断暴露,大型国有经济主体经营管理机制与社会主义市场经济发展,与入世要求不相适应的问题日益突出。大型国有经济主体要适应国内外市场经济发展,市场竞争日益加剧的客观需要,必须加快发展才能增强竞争实力。而进行股份制改造正是大型国有经济主体应对入世后的种种挑战,加快发展,增强活力和竞争力,加快发展的重要现实途径。

四、实行股份制改造增强控制力的可行性条件和基础

1. 我国《宪法》和《中共中央关于国有企业改革和发展若干决定》为大型国有经济主体实行股份制改造,增强控制力提供了法律和政策决策依据。

股份制企业即公司既是一种不同于传统的公有制经济组织形式的新型经济组织形式或企业制度。同时，又是一种实行企业财产所有权与经营权明确分开的,企业拥有在法律规定范围内的自主经营权的企业制度。

《中华人民共和国宪法》明确规定:"国家在社会主义初级阶段,坚持公有制制度。""国有经济,即社会主义全民所有制经济是国民经济的主导力量,国家保障国有经济的巩固和发展。""大型国有经济主体在法律规定的范围内有权自主经营。"这就表明,我国《宪法》明确允许股份制这种多种所有制经济存在,大型国有经济主体也有权实行这种依法拥有自主经营权的股份制企业制度,并且国家保障实行股份制改造的国有经济主体的巩固和发展。我国《宪法》上述规定为我国大型国有经济主体实行股份制改造提供了可行性法律依据。

党的十五大以来中央对大型国有经济主体实行股份制改造,增强控制力作出了若干重要决定和建议。

党的十五大通过的《中共中央关于大型国有经济主体改革和发展若干重大问题的决定》中明确决定:"在社会主义市场经济条件下,国有经济在国民经济的主导作用,主要体现在控制力上。""国有经济的作用,既要通过国有独资企业来实现,更要大力发展股份制,探索通过国有控股和参股企业来实现。"

《决定》强调必须坚持在"国家控制国民经济命脉,国有经济的控制力和控制力得到增强"前提下,"积极探索公有的多种有效实现形式",并特别强调了要实行股份制问题。

《决定》明确提出:"国有资本通过股份制可以吸引和组织更多的社会资本放大国有资本的功能,提高国有经济的控制力、影响力和劳动力。"

《决定》还强调指出:"国有大中型企业,尤其是优势企业,宜于实行股份制的,要通过规范上市,中外合资和企业相互参股等形式,改为股份制企业,发展混合所有制经济,重要的企业由国家控股"。在大型国有经济主体实施战略性改组的过程中,坚持"抓大放小"。要着力培育实力雄厚、控制力强的大型企业和企业集团。有的可以成为跨地区、跨行业、跨所有制和跨国营的大企业集团。

党的十六届三中全会通过的《中共中央关于完善社会主义市场经济体制若干问题的决定》中,进一步强调必须"坚持公有制的主体地位,发挥国有经济的主导作用。""要适应市场经济不断发展的趋势,进一步增强公有经济的活力,大力发展国有资本、集体资本和非公有资本等参股的混合所有制经济,实现投资主体多元化,使股份制成为公有制的主要实现形式。"要完善国有资本有进有退,合理流动机制,"进一步推动国有资本更多地投向关系国家安全和国民经济命脉的重要行业和关键领域,增强国有经济的控制力"。

党的十六届五中全会通过的《中共中央关于制定国民经济和社会发展第十一个五年规划的建议》中更进一步把"坚持公有制为主体,多种所有制经济共同发展"。"加大国有经济布局和结构调整力度,进一步推动国有资本向关系国家安全和国民经济命脉的重要行业和关键领域集中,增强国有经济控制力,发挥主导作用"。"加快国有大型企业股份制改革,完善公司治理结构"。"深化垄断行业改革,放宽市场准入,实现投资主体和产权多元化"作为制定"十一五"规划的建议。

中共中央上述若干重要决定和建议早已把国有大企业股份制改革作为深化大型国有经济主体改革,完善社会主义市场经济体制,以及坚持和完善基本经济制度的重大战略部署。

中共中央关于实行和加快国有大型企业股份制改革,增强国有经济控制力的有关决定和建议,又为我国大型国有经济主体实行股份制改造,增强控制力,提供了政策和决策依据。

2. 国有企业改革深化发展,为大型国有经济主体实行股份制改造,增强控制力指明了方向,奠定了基础条件。

改革开放以来,特别是 1992 年以来,我国大型国有经济主体改革不断深化发展。

1992 年国务院发布了《全民所有制工业企业转换经营机制条例》。重新界定了企业的经营权、政企关系和法律责任,推动了国有大型企业逐步成为自主经营、自负盈亏、自我发展、自我约束的经济实体。

1993 年 11 月在党的十四届三中全会《关于建设社会主义经济体制若干问题的决定》里,明确界定了现代企业制度的内涵,包括"产权清晰、权责明确、政企分开、管理科学"四个方面。为国有大型企业实行规范的公司改革,指明了方向。

1997 年党的十五大报告指出:股份制是现代企业的一种资本组织形式,有利于所有权和经营权的分离,有利于提高企业和资本的运作效率,资本主义可以用,社会主义也可以用。不能笼统地说股份制是公有还是私有,关键看控股权掌握在谁手中。国家和集体控股,具有明显的公有性,有利于扩大公有资本的支配范围,增强公有制的主体作用。同时,在十五大报告中明确提出:公有制有多种实现形式,国有经济在国民经济中的主导作用主要体现在控制力上。国有经济的作用既要通过国有独资企业来实现,更要大力发展股份制,探索通过国有控股和参股企业来实现。坚持"有进有退,有所为有所不为"。国有经济在关系国民经济的发展,在实现国家宏观调控目标中发挥重要作用。国有经济需要控制的行业和领域主要包括:涉及国家安全的行业,自然垄断的行业,提供重要公共产品和服务行业,以及支柱产业和高新技术产业中的重要骨干企业。国有经济应保持必要的数量,更要有分布的优化和质的提高;在经济发展的不同阶段,国有经济在不同产业和地区的比重可以有所差别,其布局要相应调整等等,使大型国有经济主体股份制改革由个别试点转向全面推进,开拓了大型国有经济主体改革深化发展的新局面。

1997 年 9 月在党的十五届一中全会上,提出了大型国有经济主体改革和发展三年两大目标,即力争用三年左右的时间,使大多数国有大中型亏损企业摆脱困境,大多数国有大中型骨干企业初步建立现代企业制度。同时采取了债转股、技改贴息和兼并破产等政策措施,以确保这一目标的实现。解决了改制企业大量困难问题,进一步推进了大型国有经济主体股份制改革的全面推行和发展,为国有经济主体实行股份制改造奠定了一定的环境基础和条件。

1999 年 9 月在党的十五届四中全会上,进一步作出《关于国有企业改革和发展若干重大问题的决定》,对如何建立现代企业制度进行了全面阐述,强调要突出抓好推进政企分开、探索国有资产管理的有效形式、对国有大中型企业实行规范的公司制改革和面向市场转换企业经营机制四个环节,为大型国有经济主体的跨世纪改革提出了更明确的方向。

2000 年 9 月出台了《国有大中型企业建立现代企业制度和加强企业管理的基本规范(试行)》,指导企业加快现代企业制度建设,改善和加强企业管理。2001 年 9 月国务院转发了国家经贸委等七部委《关于发展具有国际控制力的大型企业集团的指导意见》。为国有大型企业实行股份制和股份制企业集团改造和发展进一步明确了方向,开拓了道路。

2002 年党的十六大上提出了深化国有资产管理体制改革,深化大型国有经济主体改革,按照现代企业制度和要求,国有大中型企业继续实行规范的公司制改革,完善法人治理结构。通过市场和政策引导发展具有国际控制力的大公司大企业集团。

2003 年党的十六届三中全会作出的《中共中央关于完善社会主义市场经济

体制若干问题的决定》中，进一步提出了大力发展国有资本、集体资本和非公有资本等参股的混合所有制经济，实现投资主体多元化，使股份制成为公有制的实现形式。完善国有资本有进有退，合理流动机制，进一步推动国有资本更多地投向关系国家安全和国民经济的重要行业和关键领域，增强国有经济的控制力。

2005年党的十六届五中全会上的《中共中央关于制定国民经济和社会发展第十个五年计划的建议》中进一步提出了坚持以公有制为主体，多种所有制经济共同发展的方针。加大国有经济布局和结构调整力度，进一步推进国有资本向关系国家安全和国民经济命脉的重要行业和关键领域集中，增强国有经济控制力，发挥主导作用。加大国有大型企业股份制改革，完善公司治理结构，深化垄断行业改革，放宽市场准入，实现投资主体和产权多元化。鼓励和支持非公有经济参与大型国有经济主体改革建议等等。

党的十六大以来，中共中央的这三个决定和建议，进一步为我国大型国有经济主体实行股份制改造，增强控制力，加快发展，指明了正确的方向。

2007年党的十七大报告进一步明确要求：要"深化国有企业公司制股份制改革，健全现代企业制度，优化国有经济布局和结构，增强国有经济活力、控制力、影响力。"更进一步为我国大型国有经济主体实行股份制改造，增强控制力，加快发展，指明了正确的方向。开拓了前进的道路，奠定了基础，创造了条件。

第二章　股份制:我国大型国有经济主体改造的方向

大型国有经济主体制度改造必须确立并坚持正确的改造方向。我国大型国有经济主体改造正确的改造方向不是由人们的主观意志和愿望决定的,而是由我国社会经济发展及其经济体制自身决定的。我国传统的大型国有经济主体的企业制度是适应计划经济体制的企业制度;在社会主义市场经济新体制下,必须改造成一种适应社会主义市场经济体制的企业制度,这就是我国大型国有经济主体正确的改造方向。

本章从如何消除传统的大型国有经济主体企业制度的弊端,适应社会主义市场经济体制需要的意义上,研究我国大型国有经济主体企业制度改造方向。阐述实行股份制完全符合我国大型国有经济主体制度改革方向,具有十分重要的意义和作用。

第一节　股份制与现代产权制度

一、产权概念与产权制度

(一)产权概念

长期以来,关于产权(propertyrights)概念的理解,国内外学者都是见仁见智,表述很多。

例如,在科斯等著的《财产权利和制度变迁》一书中,H. 德姆塞茨认为"所谓产权是指使自己或他人受益或受损的权利。"①阿尔钦认为"产权是一个社会

---

① 科斯等:《财产权利和制度变迁》,上海人民出版社、上海三联书店 1994 年版,第 97 页。

所强制实施的选择一种经济品的使用权利"①。而路易斯、埃斯则认为"产权是人们拥有的对资源的用途、收入和可让渡性的权利"②。著名的《新帕尔格雷夫经济学大辞典》也把产权解释为"一种通过社会强制而实现的对某种经济品的多用途进行选择的权利。"我国最新修订的《辞海》一书中则把产权归结为"财产的所有权"。

现代经济学一般多把产权视为对经济品的权利关系,即经济关系。包括对经济品的占有、使用、收益、处分等权利关系,即生产关系或经济关系。

从比较研究也可以看出制度经济学的产权概念和马克思所讲的经济关系,即生产关系的概念相当接近。马克思在《政治经济学批判》序言中指出:"人们在自己生活的社会生产中发生一定的、必然的不以他们的意志为转移的关系,即同他们的物质生产力的一定发展阶段相适应的生产关系的总和构成社会的经济结构,即有法律的和政治的上层建筑竖立其上并有一定意识形态与之适应的现实基础。"③

马克思甚至还明确指出,资产阶级所有权就是资本主义社会生产的全部生产关系。他在研究了《罗马法》之后曾指出:"罗马人最先制定了私有财产的权利……私有财产的权利是任意使用和支配的权利,是随心所欲处置什物的权利。……私有财产的真正基础即占有,是一个事实而不是权利。只是由于社会赋予了实际占有以法律的规定。实际占有才具有合法的性质,才具有私有财产性质。"④

法国在1793年《宪法》第16条关于财产中曾规定:"产权是每个公民任意使用和处分的财产,自己的收入即自己的劳动和经营成果的权利"。1804年《法国民法典》第2章第544条对财产所有权的规定是:"所有权对物有绝对无限制的使用、收益及处分的权利,但法律所禁止的使用不在此限。"

1900年《德国民法典》第3编第903条关于所有权也曾规定:"物之所有人,在不违背法律或第三人权利之范围内,得自由处分其物,并将排除他人对物之一切干涉。"

---

① 科斯等:《财产权利和制度变迁》,上海人民出版社、上海三联书店1994年版,第166页。
② 埃瑞克·菲吕博腾等:《新制度经济学》,上海财经大学出版社1998年版,第55页。
③ 马克思:《政治经济学批判》,人民出版社1986年版,第8页。
④ 马克思:《黑格尔法哲学批判》,《马克思恩格斯全集》第1卷,人民出版社1965年版,第382页。

我国《民法通则》第五章第七十一条也规定："财产所有权是指所有人依法对自己的财产享有占有、使用、收益、处分的权利。"

我国台湾地区学者史尚宽也指出："财产所有权一般抽象概括为支配权。"[①]具体包括占有、使用、收益、处分权。这四权既是所有权的权能又是所有权的组成部分。

普通法之父布莱克·斯通也曾指出，财产权是"绝对权利，是英国人所获得的自由使用、收益、处分的权利构成的。"[②]这四权既可以相互整合为所有权，又可以从所有权中分别分离出去。

表面上看经济学和法律关于产权概念的表述似有不同，但从本质上看二者关系十分密切。前者是指产权的经济关系，是产权内容，后者则是产权内容的法律表现。正因为如此，可以认为广义产权即财产权或财产所有权，它既是其所有者对其财产享有的占有、使用、收益、处分的权利关系或经济关系，又是其所有者对其财产（经济品）的占有、使用、收益、处分的权利关系或经济关系。

财产的占有即财产归属或控制。它包括财产所有者的原始所有权或最终所有权和财产的实际占有或控制权利；它又称为狭义财产所有权。占有权是财产权利中决定其他权利的基础，它是决定财产使用、收益、处分权利的。在现实经济生活中，财产所有者可以是其财产的直接的、独立的、完整的所有者和控制者，也可以是根据契约合同，依法成为财产的间接的、非独立的或非完整的所有者即实际占有者和控制者。

财产的使用是按财产物的性能和用途对物的利用或经营。财产所有者因占有财产而享有使用或经营其财产的权利。财产非所有者，依据法律规定或约定使用或经营他人财产，也可以享有其财产的使用权或经营权。

财产的收益是占有和使用财产而获得的经济利益。财产所有者使用自己的财产，由财产形成的收益全部归自己，享有完全的收益权。财产非有者合法使用他人财产，则与其所有者共同享有财产的收益权，即部分享有财产收益权。

财产的处分即对财产的处置。通常情况是财产所有者对其所有财产具有最初和最终处置权。经营者对其经营财产具有中间处置权，即在对财产的经营过程中对其经营财产具有处置权。

---

① 史尚宽：《物权法论》，（中国）台湾荣泰书馆股份有限公司1957年版，第55页。

② ［英］W. 布莱克·斯通：《英国法律论》，费城1959年英文版，第2页。

（二）产权制度

由于产权即财产权或财产所有权的各种权能既可以与财产所有权相互连接、相互整合为一个整体（例如在自然人企业场合），又可以与财产所有权相互独立、相互分离（例如在法人企业场合）。① 因而，不同企业制度中，由于企业产权内在结构整合和分离状态不同，会有不同的产权关系规则和规范。不同企业产权关系的各种规则和规范便形成了不同企业的产权制度。

根据企业财产产权或产权权能结构状况，企业产权制度应包括企业财产占有权、使用权、收益权和处分权等制度。

企业财产占有权制度是企业所有者产权关系制度。也是企业财产（资本或资金）或产权来源与构成制度、产权结构制度或企业资金制度。在现实经济生活中，在财产所有者和经营者合一的经济组织，即企业中，其产权结构制度是一种一元化，即只由一个所有者财产（资本、资金）来源构成的产权结构制度，或企业资金制度。在财产所有者和经营者分离的经济组织，即企业中，其产权结构制度是一种多元化，即要由多个所有者财产（资本、资金）来源构成，多个产权主体的产权结构制度或企业资金制度。

在现代企业中，各种自然人企业包括独资企业和合伙企业都是实行一元化产权结构制度或企业资金制度。各种法人企业，即公司或股份制企业都是实行多元化产权结构制度或企业资金制度的企业制度。

企业财产使用权制度是企业财产所有者和经营者产权关系制度与权责关系制度或企业财产制度。在现实经济生活中，在财产所有者和经营者合一的经济组织，即企业中，由于财产所有者和经营者是同一个人，它是一种所有权与经营权合一的单一产权关系，因而也就不存在所有者与经营者权责关系的规则、规范，从而，也就不存在建立相应的权责关系的企业制度。在企业财产所有者和经营者（财产使用人）分离的经济组织，即企业中，由于财产所有者和经营者不是同一个人，它是一种所有权与经营权分离的复合的产权关系，因而，也就需要制定企业财产所有者与经营者权责关系的规则、规范，从而，也就需要建立相应的产权关系和权责关系的企业制度。

---

① "所有权的各项权能的分离，包括占有权、收益权和处分权的分离，这些权能都是可从所有权中分离出去的。即使这四种权能都分离出去后，所有权通过为法律所确认的代表所有人的利益和要求的独占权表现出来。此时所有权并不表现为'空的所有'（Dominum Condum）。"王利明：《国家所有权研究》，中国人民大学出版社 1991 年版，第 115 页。

企业财产所有者与经营者产权关系,就是企业所有者产权与经营者产权关系。所谓所有者产权在所有权与经营权合一的企业中是财产所有者对自己享有的占有、使用、收益、处分权利的总和。在所有权与经营权分离的企业中是财产所有者对自己财产的原始所有权和最终所有权。所谓经营者产权,在所有权与经营权合一的企业中,它是包括在产权中即财产权或财产所有权中,而不能独立存在的。而在所有权与经营权分离的企业中,则是独立存在的。企业财产经营权是指企业对其财产所有者即投资人授予企业经营的财产享有的占有、使用、收益和依法处分的权利。实际上通常应指除企业出资人拥有的企业财产的原始所有权和最终所有权(原始产权和最终产权)以外的其他各种产权权能的总和。

在现代企业中,各种自然人企业,包括独资企业和合伙企业都是实行企业财产所有权与经营权两权合一的单一产权关系、权责关系或企业财产制度的企业制度。各种法人企业,即公司或股份制企业都是实行企业财产所有权与经营权两权分离的复合产权关系与权责关系制度或企业财产制度的企业制度。

企业财产收益权制度是企业财产即产权收益分配关系制度。在现实经济生活中,在财产所有者和经营者合一的经济组织,即企业中,由于财产所有者和经营者是同一个人,它是一种所有权与经营权合一的单一产权关系,因而也就不存在所有者与经营者财产收益分配关系的规则、规范,从而,也就不存在建立相应的财产所有者和经营者收益分配关系的企业制度。在企业财产所有者和经营者(财产使用人)分离的经济组织,即企业中,由于财产所有者和经营者不是同一个人,它是一种所有权与经营权分离的复合的产权关系,因而,也就需要制定企业财产所有者与经营者财产收益分配关系的规则、规范,从而,也就需要建立相应的财产所有者和经营者收益分配关系的企业制度。

企业财产处分权制度是企业财产即产权流通关系制度。在现实经济生活中,在所有权与经营权合一的经济组织即企业中,由于财产处分权全部归财产所有者,所有者独享企业财产权处分权,也就不存在建立财产所有者与经营者财产流通关系的企业制度;而在企业财产所有权与经营权分离的经济组织即企业中,由于企业财产经营者因使用(经营)财产所有者财产,而应与财产所有者共享企业财产处分权。则必须建立所有者产权和经营者共享财产处分权的企业制度。

在现代企业中,各种自然人企业,包括独资企业、合伙企业中,由于企业所有者和经营者是合一的,所以,都是实行所有者独享企业财产处分权的企业制度。法人企业即公司或股份制企业中,由于企业所有者和经营者是分开的,所以,都是实行所有者产权和经营者共享财产处分权的企业制度。

产权制度是社会经济生活中的基础性制度安排,它是随着社会经济条件各经济关系的变化而发展的。正如马克思所指出的:"在每一个历史时代中,所有权以各种不同方式在完全不同的社会关系下面发展着。""要想把所有权作为一种独立的关系,一种特殊的范畴,一种抽象的和永恒的观念来下定义,这只能是形而上学或法学的幻想。"①所以,不同的社会经济形态下的产权制度会有不同的特征和要求。

二、股份制与现代产权制度

(一)现代产权制度

现代产权制度是与现代市场经济相适应的产权制度。它是一种"归属清晰、权责明确、保护严格、流转顺畅"的企业产权制度。"归属清晰、权责明确、保护严格、流转顺畅"既是现代企业产权制度的基本特征又是建立现代企业产权制度的基本要求。

"归属清晰"的企业财产占有权制度是能使产权主体明晰、产权界定准确的企业财产占有制度。而要使企业产权主体明晰,客观上要求产权主体人格化。②要使产权界定准确,客观上又要求其产权所有具有排他性。产业主体人格化和产权具有排他性这种企业财产制度安排,可以从根本上明确企业财产的所有权。只有明确界定企业财产的所有权或所有者财产,才能明确界定企业财产的经营权,从而才能明确企业财产所有者和经营者的权责利关系,正确建立企业财产使用权、收益权和处分权制度。因此,"归属清晰"既是现代产业制度的企业财产占有权制度的基本特征和要求,也是建立现代产权制度的基本特征和要求。

"权责明确"的企业财产使用权制度是能够明确规范企业财产所有者和经营者享有的权利与承担的责任相对称的财产使用权制度。建立"权责明确"的

---

① 《马克思恩格斯选集》第 1 卷,人民出版社 1972 年版,第 144 页。

② "所有权制度发展的历史表明,所有权的明晰化意味着确定的财产必须与特定的主体联系在一起。也就是说财产必须具有明确的,法律上具有人格的主体。换言之,作为所有权的主体必须具有权利能力,这个主体如果是一个共同体,必须具有一个意志和形成机构,从而使它能够实际地享有使用权权利并承担义务和责任。假设没有这样一个主体,财产关系将因为没有一个真正的人格化代表而使使用权财产关系变得模糊不清,从而将会使事实上的所有人变成真正的所有人。"王利明:《国家所有权研究》,中国人民大学出版社 1991 年版,第 82 页。

企业财产使用权制度,客观上要求企业财产所有者,即企业出资人享受了一定财产的所有权,就必须承担相对称的出资和对资产经营的监管责任;同时客观上又要求企业财产经营者,即使用者,享有对经营财产的经营权利,就必须承担与之相对称的各种经营责任。企业投资者出资组建企业,企业经营者经营企业都是为了分享企业生产经营利益,企业投资者和经营者的利益都是由他们的权责关系决定的,只有在建立"归属清晰"的企业财产占有权制度的基础上,才能正确建立"权责明确"的企业财产使用权制度。只有在建立"权责明确"的企业财产使用权制度的基础上,才能正确建立企业所有者和经营者财产收益权和处分权制度。因此,"权责明确"既是现代产权制度的企业财产使用权制度的基本特征和要求,也是建立现代产权制度的基本特征和要求。

"保护严格"的企业财产收益权制度是能够依法全面保护企业财产所有者和经营者的财产收益制度。建立"保护严格"的企业财产收益权制度客观上要求建立公平、合理、规范的企业所有者和经营者财产收益分配制度。只有在建立"归属清晰"的企业财产占有权制度、"权责明确"的企业财产使用权制度的基础上,才能正确建立"保护严格"的企业财产收益权制度。并且,只有建立"保护严格"的企业财产收益权制度,才能正确建立企业财产所有者和经营者财产处分权制度。同时,只有建立"保护严格"的企业财产收益权制度才能保证"归属清晰"的企业财产占有权制度、"保护严格"的企业财产使用权制度能够得以实现。因此,"保护严格"的企业财产收益权制度既是现代产权制度的企业财产收益权制度的基本特征和要求,也是建立现代产权制度的企业产权制度的基本特征和要求。

"流转顺畅"的企业财产处分制度必须是能够使企业所有者和经营者产权都能在资本市场或产权市场上依法自由流通的企业财产处分权制度。建立"流转顺畅"的企业财产处分权制度,客观上要求建立企业财产所有者和经营者有权根据企业生产经营的实际需要,根据市场环境条件变化的实际需要在资本市场或产权市场上自由转让或买卖产权的处分权制度。只有在建立"归属清晰"的企业财产占有权制度、"权责明确"的企业财产使用权制度和"保护严格"的企业财产收益权制度的基础上才能正确建立"流转顺畅"的企业财产处分权制度。同时只有建立"流转顺畅"的企业财产处分权制度才能保证"归属清晰"的企业财产占有权制度、"权责明确"的企业财产使用权制度和"流转顺畅"的企业财产处分制度能够得以实现。因此,"流转顺畅"这既是企业产权制度的企业财产处分权制度的基本特征和要求,又是建立现代企业产权制度的基本特征和要求。

（二）股份制企业产权制度是典型的现代企业产权制度

股份制作为典型的现代企业组织形式,其产权制度就是典型的现代企业产权制度。股份制企业产权占有权制度,即企业产权结构制度或企业资金制度是一种多元化的资金来源和构成的产权结构制度或企业资金制度。现代股份制的典型企业组织形式是股份有限公司,主要企业组织形式是股份有限公司和有限责任公司,无论是股份有限公司还是有限责任公司的资本（资金）,即财产都是由多个企业投资者,即出资人投资入股的财产组成,其股份财产的产权主体是股东,股东股份的多少是由其投资入股财产的多少准确界定的。因而,企业财产的产权归属是十分清晰的。因此,股份制企业财产占有权制度是一种"归属清晰"的现代企业财产（产权）占有权制度或现代企业资金制度。

股份制企业产权的使用权制度或企业财产关系制度,即企业财产制度又是一种企业财产所有权与经营权分离的,或企业所有者财产和经营者财产（经营财产）明确分开的企业产权关系制度,即企业财产制度。在这种企业财产制度下,其财产所有者享有企业财产的所有权、承担与自己的财产相对称的出资责任;其财产经营者享有财产的经营权,承担经营财产的各种经营责任,这种权利与责任关系也是十分明确的。因此,股份制企业财产使用权制度,是一种典型的企业财产所有者与财产经营者"权责明确"的现代企业财产使用权制度。

股份制企业财产收益权制度是建立在财产"归属清晰、权责明确"基础上的财产收益分配制度。股份制企业所有者和经营者对其所有财产投资形成的股份都拥有法定的财产收益权。所有者的股份收益是由其所有者财产投资形成的股份决定的。经营者的股份收益是由其经营者财产,即企业法人财产投资形成的股份决定的。无论是股份制企业所有者的股份收益分配制度还是经营者的股份收益分配制度,都是受法律严格保护的收益分配制度。因而,股份制企业收益权制度又是一种典型的"保护严格"的现代企业财产收益权制度。

股份制企业的产权处分权制度是建立在企业产权"归属清晰、权责明确、保护严格"基础上的产权处分权制度。在这种产权流通制度下,企业所有者和经营者都对其所有财产拥有法定的处置权,并且都可以通过资本市场或产权市场进行法定的自由流转。企业财产的所有者,可将其所有财产依法在资本市场或产权市场上自由流转,企业也可以将自己经营财产（企业经营财产或经营者财产）依法在资本市场或产权市场上自由流转。因而，股份制企业的处分权制度是一种典型的"流转顺畅"的现代企业处分权制度。

第二节　股份制企业产权占有权制度与我国大型国有经济主体产权占有权制度改造方向

一、我国传统大型国有经济主体产权占有权制度的主要弊端及其改造方向

我国传统大型国有经济主体产权占有权制度是一种一元化产权结构制度。在这种企业产权结构制度下，企业财产（资金或资本）来源和构成只有国家资金（或资本）一个来源。因而，它又是一种一元化的企业资金（或资本）来源和构成制度、一元化的企业集资、投资制度或一元化的企业资金制度。

具体说来，作为我国传统大型国有经济主体产权占有权制度的企业资金制度是一种企业资金国家分配包干供给制度。在这种企业资金国家分配包干供给制度下，大型国有经济主体的投资完全由国家（中央或地方政府财政部门）确定。基本建设完全由国家（中央或地方）集中管理的。1967 年以前，不仅利润要上缴财政，补偿固定资本磨损的折旧基金也要全部上缴国家，作为财政收入由国家统一支配使用。从 1997 年起，国家虽然对大型国有经济主体的固定资产折旧基金的管理制度作了几次大的改革，在中央、地方和企业之间，按一定的比例分配使用折旧基金，大型国有经济主体手中有了一定数量的折旧基金，但是，要进行固定资产投资，只有申请权，没有决策权，其批准权仍然集中于中央或地方的主管部门。企业要进行机器设备的大修理，也只能保持原来的设计标准，不准增值，不准变形，不准进行技术改造。如果要进行技术改造，也必须从上到下，招标投资指针，甚至工程由哪个单位设计，由哪个单位、哪个企业施工，都有要由上级主管部门指定。

在这种企业资金国家分配包干供给制度下，作为大型国有经济主体的固定资金，即由基本建设投资形成的固定资产的价值也是由国家财政拨给的。国家在拨给基本建设单位的财政资金时，是按照基本建设规划、按照基本建设的程序、按照基本建设的支出预算和基本建设工程进度无偿使用的；大型国有经济主体的流动资金是由国家财政和银行以"双口供应"或"双轨供应"方式解决的，所需要的定额流动资金是由银行有偿贷给的。因此，从基本部分和主要部分来看大型国有经济主体的流动资金也实行的是国家分配包干供给制。

这种企业资金国家分配包干供给制的主要弊端就在于,它使大型国有经济主体没有自主筹集和投放资金权,投资行为一直是政府的行为。这样,也就使大型国有经济主体没有自主决策权(自主权),没有自我生长、自我发展和自我约束的能力。

在我国实行社会主义市场经济新体制下,大型国有经济主体是自主经营、自负盈亏、独立核算的商品生产和经营单位。它必须具有生产上和经营上的自主决策权。如果像传统一元化企业资金制度下那样,大型国有经济主体生产资金都是由国家拨给,盈利都以税金或利润形式上缴给国家统收、统支统一安排和使用,这就捆死了大型国有经济主体的手脚。使它不能对复杂的市场供求变化作出灵敏的反应,从而就不能适应市场经济发展的客观要求。

在我国实行社会主义市场经济新体制下,大型国有经济主体还必须具有自我生长和自我发展的能力。因为大型国有经济主体有了自主集资和投资权利,还要有进行集资和投资活动的积极性。也就是说,如果市场对其大型国有经济主体产品需求锐增,该大型国有企业主体要有迅速筹集社会资金,扩大生产经营规模的自主权利和能力;如果市场对该大型国有经济主体产品需求锐减,该大型国有企业主体要有迅速把资金投向那些市场需要锐增产品企业的自主权利和能力。只有这样该大型国有经济主体才能对外部环境和信息的刺激作出准确而灵敏的反应,从而才能适应市场经济发展的需要。如果像传统的大型国有主体的企业资金制度下那样,国家对企业资金实行分配包干供给制,实行统收统支,大型国有经济主体就不会有自我生长、自我发展的能力。因而也不能适应市场经济发展客观需要。

在我国实行社会主义市场经济新体制下,大型国有经济主体必须具有自主决策和自我生长、自我发展的能力,还必须具有自我约束的自制能力。如果没有这种自制力就可能没有责任心,就可能产生盲目的积极性,从而导致企业行为倾向不合理。大型国有经济主体必须具有所需要的自我约束的自制能力,这种能力也是建立在自主集资和投资的企业产权结构制度或企业资金制度基础上的,因为如果像传统的企业资金制度下那样,企业资金由国家统收统支,使用资金经营盈利了,企业和职工得不到相应的利益,亏损的企业和职工也就不会承担经济损失责任。这样企业就不可能瞻前顾后,统筹安排,合理利用资金;就可能盲目争投资、争项目、争设备、争原料和劳动力;甚至忽视生产经营管理等等,从而就可能严重浪费资金。

总之，综上分析表明，必须保证大型国有经济主体的自主集资和投资，实行多元化的企业资金制度，这不仅是克服传统大型国有经济主体一元化企业产权结构制度或企业资金制度主要弊端的客观需要，而且，也是实行社会主义市场经济的客观需要。因此，实行多元化的企业产权结构制度，即企业资金制度也就应该成为大型国有经济主体产权占有权制度的改造方向。

当然，实行多元化的企业资金制度并不是排斥国家财政资金和银行信贷资金。特别是现阶段，这两种资金仍然是我国大型国有经济主体资金重要来源。但是应当看到，在我国的现阶段以至以后相当长的时期内，财政和信贷资金这两种资金来源都是难以满足企业发展的资金需要的。

二、我国大型国有经济主体实行股份制企业产权占有制度的意义和作用

在市场经济条件下，作为企业产权占有权制度的企业产权结构制度，即企业资金制度，一般包括企业个别集资的资金制度和企业社会集资投资的资金制度两种。企业社会集资投资的资金制度，就是股份制企业产权占有权制度的企业资金制度。它和企业个别集资投资的资金制度相比，是一种优化的企业产权结构制度或企业资金制度。我国大型国有经济主体实行企业社会集资和投资的资金制度，能消除旧体制下企业资金制度的根本弊端，能适应我国社会主义市场经济新体制的客观需要，有着十分重要的意义和作用。

第一，大型国有经济主体实行股份制企业的企业社会集资投资资金制度，比实行企业个别集资投资资金制度，其集资投资的速度要快得多。

如果实行企业个别集资投资资金制度，那是一种通过企业自身个别资金积累聚集形式进行的集资投资制度，这必然要受到企业自身资金积累量的限制，其集资投资速度，是相当缓慢的；如果企业实行股份企业社会集资投资制度，因为这是一种通过发行股票、债券和投资基金使社会资金集中或联合起来，以资金集中或联合的形式进行的集资投资制度，它不会受到企业自身资金积累的限制，所以，其集资投资速度必然相当迅速。

第二，大型国有经济主体实行股份制企业的企业社会集资投资资金制度，比实行企业个别集资投资资金制度，其集资投资的对象和范围要广泛得多。

大型国有经济主体如果采用企业个别集资制度集资，其对象范围以大型国有经济主体自身的资金和财产为限，对象范围十分狭窄，这很不利于广泛地、大规模地集资；相反，如果采用股份制企业社会集资投资制度，通过股票、债券和投

资基金等形式进行集资,集资对象打破了大型国有经济主体自身的限制,它既可以向社会上不同的所有制企业、单位和个人集资,又可以向不同地区的城镇或乡村的企业、单位和居民集资。既可以向公有制企业和单位集资,又可以向私有制企业单位和个人集资。不仅可以把企业生产和流通领域的闲置资金集中起来,而且可以把社会各事业单位和广大居民的闲散资金集中起来,使之转化成为现实的生产资金。于是,这就可以使大型国有经济主体能广泛地、大规模地集中资金。

第三,大型国有经济主体实行股份制企业的企业社会集资投资资金制度,比实行企业个别集资投资资金制度的灵活性要强得多。

如果大型国有经济主体实行企业个别集资制度,资金是直接投入生产经营之中的,不存在市场上的流动和变现问题,投资者投资选择性即选择余地小,并且对所投资资金营运亏损负债要负无限责任,其责任重大,投资风险集中。集资灵活性不强。因而,这就不利于企业灵活地筹集资金。相反,如果大型国有经济主体实行股份制企业的多元化企业产权结构制度的企业社会集资制度,资金是通过股票、债券和投资基金间接地集中起来,然后投入生产经营活动之中的。股票、债券和投资基金都是有价证券,它们在批准后可以上市买卖流通,随时可以变现,投资者投资选择余地大。并且,对其所投股份资金和投资基金,一般只以投资入股股金份额为限对经营亏损负有限责任。对其所投企业债券资金,到期还本付息,投资风险比较分散,集资的灵活程度很强。因而这就很有利于大型国有经济主体灵活地筹集资金。

第四,大型国有经济主体实行股份制企业的企业社会集资制度,对于改造企业投资体制和提高投资效益也有着重要的意义。

我国传统的大型国有经济主体实行一元化企业产权结构制度的国家资金分配包干供给制,是一种投资主体一元化的投资体制。在这种投资体制下,国家是企业唯一的投资者,投资资金供给负担沉重,难以解决资金的供求矛盾,而且投资风险特别集中。如果实行股份制企业多元化企业产权结构制度的企业社会集资制度,必然打破投资主体一元化体制,而形成投资主体多元化体制。这时的投资主体可以是不同的国有企业和部门单位,也还可以包括企业集体、企业内的职工个人以及社会上的其他企业、单位及居民等等。由于投资主体多元化,国家和地方政府财政不能满足大型国有经济主体发展需要资金的矛盾可以从根本上得到解决。而且由于大型国有经济主体有了众多的投资者,不但国家在不增加对大型国有经济主体投资,甚至在减少对大型国有经济主体投资的情况下,仍然可以使大型国有经济主体扩大生产营业规模。而且,可以改变过去由国家单独承担投资风险的格局,减轻国家财产投资的风险程度。在我国传统的大型国有经济主体实行国家资金分配包干供给制条件下,由于国家投资资金归大型国有经济主体无偿占有和使用,大型国有经济主体既不承担占用资金的经济责任,也得不到占用资金相应的经济利益。因而必然导致企业盲目争投资、争项目、争原材料、任意拉长基建战线、忽视工程质量和新的经营业的可行性研究及浪费严重的不良后果。因而必然产生投资效益差的严重弊病。如果实行股份制企业社会集资制度,由于市场因素的影响,投资者的投资选择余地大,投资者对投资利益的偏好等,大型国有经济主体投资效益将成为投资者对其进行投资决策的基础和依据。大型国有经济主体为了吸引广大投资者的投资,必然要努力搞好经营管理,提高经济效益,从而提高投资效益。于是,诸如像争投资、争项目、争原材料、争设备、任意拉长基本建设战线、忽视工程质量等不良现象可以降低甚至逐渐得以消除。

从宏观经济角度看,我国大型国有经济主体实行股份制企业的企业社会集资投资资金制度,增强了政府调控企业经济的能力,能够提高合理利用建设资金,提高社会投资效益。

在实行股份制企业多元化企业产权结构制度的企业社会集资投资资金制度条件下,由于可以沟通企业资产存量和流量,建立起新的资金循环体制。资金存量证券化后,资产由凝固的存量状态转化成了易于流通和转移的金融状态。这样可以避免国有资产随时间的推移而贬值造成的损失,以及结构调整的困难。即使国有资产经营部门在出售一部分股权的同时,也可以保留对原有我国大型国有经济主体的控股权,可以用较少的资金支配和控制更大量的资金。因而也就增强了政府控制大型国有经济主体经济能力、实力和控制力。

在实行股份制企业社会集资投资企业资金制度下,大型国有经济主体还可以通过发行和转让股票与投资基金(基金股份)等来进行再投资。将集资、投资与实业开发结合起来,资金可以及时地从那些生产过剩的部门和企业流向满足社会需要的部门和企业,这样可以及时使社会资源得到合理配置,使产业结构得到有效调整。使社会需要得到更好地满足,并且能够提高社会经济效益。

在实行股份制企业社会集资投资资金制度下,以股票、债券、投资基金等有价证券形式流动,使建设资金按照需要在不同地区合理使用,使生产资源在地区之间得到合理的配置和优化使用。这样也就提高了社会经济效益。

在实行股份制企业社会集资投资资金制度下，通过股票、债券和投资基金等集资新办国有大型国有经济主体企业，可以促进专业化协作的发展，促进经济联合，从而促进社会生产力的合理布局，这样也有利于合理利用建设资金，提高社会经济效益。

在实行股份制企业的企业社会集资投资制度条件下，股份集资的范围不仅包括货币资金，而且还包括实物或劳务入股。这在建设资金十分有限的社会主义初级阶段，还可以因地制宜，因人制宜，就地取材，充分利用生产资源和劳动力，节约货币资金，促进经济增长和发展，提高社会经济效益。

从宏观的经济角度来看，大型国有经济主体实行股份制企业的企业社会集资投资的企业资金制度，把大量的闲散社会资金，转化成生产资金，从而促进整个社会经济的增长与发展。这是因为，在这种制度下，大型国有经济主体有了自行集资和自主投资的权利，其自身利益最大化的目标会驱使其努力将自身的资金转化成积累资金，或增大股份或向其他企业投资入股。这样，就可努力将闲置资金（包括财产和劳务）等转化成现实的股份资金。企业、事业单位和居民个人还会由于对投资入股利益的偏好而大大增强积累动机。并且，必然努力把他们的消费基金转化成为资金，成为社会生产资金，从而促进整个社会经济不断地增长和发展。

第三节　股份制企业产权使用权制度与我国大型国有经济主体产权使用权制度改造方向

一、我国传统大型国有经济主体产权使用权制度的主要弊端及其改造方向

我国传统大型国有经济主体产权的使用权制度是一种以国家为唯一产权主体，企业财产所有权和经营权合一，或企业所有者财产和企业经营者财产合一的企业产权关系制度，即企业财产制度。在这种企业财产制度下，国家是企业财产的唯一所有者，企业的财产，包括土地、建筑、机器、设备、原材料都属于国家所有。在这种企业产权关系制度下，国家拥有大型国有经济主体财产所有权的各种权能；国家通过对大型国有经济主体生产要素的分配以及价格和劳动工资的指令性计划，控制着大型国有经济主体的生产经营活动；通过调整大型国有经济主体资产，控制着大型国有经济主体的投资和生产营业规模；通过大型国有经济

主体利润上缴，支配着大型国有经济主体的经营效益。所以，大型国有经济主体的生产必须服从国家的统一计划；大型国有经济主体生产的产品，必须根据这些产品在国民经济中的不同作用，统一组织订货和销售；大型国有经济主体的职工必须由国家统一分配和招收；职工的工资制度或工资标准必须由国家统一规定；大型国有经济主体利润必须上缴国家，由国家统一支配，集中使用；大型国有经济主体必须严格执行国家指令；资产的经营效率和资源的配置效率完全取决于国家和决策。因而这种企业产权关系制度，又是一种企业所有者和企业经营者产权，即企业财产所有权和经营权合一的产权关系制度。

传统的大型国有经济主体企业的产权使用权制度的主要弊端就在于国家应拥有企业财产的所有权，大型国有经济主体应拥有企业财产的经营权这个企业产权关系不明确。由此，也就必然导致国家和大型国有经济主体产权关系不明确。因为在这种企业产权关系制度下，国家对大型国有经济主体行使的行政管理者(包括通过行政指令进行的经济调控)的职能和全民所有制财产所有者的职能是二位一体的职能。这样，国家和大型国有经济主体之间的行政隶属关系和经济关系也就混淆不清了；大型国有经济主体的产权关系不明确又会导致大型国有经济主体的责、权、利关系不明确。因为，在这种产权制度下，国家既享有完全的产权，大型国有经济主体对其经营财产也就无权分享经济利益，当然也不会承担经济责任。所以，大型国有经济主体也就不可能有明确的责、权、利关系，大型国有经济主体产权关系不明确，又必然导致其内部财产关系抽象化。因为在这种企业产权关系制度下，名义上的财产是属于全体企业职工。企业对企业财产是既无具体的所有权又无具体的经营权。

在我国实行社会主义市场经济新体制下，必须明确国家应拥有大型国有经济主体财产所有权，大型国有经济主体应拥有其企业财产经营权这种企业产权关系，从而才能明确国家和大型国有经济主体的责、权、利关系。这是因为从某种意义上看，国家作为上层建筑它是社会的最高政治权力机关，大型国有经济主体则是社会的经济组织，所以，社会主义国家与大型国有经济主体之间首先是一种政权与经济组织间的行政隶属关系。但从另一种意义上看，由于大型国有经济主体同现代生产中各部门各企业彼此之间是互相联系、互相依靠、互相制约，共同成为一个不可分割的社会生产的整体的。任何企业或部门都不能脱离这个整体而孤立地存在和进行生产，这在客观上要求有一个社会中心来指导协调各个部门和企业的生产，使它们密切地互相配合，才能保证社会化大生产符合国民经济发展的需要并健康顺利地运行;大型国有经济主体的财产,不属于任何个别劳动者,而属于社会,这在客观上又要求有一个能够反映和代表全体人民根本利益的社会中心,对这些财产进行一定程度上的统一管理,才能保证为全体人民谋福利。上述这两个中心,都只能由社会主义国家才能承担。所以,社会主义国家与大型国有经济主体之间既是大型国有经济主体全民所有制财产的所有者的关系,又是社会主义全民所有制内部的所有者和经营者之间的关系。必须明确社会主义国家与大型国有经济主体这种二重关系:即国家作为政权机关与大型国有经济主体作为社会经济组织之间的行政隶属关系,和国家作为全民所有制财产的所有者与大型国有经济主体作为全民所有制财产的经营者的地位,保证大型国有经济主体的经营活动按市场经济的客观规律和要求办事,而不是按照行政命令办事,从而才能保证各种经营机制的正常运行。

在我国实行社会主义市场经济新体制下,还必须明确国家应拥有大型国有经济主体财产所有权,大型国有经济主体应拥有其企业财产经营权这种企业产权关系,从而才能明确大型国有经济主体的责、权、利关系。这是因为大型国有经济主体作为全民所有制财产的经营者,应该具有的最根本的权利来自全民所有制财产的经营权。企业财产经营权,也就是企业生产经营的自主决策权。大型国有经济主体作为全民所有制财产经营者最根本的经济责任就是要把自己所经营的财产经营好、管理好,以其生产的收入抵补支出,努力避免或减少亏损,并按自己占有的资金量,努力向社会提供较多的剩余产品价值,努力创造利润;大型国有经济主体作为全民所有制的财产经营者的经济利益是其企业及企业职工利用企业财产从事生产经营活动,而从企业收入中分享到的那部分经济利益;大型国有经济主体的责、权、利关系是一种互相结合的关系。如果不明确国家应拥有大型国有经济主体财产所有权,大型国有经济主体应拥有其企业财产经营权这种企业产权关系,也就不能明确大型国有经济主体的责、权、利关系。这样,大型国有经济主体从事生产经营活动时,必然就既无压力、又无动力,因而也就没有应有的经济约束力,从而也就必然缺乏生机和活力。

在我国实行社会主义市场经济新体制下,还必须明确国家应拥有大型国有经济主体财产所有权,大型国有经济主体应拥有其企业财产经营权这种企业产权关系,从而明确大型国有经济主体内部的财产关系。因为社会主义全民所有制本身是一种保持着企业局部经济利益和职工个人经济利益的完全、不成熟的全民所有制。在大型国有经济主体内部还存在着一个必须正确处理好国家、集体、职工个人三者之间的物质利益或经济利益关系问题。正确处理好三者的物质利益关系，除了应努力完善大型国有经济主体外部的调节机制外，还应在其内部建立起自行合理的调节国家、企业和个人利益的经济制衡机制。这种经济制衡机制就是大型国有经济主体内部的所有权关系和分配关系相互对应，协调统一的经济机制。而要形成这种机制，也需要以明确国家应拥有大型国有经济主体财产所有权，大型国有经济主体应拥有其财产经营权这个企业财产关系，从而明确大型国有经济主体内部的财产关系。如果大型国有经济主体内部的产权关系不明确，大型国有经济主体财产的扩大和财产的使用效果与大型国有经济主体的经济利益就没有直接联系。这样也就必然造成大型国有经济主体对其财产疏远化。因而也就不利于调动大型国有经济主体的积极性。同时，如果企业的产权关系是抽象的，企业的职工对企业财产的扩大与缩小，对企业财产经营成果的好与坏，似乎都没有多大关系，他也感受不到自己是企业的主人，甚至于还可能把企业财产视为作为国家代表的领导者的财产，从而产生按酬付劳，为领导干活的雇佣劳动思想观念。这样也就不可能持久地调动大型国有经济主体职工的积极性。

总之，以上分析表明，明确国家应拥有大型国有经济主体财产所有权，大型国有经济主体应拥有其企业财产经营权这种企业产权关系，能使大型国有经济主体与国家关系明确，使得大型国有经济主体的责、权、利关系和大型国有经济主体内部的产权关系明确，这不仅是克服传统大型国有经济主体的企业产权使用权制度的主要弊端的客观要求，而且是市场经济及其新体制的客观要求。因此，实行明确国家拥有大型国有经济主体财产所有权，大型国有经济主体应拥有其财产经营权的产权关系的企业产权使用权制度，也就应该成为我国大型国有经济主体企业产权使用权制度的改造方向。

二、我国大型国有经济主体实行股份制企业产权使用权的意义和作用

在市场经济条件下，主要的企业产权关系制度，即企业财产制度，一般包括企业自然人财产制度和企业法人财产制度两种。企业法人财产制度就是股份制企业产权制度，它和企业自然人财产制度相比是一种优化的企业财产制度。我国大型国有经济主体实行企业法人财产制度，能消除旧体制下其企业使用权制度的弊端，能适应社会主义市场经济新体制的客观需要，有着十分重要的意义和作用。

第一，我国大型国有经济主体实行企业法人财产制度，才能明确企业产权关系，从而明确国家与大型国有经济主体间的经济关系。

如果实行自然人财产制度，其产权关系性质就和独资企业和合伙企业的产权关系性质一样。在实行自然人财产制度的独资企业里，企业的财产就是企业主人的财产，企业的经营财产和企业财产是完全合一的，而且在法律上没有什么区别。同样，在实行自然人财产制度的合伙企业里，虽然企业财产并非企业主合伙人的个人财产，但这个共同所在的财产同合伙企业经营的财产也是完全合一的。并且，在法律上也没有什么区别。由此可见，独资企业和合伙企业实行的自然人财产制度都是一种单一产权关系性质的企业制度，是一种企业所有者产权和企业经营者产权合一的财产制度。

我国大型国有经济主体如果实行这样的自然人财产制度，国家和大型国有经济主体的产权就合二为一了。也就是说，国家既是大型国有经济主体财产的所有者，同时也是大型国有经济主体财产的经营者。这显然是无法明确企业产权关系的，从而也是无法明确国家与大型国有经济主体之间，作为全民所有制财产的所有者和经营者之间的经济关系的。但是，如果我国大型国有经济主体实行股份制企业法人产权关系制度，其产权关系性质就和公司企业的产权关系性质一样。在实行企业法人产权关系制度的公司里，企业的财产是由股东入股的投资形成的，股东投资入股以后，他对自己入股的财产就拥有终结的所有权，而由全体股东投入的财产，便成了企业法人财产。这个企业法人财产和股东的财产是完全分开的，它具有独立性。如果把股东拥有的财产所有权叫原始产权，把公司拥有的财产所有权叫做企业法人产权，我们就看到企业法人产权和企业股东原始产权是同一产权，并且企业法人产权是由企业股东原始产权派生出来的生产权。由此可见，企业法人产权关系制度是一种把企业产权分为两个相互联系，又相互独立的部分；即分为企业所有者产权和企业经营者产权（企业经营权）的复合产权性质的产权关系制度。我国大型国有经济主体如果实行企业法人财产制度，国家拥有的是全民所有制财产的所有权，大型国有经济主体拥有的是全民所有制企业财产的经营权，这样企业产权关系也就明确了。国家即拥有大型国有经济主体全民所有制财产的所有权，它就是企业的所有者；大型国有经济主体即拥有全民所有制企业财产的经营权，它就是企业的经营者。这样，国家与大型国有经济主体之间在同一全民所有制生产关系内的经济关系就明确了。同时大型国有经济主体本不应是国家行政机关的附属物，不应该只按行政指令办事,而是商品生产者,必须按照市场经济的客观规律及法律规范办事的意义相应也就十分清楚了。

第二,我国大型国有经济主体实行股份制企业法人财产制度,才能明确大型国有经济主体的产权关系,从而明确责、权、利关系。

如果实行自然人财产制度,其产权主体就同独资企业和合伙企业的产权主体一样,在实行自然人财产的独资企业和合伙企业里,其产权主体是企业主,而不是企业。只有企业主个人或作为企业主的合伙人,才具有民事权利义务主体的资格,企业组织是不具有民事权利义务主体资格的。大型国有经济主体如果实行自然人财产制度,其产权主体也就不是大型国有经济主体。这样,大型国有经济主体也就既不能成为全民所有制财产的经营者,又不能成为真正的法人在民事流转中独立承担民事责任。大型国有经济主体无明确的经营企业财产的权利,相应也就不可能有明确对国家承担的经济责任和应该分享的经济利益;但是,如果大型国有经济主体实行股份制企业法人财产制度,其产权主体就和公司产权主体一样。在实行企业法人财产权制度的公司企业里,作为企业财产所有者的股东和企业财产的经营权,即企业自己经营财产的所有权,并且也具有法人资格。如果实行企业法人财产制度大型国有经济主体也就成了拥有其财产经营权的产权主体,成了全民所有制财产的经营者,从而也就可以成为真正的法人在民事流转中独立承担民事责任。我国大型国有经济主体由于明确了经营企业财产的权力,所以,相应也就可以明确对国家承担的经济责任,和从其经营收入中分享经济利益的权利。

第三,我国大型国有经济主体实行股份制企业法人财产制度,才能明确大型国有经济主体的企业产权关系,从而才能使大型国有经济主体的财产关系具体化。

如果实行自然人财产制度,其结构必然会因具有一元化,而造成企业内部财产关系的抽象化。因为在这种企业财产制度下,大型国有经济主体及其职工既不可能是其企业财产的经营者,更不能成为企业财产直接的或具体意义上的所有者,而仅仅是大型国有经济主体财产间接的或抽象意义上的所有者,因而,必然造成名义上的大型国有经济主体财产属全体人民,实际上只直接属国家所有;但是,如果我国大型国有经济主体实行股份制企业法人产权关系制度,它可以通过明确大型国有经济主体拥有企业财产经营权和把国家的财产转化成国家股份,企业法人和职工居民个人财产以其投资向企业入股这两种途径和办法使大型国有经济主体内部的财产关系具体化。明确了大型国有经济主体是其企业财产的经营者，它们便直接拥有了作为企业财产所有权一部分的财产经营权；通过把国家财产转化为国家股，及个人投资入股可以使大型国有经济主体由一元化财产构成转化为多元化财产构成。在这种多元化所有制结构的股份制企业中，由于国家股占主导地位，大型国有经济主体性质仍然不会发生根本性改变。而因为加入了法人股或个人股，就克服了我国大型国有经济主体企业内部财产关系抽象化的弊病，因而有利于提高大型国有经济主体及职工的积极性，增强他们的主人翁感。同时，也就能建立起一种从财产所有权关系基础上产生出来的经济利益分配关系，并且也就能建立起一种自行合理地调节国家、法人和个人三者经济利益关系的经济制衡机制，在这种制衡机制发生作用的前提下，大型国有经济主体中由于国家、法人股和个人都成了具有平等地位的股东，全体股东都共占财产，共负盈亏，共担风险。并且，股东财产一旦入股投票或股金不应退出，分配股利也不应计入成本。这样，必须从长计议，遵循长期盈利的原则，进行投资和经营。这样，也就必须慎重地计划和使用资金，合理规划资金的长期使用计划和短期使用计划及二者的协调计划。并且在分配中，也就必须会慎重地考虑，长短期利益的互相兼顾问题。这样既有利于大型国有经济主体的长期稳定，又有利于克服其企业行为趋向于企业集体利益和个人利益，趋向于短期利益和超短期利益问题，有利于保证和促进其企业行为合理化。

第四，我国大型国有经济主体实行企业法人制度，有利于促进大型国有经济主体发展，有利于保护国家经济利益。

我国大型国有经济主体如果实行自然人财产制度，就像独资企业和合伙企业的投资者一样，负有无限责任，因为在独资企业制度下，企业产权的单一性决定了企业主运用财产从事生产经营活动的结果，无论是盈还是亏，都必须由企业主一人承担。如果盈利，其利益完全由企业主一人所得，而无需同他人分摊。如果因经营亏损而负债，也必须由企业主个人负无限清偿责任。其债权人可以请求以企业经营财产抵偿其债务。在合伙企业制度下，企业主共同的单一产权关系性质同样决定了运用企业财产从事生产经营活动的结果，无论盈亏都是合伙人全体共同承担。如果盈利，归全体合伙人共同分享。如果因亏损而负债，也必须由合伙人全体共负连带清偿责任。即要由"合伙人按出资比例或协议约定以各自的财产承担清偿责任"（《中华人民共和国民法通则》第三十五条）。如果我国大型国有经济主体的投资者都要负无限责任，责任感重大，风险相应也很大；

这样就不利于大型国有经济主体集资扩展,因而,也就不利于保证大型国有经济主体的发展;但是,如果我国大型国有经济主体实行股份制企业法人财产制度,那就和公司企业投资者一样,只负有限责任。因为,在公司企业里,所有权和经营权明确分开的复合产权关系会产生股东和公司双重经济利益,运用企业财产从事生产经营活动的公司,拥有自己独立的经济利益,并且可以自主支配税后利润。如果公司经营盈利,股东一般均有分享公司利益的权利。如果公司经营有了亏损,股东也只以其所有财产承担有限责任,而对其债权人不负任何责任。股份制企业股东的有限责任使投资者投资风险减小,这是企业能够公开招募社会资金的重要保证。因此,我国大型国有经济主体如果实行有限责任,不但有利于大量集中和联合社会资金以促进企业发展,而且也大大有利于克服传统产权关系制度下国家是单一投资者,负担过重,负无限责任,责任太重,风险度特别高的弊病,减低国家财产投资的风险度,保护国家经济效益。

第四节　股份制企业产权收益权制度与我国大型国有经济主体产权收益权制度改造方向

一、我国传统大型国有经济主体产权收益权制度的主要弊端及其改造方向

我国传统大型国有经济主体的产权收益权制度是一种企业所有者完全享有企业财产收益权制度。在这种企业财产收益权制度下,由于企业不是企业财产的经营者,不能享有企业经营财产的财产收益权。因而,这种企业产权收益权制度实质上是一种企业所有者独享产权收益即财产收益权制度。

具体说来,我国传统大型国有经济主体的产权收益权制度是一种国家或国有资产所有者独享财产收益的产权收益权制度。在这种企业产权收益权制度下,大型国有经济主体财产占有和使用(经营)收益全部归国家享有,国家享有完全的产权收益权。企业的经济收益不仅利润要上缴财政,而且补偿固定资本磨损的折旧的基金也要全部上缴国家,作为财政收入由国家统一支配使用。

国家独享产权收益的产权收益权制度的主要弊端就在于它使大型国有经济主体无权,并且也不可能分享企业财产使用或经营带来的收益,企业生产经营成果或绩效与企业自身的利益没有直接关系,企业本身没有自主经营、自我生长、自我发展和自我约束的权利和能力。因此,也就必然会缺乏从事各种生产经营活动的主动性和积极性。

在我国实行社会主义市场经济及其新体制下,大型国有经济主体既是自负盈亏,独立核算的商品生产者和经营者,又应是独立承担责任的法人,它对企业财产必须具有经营权,也必须具有从事自主经营活动的权利和能力,它才能承担企业财产的经营责任。但如果像传统的大型国有经济主体实行国家独享产权收益权制度那样,企业经济收益全部上缴国家财政统收统支,企业就不可能具有从事自主经营活动的权利和能力。因而它也就不可能适应市场复杂变化的需要而从事自主经营活动。这样,大型国有经济主体也就不能适应市场经济发展客观要求。

在我国实行社会主义市场经济及其新体制,大型国有经济主体必须具有自我生长、自我发展的权利和能力。如果市场对某些大型国有经济主体企业产品和服务的社会需要量扩大,这些大型国有经济主体,要有扩大这些产品和服务的生产与经营规模的自主决策权力,并且要有扩大这些产品和服务的生产与经营的主动性和积极性。如果像传统的大型国有经济主体实行国家独享产权收益权制度那样,所有的经济收益全部上缴国家统收统支,大型国有经济主体也就不需要并不可能具有自我、生长和自我发展的权利和能力。从而也不能适应市场经济新体制的客观需要。

在我国实行社会主义市场经济及其新体制下,大型国有经济主体要具有自主经营、自我生长和自我发展能力,必须具有自我约束的权利和能力。而这种权利和能力也是建立在企业所有者和经营者共同分享企业财产经营收益的收益分配制度基础上的。因为,如果像传统的我国大型国有经济主体实行国家独享产权收益权制度那样,所有的经济收益全部上缴国家统收统支,企业财产经营盈亏都与企业没有直接关系,这样企业在生产经营活动中,其行为倾向也就不需要并且不可能受其利益约束。因而,也就容易导致种种盲目的不合理的行为倾向。

总之,以上分析表明,实行大型国有经济主体与国家共同共享企业财产经营收益的产权收益权分配制度,这不仅是克服传统大型国有经济主体收益分配制度主要弊端的客观需要,而且是实行社会主义市场经济及其新体制的客观需要。因而,实行企业所有者与经营者共享产权收益权制度,即国家与企业分享收益的企业产权收益权制度就应该成为我国大型国有经济主体企业产权收益权制度改造的方向。

二、我国大型国有经济主体实行股份制企业所有者与经营者共享产权收益权制度的意义和作用

在市场经济条件下,企业产权收益分配制度,即产权收益权制度,一般包括企业所有者独享产权收益权制度和企业所有者与经营者共享产权收益权制度两种。企业所有者与经营者共享产权收益权制度就是股份制企业的产权收益权制度。它与企业所有者独享产权收益权制度相比，是一种优化的企业产权收益权制度。因此，我国大型国有经济主体实行企业所有者与经营者共享产权收益权制度，对于克服传统的企业收益分配制度的弊端，适应社会主义市场经济新体制的客观需要，具有十分重要的意义和作用。

第一，大型国有经济主体实行股份制企业所有者和经营者共享产权收益权制度，经营者的利益与其从事自主经营活动紧密相连，能促使自身努力提高从事自主生产经营活动的主动性和积极性。

大型国有经济主体如果实行企业所有者（国家或国有资产所有者）独享收益权制度，那是一种自然人企业产权收益权制度，这种企业产权收益权制度，它和独资企业、合伙企业产权收益权制度具有相同性质。在这种企业产权收益权制度下，我国大型国有经济主体不具有对企业财产收益的权利和能力，于是它也就没有必要，也不可能是企业财产真正的经营者；它没有自主经营的权利和能力，也不可能承担企业财产经营的各种责任。企业财产的各种生产经营活动是盈还是亏，与它都没有什么直接利害关系。正因为如此，我国大型国有经济主体，作为企业或企业财产经营者，也就必然会缺乏从事各种自主生产经营活动的主动性和积极性。

但是，如果我国大型国有经济主体实行国家与企业共享产权收益权制度，那是一种法人企业产权收益权制度。这种企业收益分配制度与实行股份制的公司企业产权收益权制度具有相同性质。

在股份制公司企业产权收益权制度下，由于企业资金（资本）来源和构成具有多元化性质，企业财产由众多股东财产构成，众多的企业财产的所有者不可能都成为企业财产的经营者，而必须委托企业即企业经营者经营企业财产，因而，必须实行企业财产所有权和经营权两权分离的企业产权关系制度，而在实行这种两权分离的企业产权关系制度条件下，企业财产所有者要具有其财产所有者的权利，必须承担其相对应的出资责任，而要承担其企业财产所有者的出资责任，也就必然要求取得与其承担出资责任相对称的经济利益即收益（或亏损）。同样，企业财产经营或企业要具有其财产经营者的权利，又必须承担其相对称的经营企业财产的责任。而要承担相应的经营责任，也必然要求与其承担责任相对称的经济利益。正因为如此，所以，实行股份制的公司企业也就必然要实行企业财产所有者与经营者共同分享企业经济收益的企业产权收益权制度,即实行企业财产所有者和经营共享产权收益权制度。

我国大型国有经济主体如果实行企业财产所有者和经营者共享产权收益权制度,也就使国家作为大型国有经济主体的企业财产所有者,可按照其投资或出资的责任取得相对称的经济利益。使自身作为企业或企业财产的经营者可按其承担的经营责任取得相对称的经济利益。大型国有经济主体企业财产的所有者和经营者的权利、责任都与其可能实现的利益直接挂钩,相互对称,这不仅使其所有者的权益得到了严格保护,同时由于大型国有经济主体作为企业或企业财产经营者,它的利益是由它所从事的自主经营效益决定的,它获取的利益与它所从事的自主生产经营活动紧密相连,这就必然会使它为追求自身利益的最大化而努力搞好各种自主生产经营活动。因而,也就必然会使它努力提高从事各种自主生产经营活动的主动性和积极性。

第二,大型国有经济主体实行股份制企业所有者和经营者共享产权收益权制度,经营者的利益与其从事自主经营活动紧密相连,能促使自身努力提高从事促进企业增长和发展生产经营活动的主动性和积极性。

大型国有经济主体如果实行企业所有者——国家或国有资产所有者独享产权收益权制度,那是一种企业财产所有者独享收益权的自然人企业产权收益权制度。这种企业产权收益权制度,它和独资企业、合伙企业产权收益权制度具有相同性质。在这种企业产权收益权制度下,我国大型国有经济主体不具有对企业财产收益的权利和能力,没有企业自身的利益,它既没有必要也不可能具有自我生长、自我发展的权利和能力,也不可能承担促进企业自我生长、自我发展即成长和发展的责任。促进企业成长的各种生产经营活动是盈还是亏,与它都没有什么直接利害关系。因而,它同样也就必然缺乏从事促进企业成长和发展生产经营活动的主动性和积极性。

但是,如果我国大型国有经济主体实行企业所有者与经营者共享产权收益权制度那是一种企业法人产权收益权制度。这种企业产权收益权制度和实行股份制的公司企业的企业产权收益权制度具有相同的性质。在股份制公司企业产权收益权制度下,由于企业具有分享企业财产经营收益的权利和能力,有企业自身的利益,它既具有成长和发展的权利和能力,同时也能够承担企业成长和发展的责任。由于企业或企业财产经营者的利益又是由它所从事的促进企业成长和发展的生产经营活动效益决定的,企业的利益活动紧密相连,这就必然促使企业为追求自身的利益最大化而努力采取各种促使企业成长和发展的生产经营活动。因而也必然会努力提高从事促使企业成长和发展各种生产经营活动的主动性和积极性。

我国大型国有经营主体如果实行这种企业产权收益权制度，由于它作为企业或企业财产经营者具有分享企业财产经营收益的权利和能力，有了自身的利益，因而既有必要也有可能具有自我生长、自我发展即成长和发展的权利和能力。能够承担促进企业成长和发展的责任。由于它的利益又是由它从事促进企业成长和发展生产经营活动效益决定的，各种促进企业自我生长、自我发展的生产经营活动能否促进企业成长和发展，都直接决定和影响自己获得的利益的多少，这一点也就决定了它必然会为追求自身利益的最大化而努力从事各种促进企业成长发展的生产经营活动。因而，也就必然会努力提高从事促使企业成长和发展生产经营活动的主动性和积极性。

第五节　股份制企业处分权制度与我国大型国有经济主体产权处分权制度改造方向

一、我国传统大型国有经济主体产权处分权制度的主要弊端及其改造方向

我国传统的大型国有经济主体的产权处分权制度是一种企业所有者完全享有财产处分权的企业产权处分权制度。社会主义国家的理论界，长期以来不承认国有企业对国家财产的处分权。苏联学者维涅吉支托夫在他的经营管理理论中就完全排除国营企业的处分权的存在。按照他的观点，国营企业是在经营管理国家财产。所以，东欧的一些国家，从 20 世纪 60 年代初就开始进行经济管理体制改革的探索，以期对此有所突破。[①]

在这种企业产权处分权制度下，由于企业不是财产经营者或企业的经营者，不能享有对企业经营财产的处分权。因而，这种企业产权处分权制度，实质是一种企业所有者独享财产处分权制度。

具体说来，我国传统大型国有经济主体的产权处分权制度，是一种国家或国有资产所有者作为企业财产所有者独享企业财产处分权的企业产权处分权制度。在这种企业产权处分权制度下，大型国有经济主体不是企业财产的经营者，

---

① 引自王利明：《国家所有权研究》，中国人民大学出版社 1991 年版，第 141 页。

不能享有对企业经营者财产的处分权。企业财产的处分权只属于国家或国有资产所有者。

国家独享企业财产处分权这种企业产权处分权制度的弊端主要是由于大型国有经济主体对其经营财产没有处分权利和能力,企业只能进行产品生产而不能进行商品生产,不能成为真正的商品生产者和经营者。同时,它还使企业经营财产不能合理流动,不能合理优化资源配置,从而,不利于提高企业财产生产经营效益。

在我国实行社会主义市场经济及其新体制下,大型国有经济主体作为企业是独立自主从事商品生产经营活动的商品生产者和经营者,它要从事商品生产,要成为真正的商品生产者和经营者,它对自己生产的产品,首先要有自主处分的权利和能力。它要合理组织生产与经营活动,对自己用来进行商品生产经营活动的流动资产和固定资产同样也要有自主处分的权利和能力。它作为企业在从事各种商品生产经营活动过程中,对自己用来从事生产经营活动的流动资产和固定资产也要有自由处分的权利和能力。

如果像在传统的大型国有经济主体实行国家或国有资产所有者独享企业财产处分权制度那样,企业对其经营财产没有处分或处置的权利和能力。包括对企业生产的产品等流动资产和企业在生产与经营活动过程中使用的机器、厂房和设备等固定资产也没有自主处置的权利和能力。这样企业既不能成为真正的商品生产者和经营者,也不能合理组织商品生产,更不能对其从事生产经营活动过程中产生的债权、债务独立承担责任。所以,它使大型国有经济主体必然不能适应社会主义市场经济及其新体制的客观需要。

在我国实行社会主义市场经济及其体制下,大型国有经济主体作为企业它必须根据复杂多变的市场环境条件变化,使企业资金(资本)在社会上合理流动,优化资源配置,才能提高生产经营效率,提高企业生产经营效益。为此,它对企业经营财产也必须要有处分权。

如果像在传统体制下,大型国有经济主体实行国家或国有资产所有者独享企业财产处分权制度那样,企业因对其经营财产无处分权,企业经营财产便不能在社会上合理流动,企业资源便不能通过市场机制合理配置,而只能通过企业内部配置。企业内部配置资源虽可以减少市场交易成本,但其信息成本和监督成本等经济活动的组织成本异常高昂,企业生产经营效率和经济效益低下,这也必然使大型国有经济主体不能适应市场经济新体制的客观需要。

　　总之,以上分析表明,实行大型国有经济主体与国家共享企业财产处分权的企业产权处分权制度,这不仅是克服传统国有大型国有经济主体企业产权处分权制度弊端的客观需要,而且也是实行社会主义市场经济新体制的客观需要,因而,实行企业所有者与经营者共享企业产权处分权制度,就必然应该成为我国大型国有经济主体企业产权处分权制度改造的方向。

二、我国大型国有经济主体实行股份制企业所有者与经营者共享处分权制度的意义和作用

　　在市场经济条件下,企业产权处分权制度,一般包括企业所有者独享处分权制度和企业所有者与经营者共享产权处分权制度。企业所有者与经营者共享产权处分权制度与企业所有者独享产权处分权制度相比是一种优化的企业产权处分权制度。因此,国有大型国有经济主体实行企业所有者与经营者共享处分权制度对于克服传统的企业产权处分权制度的弊端,适应市场经济新体制的客观需要,具有十分重要的意义和作用。

　　第一,大型国有经济主体实行股份制公司企业所有者与经营者共享处分权制度,企业对其经营财产具有处分权,能成为真正的商品生产者和经营者,能合理组织企业商品生产经营活动,并独立承担债权、债务。

　　大型国有经济主体如果实行国家或国有资产所有者独享企业产权处分权制度。那是一种自然人企业产权处分权制度。这种处分权制度和独资企业、合伙企业产权处分权制度具有相同性质。在这种企业产权处分权制度下,由于大型国有经济主体对其经济财产没有处分权,它便不能从事商品生产经营活动。这是因为,商品生产者对自己生产经营的产品,首先要有所有权,这是从事商品生产和经营活动必须具备的一个最基本的条件。商品生产者要从事商品生产,首先生产者对其进行生产的各种用于交换的产品都必须享有所有权,否则交换无法进行,产品不能转变为商品。马克思曾经说过商品交换要能够进行:"两个所有者都不得不放弃自己的私有财产,不过是在确认私有权的同时放弃的,或者是在私有权关系的范围内放弃的。"①

　　所以,对产品是否享有处分权,决定着企业是作为一个产品生产者还是作为一个商品生产者出现在交换领域,企业没有对产品的处分权,那么,他就不是商

---

① 《马克思恩格斯全集》第 42 卷,人民出版社 1979 年版,第 26—27 页。

品的"监护人",而只是产品的管理者,其交换活动就不是真正意义上的商品交换。正是由于这个原因它不能成为从事商品生产经营活动,所以它也就不能成为真正的商品生产者和经营者。同时,在这种企业产权处分权制度下,由于大型国有经济主体不仅对企业自己生产的产品或服务等流动资产没有处置权利和能力,而且对企业的机器厂房和设备等固定资产也没有处置的权利和能力,它作为企业生产与经营活动的组织者也无法自主合理调配资源,合理组织企业生产经营活动。同样,由于它不能自主合理处置企业流动资产和固定资产,它也就无力对其生产经营活动产生的债权和债务独立承担责任。

但是,如果我国大型国有经济主体实行国家与企业共享企业产权处分权制度,那是一种法人企业产权处分权制度。这种企业产权处分权制度与实行股份制公司企业产权处分权制度具有相同的性质。

在股份制公司企业产权处分权制度下,由于企业享有对经营财产或企业财产的处分权利和能力,企业在生产中能够从事商品生产,在交换中能作为商品的所有者从事商品交换。这样也就有条件有能力从事商品生产和经营活动,使自己成为真正的商品生产者和经营者。由于企业对自己在生产与经营活动中的流动资产和固定资产都有处置权利和能力,这既可以使企业能合理配置资源,合理组织生产经营活动,又可以有权利和能力对企业生产经营活动产生的债权债务独立负责。

我国大型国有经济主体,如果实行这种企业产权处分制度,由于它是企业财产的经营者,对其经营财产,包括流动资产和固定资产都有处置的权利和能力。它有了对企业流动资产(财产)的处置权利和能力,在从事商品生产与经营活动中,它可以作为企业产品的所有者,通过交换活动把产品变成商品,从而也就能使自己成为真正的商品生产者和经营者。它有了对企业流动资产和固定资产的处置权利和能力,无论是企业生产经营活动中的劳动资料、劳动对象还是劳动力等各种资源都可以根据企业生产经营活动环境条件变化的实际需要,进行合理组合,有效利用,实现资源优化配置。这样,它便能合理组织企业各种生产经营活动。它有了对企业经营财产的处置权利和能力,当企业在生产经营活动中产生了债权债务时,企业又有了对这些债务独立负责的权利和能力。这样有利于提高企业资金使用效率,提高企业生产经营效益。

第二,大型国有经济主体实行股份制公司企业所有者与经营者共享处分权制度,企业对其经营财产具有处分权,企业经营财产具有流动性,可以在社会上合理流动,从而可以优化资源配置,提高企业经营效率和经济效益。

　　大型国有经济主体,如果实行国家或国有资产所有者独享企业产权处分权制度,它是一种自然人企业和经营者财产是同一财产。企业没有独立的经营财产或经营者财产。企业对用来组织生产经营活动的经营财产没有处分权。企业资金只能在企业范围内使用,而不能依据市场环境条件变化的需要,在社会范围内合理流动。这就使企业用于生产和经营活动的各种资源,不能实现优化配置、合理利用。因而也就不利于提高企业资源利用效率,不利于提高企业经济效益。

　　但是,如果我国大型国有经济主体实行国家与企业共享企业产权处分权制度,由于它是一个法人企业产权处分权制度,即股份制公司企业产权处分权制度。在这种企业产权处分权制度下,由于企业实行所有权与经营权两权分离制度,企业是企业财产的经营者,它对企业经营财产享有处分权,企业资金可根据市场环境条件变化的需要,在社会范围内合理流动。这就能够实现优化配置,合理利用,因而也就提高企业资源利用效率,有利于提高企业经济效益。

　　我国大型国有经济主体如果实行这种企业产权处分权制度,由于它是企业的经营者,有自己的经营财产。因而,也就有对企业经营财产的处分权。企业对其经营财产有处分权,它既可以将这些经营财产用于本企业的生产经营活动,又可以将这些经营财产用于投向社会上其他企业。这样大型国有经济主体经营财产便具有社会流动性。当本企业生产经营需要扩大而资本(资金)不足时,又可吸收其他企业资本(资金)向本企业投资。在市场经济体制下,资本(资金)是流向利润率高的生产部门的。这种趋利观念和行为倾向,会使大型国有经济主体的资本(资金)在全社会合理流动。正是通过企业资本(资金)的社会合理流动,它会使企业的资源实现社会范围内的优化配置。从而有利于大型国有经济主体提高企业资源利用效率,提高企业生产经营效益。

第六节　股份制与我国大型国有经济主体治理结构改造的方向

一、股份制与现代企业治理结构制度

（一）企业治理结构制度

　　长期以来,关于企业治理结构概念的理解,国内外学者也是仁者见仁,智者见智,表述很不一致。

例如,英国牛津大学管理学院院长柯林·梅耶认为企业治理结构是"公司赖以代表和服务于它的投资者利益的一种制度安排。它包括从公司董事会到执行人员激励计划的一切东西。"①

经济学家钱颖一认为"在经济学家看来,公司治理结构是一套制度安排,用以支配着若干在企业中有重大利害关系的团体——投资者(股东和贷款人)、经理人、职工之间的关系,并从这种联盟实现经济利益。公司治理结构包括:(1)如何配置和行使控制权;(2)如何监督和评价董事会、经理人和职工;(3)如何设计和实施激励机制。一般而言,良好的公司治理结构能够利用这些制度安排的互补性质,并选择一种结构来减低代理人成本。"②

奥利弗·哈特认为"企业治理结构被看做一个决策机制,而这些决策机制在初始和约中没有明确地设定。更准确地说,治理结构分配公司非人力资本的剩余控制权,即资产使用权如果在初次和约中没有详细设定的话,治理结构将决定其将如何使用。"③

我国经济学家吴敬琏说:"所谓公司治理结构,是指由所有者、董事会和高级执行人员即高级经理人员三者组成的一种组织结构。在这种结构中,上述三者之间形成一定的制衡关系。通过这一结构,所有者将自己的资产交由公司董事会托管;公司董事会是公司的最高决策机构,拥有对高级经理人员的聘用、奖励以及解雇权;高级经理人员受雇于董事会,组成在董事会领导下的执行机构,在董事会的授权范围内经营企业。"④

我国经济学者邱靖荃认为:所谓公司法人治理结构,是指市场经济条件下的规范的公司领导制度。其内部具有明确分工;可以协调股东、债权人、管理者和员工等不同利益群体之间的关系,从而能够实现企业和资产效益运营的组织机构,权力分配体系及运行机制。公司法人治理结构的基本框架包括:①股东会、董事会、监事会和经理班子的建立、权利分配和实施办法。②股东,主要是法人

---

① [英]柯林·梅耶:《市场经济和过渡经济的企业治理机制》,转引自费方域:《什么是公司治理?》,《上海经济研究》1996 年第 5 期。

② 钱颖一:《中国的公司治理结构改革和融资改革》,载青木昌彦、钱颖一主编:《转轨经济中的公司治理结构》,中国经济出版社 1995 年版,第 133 页。

③ Phip L. Cochran and Steven L. Warcie:《公司治理——文献回顾》(1988 年),转引自费方域:《什么是公司治理?》,《上海经济研究》1996 年第 5 期。

④ 吴敬琏:《现代公司与企业改革》,天津人民出版社 1994 年版,第 185 页。

股东监督和评价董事会、经理人员和员工绩效的办法。③对经理人员的激励和约束机制的设计及实施办法。④公司出现危机时,法人股东的行为方式。①

　　1999 年由 29 个发达国家组成的经济合作与发展组织(OECD)理事会通过的《公司治理结构原则》在解释"什么是公司治理结构"时指出:"公司治理结构是一种据以对工商业公司进行管理和控制的体系。""公司治理结构明确规定了公司的各种参与者的责任和权利分布,诸如,董事会、经理层、股东和其他利害相关者。并且清楚地说明了决策提供了一种结构,使之用以设置公司目标,也提供了达到这些目标和监控运营的手段。"

　　(OECD)理事会通过的《公司治理结构原则》主要规定了五个方面的内容。它们是:

　　1. 治理结构框架应当维护股东的权利。

　　2. 治理结构框架应当确保包括小股东和外国股东在内的所有股东受到平等的待遇;如果股东的权利受到损害,他们应有机会得到有效补偿。

　　3. 治理结构框架应当确认利害相关者的合法权利,并且鼓励公司和利害相关者为创造财富和工作机会以及为保持企业财务健全而积极地进行合作。

　　4. 治理结构框架应当保证及时准确地披露与公司有关的任何重大问题,包括财务状况、经营状况、所有权状况和公司治理状况的信息。

　　5. 治理结构框架应确保董事会对公司的战略性指导和对管理人员的有效监督,并确保董事会对公司和股东负责。②

　　我国经济法学家梅慎实认为"所谓公司治理结构是所有者、经营决策者和监督者之间透过公司权力机关(股东大会)经营决策和执行机关(董事会、经理)、监督机关(监事会)而形成的责权明确、相互制约、协调运转和科学决策的关系,并依法律、法规、规章和公司章程等规定以制度化的统一机制。"③

　　以上国内外学者和机构关于企业治理结构概念阐述是从不同角度意义上阐述的。有的是从企业治理结构制度安排性质的意义上阐述的;有的是从企业治理结构制度安排形式上和构架意义上阐述的;有的是从企业治理结构制度安排原则或要求的意义上阐述的。以上各种阐述含义虽并不一致,但也可以看出:广义的企

---

　　① 陈佳贵、黄速建主编:《企业股份制改造》,经济管理出版社 1999 年版,第 115—116 页。

　　② 陈清泰、吴敬琏、谢伏瞻主编:《国企改革攻坚 15 题》,中国经济出版社 1999 年版,第 159—126 页。

　　③ 梅慎实:《现代公司治理结构规范运作论》,中国法制出版社 2002 年版,第 8—9 页。

业治理结构包括企业外部治理结构和内部治理结构两个方面或两个层次。企业外部治理结构是企业外部的社会组织管理机构及其行为机制,企业内部治理结构是企业内部的组织管理机构及其行为机制。而企业组织管理机构及其机制,就是狭义的企业治理结构制度。本报告研究的企业治理结构制度主要是指企业组织管理机构及其行为机制,又可称之为企业组织管理制度,它本身又是企业经营管理制度的有机组成部分,而且是其核心构成部分。从这个意义上讲,企业治理结构制度也是企业经营管理制度,它是由企业产权制度决定的,并且是企业产权制度的具体化。因而它和企业产权制度一样,同为企业制度的重要组成部分。

(二)现代企业治理结构的特点

一般说来,现代企业治理结构制度包括自然人企业治理结构制度和法人企业治理结构制度两种。

"自然人企业"有的西方经济学家称为"古典企业"。美国著名经济学家哈罗德·德姆赛茨教授认为,一个既是由所有者又是管理者掌管的内部组织或许被称为"古典企业。"[1]

可见,自然人企业就是指财产所有权和经营权合一的独资企业(或单人业主企业)和合伙企业。这两种企业马克思又把它们称之为与社会资本相对立的"私人企业"[2]。不过现在一般也是把独资企业和合伙企业纳入现代企业范畴(现代企业包括独资企业、合伙企业和公司企业)之中的。[3] 自然人企业的组织管理及其行为制度是一种所有权和经营权不分,所有权与经营权职能和机构合一,经营权职能机构不能专门化、独立化的企业组织管理及其行为制度。

法人企业专指股份制或公司制企业。法人企业的组织管理及其行为制度是所有权和经营权分离,所有权与经营权职能和机构明确分开,经营权职能机构专门化,独立的企业组织管理及其行为制度。

法人企业治理结构制度即股份制企业或公司治理结构制度是最典型的现代企业治理结构制度。也就是说,企业所有权与经营权职能、机构明确分开,经营权职能机构专门化的企业组织管理机构制度是典型的现代企业治理结构制度。

---

① 哈罗德·德姆赛茨:《竞争的经济、法律和政治维度》,上海三联书店 1992 年版,第 21 页。

② 《马克思恩格斯全集》第 25 卷,人民出版社 1975 年版,第 493 页。

③ "现代企业制度不单指公司制,更不单指股份制。""独资制企业、合伙制企业和公司制企业……都属于现代企业制度的范畴。"见王斌康、谢鲁江主编:《论现代企业制度》,第 56 页。转引自梅慎实:《现代公司治理结构规范运作论》(修订版),中国法制出版社 2002 年版,第 84 页注。

这是因为现代企业制度与传统企业制度的根本区别就在于它是所有权和经营权"两权分离"的企业制度。现代企业,即公司治理结构也正是为了解决在实行所有权与经营权"两权分离"企业制度下的委托—代理问题,或所有者与经营者之间权利相互制衡问题产生的。

正如奥利弗·哈特在《公司治理:理论与启示》一文中所指出:只要以下两个条件存在,公司治理结构问题,就必然会在一个组织中产生。第一个条件是,代理问题,确切地说是组织成员(可能是所有者、管理者、工人或消费者)之间存在利害冲突;第二个条件是,交易费用之大,使代理问题不可能通过和约解决。在没有代理问题的情况下,公司所有个人可以被指挥去追求利润和市场价值最大化,或者去追求最小成本。个人因为对公司获得的结果毫不关心而只管执行命令。每个人的努力和其他各种成本可以直接得到补偿。因此,不需要治理结构解决争端,因为无争可言。如果出现代理问题,并且合约不完全,则公司治理结构就至关重要。[1]

也如吴敬琏所指出:"公司治理结构(又译成法人治理结构或公司督导机制)是现代企业制度中最重要的架构。一个现代公司能不能搞好在很大程度上取决于它的治理结构是否有效。现代企业制度区别于传统企业的特点,在于所有权和经营权的分离(在西方称为所有与控制的分离)。这样就需要在所有者与经营者之间形成一种相互制衡的机制,依靠这一机制对企业进行管理和控制。现代企业中的公司治理结构正是这样一种机制。"[2]

(三)股份制企业治理结构制度是典型的现代企业治理结构制度

治理结构的性质和特点是由企业产权结构的性质和特点决定的。股份制作为典型的现代企业组织形式,由于它的产权结构是一种多元化资金来源构成的企业产权结构,企业财产的多元化决定了企业必然实行财产所有权与经营权分离的企业产权关系或产权管理制度。因为,在典型的股份制下,众多的经营者,直接经营管理企业或企业财产。这就必然会产生企业财产所有者将企业或企业财产交由企业经营者,或企业经营的委托——代理问题,或者说也就必然会产生企业所有者与经营者之间权利互相制衡的种种行为机制问题。因此,股份制企

---

① [英]奥利弗·哈特:《公司治理:理论与启示》,载《经济学动态》1996 年第 6 期,译自英国《经济学家杂志》1995 年 5 月号。

② 陈清泰、吴敬琏、谢伏瞻主编:《国企改革攻坚 15 题》,中国经济出版社 1999 年版,第 125 页。

业也必然实行所有权与经营权分离的企业治理结构制度。

从股份制企业治理结构制度本身看,股份制企业的组织管理机构一般多是一种"股东会——董事会——经理人——监事会"组织管理机构体系。

股东会是股份制企业的所有权组织机构。董事会和经理人是股份制企业的经营决策权组织管理机构和经营执行权组织管理机构。监事会是股份制企业的监察组织机构,即经营决策权组织管理机构和经营执行权组织管理机构的监察组织机构。股份制企业的组织管理机构实行的正是一种典型的所有权与经营权分离,所有权与经营权职能、机构明确分开,经营权职能机构专门化、独立化的企业治理结构制度。

股份制企业各种组织管理机构的行为机制包括约束机制、激励机制和监督机制,都是所有者制约激励和监督经营者,所有者权利与经营者权利相互制衡的行为机制。

二、股份制企业治理结构制度与我国大型国有经济主体企业治理结构制度改造方向

（一）我国大型国有经济主体企业治理结构制度的主要弊端及其改造方向

我国传统的大型国有经济主体企业治理结构制度是一种所有权和经营权合一的企业治理结构制度。在这种企业治理结构制度下,企业是分别隶属于各个工业部门、交通部门或商业部门等,在企业内部则主要实行的是党委领导下的厂长（经理）负责制。企业中一切重要的工作和重大问题,包括:企业的年度计划、季度计划、月度计划和实现计划的主要措施;企业的扩建、改造和综合利用,以及多种经营的方案;生产、技术、供销、运输、财务方面的重大问题;企业的劳动、工资、奖励生活福利等方面的重大问题;企业的主要的规章制度的建立、修改和删除;企业的主要机构的调整;企业车间科室以上行政干部和工程师以上技术干部的任免、奖励以及职工的开除都必须由党委作出决定;企业的生产、技术、财务、生活等重大问题,党委作出决定后,由厂长负责组织执行;企业生产行政工作的指挥,在企业党委领导下,由厂长负责。

我国传统的大型国有经济主体的企业治理结构制度的主要弊端就在于政企不分。在政企不分的企业经营管理制度下,主管企业的政府部门既是通过各项行政指令性及指令性计划对企业的人、财、物、产、供、销等各项经济活动行使经营决策权,通过委派企业领导干部,掌握企业党、政、财、文大权对企业行使管理

权。这就使企业成了国家"官办"的企业,企业领导成了国家派驻企业的"官员"。于是,企业时时处处便都必须听命于政府和行政机构,隶属于各级政府部门和行政机构。因而,企业也就必然成为各级政府和行政机构的附属物。

政企不分意味着政企责职不分,以政代企,这样就必然导致政府部门对企业的行政管理和经营管理的职能和机构合一。政府机关通过远离企业进行远距离"遥控操作",就常常容易因对社会、对市场、对企业内部的种种情况预测和分析不准确而产生主观主义的瞎指挥。并且,常常还会因对企业发号施令的"官老爷"作风和对企业经营好坏优劣不负责任而造成指挥失误和失职。这样,企业生产经营往往就是只能按"长官意志"、"行政命令"办事,而不能按经济规律和法律规范办事。因而是不利于搞好企业经营管理的。

实行企业政企合一的企业治理结构必然导致企业内无动力、外无压力。

第一,从企业本身来看,由于国家对企业实行统收统支,统负盈亏,企业经营成果与物质利益之间没有什么直接联系。企业经营管理搞得好、收入多、效益高而得不到相应的好处。反之,企业经营管理搞得不好,收益低也不会遭受什么损失;如果企业亏损了,又是由国家补贴包亏的。这样,企业靠吃国家的"大锅饭",也就可以过日子了。因而,企业也就无须靠自身的努力也无须通过外在的竞争谋求自我生存和发展。

第二,从企业职工来看,由于企业是吃国家的"大锅饭",企业职工同时也要吃企业的"大锅饭"。因为这时企业职工的劳动成果同他们的报酬或物质利益之间也是没有什么直接联系的。职工之间"干多干少一个样","干好干坏一个样"。所以,他们的主动性、积极性都难以自觉地调动和发挥。这样,企业职工当然就没有什么内在动力。同时,由于企业是国家办的,办好办坏都由国家负责,企业生存发展不用职工操心,而且也不存在什么企业破产和职工失业问题。因而企业职工也就不存在什么外在竞争的压力问题。

第三,从企业干部来看,由于企业干部是由主管企业的国家部门任命和管辖的,他们只受上级行政部门的指令制约,并且必须忠实地执行上级的行政指示和命令,必须按上级指示办事。他们不是直接对企业负责,而是直接对国家、对政府负责。他们的工作业绩同他们切身利益往往也没有直接联系。他们只要忠实执行上级指示,努力完成上级交给的各项任务,即使企业经营管理工作搞得不好,照样可以得到上级信任、表扬,甚至奖励或加官晋级。反之,如果违背上级意志和指令,那就可能受到上级的批评、处罚,甚至丢官降级。在这样状态下,企业干部只能按行政命令办事。他们往往容易安于现状，而不求进取、开拓和创新。因而，也就没有什么内在动力；由于国家对干部职务一般实行终身制，并且多数是能官不能民，能上而不能下。只要不犯什么重要错误，那就必定是步步高升而并不存在什么丢官、失业和打破铁交椅问题。因而，他们同样也不存在什么外部竞争的压力问题。

我国大型国有经济主体实行政企不分的企业经济结构制度，还必然导致企业没有动力。因为，在这种企业治理结构制度下，政府经济管理机关及其所派企业行政干部掌握了企业经营管理大权。企业的经济活动是由它（他）们决策的，企业在经营方式、产供销活动、资金支配、工作人员任免、产品价格、用工和工资奖励等方面都没有相应的权力。企业生产什么、生产多少、怎样生产、职工的工资标准和水平等，全靠政府机关统一规定。这样，也就捆死了企业的手脚，企业就没有能力进行自主经营和承担起应尽的义务，也没有能力进行自我生长、自我发展。既然企业连自己也管不了，当然也就谈不上怎样灵敏地适应市场关系的变化的需要。并且，从宏观经济角度来分析，政企不分必须导致行政条块分割、各自为政、中央有中央管的企业、地方有地方自己管辖的企业，于是便必然形成以部门、地区为单位划分企业的隶属关系，形成部门地区所有制。这样，也就割断了各部门各地区、各企业之间内在的商品经济联系。既使行业管理无法进行，又不能形成合理的分工协作关系。因为企业不是经济实体，企业之间的经济协作和经济联合也就难以按照商品经济的内在的本质要求进行。这样也会使企业经营管理不能灵敏地适应市场关系的变化的需要。

在我国实行社会主义市场经济新体制下，大型国有经济主体作为自主经营、自负盈亏、独立核算的商品生产和经营单位，本身应该具有经营管理的自主决策权。比如：

在计划方面，企业应有适当的经济计划权，大型国有经济主体在国家的宏观规划与政策调控下，应该有权按照市场、自己的生产能力和拥有的生产资源的实际情况，制定自己的生产经营计划，并在计划执行中调整自己的计划。应该有权同其他企业签订经济合同以保证其计划的实施和产品销售。在确保完成国家计划和供货合同的前提下，对于国家建设和市场需要的产品也应该有权安排增加生产。

在财产、资金的支配和应用方面，大型国有经济主体应有财产或资金支配和运用权。应该有权集资和投资，并有权通过支配和占有自己财产和资金的数量相适应的剩余产品价值或利润。

在生产资料和产品的购销方面，大型国有经济主体应有生产资料和产品的购销权。企业应有权按照生产需要选购原材料、能源和设备除国家有特殊规定不准自销的产品外，企业一般应有权自己销售自己生产的产品，在生产资料和产品的购销中，企业在遵守国家价格的法令前提下，企业应有权决定一些产品的购销价格。

在机构设置和劳动工资人事方面，大型国有经济主体应有劳动工资人事权。企业在遵守国家政策法令的前提下，应按照生产的市场关系瞬息万变的需要，灵敏地作出反应，及时进行生产经营决策。从而，才能具有自我生长、自我发展和自我制约的能力，充满生机和活力等等。

大型国有经济主体应具有完全的经营管理自主决策权，企业必须改变它作为各级行政部门的附属物的地位，同时必须改变企业机构作为各级行政机构的附属机构的地位，把企业的所有权和经营权的职能、机构分离开来，实行所有权和经营权职能、机构分离的企业治理结构制度。只有这样，才能克服政企不分的弊病，才能适应商品经济关系的客观要求，搞好企业的经营管理。

总之，以上分析表明，实行所有权和经营权职能、机构分离的企业治理结构制度，不仅是消除传统的大型国有经济主体企业治理结构制度的主要弊端的客观需要。而且是我国社会主义初级阶段实行社会主义市场经济新体制的客观要求。因此，建立所有权和经营权职能、机构分离的企业治理结构制度也就成了我国大型国有经济主体经济企业治理结构制度的改造方向。

（二）大型国有经济主体实行股份制企业治理结构制度的意义和作用

在社会化大生产的商品经济，即市场经济条件下，主要的企业治理结构制度一般分为所有权与经营权职能、机构合一的治理结构制度和所有权和经营权职能、机构分离的企业治理结构制度两种。所有权和经营权职能、机构分离的企业治理结构制度就是股份制企业的企业治理结构制度。它与所有权和经营权职能、机构合一的我国大型国有经济主体相比，是一种优化的企业治理结构制度。我国大型国有经济主体实行这种企业治理结构制度，才能消除旧体制下，企业治理结构制度经营管理政企合一的弊端，才能适应我国社会主义市场经济新体制的客观要求。从这个意义上说，实行股份制企业治理结构制度也完全符合大型国有经济主体企业治理结构制度改革的方向，具有十分重要的意义和作用。

第一，我国大型国有经济主体实行所有权和经营权职能、机构分离的企业治理结构制度,才能实现政企职责分开,保证企业经营管理自主决策权。

在社会主义初级阶段,我国大型国有经济主体如果实行所有权和经营权职能、机构合一的企业治理结构制度,其所有者和经营者的权利地位关系,就像独资企业和合伙企业中的所有者和经营者的权利地位关系那样。

在独资企业里,由于企业主人的财产同时又是企业经营的财产。企业的所有权和经营权职能、机构是合一的,企业主人直接控制、支配和经营企业,企业主同时又是经营企业的企业家。企业所有者和经营者是处于同一权力主体地位的。

在合伙企业里,合伙人全体共同所有的财产,同时就是企业经营财产。企业的所有权与经营权职能、机构也是合一的。合伙企业是由全体合伙人共同直接控制支配和经营的。同样,企业主也就是企业家。企业所有者和经营者也是处于同一权利主体地位的。

所以,如果我国大型国有经济主体实行所有权和经营权职能、机构合一的企业治理结构制度,国家作为所有者,企业作为经营者这两者也必然处于同一权利主体地位。这样,政企职责也就无法分开了。政企职责不分,以政代企,企业成为政府部门的附属物,企业经营管理组织机构成为各级行政机关的附属机构。这种情况也就在所难免了。这样也就无法保证企业经营管理的自主决策权。

但是,如果我国大型国有经济主体实行股份制企业的所有权和经营权职能、机构分离的治理结构制度,其所有者和经营者的权利地位关系,就像公司企业那样:在公司企业里,企业的所有者和经营者是分开的。因而,企业的经营权和所有权职能、机构是分开的。企业的所有者——股东是不能直接控制、支配和经营管理企业的。企业的经营者,即公司企业本身则对企业拥有完全的经营权。因而,企业的所有者和经营者不是处于同一权利主体地位的。我国大型国有经济主体如果实行这样的企业治理结构制度,国家是企业的所有者,它应拥有企业的经营权。这样,政企也就可以分开,大型国有经济主体也就可以不再是各级政府部门的附属物,大型国有经济主体的经营管理组织机构也就可以不再是各级行政部门的附属机构了。因而,企业经营管理的自主决策权就有保证了。

第二,大型国有经济主体实行所有权和经营权职能、结构分离的企业治理结构制度,才能实现经营管理机构和职能专门化,保证搞好企业的经营管理。

在实行所有权和经营权职能、机构合一的独资企业里,由于企业主就是企业家,他无须与他人商量即可决策。所以不存在经营管理职能专门化问题,同样,在实行两合一的合伙企业里,由于进行的经营管理的组织机构是既作为企业又作为企业家的合伙人全体,合伙人原则上都必须互相商量,并取得一致意见,方可决策。因而,也不存在经营管理机构专门化,从而也就不存在经营管理职能专门化问题。

所以,大型国有经济主体如果实行所有权和经营权职能、机构合一的企业治理结构制度,也就不能实现经营管理机构和职能的专门化。由于社会主义全民所有制是同现代化生产中高度社会化生产力相适应的社会经济组织形式,如果不能实现经营管理机构和职能的专门化,也就不能适应社会化大生产的客观需要,因而就无法搞好企业的经营管理。

但是,在实行所有权和经营权职能、机构分离的公司企业里,由于企业的所有权机构——股东大会与经营决策机构——董事会和管理业务执行机构——经理人机构是分开的。股东大会只是公司企业内部最高议事机构,它一般不参与公司的经营决策和管理事务,董事会是专门的经营决策机构,专门执行经营决策职能。经理人是专门的经营管理业务执行机构,是专门执行业务的。这样,也就使其经营管理机构专门化,从而也就使其经营管理职能专门化了。

所以,大型国有经济主体如果实行股份制企业的所有权和经营权职能、机构分离,企业治理结构制度,企业的所有权机构是股东会或股东大会,经营决策机构是董事会,业务执行机构是经理人员机构,这样也就可以实现经营管理机构、职能的专门化,从而也就可以克服政企合一经营管理制度下,经营管理不专不善的弊端,加强经营管理工作,搞好企业经济决策,充分发挥企业经营管理职能作用,保证搞好企业的经营管理。

有的同志认为大型国有经济主体实行股份制后,仍然会政企不分,因而是"换汤不换药"。其主要理由是在这种股份制企业里,国家是占主导地位的,因而,国家仍然是企业的支配者,所以,企业仍然是国家机关的附属物。

实际上,虽然国家股份在股份制企业中处于主导地位,但这种主导地位只是企业所有权中的主导地位,并非经营权的主导地位。因为所有权与经营权职能、机构是分开的,所有权的外在独立性就使得国家根本无权直接参与企业的经营管理。这种状况与银行和储户之间的关系具有相似之处。如果把储户当股东,银行当企业,存款当银行经营财产。那么,我们就会看到存款本是储户的,但一经存入银行也就成了银行企业经营财产。这时,尽管储户存款再多,也是无权支配银行的经营活动的。

当然,大型国有经济主体实行股份制以后,国家和股份企业的关系不会像银行与储户的关系那么简单。因为,国家要派出自己的代表参加董事会,并通过派出的代表在董事会中占支配地位。但是,尽管如此,股份制企业仍然实行的是政企分开的经营管理体制。因为,董事会本身不像旧体制下的企业领导班子那样是一种行政权力机构,它仅仅是一种经济决策机构。这时作为国家权力代表的董事不再是国家的行政官员而是从事企业管理的专业人员。所以,这时国家董事的支配作用,仅仅是经营管理权力方面的支配作用,而不是行政权力方面的支配作用。显然,这种支配作用和政企合一时的支配作用是有本质区别的。因而,这种支配作用由于经营职能和机构专门化了,它和政企合一时的支配作用相比,是有利于搞活企业和加强企业经营管理,促进企业不断发展的。

问题的关键在于大型国有经济主体实行股份制后,由于企业实行了所有权和经营权职能、机构完全分开的经营和管理制度,国家代表在董事会中完全可以不占支配地位,国家财产的利益同样也不会受到损害。这时国家除对股份制企业执行作为整个社会经济管理机构的职能外,完全也没有必要再插手企业的经营管理。因为股份制实践的历史和现实都已经表明,董事会这个从事经营管理的专门机构也是可以非股东化的,它的多数成员,甚至起支配作用的董事会成员都可以是以精通企业经营管理的业务能人构成,这样才能适应社会化大生产的商品经济的需要。因而,国家代表在董事会中不占支配地位也是可以搞好股份制大型国有经济主体的。

进一步深入研究大型国有经济主体深化改革的历史发展过程和趋势,我们还可以看到:由于国家政府机关直接派出代表进入股份制企业董事会,那仅仅是国有企业实行股份制改革过程中的过渡性措施。在大型国有经济主体实行规范化股份制改革过程中,国有资产应是由一种经济组织——国有资产投资公司或国有资产投资管理公司管理。它根本不是行政机构。国有资产投资公司和实行股份制的大型国有经济主体是经济组织之间的平等关系。因而,它就不能,并且也不允许它运用国家政府的行政权力干预企业的经营。而只能根据它在股份制企业双方签订的契约关系的基础上,在权利和义务对等的条件下,只起一个投资者、股东及凭借投资入股股份制企业并参与收益分配的作用,因而,这就更谈不上国家仍然可以支配股份制企业,大型国有经济主体实行股份制仍然会政企不分,是所谓"换汤不换药"的问题。

第三章　我国大型国有经济主体的深化改革与股份制改造的总体思路要求

　　我国经济体制改革的目标,是要建立完善的社会主义市场经济新体制。与建立这个新体制相适应的企业改革目标是要建立"产权清晰、责权明确、政企分开、管理科学"的现代企业制度。实现大型国有经济主体改革的目标,需要一个逐步深化的发展过程。我国大型国有经济主体改革正朝着自身发展的目标逐步深化地向前发展。

　　本章通过对我国大型国有经济主体改革逐步深化发展历史过程的考察分析,研究实行股份制不仅符合我国大型国有经济主体深化改革的客观要求。同时,我国大型国有经济主体改革的不断深化发展,也必然逐渐地会为实行股份制改造创造各种客观条件,股份制和股份制企业集团也是继续深化发展的必然选择。同时本章还研究我国大型国有经济主体股份制改造的总体思路要求问题。

第一节　扩权和承包是大型国有经济主体改革的起步和深化发展的过渡阶段

一、扩权是大型国有经济主体改革的起步

　　我国大型国有经济主体改革是从扩大企业自主权开始的。企业自主权指企业生产经营自主权,也就是企业作为一个商品生产者和经营者,在商品生产过程中,对其从事的生产经营活动所拥有的自主决策权利。如前所述,我国在实行社会主义市场经济新体制下,大型国有经济主体应该是一个依法自主经营、自负盈亏的社会主义商品生产者和经营者,它必须拥有一定的生产经营自主决策权,才能适应市场情况千变万化的需要,正常地从事各种生产经营活动。扩大企业自主权正是一种在不改变大型国有经济主体的全民所有制性质的基础,和基本不

转变大型国有经济主体经济机制的前提下，按照商品经济运动的客观要求，调整国家和企业之间、企业和职工之间的经济关系，赋予大型国有经济主体一部分生产经营管理自主决策权利、使大型国有经济主体开始成为相对独立的商品生产者和经营者的企业管理体制改革。

扩大企业自主权改革，是我国大型国有经济主体改革的起步阶段。从扩权开始进行大型国有经济主体改革，这是我国经济体制改革本身的客观要求。这是因为我国旧体制的根本弊端，首先就在于把社会主义经济中的市场和计划对立起来，否认大型国有经济主体应该是独立的或相对独立的商品生产者和经营者，大型国有经济主体正是缺乏生产经营管理自主决策权，才成为各级行政机构的附属生产单位，才缺乏积极性、主动性和创造性，从而才缺乏生机和活力的。旧体制的种种弊端正好集中反映和表现在缺乏应有的生机和活力上。搞活企业，特别是国有企业是经济体制改革的中心环节，要使大型国有经济主体充满生机和活力，需要解决的矛盾和问题很多，这是一个十分复杂、十分庞大的系统工程。并且，大型国有经济主体改革本身是一种开拓、创新事业。应从实际出发，走切实可行的道路，而且应该做到步伐稳妥。因而，大型国有经济主体改革过程应该是一个由简单到复杂，由易到难的，循序渐进的过程。

扩大企业自主权，仅仅是使大型国有经济主体开始挣开僵化的高度集中的旧体制的束缚、松开"企业身上束缚多年的绳索"的改革。它既简单易行、又最为稳妥。所以，我国大型国有经济主体改革必然从扩大企业自主权利开始。

总的来看，扩大企业自主权改革是从正确处理国家和企业、企业和职工的关系这两个方面实施各种改革措施的。

在处理国家和企业关系的问题上，主要在大型国有经济主体生产计划、产品购销、产销、定价、资金使用、工资资金分配、横向经济联合、劳动人事、对外贸易等方面分别给了大型国有经济主体一部分权力。

同时又通过允许大型国有经济主体计划利润和超计划利润留成、利润全额分成和"以税代利"、独立核算、自负盈亏并逐步提高大型国有经济主体留利水平等，让给大型国有经济主体一部分利润。在处理企业和职工的关系问题上，主要是实行厂长负责制、各种经济责任制和相应的分配制度等。正确处理国家与企业的关系与正确处理企业同职工的关系是相互联系、根本一致的。所以，概括起来扩大企业自主权改革实际上是一条简政、分权、让利为主要内容的大型国有经济主体改革道路。

　　扩大企业自主权作为我国大型国有经济主体改革的起步阶段,它是我国经济改革的开路先锋,它通过简政、分权、让利改善了大型国有经济主体从事商品生产经营活动的外部环境,初步正确地调整了国家与企业、企业与职工之间的经济关系。增强了大型国有经济主体活力,促进了一系列配套的经济体制改革。因而,它在我国大型国有经济主体改革和整个经济体制改革历史发展过程中有着十分重要的历史作用。

　　正因为通过扩权使大型国有经济主体具有种种生产经营自主权利,使它由一个政府行政机构的附属物,完成国家计划的生产机器开始变成了一个相对独立的商品生产者和经营者。正因为大型国有经济主体具有一部分生产经营的决策权,其外部环境条件在一定程度上得到了改善,内部有了一定的动力。这样,就增加了大型国有经济主体活力,从而也就提高了大型国有经济主体生产经营管理水平,提高了大型国有经济主体的经济效益。

二、承包制是我国大型国有经济主体改革深化发展的过渡阶段

　　扩大企业自主权改革,作为我国大型国有经济主体改革的初始选择和起步阶段,它对于搞活我国大型国有经济主体,促进整个经济改革的重要历史作用是应充分肯定的,而且,扩大自主权改革中所采取的一些有效措施,在深化企业改革中,还会在一定范围内发挥其应有的作用。

　　但是,扩大企业自主权改革本身仅仅是在旧体制大型国有经济主体制度的基础上打开了一个突破口,它不可能从根本上消除传统的大型国有经济主体制度的种种弊端,它仍然存在着一定的缺陷或局限性。随着大型国有经济主体改革的深化发展,其局限性逐步就会暴露出来。

　　这是由于扩大企业自主权主要是通过国家采取一系列行政手段,将一部分大型国有经济主体的生产经营管理自主决策权让给大型国有经济主体,在分权让利过程中,国家和地方是分权让利的主体,大型国有经济主体是承受权利的主体。在扩权前由于国家是全民所有制生产资料的法定所有者。大型国有经济主体的所有权经营权是合一的,并且都属国家。扩权时,国家到底应分让给企业多大权利,是一个很难正确解决的问题。因为,大型国有经济主体本身不是生产资料的法定主人。它与国家之间分权的合理的科学的界限也就无法确定。所以,分权让利大小必然存在一定的弹性,即伸缩性。同时,由于国家又是社会生产,即宏观经济的调控者。宏观经济又是微观经济的动态集合。在现实生活中,又是无法将经济活

动的宏观性和微观性截然分开的。从这个意义上看,国家将大型国有经济主体的生产经营的一部分权力放给大型国有经济主体,也必然是有伸缩性、有弹性的。

国家对大型国有经济主体分权具有伸缩性,这使大型国有经济主体所分得的生产经营权力会受到国家政治经济形势变动的影响。大型国有经济主体权力变化相应会引起利益波动,大型国有经济主体利益波动相应又可能造成国家利益和大型国有经济主体利益之间的矛盾、冲突。因为,国家对大型国有经济主体分权无法找到合理的分权让利界限,分给大型国有经济主体权利大小也就难以正确确定。如果国家分给大型国有经济主体的权利过大,国家的权利过小,这样就会损害国家利益,削弱国家作为全民所有制企业所有者和宏观经济调控者的经济地位。并且,会影响社会整体经济利益和人民长远经济利益。相反,如果国家分给大型国有经济主体的权利过小,国家的权利过大,这样既会把大型国有经济主体管得过死,又会损害大型国有经济主体的局部经济利益和职工的个人利益。从而也就会使大型国有经济主体及其职工缺乏生产经营的积极性、主动性和创造性而缺乏活力。

国家对大型国有经济主体分权使企业的行为主要受行政权力约束,而不是受自身的经济基础机制约束。这样,大型国有经济主体就缺乏自我约束机制。在扩权中,由于分权让利具有伸缩性,大型国有经济主体作为相对独立的生产经营者,它为了自身的经济利益,其行为容易倾向于企业集体利益和职工个人利益,或者短期或超短期的眼前经济效益,而忽视国家的社会整体利益和企业的中长期经济利益。这样也就容易导致大型国有经济主体行为倾向不合理。

国家对大型国有经济主体分权具有伸缩性,一方面,容易导致大型国有经济主体千方百计不断地伸手向国家要权争权。另一方面,又容易导致国家为了保护自己的利益、社会整体和人民的长远利益,而不遗余力地想方设法限制大型国有经济主体权利的增长。国家(包括地方)与大型国有经济主体之间权利大小之争长期存在,没完没了,永无休止。这样,大型国有经济主体改革将长期陷入"放权"和"收权"的矛盾困境之中。

在国家对大型国有经济主体放权过程中,中央既主要通过行政手段对大型国有经济主体扩大自主权,又主要通过行政手段对地方扩大管理大型国有经济主体的权利。中央和地方对大型国有经济主体既具有放权、又具有收权的权力。由于对大型国有经济主体分权具有伸缩性,在中央放权时,地方为了地方的经济利益,它可以同时采取对企业收权的措施。这样,大型国有经济主体便不能相应地得到扩权的利益。同时,在扩权进行中,我国的宏观经济改革,特别是价格体制改革和财政、金融体制改革等配套改革一般滞后,宏观调节手段不完备,社会主义市场发育尚处于萌芽状态,市场体系尚未形成,市场机制不能充分发挥作用。大型国有经济主体所分得的那部分从事商品生产经营活动的自主决策权利在很大程度上无法充分、有效地使用并发挥作用。因此,如果仅仅沿着扩权即简政、分权、让权这条思路继续走下去,就可能使扩权流于形式,使大型国有经济主体改革停滞不前。

正是由于扩权本身的局限性可能使大型国有经济主体改革停滞不前,为了保证大型国有经济主体改革持续进行,还需要向更高层次深化发展。这个更高层次就是要转变大型国有经济主体经营机制。承包制正是大型国有经济主体转变经营机制的主要形式。于是我国大型国有经济主体改革,在扩权基础上便逐渐深化发展成为实行承包制改革,由此可见,实行承包制是我国大型国有经济主体深化发展的客观要求。

承包制改革,作为我国大型国有经济主体改革深化发展的一个历史阶段,是一个既巩固、完善和发展扩大企业自主权改革的成果,又是创新大型国有经济主体改革内容,从而使大型国有经济主体在更高层次上深化发展的过渡阶段。因而,它在我国大型国有经济主体改革和整个体制改革的历史发展过程中有着十分重要的历史作用。

承包制对大型国有经济主体改革的重要历史作用,首先在于它开始转变了大型国有经济主体的经营机制,从而进一步增强了大型国有经济主体活力,具体说来:

1. 承包制强化了两权分离,进一步正确处理和改善了国家与大型国有经济主体的关系,进一步扩大并保证了大型国有经济主体的自主权。

大型国有经济主体在扩权时,已经开始打破企业所有权和经营权合一的格局,开始实行两权分离,使企业已经有了部分生产经营自主权。但是,由于国家与大型国有经济主体的关系是一种不固定的行政关系,国家或地方分给大型国有经济主体的权利大小具有伸缩性,大型国有经济主体应有多大的生产经营自主权既不稳定又不太落实。而实行承包制后,由于作为企业资产所有者的国家和地方主管部门与作为企业资产经营者的承包者之间要以平等的身份签订合同,明确各自的权、责、利。国家与大型国有经济主体的关系又是一种合同关系,国家对大型国有经济主体的行政手段一定时期是固定的,这就进一步强化了大型国有经济主体所有权和经营权的两权分离,使大型国有经济主体获得的生产经营的自主权相对扩大,相对稳定,并且还比较落实。

2. 承包制改善了大型国有经济主体的运行机制,提高了自主生产经营能力。

在扩权时,大型国有经济主体仍然基本上是由政府直接指挥的,大型国有经济主体对政府主管部门的依赖性仍然很强,经营、决策、指挥系统很不完善,自主经营能力相当低。

实行承包制后,第一,因为政府主管部门与大型国有经济主体之间存在着一种合同关系,存在着一种平等的商品关系。这就相对削弱了政府对大型国有经济主体的直接指挥。弱化了大型国有经济主体对政府的依赖心理,强化了大型国有经济主体的自主经营意识。因而,也就必然使大型国有经济主体加强经营管理、决策、指挥系统;

第二,集体承包时,承包组长是厂长。这进一步确立了厂长在大型国有经济主体中的核心地位和作用;

第三,承包大型国有经济主体的厂长多是在竞争中择优选定的,一般本身又是善于管理企业并富有开拓精神的能人;

第四,承包经营责、权、利相结合,经营者权大、利大、责任和风险大,他们在经营中更容易提高素质;

第五,承包经营群体中党、政、工、生产、经营技术人员齐备,并形成了专家团队优势,提高了经营决策的科学性。

正是由于上述种种原因或因素使承包大型国有经济主体的运行机制得到了一定程度的改善,从而提高了大型国有经济主体的经营能力。

3. 承包制强化了大型国有经济主体的动力机制,形成了一定的利益—动力机制,提高了大型国有经济主体和职工的积极性、主动性和创造性。

扩权使企业开始有了一定权、责、利。但大型国有经济主体的权、责、利关系透明度不高,利益机制的作用并不很强,企业和职工的积极性、主动性、创造性仍然难有很大的提高。实行承包制后,因承包方案产生的过程是承包企业及其职工对企业生产经营情况全面系统地了解分析过程,这在一定程度上就增强了大型国有经济主体利益机制的作用。大型国有经济主体责、权、利关系透明度的提高和利益机制作用的增强,又使企业和职工的奋斗目标更明确,实现目标的方向和方式也比较清楚,当家做主的主人翁责任感相应也就加强了。这样也就形成了一种比扩权改革更强的大型国有经济主体的利益—动力机制,从而使其生产经营的主动性、积极性和创造性也就进一步提高了。

4. 承包制改善了大型国有经济主体自我约束的机制,形成了利益约束机制,促进了大型国有经济主体行为倾向相对合理化。

扩权使大型国有经济主体因有了一部分生产经营的自主决策权力开始成了相对独立的商品生产者和经营者,并且,国家向大型国有经济主体让利有伸缩性,因而,大型国有经济主体为了自身的利益仍然要向国家伸手要权和争权。这就难于将企业追逐自身利益的目标和国家的目标统一起来。企业行为短期化和超短期化等不合理倾向又难以克服,实行承包制后,承包期相对较长,在承包期内,不仅要包上缴利润,还要资产增值、技术进步和职工福利增长,这就促使大型国有经济主体在制订计划时较为可能兼顾短期经济效益和相对长期经济效益,提高资金利用率。在分配中也较为可能努力正确处理积累和消费的关系,因而就形成了一种利益约束机制,从而也就相对地促进了大型国有经济主体行为倾向合理化。

正因为承包改革是在扩权改革初步改善了大型国有经济主体从事商品生产经营活动的外部环境的基础上,又通过改革,进一步调整大型国有经济主体经营机制,并较正确地处理了国家与大型国有经济主体与职工的经济关系,增强了大型国有经济主体的活力,从而也就进一步提高了大型国有经济主体经营管理水平,提高了大型国有经济主体经营效益,稳定地增加了国家财政收入。

第二节　股份制是大型国有经济主体
改革深化发展的必然选择

一、股份制是大型国有经济主体改革深化发展的必然要求

承包经营责任制改革作为我国大型国有经济主体改革深化发展的一个过渡阶段已经实行了相当长的时间,至今大量大型国有经济主体仍在实行承包经营责任制。[①]

---

①　据《新京报》2004年12月16日报道:国资委与30家央企签订承包经营责任书。报道称:国务院国资委与中国核工业集团等30家中央企业签订首批任期经营业绩责任书和2005年度经营业绩责任书,其中涉及军工、石油、电力、冶金等12个重要行业。据国资委党委书记李毅中介绍,30家中央企业今年至2005年任期考核目标的总体情况是:国有资本增值保值率为10.48%,主要业务收入平均增长率为8.44%。2005年这30家中央企业年度考核目标中,利润总额要达到823.6亿元,比今年的考核目标值增加75.6%,比2004年企业预计完成值增长2.1%。国资委党委书记李毅中说,经营业绩考核工作,是一项建立和完善中央企业激励与约束机制的创新工作。国资委要求,在明年春节前,绝大多数企业都要签订任期年度经营业绩责任书,在明年一季度前,全部中央监管企业都应完成责任书签订工作。今年1至10月份,中央企业实现利润4188.9亿元,预计全年利润将达到4500亿元。

　　承包经营责任制对搞活大型国有经济主体,促进大型国有经济主体改革深化发展的重要作用,同样应该充分肯定。而且,承包制作为商品生产的一种有效的经营方式,在大型国有经济主体改革进一步深化发展阶段,它还会在一定的范围内发挥其应有的作用。

　　但是,由于承包制本身还是一种没有根本改变传统大型国有经济主体的行政依附性的企业制度。因而,它也就不可能从根本上消除传统的大型国有经济主体制度的那些弊端。所以,承包制依然存在着一定的缺陷或局限性。随着大型国有经济主体改革的深化发展,其局限性同样也逐渐会暴露出来。这是由于承包制虽然在一定程度上已相对改善了大型国有经济主体的经营机制,增强了企业活力,但不可能从根本上把大型国有经济主体改革成为自主经营、自负盈亏的商品生产者,从而也就不可能从根本上持久地解决增强大型国有经济主体的活力问题。

　　第一,承包制不能从根本上使大型国有经济主体完全摆脱对政府主管部门的行政依附关系。

　　实行承包制时,一般是大型国有经济主体的行政隶属关系不变,上缴利税和资金拨款渠道不变,并且计划和供应关系也不变,只不过是用合同的形式把这种关系在一定时间内相对地固定下来,大型国有经济主体在签订承包合同时,到底能得到多大的生产经营自主权,是通过企业的主管部门,主管部门向银行、财政部门双重协商互相讨价还价确定的。而且最终还要取决于政府主管部门。因为发包方为政府指定的有关部门,承包的各项指标是分别由发包方的各部门下达和考核的,这样就容易形成众多部门以发包主体身份对企业下达指标的格局。同时,众多部门都为利益相对独立的行政部门,他们对大型国有经济主体承包的意见往往不一致,这就使得大型国有经济主体无所适从。同时,往往在实际上是财政或国资部门一家说了算,其他各个部门和大型国有经济主体即使有什么意见,也难以协调统一,财政或国资部门的独家意见,往往容易忽视大型国有经济主体的长远利益。

　　既然承包制不能实现真正完全的两权分离,从而也就不能使大型国有经济主体的经营决策机构和经营管理专门化。这样,在实行承包制的大型国有经济主体中,虽然已经加强了经营决策指挥系统,确立了厂长(总经理)在大型国有经济主体中的核心地位和作用,提高了大型国有经济主体经营管理者的素质,并且在管理人员中形成了专家团队优势,但这些机构和人员均难以充分发挥其自主经营、自负盈亏的职能作用。所以,承包制仍然不能从根本上解决大型国有经济主体自主经营问题。

第二,承包制不能使大型国有经济主体完全明确产权关系。

由于承包制是在坚持大型国有经济主体的社会主义全民所有制的基础上,按照两权分离的原则,以承包经营方式确定国家与大型国有经济主体的责、权、利关系的,因而大型国有经济主体的财产仍然是属于国家所有,大型国有经济主体原有的一元性单一的产权关系,仍然没有发生根本性的变化。同时,由于承包制不可能完全实现两权分离,这就不可能做到大型国有经济主体财产的所有权完全归国家,经营权完全归大型国有经济主体的经营承包者。实行承包制的大型国有经济主体只有按照合同规定的范围和程度得到不完全的经营权,国家仍然既拥有大型国有经济主体财产所有权,也拥有一部分大型国有经济主体财产的经营权。因为大型国有经济主体不是生产资料的法定所有者,国家与大型国有经济主体之间的产权划分便无法确定科学合理的界限。因此,大型国有经济主体中的产权关系仍是模糊不清的。所以,在实行承包制时,一方面大型国有经济主体虽然是归某个政府主管部门的,但大型国有经济主体的各项活动又是分别归相应的其他主管部门管理的。管理大型国有经济主体的主管部门和其他任何部门都有权代表国家直接指挥大型国有经济主体。另一方面,承包者为了大型国有经济主体及其职工的利益,又有权通过协商以讨价还价的方式伸手从国家手里争来尽可能多的权利。这样,国家与大型国有经济主体之间的关系也就只能在合同范围内做到相对明确,而不能在合同范围外做到完全地、绝对地明确。正是从这个意义上看,承包大型国有经济主体的责、权、利关系,也是不确定的。

第三,承包大型国有经济主体责、权、利关系不确定性决定了大型国有经济主体利益—动力机制和利益制约机制也是不能充分发挥作用的。

1. 大型国有经济主体利益关系不确定,其利益动力机制就不能充分发挥作用。如果大型国有经济主体能够完成承包任务,大型国有经济主体及其职工能得到相应的经济利益,就能刺激和调动它们的积极性,否则,就不能刺激和调动它(他)们的积极性。

2. 大型国有经济主体利益关系不确定,其约束机制也不能充分发挥作用。一是大型国有经济主体与政府有关部门通过讨价还价签订承包合同时,为了便于日后能够较为容易地完成承包任务,可能要千方百计地隐瞒企业生产潜力,压低基数,损害国家利益以提高大型国有经济主体及其职工利益;二是大型国有经济主体执行承包合同时,可能通过种种不正当途径,隐瞒实际收入,增加企业职工的奖金、津贴和个人及集体福利,减少上缴利税以增加大型国有经济主体和职工的利益,损害国家利益;三是大型国有经济主体经营不善而破产时,承包者对企业财产损失也不会承担风险损失责任,大型国有经济主体财产的损失最后便转嫁给了国家,使国家利益遭受损失;四是大型国有经济主体为了追求承包期内企业和职工的最大利益,比如,为了片面争取超收多留,容易拼设备、拼速度、超负荷地使用固定资产,而忽视其必要的维护保养和修理。为了片面追求利润容易不顾社会经济效益、不顾生态平衡、甚至不顾消费者利益、不顾国家法令等等。这样也就不可能从根本上解决大型国有经济主体行为倾向不合理问题。

既然实行承包制时,承包大型国有经济主体没有相应的经济利益,就不能调动大型国有经济主体和职工的积极性,所以,如果要承包者承担亏损责任的承包是不可行的。既然承包大型国有经济主体的利益约束机制又不能硬化其行为约束,大型国有经济总是要千方百计地为企业和职工争取承包期内的最大利益,所以如果要承包者承包可能亏损的大型国有经济主体,这也是不可行的。同时,实行承包制时,大型国有经济主体无产权,国家与大型国有经济主体的责、权、利关系的不确定性,也不可能使企业对盈亏负责。正是因为这些因素便决定了承包制实质上只能是一种实行包盈不包亏的企业管理制度。这样的企业制度,当然也不可能从根本上解决大型国有经济主体的自负盈亏问题。

第四,承包制不能使国有经济主体成为自主投资和集资的经济实体。

在实行承包制的大型国有经济主体中,因为承包者不是大型国有经济主体财产的法定主人,他只能按合同规定,对企业财产行使有限的不完全的经营权。承包大型国有经济主体的国有资金是不可分割的。正因为如此,承包制不能使大型国有经济主体成为完全自主投资和集资的经济实体。这样,也就无法从根本上解决自我生长、自我发展问题。

以上四个方面分析说明,正是由于承包制不能完全实现两权分离、明确企业产权关系、实现自主集资和投资。所以,大型国有经济主体不能真正成为自主经营、自负盈亏的商品生产者和经营者。因此,承包制不能实现大型国有经济主体改革的最终目标,只能是深化大型国有经济主体改革的一个过渡阶段。大型国有经济主体改革还需要在扩权和承包制改革的基础上,在改善企业外部环境条件和转变企业内部经营机制的基础上向更高层次推进,更高层次就是改革大型国有经济主体的产权制度和治理结构制度,实行企业制度创新。于是,这在客观上也就需要建立一种使大型国有经济主体能够实行社会资本(资金)集中或联合的企业资金制度或企业产权占有权制度;实行财产所有权和经营权两权分离的企业产权使用权、收益权和处分权制度;实行财产所有权和经营权职能、机构分离,经营权职能、机构专门化、独立化的企业治理结构制度。而能实行上述企业产权制度和企业治理结构制度的企业制度就是股份制企业制度。

　　由此可见,实行股份制改造是大型国有经济主体改革在承包制改革基础上继续深化发展的必然选择。

二、企业改革为大型国有经济主体股份制创造了条件

　　企业改革以来,我国大型国有经济主体通过扩大企业自主权和全面推行承包经营责任制,企业从事生产经营的外部环境和内部经营机制的转变,导致了企业制度本身也发生了部分质变。这就为建立我国大型国有经济主体新体制,从而为逐步实行股份制奠定了现实基础,创造了根本条件。

　　1. 扩权和承包制改革为逐步实行股份制创造了微观基础条件:

　　——扩权和承包制奠定了实行股份制企业的产权结构制度的基础条件。企业改革以前,大型国有经济主体财产只有国家投资的国有资金一个来源,大型国有经济主体成了国家"独资"企业。大型国有经济主体实行扩权、承包制改革以后,一些企业的企业资金来源和企业投资体制已经逐步发生了变化。有的企业吸收其他企业、企业职工以及社会上的居民个人投资,这样,企业的产权结构便逐渐打破了原有企业产权完全由国家财产构成的一元性产权结构,而成了由国家财产、本企业或社会上其他企业单位、集体财产和职工或社会上其他的居民个人财产相结合的复合的多元性产权结构。这种多元性产权结构的集资或投资制度,本质上是一种把分别属于国家、集体和个人的个别资本(资金)联合起来,转化为联合资本的企业社会集资投资的企业资金制度,它就为大型国有经济主体实行股份制的企业社会集资或投资的资金制度奠定了现实基础,从而也就为大型国有经济主体股份制企业实行多元化的产权结构制度或多元化的产权占有权制度创造了一个基本条件。

　　——扩权和承包制奠定了实行股份制企业的产权关系制度的基础和条件。企业改革以前,由于大型国有经济主体的产权结构是一元化的产权结构,企业所有者和企业经营的财产是合一的。因而,不能明确企业的产权关系。实行扩权

和承包制改革以后,由于大型国有经济主体已经打破了一元性的产权结构,建立了多元性的产权结构,并且把分别属于国家、集体和个人的资金转化成了企业联合生产经营资金。这样,企业的产权关系便由原来的所有者和经营者合一的单一产权关系,逐步转变成了一种企业所有者和经营者分离的复合产权关系。这就既需要明确大型国有经济主体投资者或所有者的产权关系,又需要明确社会主义企业经营财产的产权关系,确认大型国有经济主体产权主体的地位。只有这样才能既保证企业财产所有者,即投资企业的国家、集体和个人的经济权益,又保证企业自身的经济权益。也只有这样才能正确处理好大型国有经济主体内部国家、法人和个人间的经济利益关系。要使大型国有经济主体的复合产权关系明确化,就需要建立企业法人财产制度,使大型国有经济真正成为一个企业法人。因而,实行扩权和承包制后,大型国有经济主体一些企业形成的复合产权关系,这就为实行股份制企业的产权关系制度或产权使用权制度,从而也就为建立股份制企业的企业法人财产制度奠定了客观基础,创造了又一个基本条件。

——扩权和承包制奠定了实行股份制企业所有权和经营权的职能、机构分离的企业治理结构制度的基础和条件。

企业改革以前,大型国有经济主体产权结构的一元性,产权关系的单一性,决定了企业不能实行所有权和经营权职能、机构分离的企业治理结构制度。实行扩权和承包后,由于一些企业的多元性产权结构和复合性产权关系的形成并且企业逐步成了自己经营财产的主体。这样,一方面,企业作为一个独立的商品生产者和经营者也就必须建立专门经营管理决策机构。而另一方面,企业财产的每一部分所有者,包括国家、法人和个人又都可按企业财产中所占股份或股金选派代表组成企业的经营决策机构。于是,这也就为大型国有经济主体实行股份制建立所有权和经营权职能、机构分离的企业制度奠定了现实基础,创造了又一个基本条件。

2. 扩权、承包制及其促成的配套改革又为进一步推行股份制创造了种种宏观基础和条件:

——实行扩权、承包制改革以来,我国高度集中的计划资金管理体制开始转变为在一定程度上允许多样化资金管理体制。它使大型国有经济主体有可能根据不同情况、条件和要求向社会筹集和融通资金。社会集资活动的形成发展,为大型国有经济主体自主筹集资金提供了基本条件。一些企业已经通过资本市场向社会筹集资金以解决资金不足的困难。

——实行扩权、承包制改革以来,国家逐步改变了对大型国有经济主体的直接控制和纵向管理体制。大型国有经济主体有了自身的经济利益,企业之间横向经济联系和联合加强了,按照价值规律作用的要求追求平均利润超额利润的刺激,促进资金跨行业、跨部门、跨地区地转移,企业之间能够互相参股。股票的发行和交易,资金的社会化组织和流动都已得到了广泛发展。

——实行扩权、承包制改革以来,随着企业之间的竞争的发展和科学技术进步,在生产集中和资本(资金)不断发展的同时,不少中小企业已逐渐靠拢大企业;不少大型国有经济主体为了加强自己的实力地位,早已开始兼并中小企业,或利用资金、技术对中小企业进行渗透、控制。

——实行扩权、承包制改革以来,国家作为全民所有制生产资料所有者和作为社会经济组织管理者的职能逐步开始分解,在大型国有经济主体中逐步开始实行政企分开的管理体制。

——实行扩权、承包制改革以来,大型国有经济主体在生产计划、产品销售、产品定价以及资金使用、工资、奖金、劳动人事等方面的自主权逐渐扩大,自主经营、自负盈亏的能力逐渐增强。

——实行扩权、承包制改革以来,随着我国宏观经济体制逐渐转轨变型,财政、金融、市场价格等方面不断深化发展,价格、税收、汇率等经济杠杆的调节作用加强,为国家逐步建立用经济手段调节和管理大型国有经济主体的经济管理体制逐步创造了条件。

股份制既是大型国有经济主体深化改革的必然选择,而大型国有经济主体的不断深化发展又必然并且已经逐渐为实现股份制改革奠定基础,创造了条件。那么,随着大型国有经济主体改革的进一步深化发展,其所创造的条件逐步成熟,一定会把股份制改造当做它的一种制度创新模式。

第三节　我国大型国有经济主体股份制改造的总体思路要求

一、我国大型国有经济主体股份制改造的总体思路

回顾我国企业改革历程,我们可以看到国有企业股份制改造多经历了一个由建立不完善、不规范的股份制企业制度,到建立完善、规范的股份制企业制度的过程。在扩大企业自主权和实行承包制转换企业经营机制阶段,股份制改造

试点企业一般建立的是社会集资型股份制企业制度,或不完善不规范的两权分立型股份制企业制度;在进行制度创新阶段,股份制改造试点企业一般才开始组建完善、规范的股份制企业制度的。

现在,我国大量中小国有企业股份制改造已基本完成,长时间以来我国国有企业股份制改造基本走的就是一条先建立不完善、不规范的股份制企业制度,而后再进行完善、规范的道路。国有企业股份制改造基本上采取的就是先建立不完善、不规范的股份制企业制度,而后再进行完善、规范的总体思路。采取这种总体思路的主要原因是因为在扩权和实行承包制阶段,我国国有企业股份制改造还不具备建立完善、规范的股份制企业制度的条件和基础。

现阶段我国大型国有经济主体股份制改造,是在大量国有企业股份制改造基本完成的基础上广泛进行的,也是在国有企业改革进行制度创新阶段广泛进行的,国有企业股份制改造已经具备建立完善、规范的股份制企业制度的基本条件和基础。大型国有经济主体股份制改造一开始就应走建立完善、规范的股份制企业制度的道路。因此,大型国有经济主体股份制改造一开始就应把建立完善、规范的股份制企业制度作为总的指导思想,即总体思路。

为此,对完善、规范的股份制企业制度要有一个全面系统的正确认识和理解。

长时间以来,在我国经济理论研究和经济体制改革与经济工作实践中,许多同志多把股份制视为一种集资组织方式、财产组织方式或经营管理方式,还有许多同志又多把股份制视为一种企业产权组织方式,或企业治理结构组织方式,并只是从上述某一方式的意义上认识理解股份制企业制度。要较为全面系统地正确认识理解大型国有经济主体股份制改造所应建立的完善、规范股份制企业制度,正确制定建立完善、规范的股份制企业制度的具体思路、政策和对策都是很困难的,并且也是难以解决许多认识分歧的,甚至是根本不可能的。

因为,企业制度是由企业内部的各种制度构成的一个相互联系的系统或统一整体。企业内部的基本制度主要是企业的资金制度(企业产权结构制度)、财产制度(企业产权关系制度)和经营管理制度(企业治理结构制度)。在企业制度内部,企业资金制度是决定企业财产制度的,企业财产制度又是决定企业经营管理制度的。企业产权结构制度是决定企业产权关系制度的,企业产权结构制度和企业产权关系制度构成企业产权制度。企业产权制度又是决定企业治理结构制度的。现代企业制度应是一个由现代企业资金制度、企业财产制度和企业经营管理制度构成的,相互联系的系统或统一整体。或者说,现代企业制度应是一个由企业产权制度和企业治理结构制度构成的相互联系的系统或统一整体。

现代企业制度的主要形式是公司即股份制企业制度。股份制企业制度是一种实行企业社会集资投资的资金制度;企业财产所有权与经营权分离的企业财产制度和企业所有权与经营权职能、机构分离的企业的经营管理制度的企业制度;同时,也是一种实行多元化企业产权结构、企业财产所有权与经营权分离的企业产权制度和企业所有权与经营权职能、机构分离的企业治理结构制度的企业制度。

如果单从股份制企业制度是一种集资组织方式上,认识理解股份制企业制度和大型国有经济主体股份制改造,就可能片面强调其集资方面的功能作用。但如果大型国有经济主体只改变其集资方式,而不改变其财产关系和经营管理制度,不把企业财产所有权和经营权分开,也就不能实行所有权和经营权职能、机构分离的企业经营管理制度;如果单从股份制企业制度是一种财产组织方式的意义上认识理解股份制企业制度和大型国有经济主体股份制改造,又可能片面强调其明确产权关系的功能和作用。但如果大型国有经济主体不改变其财产来源和构成制度,即企业资金制度(包括集资或投资制度),就没有必要,也不可能建立企业所有权和经营权明确分开的产权关系。因为,如果大型国有经济主体的资金都是一元性的资金,企业财产的所有者和经营者都属同一主体,那也是不可能实行所有权和经营权明确分开的企业财产制度的。

如果单从股份制企业制度是一种经营管理方式的意义上,认识理解股份制企业制度和大型国有经济主体股份制改造,又可能片面强调其经营管理方面的功能和作用。但大型国有经济主体不改变其资金制度和财产制度,同样也是不可能建立所有权和经营权职能机构分离的企业经营管理制度的。从而,是不可能建立完善、规范的股份制企业制度的。正因为如此,我国大型国有经济主体股份制改造所应建立的完善、规范的股份制企业制度,必须是一种实行企业社会集资、投资的企业资金制度;企业财产所有权与经营权分离的企业财产制度和企业所有权与经营权职能、机构分离的企业的经营管理制度这三种企业制度相互联系、相互有机结合统一的企业制度。

如果单从股份制企业制度是一种实行多元化企业产权结构,财产所有权与经营权分离的企业产权制度意义上,认识和理解股份制企业制度和大型国有经济主体股份制改造,就可能片面强调其改革企业产权制度方面的功能作用。但如果大型国有经济主体只改变其产权制度,而不建立财产所有权与经营权职能、机构分离的企业治理结构制度,那也是不可能真正建立实行多元化企业产权结构,企业财产所有权与经营权分离的企业产权制度的。

如果单从股份制企业制度是一种实行企业所有权与经营权职能、机构分离的企业治理结构制度意义上,认识和理解股份制企业制度和大型国有经济主体股份制改造,就可能片面强调其改革企业治理结构制度方面的功能作用。但如果大型国有经济主体只改变其企业治理结构制度,而不建立实行多元化企业产权结构,财产所有权与经营权分离的企业产权制度,那也是不可能真正建立实行企业所有权与经营权职能、机构分离的企业治理结构制度。从而,也是不可能建立完善、规范的股份制企业制度的。正因为如此,我国大型国有经济主体股份制改造所应建立的完善、规范的股份制企业制度,必须是一种实行多元化企业产权结构的企业产权结构制度,实行企业财产所有权与经营权分离的企业产权关系制度和企业所有权与经营权职能、机构分离的企业治理结构制度这三种企业制度相互联系、相互有机结合统一的企业制度。

二、我国大型国有经济主体股份制改造的根本要求

由于长时间以来,我国国有企业股份制改造基本上采取的就是先建立不完善不规范的股份制企业制度,而后再进行完善、规范的总体思路。许多不完善不规范的改制企业都建成了较为典型的社会集资型股份制企业。这样实际上多把股份制企业制度当成了一种集资组织方式,多是按"以资为本"的根本要求建立起来的。按"以资为本"的根本要求进行大型国有经济主体股份制改造,不能正确合理调整股份制改制重组企业各种人——所有者、经营者和职工的根本利益关系。既不合乎大型国有经济主体股份制改造的一般要求,也不合乎我国大型国有经济主体股份制改造的实际需要。因此,我们不应再把"以资为本"作为我国大型国有经济主体股份制改造,建立完善、规范的股份制企业的根本要求。

(一)"以人为本"是我国大型国有经济主体股份制改造的根本要求

我国应把"以人为本"作为建立完善、规范的股份制企业制度的根本要求。这是因为:

1."以人为本"是实行股份制企业制度的本质要求

股份制企业,即公司本身就是一种以人的结合为基础组成的经济组织形式。股份制企业是由股东组成的,这一点是它取得法人资格的基础。公司虽一般也

可有资合公司和人合公司之分。因为资合公司并不着重于股东的声望、地位、信用、财力等条件,而是以出资为条件。但人的出资本身又是以人的结合为条件的。所以,资合公司本身仍是以人的结合为基础的。至于人合公司,本身是着重于个人信用为条件,那更是以人的结合为基础的。

股份制企业既是以人的结合为基础组成的企业组织形式,这在客观上也就必然要求我们在组建股份制企业,在进行各种企业股份制改造工作中,要坚持"以人为本",处理好企业各种人的关系问题。由此可见,大型国有经济主体股份制改造应"以人为本",首先是由其实行股份制企业制度本身的本质要求决定的。

2．"以人为本"是大型国有经济主体自身的本质要求

大型国有经济主体一般是经济规模巨大、经营范围广泛,经济网络庞大的规模经济、范围经济和网络经济企业。在我国,不少大型国有经济主体都是经营资产数千亿元的企业。它们不仅在国民经济中具有特殊的重要的战略地位和作用。而且,在每个大型国有经济主体从事生产经营的职工都达数千数万人。我们在进行大型国有经济主体股份制改造工作时,如果不处理好企业各种人的关系问题,要做好股份制改造工作,要实现股份制改革的各项战略目标都是不可能的。

3．"以人为本"是大型国有经济主体改革实践的客观要求

国际国内国有企业股份制改造的经验教训表明:大型国有经济主体实施股份制改造固然应涉及资产转换处置问题,但不应"以物为本"而重物轻人。如果不处理好企业改制过程中的各种人的关系问题,就会影响到改制企业人心不安定,企业不稳定。甚至有时还会出乱子,影响社会稳定。所以,我们在进行大型国有经济主体股份制改革工作中,必须"以人为本",这也是保障改制工作健康顺利进行的客观要求。

4．"以人为本"是构建社会主义和谐社会的客观要求

大型国有经济主体实施股份制改造是一项规模宏大的社会工程,它不仅直接涉及大型国有经济主体数千数万职工的人的权益问题,而且也间接涉及整个国民经济方方面面相关部门、机构组织和社会公众等众多相关人的权益问题。不"以人为本",不处理好大型国有经济主体股份制改造中的各种人的关系问题,不仅不能使改制企业健康地推进,而且还可能影响社会的稳定。不仅不能把改制大型国有经济主体建成和谐企业,而且也会影响整个国家实现全面建设小

康社会,构建社会主义和谐社会的宏伟目标的实现。

（二）"以人为本",调整好各种人的利益关系

"人们奋斗所争取的一切,和他们的利益有关"①。一切改革都是利益关系的调整,实质上就是各种人的利益应如何兼顾的问题。大型国有经济主体股份制改造过程实质上也是一个利益关系调整过程。如果利益关系调整不好,不仅影响大型国有经济主体改革发展,还可能危及社会稳定。在大型国有经济主体股份制改造中,与股份制改造前比较,由于利益主体已经发生了新的变化,利益结构已经发生了新的变化,利益关系的机制、体制也应有相应调整变化。所以,在大型国有经济主体股份制改造中,"以人为本"应以坚持调整好大型国有经济主体的各种人的利益关系为根本要求。

大型国有经济主体的各种人应包括企业的所有者——企业的股东——国家、企业的经营者——企业和企业的生产者——职工（员工）。他们是企业整体的利益相关群体和个体。

由于股份制企业是一种实行以股票（或股权证）形式集中或联合社会资金的企业社会集资和投资的企业资金制度,以企业财产所有权和经营权明确分开的企业法人财产制度和以企业所有权与经营权职能、机构分离的企业经营管理制度的,独立从事生产经营活动的营利经济组织。营利是股份制企业生产经营的目的,也就是股份制企业各种人或不同群体和个体的整体利益。

大型国有经济主体实行股份制改造坚持"以人为本",在建立机制、体制时,首先应把建立保证企业营利这个整体利益的机制、体制放在首位。因为,企业营利是企业各种人或不同群体和个体的利益的根本来源。企业营利状况决定企业各种人或不同群体和个体的利益分享状况。只有把建立保证企业营利这个整体利益的机制、体制放在首位,为企业营利和不断增进企业营利提供机制、体制制度保障,使企业营利并不断增进企业营利,才能充分实现企业各种人或不同群体和个体的利益;才能充分兼顾各种人或不同群体和个体的利益,妥善协调好各种人或不同群体和个体的利益关系;才能充分实现关心各种人或不同群体和个体的利益要求,维护各种人或不同群体和个体的权益。

由于股份制企业必须根据市场的需要由股东投资或增加投资,由企业组织职工（员工）生产经营市场需要的商品和服务,并不断努力搞好企业生产经营,

---

① 《马克思恩格斯全集》第1卷,人民出版社1965年版,第82页。

才能不断增进营利。企业的所有者(股东)投资或增加投资的积极性,企业经营者(企业)和企业的生产者(职工、员工)努力搞好企业生产经营的积极性又是企业营利和不断增进企业营利的根本基础和条件。而企业所有者、经营者和职工的积极性本质上通常一般都是受利益驱动,由利益决定的。

所以,大型国有经济主体实行股份制改造坚持"以人为本",在建立机制、体制时,在把建立保证企业营利这个整体利益的机制、体制放在首位的同时,还应建立保证企业的所有者(股东)投资或增加投资的积极性,企业经营者(企业)和企业的生产者(职工、员工)努力搞好企业生产经营积极性的群体和个体利益机制、体制,为充分激励和调动他们的投资和努力搞好企业生产经营积极性,为企业营利和不断增进企业营利提供机制、体制制度保障。

大型国有经济主体实行股份制改造坚持"以人为本",在建立机制、体制时,既不能只重视企业整体利益而忽视企业各种人或不同群体的利益,也不能把企业各种人或不同群体的个体或群体利益置于整体利益首位,而应建立整体、群体和个体利益互相协调、有机统一的机制和体制。

建立整体、群体和个体利益互相协调、有机统一的机制和体制,就是应建立能正确处理企业的所有者(企业的股东、国家)与企业的经营者(企业)和企业的经营者与企业的生产者(职工、员工)利益关系的企业机制和体制。简言之,也就是应建立能正确处理大型国有经济主体中的所有者、经营者和职工利益关系的企业机制和体制。

(三)建立能正确处理所有者、经营者和职工利益关系的产权制度

建立能正确处理大型国有经济主体中的所有者、经营者和职工利益关系的企业机制和体制,必须建立能正确处理大型国有经济主体中的所有者、经营者和职工利益关系的企业和企业集团的企业产权制度。

大型国有经济主体股份制改造,首先要进行将原有企业资产转变为股份制企业股份资产的企业产权制度改革。企业产权制度改革问题是关系到改制企业企业所有者、经营者和职工利益关系的首要根本问题。因而,在大型国有经济主体股份制改造中坚持"以人为本"的首要方面就在于应建立能正确处理企业的所有者、经营者和职工利益关系的企业产权制度。

由于企业产权即所有权或财产所有权,包括占有权、使用权、收益权和处分权。企业产权制度改革包括企业产权占有权、使用权、收益权和处分权制度改革。因此,建立"以人为本"的企业产权制度应包括建立能正确处理企业的所有

者、经营者和职工利益关系的企业占有权、使用权、收益权和处分权制度。

1. 把我国大型国有经济主体改造成股份制企业,首先必须将其原有的一元性企业产权占有权制度改造成多元性企业产权占有权制度,实行股份制企业的多元性企业产权占有权制度。

因此,大型国有经济主体股份制改造在股权设置方面,应建立一种企业所有者、经营者和职工均能持股的股权结构制度。除按现行《公司法》规定应将企业国有资产转化为国有股份资产设置国有股、可吸收外单位法人、社会个人和外资投资入股,设置法人股,社会个人股及外资股外,是否还应设置企业法人股和职工个人股这需要认真研究。

2. 把我国大型国有经济主体改造成股份制企业,还必须将其原有的以国家为唯一产权主体、企业财产所有权和经营权合一,或企业所有者财产和企业经营者财产合一的企业产权使用权制度,改造成为企业财产所有权和经营权明确分开,或企业所有者财产和经营财产明确分开的企业产权使用权制度,实行股份制企业的企业法人财产制度,并使企业法人财产关系具体化。

3. 把我国大型国有经济主体改造成股份制企业,还必须将其原企业国家所有者财产独享产权收益权的企业产权收益权制度,改造成国家所有者财产和企业经营财产及其他投资者财产共享产权收益权的企业产权收益权制度。实行股份制企业的企业产权收益权制度,即实行按股平等分配股利的企业产权收益权制度。

4. 把我国大型国有经济主体改造成股份制企业,还必须将其原企业国家所有者财产独享产权处分权的企业产权处分权制度,改造成国家所有者与企业经营共享产权收益权的企业产权处分权制度。实行股份制企业的企业产权处分权制度,即实行股份制企业的企业产权变动、终止制度,包括企业产权合并与分立、增资与减资制度和破产、解散与清算制度等企业产权处分权制度。

(四)建立能正确处理所有者、经营者和职工利益关系的治理结构制度

建立能正确处理大型国有经济主体中的所有者、经营者和职工利益关系的企业机制和体制,必须建立能正确处理大型国有经济主体中的所有者、经营者和职工利益关系的企业和企业集团的企业治理结构制度。

企业治理结构制度改革是我国大型国有经济主体实行股份制改造的重要组成部分。同样也是关系改制企业整体利益和企业及其职工的群体和个体利益增进的根本问题。因而,大型国有经济主体股份制改造"以人为本"的重要方面还

在于应实行坚持"以人为本"的企业治理结构制度改革。

把我国大型国有经济主体改造成股份制企业还必须将其原有所有权与经营权不分,所有权与经营权职能、机构合一,经营权职能、机构不能专门化、独立化的企业治理结构制度,改造成股份制企业的企业所有权与经营权明确分开,所有权与经营权职能、机构明确分开,经营权职能、机构专门化、独立化的企业治理结构制度,实行"股东会—董事会—经理人—监事会"企业组织管理机构制度。实行股份制企业内部的人事制度和激励约束机制制度。由于我国大型国有经济主体进行股份制改造是在大量中小国有企业改革的基础上广泛进行的,一开始就不应采用中小型国有企业股份制改造初始阶段,先建立不完善不规范的股份制企业制度,而后再用较长时期进行完善、规范的总体思路。而应采用一开始就建立完善、规范的股份制企业制度作为明确的总体思路。为此,我们必须对建立完善、规范的股份制企业制度的总体思路问题要有一个较为全面系统的正确认识。同时,也与我们在长时间以来对股份制企业制度改造还缺乏全面系统的正确认识,以致在实践中片面地把股份制企业仅仅视为是一种实行社会集资的企业组织形式有关。

第四章　我国大型国有经济主体改造模式选择

我国大型国有经济主体如何进行股份制改造？正确选择股份制改造模式对正确规划大型国有经济主体股份制改造思路战略对策和政策具有十分重要的意义。

对于这个问题长时间以来，在我国经济体制改革与经济工作实践中，有些采用了一般国有企业股份制改造模式：大型国有经济主体的个体（或单个）国有企业采取建立股份制企业制度模式，而群体（或整体）未采取建立股份制企业集团制度模式；有些采用了一般企业集团制度模式：大型国有经济主体的群体（或整体）采取一般联合经济组织模式，而个体（或单个）国有企业却未采取建立股份制企业制度模式。

我国大型国有经济主体与个体（或单个）国有企业不同，它是由若干个体（或单个）国有企业组成的企业群体组织。因而，在进行股份制改造时，它不仅应采取个体（或单个）国有企业所采用的股份制企业制度模式，而且还应采取企业群体（或整体）组织的股份制企业集团制度模式。这种模式选择与上述现行两种模式选择根本不同。

本章研究我国大型国有经济主体进行股份制改造时其个体和整体改制模式的意义及其模式转换趋势问题。

第一节　企业集团考察分析

一、广义企业集团与狭义企业集团

我国大型国有经济主体进行股份制改造时，既应采取个体（或单个）国有企业所采用的股份制企业制度模式，又应采取企业群体（或整体）组织的股份制企业集团制度模式。这是由企业集团和股份制企业的相互关系决定的。因此,分析研究我国大型国有经济主体股份制改造个体和整体改制模式设计问题,首先对股份制企业集团与股份制企业制度及其相互关系应有一个全面正确地认识和理解。

在国际上,19世纪末叶,企业集团在各发达国家就已形成和发展起来,而在我国直到改革开放初期尚未出现企业集团概念。比如,1984年出版的《中国企业管理百科全书》中只有"联合公司"(Complex)的辞条。该书对它的解释是:"由彼此存在着一定生产技术经济联系的不同行业或生产不同产品的工厂,实行联合生产和联合经营的公司,它是工业生产的纵向联合。"

1985年9月,国务院批转《国家经委、国家体改委关于增强大中型国有工业企业活力若干问题的暂行规定》中,关于"发展企业之间的横向联系"中,只是规定"允许以大企业为主体或以名牌产品为龙头,打破所有制界限,进行跨行业、跨地区、跨城乡的联合和协作。"也还没有出现企业集团概念。

1986年3月国务院发布的《关于进一步推动横向经济联合若干问题的规定》,该文件指出:"企业之间的联合,是横向经济联合的基本形式,是发展的重点。企业之间的横向经济联合,不受地区、部门、行业界限的限制,不受所有制的限制。要积极发展原材料生产与加工企业之间的联合,生产企业与科研单位(包括大专院校)之间的联合,民用与军工企业之间的联合,工、农、商、贸企业之间的联合。以及铁路、公路、水运、民航企业之间的联营,等等。这些联合,可以是专业化协作,也可以是人才、资源、资金、技术和商品购销等方面的联合。通过企业之间的横向经济联合,逐步形成新型的经济联合组织,发展一批企业集团、企业之间的经济联合,提倡以大中型企业为骨干,以优质名牌产品为龙头进行组织。联合可以是紧密型的、半紧密型的,也可以是松散型的。可以采取合资经营、合作生产、来料加工等多种方式。各种经济联合,都要以合同、协议关系确定下来。经济联合的组织管理形式,由参加联合的各方协商确定。企业之间的横向联合组织是企业性的,不能变成行政性的管理机构。不允许在联合组织上面再加一层行政性的公司,或把现有的行政性公司换个牌子当做联合组织,不准行政性公司干涉企业之间的经济联合。"

从这个文件规定中,我们可以看到一直到1986年,我国政府政策文献中才首次出现企业集团的概念。但这里的企业集团仅仅是一个企业"联合"组织的概念。

我国关于企业集团的概念是在1987年12月国家体改委、国家经贸委贯彻落实以上两个文件的《关于组建和发展企业集团的几点意见》中首次作出明确规定的。从这个文件中对企业集团含义和组建企业集团条件部分规定，我们看到当时也仅是一种以大企业为核心形成的多层次组织结构的经济组织的概念。

关于企业集团的含义，该文件规定：

"1. 企业集团是适应社会主义有计划商品经济和社会化大生产的客观需要而出现的一种具有多层次组织结构的经济组织。它的核心是自主经营、独立核算、自负盈亏、照章纳税、能够承担经济责任、具有法人资格的经济实体。

2. 企业集团是以公有制为基础，以名牌优质产品或国民经济中的重大产品为龙头，以一个或若干个大中型骨干企业、独立科研设计单位为主体，由多个有内在经济技术联系的企业和科研设计单位组成；它在某个行业或某类产品的生产经营活动中占有举足轻重的地位，有较强大的科研开发能力，具有科研、生产、销售、信息、服务等综合功能。

3. 组建企业集团，对深化经济体制改革，发展生产力具有深远意义。发展企业集团有利于打破条块分割，改变企业"大而全"、"小而全"的格局，促进企业组织结构合理化；有利于发展社会化、专业化生产协作，实现生产要素的优化组合和资源的合理配置，形成合理的经济规模。有利于促进技术进步，使科学技术迅速转化为生产力；有利于增强企业经济技术实力，提高企业在国内外市场中的竞争能力；有利于实行政企职责分开，转变政府管理经济的职能，深化企业内部改革，完善企业经营机制。

关于组建企业集团的条件，该文件规定：

企业集团具有多层次的组织结构，一般由紧密联合的核心层、半紧密联合层以及松散联合层组成。

集团公司是企业集团的紧密联合层，是集团的实体部分，逐步实行资产、经营一体化；半紧密联合层的企业可以以资金或设备、技术、专利、商标等作价互相投资，并在集团统一经营下，按出资比例或协议规定享受利益并承担责任；松散联合层的企业在集团经营方针指导下，按章程、合同的规定享有权利、承担义务，并独立经营，各自承担民事责任。

1991 年 12 月国务院批转了国家计委、国家体改委、国务院生产办公室《关于选择一批大型企业集团进行试点请示》和 1992 年 5 月国家行政管理局、国家计委、国家体改委、国务院生产办联合发布的《关于国家试点企业集团登记管理实施办法（试行）》两个文件。

在前一个文件中关于企业集团的规定是："试点企业集团必须具备以下条件：

（1）必须有一个实力强大、具有投资中心功能的集团核心。这个核心可以是一个大型生产、流通企业，也可以是一个资本雄厚的控股公司。

（2）必须有多层次的组织结构。除核心企业外，必须有一定数量的紧密层企业；还要有半紧密层和松散层企业。

（3）企业集团的核心企业与其他成员之间，要通过资产和生产经营的纽带组成一个有机的整体。核心企业与紧密层企业之间要建立资产控股关系。核心企业、紧密层企业与半紧密层企业之间，要逐步发展资产的联结纽带。

（4）企业集团的核心企业和其他成员企业，各自都具有法人资格。这是企业集团与单个大型企业的重要区别。"

在后一个文件中关于试点企业集团的定义是："国家试点企业集团应由一个大型企业或控股公司为核心组建，经国务院或国务院授权的审批机关批准后，向国家工商行政管理局申请登记。国家试点企业集团应具备以下条件：

（1）必须有一个实力强大、具有投资中心功能的集团核心。集团核心可以是一个大型生产、流通企业、也可以是一个资本雄厚的控股公司；

（2）必须有多层次的组织结构。除核心企业外，必须有三个以上的紧密层企业，还可以有半紧密层和松散层企业；

（3）企业集团的核心企业与其他企业之间，要通过资产和生产经营的纽带组成一个有机的整体。核心企业与紧密层企业之间应建立资产控股关系。核心企业、紧密层企业与半紧密层企业之间，应逐步发展资产联结纽带；

（4）企业集团的核心企业和其他成员企业，各自都具有法人资格。"

通过上述这两个文件对企业集团的业务、结构、功能、成员企业相互结合的方式及企业相对独立性等作出的明确的规定，我们看到我国的企业集团是以一种以大企业为核心，通过资产和生产经营的纽带联结而形成的，具有多层次组织结构的经济组织的概念。

1997年4月国务院批转国家计生委、国家经贸委、国家体改委《关于深化大型企业集团试点工作意见的通知》这个文件中没有直接定义企业集团，但是强调了试点企业集团母公司要在制定集团发展战略、调整结构、协调利益等方面发挥主导作用，逐步成为集团的投融资、科技开发、对外贸易和经济技术交流等重大经营活动的决策中心。试点企业集团母公司要根据行业发展和产品的市场特征,合理确定企业集团的经营管理体制,健全集团规章制度,规范试点企业集团母公司与成员企业之间的权利义务关系,增强试点企业集团的整体优势和竞争力。具体要求是:

(1)增强试点企业集团母公司的投资功能;

(2)增强试点企业集团母公司的融资功能;

(3)经国务院主管部门批准,试点企业集团母公司享有自营进出口权,可从事与本集团相关同类产品、配套产品的进出口业务;

(4)有条件的试点企业集团都要建立技术中心,提高技术创新、消化吸收引进技术及新产品开发能力,以提高在国际市场上的竞争力。

1993 年 10 月,深圳市政府发布的《深圳经济特区企业集团暂行规定》,是我国目前仅有的一部规范企业集团的规范性文件,该《规定》对企业集团的定义是:"企业集团是由核心企业及其子公司、参股企业和协作企业等企业法人组成的具有多层次组织结构的经济组织。企业集团内部各企业之间以产权关系或合同方式相维系。"

1995 年 11 月,河北省政府发布的《河北省企业集团组建和管理办法》中对于企业集团的定义是:"企业集团,是指以母、子公司为主体,通过投资和生产经营协作等方式,与多个企事业单位共同组成的经济联合体。企业集团的母公司(即集团公司)、子公司(包括全资子公司和控股子公司)和其他企事业单位(统称企业集团成员),均应具有法人资格,依法享有民事权利和承担民事义务。企业集团不具有法人资格。"

1996 年 9 月,上海市政府五个委办局联合发布的《关于组建企业集团的若干意见》中对于企业集团的定义是:"企业集团是以一个母公司为核心,由母公司和母公司控股、参股与母公司有契约关系的企业法人、事业法人和其他经济法人资格,依法享有民事权利和承担民事责任。"

上述这三个省市的文件,都是在国家文件以及各省市企业改革实践基础上制定出来的。这三个省市文件同样明确规定,我国的企业集团是一种以母公司为核心,母子公司为主体和其他企事业单位共同组成的具有多层次组织结构的企业法人经济组织的概念。

国家工商行政管理局在 1998 年 4 月发布的《企业集团登记管理条例》中,所规定企业集团概念也基本上是这种概念。该《条例》规定:"企业集团是指以资本为主要联结纽带的母子公司为主体,以集团章程为共同行为规范的母公司、子公司、参股公司及其他成员企业或机构共同组成的具有一定规模的企业法人联合体。企业集团不具有企业法人资格。"

改革开放以来,我国学术界也有不少专家学者研究企业集团问题。总的来看,是把企业集团分为广义企业集团和狭义企业集团这两种概念的。

王河曾在1988年比较具体地提出:"有中国特色的企业集团的定义应该是:以名优产品为龙头,在生产、技术、经营上有联系,由若干个关联的生产企业、科研单位、经营组织,在平等自愿、互惠互利的基础上,组成具有法人资格的经济实体,实现产供销、人财物六统一,享有经济权利,承担经济责任,实行责权利相结合,具有多层次、多元化、股份化的大型联营企业。"

此后,他又在1994年用简洁抽象的语言再一次对企业集团重新作了一个定义,即"企业集团是在企业群体不断完善的基础上,形成和发展起来的经济联合组织的高级形态"。[1]

尹光华、贾和亭认为:"所谓企业集团,是指一个或几个大型骨干企业为主体,由多个有内在经济技术联系的企业、科研设计单位组成的经济组织。"[2]

伍柏麟认为:"企业集团是现代企业高度发展的基础上形成的一种以母系公司为主体,通过产权关系和生产经营协作等多种方式,由众多的企事业法人组成的经济联合体"[3]

郭晓利认为:企业集团是"以资本关系为主要纽带,以母公司或母系公司体制为主体,多个法人的企业联合群体。"[4]

黄庆、贾容芳认为"企业集团不是一般的以生产经营联系为纽带的契约联合体,而是资金联合或者是说以资产联合为纽带的长期稳定的紧密联合的利益共同体,它又不同于一些以行政权力为纽带的行政性公司或行政主管局换牌子而形成的行政性企业集团"[5]

以上专家学者关于企业集团的概念基本上是广义企业集团概念。广义企业

---

① 转引自席西民主编:《企业集团发展模式与运行机制比较》,机械工业出版社2003年版,第12页。

② 徐金发、顾家麟主编,国家经济体制改革委员会生产体制局编:《企业集团的组织与管理》,浙江人民出版社1988年版,第201页。

③ 伍柏麟主编:《中国企业集团论》,复旦大学出版社1996年版,第3页。

④ 郭晓利:《企业集团的国际比较》,中国财政经济出版社2002年版,第4页。

⑤ 黄庆、贾容芳:《产权变革下的国有企业集团化战略》,科学出版社2005年版,第12页。

集团概念与我国现行各种文件规定："以资产连接为纽带的母子公司体制为主体的企业主体的企业联合群体组织"概念基本一致。

正如公司是股份制企业的一般组织形式,而股份有限公司是股份制企业的典型组织形式一样。上述广义企业集团是企业集团的一般组织形式概念。

狭义企业集团指的是日本企业集团概念。[①] 我们将这种狭义企业集团称为大企业集团。以下我们将就狭义企业集团概念作较为详细的考察分析。[②]

二、狭义企业集团的实态考察

目前,一般认为"企业集团"(狭义企业集团下同)一词源于日本,是上世纪50年代广泛使用的。在日本,有的学者认为"企业集团"、"企业系列"和"企业组合群"这三个名词是同义词。例如在小林义雄所编的《企业系列的实态》(1958年6月东洋经济新报社)中就是将"企业集团"、"企业系列"和"企业组合群"并用的。但有的学者则认为这三者是不同的。例如,1978年出版的日本《国民经济垄断白皮书》指出:现代企业间相互的联系如果分为"(一)由于单纯交易或相互持股而形成的对等关系(横的关系);(二)由于垄断收购或一方持股而形成的控制关系(竖的关系),则前者构成'企业集团'群,后者构成'系列企业群'。处于横的与竖的关系中枢地位的是'核心企业'。另外还有一种核心企业,它们并没有牢固地形成横向关系。这就是我们讨论的所谓独立系企业群。这些企业群通常站在系列企业的顶点,确立了强有力的领导体制。核心企业和所属系列企业的总体被看做'企业组合群'。换句话说,同类型的核心企业之间的结合,被称为企业集团,在核心企业与系列企业之间形成的控制——被控制关系的总体构成企业组合群"。

日本学者奥村宏在《现代日本经济事典》中实际上是把核心企业称为大企业,把由核心企业和其系列企业组成的企业组合群称为企业系列的。他指出:"企业集团是大企业之间的横向结合。各大企业在它们的势力下,拥有很多系列公司,而在它的上面结合成企业集团的简单聚合,而是特殊形式的大企业结合形态"。它具有"六个标志":(1)成员互相持股;(2)由企业集团成员的经理组

---

① 参见银温泉、臧跃茹主编:《中国企业集团体制模式》,中国计划出版社1999年版,第50页;郭晓利:《企业集团的国际比较》,中国财政经济出版社2002年版,第1页。

② 参见纪尽善:《国有企业股份制》,西南财经大学出版社1992年版,第349页。

成经理会；(3)由集团成员出资,设立联合投资公司；(4)以大城市银行为中心,大城市银行和本系统其他金融机构合作对集团成员进行系列贷款；(5)综合商社是集团内部的交易媒介；(6)集团以某些产业为中心,成员分布在各产业领域,行业组成配套。①

现代日本有三种企业集团：第一种是旧财阀系企业集团,即三菱、住友、三井这三个企业集团：第二种是新兴企业集团,即富士、一劝和三和这三个企业集团。以上六大企业集团都"具有金融集团的性质"。又叫金融系企业集团。第三种是"由巨大产业资本统率的系列公司集团"又称为独立系企业集团。它们是新日铁、日立、丰田、松下、东芝、日产等企业集团。奥村宏认为在日本大体具有六个标准,可以称为企业集团的只有金融系六大企业集团。如果是这样,就与日本企业集团存在的实态不相符合。

可是,无论是在日本《国民经济垄断白皮书》中,在日本新闻社编的《新企业集团》中,还是在东京大学宫崎义一教授写的《战后日本企业集团》中,以及金森久雄等编写的《现代日本经济事典》中,都是把独立系各大集团包括在企业集团中的。如《现代日本经济事典》写道："所谓企业集团,有以三井、三菱、住友这些战前的财阀企业为中心的旧财阀系集团；有以富士、三和及第一劝银这种以银行系列为中心的银行系集团。"

按照这种观点,实际上作为日本企业集团的企业联合体既包括核心企业之间的结合（联合）体。又包括核心企业即大企业与其所属系列企业组成的企业组合群,即企业系列构成的企业总体。由核心企业之间的结合（如符合六个标志的）所形成的"企业集团"实际上是一种多核心企业集团。而由一个大企业即核心企业与其所属系列企业组成的企业组合群,即企业系列形成的"企业集团"实际上是一种单核心企业集团。企业集团可以是单核心企业集团,也可以是多核心企业集团。多核心企业集团实际上可以视为以单核心企业集团为基础形成的各核心企业及其系列,企业之间的横向联合组织或企业群体组织。

三、狭义企业集团的基本特征分析

无论是单核心企业集团还是多核心企业集团,它们都有种种共同的基本

---

① 《现代日本经济事典》中文本,中国社会科学出版社1982年版,第555—561页。

特征：

（一）以大企业为核心、诸多企业为外围、具有多层次组织结构

股份制企业集团一般是由核心层、紧密层、半紧密层和松散层这四个层次的若干企业构成。其核心层企业是集团的总公司或母公司。紧密层企业是总公司的分公司或母公司的子公司。半紧密层是总公司的分公司或母公司的子公司的关联公司。松散层是与这些关联公司有固定经济技术协作关系的关联企业。

日本的企业集团都是这样的多层次组织结构的企业联合体或企业群体组织。金融系六大企业集团都有一个由十几家或几十家大公司组成其核心层和紧密层由其关联公司和关联企业组成半紧密层和松散层。1987年这六大企业集团总经理会所属核心层紧密层企业达163家，加上它们的关联公司及关联公司的关联企业，其企业总数达11999家①。

日本独立系各企业集团一般以一个大企业为核心，由若干系列公司为紧密层、半紧密层，以这些公司的关联企业为松散层组成。据介绍：1980年3月它们的子公司和关联公司日产有202家、松下有677家、日立有177家、新日铁有149家、丰田有63家。此外，还有为数众多的关联企业，如东立生产洗衣机的协作配套企业共有200多家，松下电器公司在70年代初期就有1500余家第一次承包企业，这些承包企业承包任务完不成时，还可以分配给第二次承包企业。例如日本的汽车工业虽生产整车的大企业只有11家，可是其零部件一次承包企业有350家、二次承包企业有3000家。至1987年3月，新日铁集团的核心企业新日铁株式会社投资的子公司有56家，关联公司有104家。②

（二）其成员企业以其经济技术或经营联系为基础，资产作为联结纽带

日本企业集团的形成与发展是和日本经济发展过程中的产业重组和产业结构高级化是密切相连的。在第二次世界大战后日本产业结构实现重化工业化的过程中，在70年代后又由重化工业为主向以知识密集型产业为主的结构转变过程中，企业为了适应产业重组和产业结构高级化的客观要求，在技术和经营方面逐步实现了各种纵向的、横向的或混合的联合合作。技术合作与业务合作的结果，并且以此为契机产生了资本的结合。从而形成了企业集团。

所以，日本学者指出："所谓企业集团是以技术或其他经营方面的职能出

---

① ［日］大茵友和:《控制日本的六大企业集团》。

② 纪尽善:《国有企业股份制》，西南财经大学出版社1992年版，第352页。

发,以经营补充为目的,以各参加成员(各集团企业)的自主性为方针,在平等原则下持续联合的经营结合形态,是一种经营合作体制。"

企业集团以其成员企业资产联系为纽带的基本事实是其成员间相互持股及集团的核心企业对其关联企业的纵向持股。正是在这个意义上,所以日本学者又认为企业集团是:"多数企业互相保持独立性并互相持股,在融资方面、人员派遣、原材料供应、产品销售、制造技术等方面建立紧密关系而协调行动的企业集团。"

(三)在集团内部实行集权与分权相结合的领导体制

日本金融系六大企业集团内部,实行集权统一领导和管理制度的具体标志,是在集团内设具有统一管理性质的经理会和联合投资公司及综合商社等,统一协调管理的组织,及各核心企业对其所属系列企业的垂直领导。经理会是由集团主要企业的最高负责人组成的,它立足于集团内部成员互相持股的基础之上,具有事实上的大股东会的性质。集团内部的联合投资公司是根据经理会的决定,由各成员企业出资组成集团的统一投资公司,综合商社是集团内部的商业贸易中心。

日本独立系企业集团实行集权的统一领导管理方式的"共同特征是具有极大主动权的核心企业,采取垂直支配形式组织下属企业。"这种领导结构是以各自形成的集团的核心企业为顶点,形成一座以为数众多的子公司、分公司和关联公司为塔基的金字塔形企业群体。[1]

日本金融系六大企业集团和独立系企业集团实行分权管理体制的情况各不相同。金融系六大企业集团都是由生产、流通和金融各领域中的巨大企业及重大企业多角式地结合而成。各成员企业或企业系列都保持着平等的,自主的生产者地位,都是企业法人。他们在生产经营上既互相独立,又互相联系。既互相依赖又互相控制。独立系企业集团"是由巨大产业企业作为顶点,形成金字塔形的产业康采恩。"一般是核心企业对其系列公司实行"统一领导分级管理"体制,各成员企业都保有充分的生产经营自主权利。系列公司对其关联企业实行以契约为联系纽带的经济合同制。这些企业也都是独立的法人企业。例如,新日铁实行的是:"统一核算,分级经营"体制。分为公司、制铁所、制造部和车间四级。权力集中在公司,制铁所也有一定的经营管理权,制造和车间主要是组织生产。东芝、松下实行"事业部制",每个事业部相当于一个分公司。事业部制

---

[1]　纪尽善:《国有企业股份制》,西南财经大学出版社1992年版,第354页。

是各事业部或分公司独立核算制,其实质是在总公司统一经营管理方针指导下,分级核算和管理。日立实行"参谋或事业部制"。事业部只起参谋作用,不负责利润管理,利润管理中心设在工厂一级。

在上述体制下,企业集团内部各组成部分的功能、地位和作用是不同的;集团的核心企业的主要功能是进行集团投资和发展战略决策,它们是集团投资管理中心。其系列公司是组织生产经营活动的,它们是集团的利润管理中心;各系列公司所属工厂是具体从事生产活动,提高产品质量,降低产品成本的,它们是集团的成本管理中心。

(四)规模巨大,实行多角化经营

日本金融系六大企业集团是"以重化工业领域为中心""六大企业集团中的任何一个集团都几乎在所有的产业领域配置了本集团构成企业。反过来,各集团企业是由几乎分布在所有产业领域的企业集合而成的"。独立系企业集团也是以重化工业领域为中心,特别是以耐用消费品生产为中心,机械工业部门尤为突出。从总体上看,日本每个企业集团的核心企业都既有自己的主导产品,又向与主导产品有关的部门延伸,甚至还向那些有利可图的任何部门渗透。据日本公平交易委员会1989年发表的《关于企业集团的主际情况的调查报告》指出:1987年度金融系六大企业集团总经理会的大企业(除金融业之外)共163家,占日本企业总数193万家的0.008%,但却占日本企业资金总额的15.19%、企业总资产的13.28%、销售额的14.6%,如果加上各总经理会的成员企业(母公司)和子公司(出资50%以上)及关联公司(出资10%以上50%以下)六大企业集团共有11999家企业占日本企业总数的0.6%,其资金却占日本企业资金总额的32.03%,其总资产达日本企业资产的26.95%,销售额占日本企业总销售额的25.2%。这就是说,占日本企业总数不到1%的企业,它的资金、总资产和销售额,却占整个日本经济的1/4到1/3,其规模巨大和实行多角化经营状况可想而知。[①]

正是由于企业集团规模巨大实行多角化经营,集团经济实力雄厚强大,具有科研、生产、销售、信息服务等综合功能。

四、狭义企业集团的基本概念

根据以上特征我们可以看到:什么是企业集团？狭义企业集团是一种以大

---

① 纪尽善:《国有企业股份制》,西南财经大学出版社1992年版,第355—356页。

企业为核心、诸多企业为外围、具有多层次组织结构：以经济技术或经营联系为基础，资产为联结纽带；实行集权和分权领导体制；规模巨大，实行多角化经营的企业联合组织或企业群体组织。

企业集团是一种以特殊方式结合起来的企业联合组织，它和一般企业联合组织有着本质的区别。

（一）从结构形式方面看，一般企业联合组织是一种平行企业联合的单一的组织结构。而企业集团则是一种多层次企业联合的组织结构。

（二）从联合层次和联系纽带方面看，一般企业联合组织是一种初级的、浅层的、不稳定的企业联合组织，它们只是经济技术或经营方面的联合，所以它们可以以行政手段、契约合同作为联结纽带；而企业集团是一种高级的、深层的、相对稳定的企业联合组织。它们是以经济技术或经营联合为基础，实行资产联合的企业联合组织。所以，它必须以资产作为联结纽带。

（三）从联合体内部管理体制方面看，一般企业联合组织成员企业的生产经营活动基本上是独立进行的，其相互联系由契约合同规定，并非建立统一领导体制；而企业集团各成员企业既保持了相对独立的地位，又实行统一领导和管理制度，建立了集权和分权相结合的领导体制。

（四）从联合体的规模和经营方式方面看，一般企业联合组织多限于同行业企业联合，联合范围规模狭小，不易实行多角化经营，而企业集团不限于同行业和产业企业联合，联合范围广泛，规模巨大，容易实行多角化经营。

股份制企业或公司也是一种以资产联合为基础的企业组织形式，并且该公司也是一种企业联合组织，企业集团既不同于公司，也与大公司有区别。股份制企业或公司可以由一个公司组成，而企业集团则必须由若干公司和它们的子公司或分公司及其关联公司和关联企业组成。前者为单一企业组织结构，后者则为多层次的企业组织结构；公司是由股东组成的，它只以资产联合为基础。而企业集团是由诸多企业联合组成的，它不仅以成员企业的资产联合为基础，而且以其成员企业间的经济技术或经营联合为基础；公司是依法设立的社团法人组织。而企业集团的各成员企业都可以是法人（包括其核心企业及其关联公司和关联企业），但整个企业集团所有的企业总体并不是法人；公司由于可以是单一企业组成，规模相对狭小，多角化经营受自身规模限制。而企业集团规模巨大，为多角化经营创造了有利的条件。

大公司是由母公司（或总公司）、分公司及子公司等多层次的诸多企业组成的企业群体组织。在大公司内部只存在垂直的控制与被控制、支配与被支配关系,不存在成员企业之间相互联合的平等地位关系。而企业集团内部既存在垂直的控制与被控制、支配与被支配关系,又存在横向的,即成员企业之间相互联合的平等关系;大公司成员只包括其内部各公司成员,并不包括其关联公司和其关联企业。而企业集团成员不仅包括作为核心企业的各成员企业,而且包括这些企业关联公司和关联企业;大公司多限于同行业联合。而企业集团联合成员范围则不受行业产业限制。当然,从当今世界大公司存在的实态和发展趋势来看,大公司除了自身所属企业外,许多大公司也逐步联系了许多协作企业而在它的周围形成了一个具有较为固定协作关系式的工厂企业群。在这种情况下大公司和企业集团往往是难以区分开来的。

第二节　股份制与企业集团关系分析

一、股份制与企业集团的关系

由于企业集团是以股份制企业为主体联合(或集合)形成的企业群体(或整体)组织。股份制企业作为企业集团的主体的个体企业,便成了企业集团形成或构成的基础企业组织。

如果我们从企业集团的组织构成来看,股份制企业制度是企业集团以资产为联系纽带的单个企业或个体企业的企业制度。作为企业集团组织主体的各独立的成员企业,包括集团公司(母公司、总公司)及各子公司及其关联公司和关联公司的关联公司都是由具有独立法人资格和地位的股份制企业构成的。因而,企业集团又是股份制企业的联合组织形式或群体组织形式。

二、对股份制与企业集团关系的历史考察分析

(一)股份制产生、形成发展历史考察分析①

历史上股份制即股份公司作为一种社会经济组织形式,产生于资本主义社会初期的资本原始积累时期。

马克思指出:现代股份公司"它还在资产阶级社会初期就曾以拥有特权和

---

① 参见纪尽善:《股份经济概要》,四川科技出版社1988年版,第9—15页。纪尽善主编:《股份制改制运作》,民主建设出版社2002年版。

垄断权的大商业公司的形式出现"①。

由此可见,早在资本原始积累时期,资本主义股份经济的前驱就已经产生了。

历史上最初的股份公司,正是那些在资本原始时期的海外掠夺性贸易中出现的那批股份公司。如1600年英国成立东印度公司,1602年荷兰成立的东印度公司,英国的阿非利加公司、哈得逊公司等等。

这批海外贸易公司已具备了股份公司的一些基本特征。如资本分为若干股份,投资者是公司的股东,由股东组成股东会并选举公司管理机构董事会等。当时荷兰东印度公司在全国筹集资本总额达650万盾,有60名董事。

在资本原始积累时期,作为股份公司前驱形式的还有些银行企业,如1694年成立的英格兰银行,就拥有资本120万英镑。英格兰银行把它的资金贷给政府,取得相当于这笔贷款的银行券发行权。

股份制作为一种社会经济组织形式,形成和广泛发展于自由资本主义时期。

马克思在1856年9月26日致恩格斯一封信中,就已经谈到当时英国股份经济已经形成、发展,股票市场交易中已经有大量假股票投入流通的情况。② 在1857—1858年手稿中,马克思论述当时股票市场时,也曾指出那时发行的股票已经有许多种类了。"首先是货币机构本身的股票:银行股票;股份银行的股票;交通工具的股票(铁路股票最重要;运河股票;轮船公司股票、电报局股票、公共马车公司股票),一般工业企业股票(煤气公司股票、自来水公司股票)。各式各样的企业的股票,千差万别。保管商品的企业股票(船坞股票等等)。股票五花八门,数不胜数。例如,以股份为基础的各种工业公司或商业公司等企业的股票。最后,作为全体的保证有各种保险公司的股票。"不仅当时已经有了"本国股票市场",而且已经有了"外国股票市场"。③

恩格斯也曾指出过自由资本主义时期股份经济形成和广泛发展的情况。他写道:"1865年交易所在资本主义体系中还是一个次要的因素。"股份银行的"数量还比较少"。"直接生产事业还很少采取股份形式。"铁路股票"也还比较少"。但自1866年危机以后,股份公司便有了普遍发展。这时工业已"逐步变成了股

---

① 《马克思恩格斯全集》第46卷(上),人民出版社1980年版,第45页。
② 马克思恩格斯:《〈资本论〉书信集》,人民出版社1976年版,第95页。
③ 《马克思恩格斯全集》第46卷(上),人民出版社1980年版,第233页。

份企业"。"商业也是这样,里夫公司、帕森斯公司、摩里公司、莫里逊公司、狄龙公司,全部成了股份公司了。现在,甚至零售商店都已如此。而且不单是徒具联合百货商店的虚名。""银行和其他信用机构也是这样。一大批新设的都是股份有限公司。"并且,"一切国外投资都已经采取股份形式。"①

在历史上也可以看到欧美、日本各主要资本主义国家的股份经济,都是在19世纪、20世纪自由资本主义时期形成和广泛发展起来的。

英国是最老的资本主义国家,早在18世纪60年代就开始了工业革命,到19世纪30年代,基本工业部门中以机器为主体的工厂制度已经确立,工业革命基本完成。在这个时期股份经济也开始形成并得到了广泛发展。在英国,1824年就已经设立了大公司234家,主要是铁路公司和汽车公司。1834—1836年成立了300家公司,铁路公司居第一位,其次是运河、矿山、银行、保险。自1844年英国制定公司注册法后,股份公司更有所发展。1844—1855年注册的公司已达4500家,平均每年330多家。1841年英格兰和威尔斯的股份银行只有115家,到1865年已经增加到250家。1844—1868年的25年间,英国设立的公司总数已达11105家,其中铁路公司居首位有1791家,其次是矿山公司1654家,煤气公司1035家。三项占总数的40.3%,是股份公司发展的重点行业。

美国是后起的资本主义国家,公司首先在银行中产生。在独立战争(1775—1783年)开始时,美国还没有股份公司,1791年成立合众国银行,拥有1000万资本,其中政府贷款为四分之一,其余是私人资本。还有两家股份银行是北美银行和纽约银行。接着股份公司多在银行保险业中发展。1818年纽约交易所成立时,交易所交易的股票全都是金融业股票。其中,银行股票10种,保险公司股票13种。1862年美国已建立了1600家股份银行。19世纪美国股份公司在交通运输业中也比较发达。在1860年前后,大铁路公司有31家,它们是美国企业的代表。最有势力的股东成为后来美国垄断财团的代表人物。其中有范德比尔特、古尔德、菲斯克、希夫、哈里曼、库恩·洛布、摩根、洛克菲勒等。铁路股份公司向社会筹集资本,1876年资本达24.4亿美元。

日本是资本主义发展最晚的发达资本主义国家,它是在19世纪60年代进入工业革命时期的。日本的股份公司是从欧美老牌资本主义国家引进的。它也是先从银行业中产生。日本在1872年制定了国民银行条例,1879年设立153

---

① 《马克思恩格斯全集》第25卷,人民出版社1975年版,第1028—1030页。

家国立银行,以后股份公司扩大到保险业。

股份制作为一种经济组织形式,是在自由资本主义向垄断资本主义过渡时期,成为社会生产中占统治地位的社会经济组织形式的。

随着资本主义股份经济形成和广泛发展,股份制在社会经济生活各个方面得到了广泛采用。在历史上,欧美、日本等国都是在19世纪后半期普遍采用股份制度的。英国是在1862年实行有限责任制以后被普遍采用的。美国是南北战争(1861—1865年)以后被广泛采用的。在日本,是19世纪70年代即明治初年才开始被广泛采用的,1923年日本总数已达20726家。

1862—1868年英国新设立的公司为25000家,平均每年设立1041家,而三十多年前平均每年为300多家。1897年是英国股份公司空前大发展的一年,这一年新成立了4975家股份公司。1900年新成立了4966家股份公司,拥有资金为2.22亿英镑。英国当时的公司种类也很多,其中,多种制造业包括船舶243家,机械136家,新闻及印刷204家,纺织222家,酿造58家,电气77家,其他制造业869家。

19世纪后半期至20世纪初,美国股份经济发展特别迅速,企业规模也十分庞大。从19世纪50年代起,美国就在纺织、面粉、肉类罐头、农机制造、军火制造、乐器制造等部门发展股份公司。最有影响的股份公司是美孚石油公司和卡内基钢铁厂。19世纪80年代,制造业迅速发展,股份公司的数目日益增加,1900年各种工业公司已达38770家,其中食品加工业5025家,钢铁制品4843家,木材及制品业4675家,造纸及印刷业4490家,纺织3245家,船舶制造2283家,化学制品业2206家,非铁金属制品1470家,其他工业4750家,其余为手工、烟草、皮革、木材、玻璃、瓷器等。20世纪初,拥有资产在1亿美元以上的股份公司已有近100家,它们主要分布在钢铁工业、农机制造和农产品加工业,并且工业股份公司和大银行混合生长起来。

1914年美国共有工厂275000多家,全年生产总值在240亿美元以上。在这些企业中,股份公司雇佣的劳动者占雇佣劳动者总数的80.2%。在矿业生产中,股份企业产值占91.4%。在加工工业中骨肉股份公司的产值所占的比重1904年为73.7%,1919年为88.7%,1939年为92.6%,1890年美国的产值约占全国工业生产总值的2/3,到1919年这个比重已经接近80%。美国公司企业所占全部企业的比例1904年为23.6%,1939年为51.7%,1947年为69%。

20世纪初期,美、英、德、法等国国民财富的1/4到1/3被股份公司所掌握。

公司的经济势力在各国国民经济中都占了统治地位。直到今天,股份制仍然是市场经济条件下,社会生产中占统治地位的社会经济组织形式。

(二)企业集团产生、形成和发展进程简要考察

历史上企业集团产生于自由资本主义向垄断资本主义过渡的卡特尔、辛迪加盛行时期。

早在19世纪六七十年代,由于英国和其他工业国相继完成了产业革命,加快了社会各部门内分工,自由竞争也日趋激烈,企业之间共同面对市场的联合便开始形成,出现了依靠短期价格协定联结的前卡特尔式的垄断形式。但是这些仅仅是价格上的同盟。

到了19世纪后期,垄断的卡特尔和辛迪加作为企业集团的雏形已普遍产生,成为这一阶段的主要垄断组织形式。这时的卡特尔是比短期价格协定更进一步的初级垄断组织,虽然它也是一种协定组织,但它具有较广泛的销售含义,其内容可包括:划分销售市场、确定商品产量、规定商品售价,出现了价格卡特尔、产品卡特尔、销售卡特尔、原料卡特尔等。卡特尔内部由共同选出的委员会监督协议条款的执行,参加卡特尔的企业在生产上、商业上和法律上都具有独立性。辛迪加则是企业间通过签订统一销售商品和采购原料的协定而组成的取决于联合组织。

卡特尔和辛迪加在一些后起的工业国家,如德国等欧洲国家特别盛行。德国是卡特尔的故乡,到1905年已有385个卡特尔,参加的企业约1.2万个。1893年在德国成立的莱茵—威斯特发里亚煤业辛迪加,集中了该矿区总产量的86.7%,到1910年增加到95.4%。还有如德国水泥辛迪加则严格地控制着本国水泥的销价。俄国的辛迪加也发展得较快,到20世纪初,辛迪加已垄断了大部分钢铁、采煤、采矿、机器制造产品的销售权。

这一时期,还通过合并与联合参股等形式成立一批大公司,如美国联邦钢铁公司在1873年创办时筹资75万美元,1901年吞并了卡内基钢铁公司,与本部门其他企业实行联合,成为拥有15亿美元资本的大公司,并控制了60%构造钢材和铁丝市场,拥有全国生铁和钢轨生产能力的一半,成为第一家"十亿美元公司"。日本到1914年,资本在100万日元以上的大公司,虽仅占全国公司总数的2.1%,但却占有全国公司资本的63%。另外,世界上那些大的财团,如美国的摩根财团、日本的三井、三菱等财团也相继在这个时期出现。

横向合并(即同一部门内部企业的联合)乃是这个阶段垄断组织的重要特

征,卡特尔和辛迪加正是这种横向合并的组织表现。

企业集团形成于垄断资本主义的托拉斯时期,第一次世界大战后,资本集中进一步提高。据统计,1925年德国拥有1000人以上的大企业由1907年的586个增加到1122个,这些大企业虽只占德国企业总数的0.03%,却集中了工人总数的13.4%,全部发动机马力的41.2%和电动机马力的41.6%。美国在1904—1939年间,最大的企业(年产值在百万美元以上)占企业总数的比重由0.9%增长为5.2%,占工人总数的比重从25.6%增加为55%。占总产量比重由38%增长为67.4%。英国在20世纪20年代中期,也出现企业合并的高潮,从1929年开始的经济危机更是推动了企业的合并。

这一阶段的企业合并从横向联合发展为纵向联合。托拉斯是这种纵向联合的典型模式。托拉斯是由许多生产同类商品的企业或产品有密切关系的企业合并组成。它是从控制原材料供应和加工直至产品生产、销售的纵向联合。托拉斯与卡特尔、辛迪加的最大区别是垄断组织已集中了生产、销售和财务权利。参加托拉斯的企业不仅在商业上,而且在生产上、法律上已完全丧失业务独立性。企业的所有权和经营权已经分离,原企业主成为公司股东,按其股份取得红利。

美国是托拉斯组织发展较快国家,号称"托拉斯之国"。1879年美国就出现了第一个托拉斯组织——美孚石油公司,该公司开始兼并了以开采、精制、运输和销售为中心的约40个公司,资本达1.5亿美元。到20世纪初已兼并和支配了400家企业,控制了美国国内石油销量的84%和石油出口量的90%。1904年,美国已有455个大型托拉斯,以后曾因颁布了"反托拉斯法",一度使发展受阻。但到了20年代,第一次世界大战和1929年开始的经济危机又推动了托拉斯的发展。在美国,1922年成立了海湾石油公司,1919年成立了第二大钢铁垄断组织——伯利恒钢铁公司,1926年成立国民钢铁公司,还有克莱斯勒汽车公司(1925年成立)、波音公司(1916年成立)、美国无线电公司(1919年成立)等等。一些早期成立的托拉斯公司,在此时期通过大规模的纵向合并,得到了迅速发展,如福特汽车公司通过纵向的企业兼并,形成了一个从生产焦炭、生铁、钢材、铸件、锻造、汽车零件到装配按工艺程序统一起来的联合企业。拥有7.5万工人,占地1000多英亩,厂内铁路运输线达93英里。成为当时美国最大规模的汽车联合体。在20年代中期英国的企业合并高潮中,托拉斯有了很大的发展。如英国最大的化学工业托拉斯"帝国化学工业公司"就是在1926年由英国染料公司、布伦纳·蒙德公司、诺贝尔工业公司、联合制碱化学托拉斯等合并而成。

第二次世界大战前,它成为资本主义世界三大化工垄断组织之一,生产近 10 种重要的基本化学品,占资本主义世界炸药贸易量的三分之一。

托拉斯时期是从企业联合体向企业集团过渡的重要时期,这是因为托拉斯垄断组织为形成企业集团创造了两个基本条件:一是组织范围已从商业领域扩大到生产领域;二是垄断组织对参与企业的控制权明显加强,企业完全失去了独立性,即使要退出,也只有出售自己的股票。托拉斯又分为以金融为基础和企业完全合并两种形式,前者是一种持股公司,后者是通过大企业吞并小企业而形成的。

企业集团发展于垄断资本主义发展的康采恩时期和跨国公司兴起的当代。新兴科学技术的应用,带来规模庞大的固定资产投资,生产和资本集中又一次形成高潮。这一次的企业合并特点是混合联合,即由不同部门彼此为了获得垄断利润而形成的联合。在美国,制造业和采矿业中,混合合并占合并总数的比重从1951—1955 年的 42.6% 上升到 1956—1959 年的 63.8%,1968 年高达 86.8%。

在这一时期,康采恩垄断组织发展很快,有人认为,从托拉斯到康采恩是资本主义企业联合的又一重大发展,它完成了企业联合由单角化向多角化发展,由初级的企业联合向高层次的企业集团或财团方向发展。康采恩是由不同经济部门的许多企业、贸易公司、银行、运输公司和保险公司等组成。少数占统治地位的工业资本家集团或银行集团,通过参与制控制了一系列子公司和孙公司,从而使其资本额扩大十几倍甚至几十倍。康采恩明显地表现了垄断资本主义时期银行资本与工业资本的融合特点。

日本是一个康采恩组织发展极其广泛的国家,第二次世界大战前日本有 20个康采恩。1950 年以后,以钢铁第一次合理化计划(1951—1955 年)和石油化学第一期计划为开端的日本产业结构变革,在最新技术水平基础上确立了重化学工业的中心地位,与之相适应也提出了以金融资本为中心的企业集团的重组。一些旧财阀即三菱、三井和住友等进行了改组,同时又组建了芙蓉企业集团、第一劝业银行企业集团和三和企业集团三个新兴企业集团,这些企业集团不仅由多种经济部门所组成,如芙蓉企业集团曾经发展到近 30 家成员企业,各企业又有许多子公司、关联公司等系列公司,经营范围包括银行、纺织、食品、化学工业、钢铁、建筑、铁路等等。

50 年代联邦德国的康采恩也十分活跃。到 1953 年,康采恩在联邦德国各工业部门的股份资本总额中所占的比重为钨煤工业 75%、钢铁工业 77%、造船工业 46%、电气工业 53%、水泥工业 63%、制钾工业 61%、硬煤工业 82%、金融业 65%。在德国股份资本总额 195 亿马克中,康采恩就控制了 112 亿马克,占资本总额的 57%。其中有以银行为中心财团,如德意志银行财团,包括了西门子、曼特斯特、克吕克内、赫斯等四大康采恩;有以大工业康采恩自身形成的垄断财团,如蒂森康采恩财团和法本继承公司康采恩财团。

康采恩的出现使企业集团具备了多角化、多层次化的模式。20 世纪 70 年代是企业集团向国际发展的跨国公司时期。早在上世纪初,一些发达国家已产生了"国际托拉斯",如英国和荷兰的英荷壳牌石油公司和尤尼莱佛公司等,1926 年由德国、法国、比利时、卢森堡等国的钢铁垄断组织组成的"国际粗钢卡特尔"。20 世纪 50 年代以后美国跨国公司发展迅速,1937 年美国制造业垄断组织的海外机构仅 715 家,到 60 年代末,美国已有 3400 家公司在国外开办了23000 家企业,其中从事生产的企业有 8000 家。20 世纪 70 年代以后,跨国公司已成为国际性经济现象,西欧和日本跨国公司也得到了发展。[①]

通过以上对股份制与企业集团产生、形成和发展、历史进程的考察分析,我们不难看到:股份制产生、形成和发展先于企业集团产生、形成和发展。同时企业集团作为股份制企业的联合组织或群体组织,又是股份制企业以资产为纽带联合形成的。由此也可以看出,股份制是企业集团的基础,企业集团是股份制发展的必然结果。股份制企业是企业集团的个体企业组织形式,企业集团是股份制企业的联合或群体组织形式。

三、从生成原因和条件看股份制与企业集团的关系

(一)股份制生成的一般原因和条件

作为社会经济组织形式或企业组织形式,即企业制度的股份制是在资本主义经济条件下产生和发展起来的。在资本主义经济条件下,资本是资本主义经济的主体范畴,也是企业在生产过程中最具有决定意义的生产条件。任何企业要进行生产经营活动,首先要有一个最低限额的资本(资金)额。这个最低限额,是随着社会生产力的发展而提高的。

由此可见,股份制虽然是在资本主义经济条件下产生发展起来的,但从根本上说,它是社会化大生产的商品经济发展的产物。正因为如此,社会化大生产的

---

① 参见卓福民主编:《现代经济的支柱企业集团》,上海人民出版社 1991 年版,第 12—17 页。

商品经济,一定程度产生的社会资金集中或联合的客观必然性,就是股份制存在和发展的一个一般原因或条件。

对于把社会资金集中或联合起来从事大生产经营活动的投资者来说,目的是为了分享其资金经营所带来的经济利益。其利益的大小又是由投资者的资金,即财产的所有权决定的。因此,为了保证资金集中或联合的实现,就必须明确集资或联资者资金的产权关系。而要达到这个目的,就需要相应的财产组织形式或财产制度。

集资企业集中或联合起来的社会资金,原本是集资或联资的投资者的个体性资金。但它们被集中联合起来后,同时便成了集资企业这个团体经济组织的联合经营资金了。因此,这些资金的产权也就同时被分解成了集资企业所有者产权和企业产权。所以,作为社会集资或联资企业的财产制度,必须是一种既能明确企业所有者的个体性资金产权关系,同时又能明确企业联合经营资金产权关系的复合产权关系的财产制度。这样的企业财产制度就是企业法人财产制度。

企业法人财产的主体是企业法人。法人制度是适应商品经济发展需要明确或确认团体民事权利主体地位而产生的。

在资本主义发展初期,随着社会化大生产的商品经济的形成和发展,生产规模的不断扩大,依靠个别资金积聚,采取个别集资方式从事生产经营的独资企业和合伙企业都不能满足社会发展需要时,就需要通过社会资金的集中或联合,采取社会集资和投资方式从事经营活动的企业制度。这种企业的财产制度就不能像独资企业和合伙企业那样,投资者既要负无限责任,又须直接从事经营管理。这就难于集中或联合巨额社会资金以适应大规模的生产经营管理。正是在需要企业大规模集中或联合社会资金的历史条件下,一些资本主义国家逐渐出现了许多进行社会集资的企业团体经济组织。在这些企业中,企业所有者产权和企业产权是公开的,企业在资金权利与义务上具有独立性。它们需要从法律上明确企业所有者产权和企业产权这种复合产权关系,以确认其企业团体经济组织的民事权利主体地位。正是适应这种客观要求,资产阶级国家法典才做出法人、企业法人制度的有关规定,形成法人和企业法人财产制度。股份制正是一种实行企业法人财产制度的企业制度。因此,股份制也是适应社会化大生产商品经济发展而产生和发展起来的。

把社会资金联合起来,从事生产经营活动不仅需要相应的企业财产制度,而且需要相应的企业经营管理制度。

从社会生产发展的要求来看,客观上存在着一种所有权和经营权从合一到分离的发展趋势。在历史上,企业经营者管理制度的发展就经历了一个由所有权和经营权两权合一到所有权和经营权两权分离的转变过程。在资本主义生产发展初期,社会分工或生产社会性发展程度较低,商品经济尚不发达,企业所有者自己完全可以经营自己的企业,这时财产所有权的各项权能是融为一体的,财产的所有者和经营者也是同一主体。因此,当时作为企业主要形式的独资企业和合伙企业都实行的是所有权和经营权合一的经营管理制度。

随着社会分工或生产社会性发展,当社会生产发展到社会化大生产和发达的商品经济阶段时,企业规模不断扩大,生产经营能力大大提高了,经营范围也扩大了,企业内部关系和外部关系都比以往复杂多了。这时,客观上要求商品生产企业的经营职能专门化和经营机构专门化,从而也就要求作为专门经营机构的企业产权独立化。如果企业产权不独立,经营者没有充分的经营管理权利,即没有相应的占有、使用、收益和处分的权利,就不能调动企业经营管理者的积极性,从而也就不能充分发挥企业经营管理专门机构的职能作用。由此可见,企业经营职能的专门化就必然使企业资金,即财产的所有者和经营者分离,从而也就必然使企业财产的所有权分离为所有权和经营权,即企业所有者产权和企业经营产权的复合产权结构。股份制企业的经营管理制度实行的正是所有权和经营权分离的经营管理制度。由此可见,股份制又是适应社会化大生产的商品经济发展产生的企业经营职能专门化的客观必要性、可能性产生和发展起来的。

进一步考察分析股份制产生和发展或存在的原因,人们会看到,股份制作为一种企业制度或企业管理体制,它是生产关系和生产力以及生产关系内在矛盾发展的必然结果。

股份制在资本主义经济条件下产生和发展起来,是资本主义社会生产关系和生产力矛盾发展的必然产物。因为,资本主义生产社会化和生产资料资本主义个别占有之间必然存在矛盾。这个矛盾在社会化生产发展过程中的一个具体表现,是私人的个别资金积累的有限性同发展社会化大生产的商品生产要求巨额资金之间的矛盾。为了解决这个矛盾,就必须把个别资金集中或联合起来,使之转化为社会资金,这个转化行为和过程就是社会资金集中或联合的过程。股份制就是实行社会集资或联合的企业制度,资本主义社会化大生产发展到一定程度便产生了社会资金集中或联合的要求,股份制就是适应这个客观要求产生和发展起来的。由此可见,在资本主义社会经济条件下,股份制是资本主义社会生产关系和生产力之间的矛盾——生产社会化和生产力之间的矛盾——生产社会化和生产资料资本主义个别占有制之间的矛盾发展的必然产物。

尽管如此,我们不能由此便认为股份制只存在于资本主义社会化大生产条件下,因为,在任何社会化大生产条件下,只要存在生产资料归不同所有者(包括不同私人所有者和不同公有者)的个别占有制,社会化大生产和生产资料所有制或占有之间的矛盾都同样存在。而生产资料归不同所有者的个别占有制这在任何商品经济条件下都是普遍存在的事实。由此可见,生产社会化和生产资料个别占有的矛盾,是任何社会化大生产的商品经济,即市场经济条件下普遍存在的矛盾。只要这个矛盾存在和发展,作为这个矛盾必然产物的股份制也就必然存在和发展,这是股份制存在和发展的根本原因。

以上我们从考察分析股份制生成的一般原因和条件,从根本上看到股份制企业制度是社会化大生产的商品经济,即市场经济条件下生产社会化与生产资料个别占有矛盾发展的必然产物。

(二)企业集团生成的一般原因和条件

从根本上看,企业集团是社会化大生产的商品经济,即市场经济已经有了一定程度发展基础上,股份制使资本和生产集中导致垄断形成和发展的必然产物。

这是由于在社会化大商品生产条件下,在股份制经济发展尚未达到使生产与资本高度集中时,当一个部门的生产还是由成千上万家股份制企业进行时,要使他们联合起来控制某个部门的生产和销售是不可能的。随着一个部门的生产愈来愈集中到少数企业中时,生产规模的扩大和市场狭小之间的矛盾便会愈加尖锐,大企业为了维护自身的利益,避免在竞争中两败俱伤,常常要联合起来,结成垄断联盟,垄断或控制一个或几个部门的生产和市场,以保证大家都能获得丰厚的经济收益。资本和生产集中必然会走向垄断,垄断形成以后又必然加快资本和生产的更大集中,推进大企业更大的发展。因此,在社会化大商品生产条件下,在股份制经济一定程度发展的基础上,大企业必然要努力采用适合维护自身垄断地位,提高自身发展力,增强自身控制力的企业组织形式。而企业集团作为一种以大企业为核心,诸多企业为外围,具有多层次结构;以经济技术或经营联系为基础,资产为联系纽带,实行集权与侵权相结合的领导体制;规模巨大,实行多角化经营的企业联合组织或企业群体组织形式。这种企业组织形式正是一种使资本和生产集中,适合维护企业相对垄断地位,提高垄断企业自身发展力,增强垄断企业控制力的企业组织形式或企业制度。

因为,一般企业集团组织结构本身决定了它的外部市场结构必然具有相对垄断性特征。企业集团规模巨大,竞争力强,又具有多层次组织结构,它必然会在一定经济区域内形成以某个大企业为中心的商品生产经营网络,从而形成对市场的相对垄断。

使企业集团形成市场垄断的主要原因:一是由于企业集团的发展决策于形成统一的目标,使集团系统内企业成为联合阵营,共同开拓市场领域,扩大市场份额;二是由于企业集团规模化生产、经营使运营成本下降、利润上升,易于实现市场价格优势;三是由于企业集团便于集中多个企业的资金、技术、人员、设备进行产品改进和创新,增强产品的市场竞争力。经济学研究已经证明,产业的集中度和企业规模与利润率之间存在着正向关系,也就是说,一定程度的市场垄断促进了企业集团利润率的相应提高,从而进一步加强了企业集团在市场上的相对垄断地位。当然,这一特征也使得企业集团成为推动国家或地区产业结构调整,促进产业升级的主导力量,成为市场秩序的自主管理者之一,可以在这一程度上避免企业之间的过度竞争、无序竞争,对市场的稳定产生积极的作用。[1]

恩格斯也曾预言:在股份制度广泛发展的情况下,"历来受人称赞的自由竞争已经日暮途穷,必然要自行宣告明显的可耻破产。这种破产表现在:在每个国家里,一定部门的大工业家会联合成为一个卡特尔,以便调节生产。""在个别场合,甚至有时会成立国际卡特尔"。"但是生产社会化的这个形式还嫌不足,各个公司的利益的对立,过于频繁地破坏了它,并恢复了竞争。因此,有些部门只要生产发展的程度允许的话,就把该生产部门的全部生产,集中成为一个大股份公司,实行统一领导。"在这些生产部门,"竞争已经为垄断所代替。"[2]这就是说在垄断资本主义阶段,股份公司也必然通过联合逐渐发展成大公司,并由一般企业组织逐步发展成垄断企业组织。

当今世界股份公司的发展变化趋势正是这样。这里所指大公司或垄断企业组织,正是指狭义企业集团即大企业集团这种企业制度或企业组织。

在当代,为数极少的大银行、大公司已经发展成为巨大的垄断组织;资本集

---

① 参见席酉民主编:《企业集团发展模式与运行机制比较》,机械工业出版社2003年版,第16页。

② 《马克思恩格斯全集》第25卷,人民出版社1975年版,第495页。

中的程度很高。"在今天的经济中,具有决定性作用的正是这些公司。"①并且在当代经济发达国家里,"大公司主宰一切"②,所以有人声称当代"垄断资本主义就是由巨型公司组成的一种制度。"③

正因为企业集团作为一种企业组织形式或企业制度,它要以股份制企业制度为基础,同时大企业集团企业制度又是在股份制使社会生产和资本集中,垄断形成发展的基础上形成和发展起来的股份制企业群体制度。因而我们也可以把大企业集团制度看成是一种垄断性股份制企业联合组织形式,也正因为如此,真正的或规范的大企业集团应是股份制大企业集团,而不是我国现行的行政性企业集团。

通过以上对股份制与企业集团生成一般原因和条件的考察分析,我们进一步看到作为企业组织形式的股份制是在社会化大生产商品经济即市场经济一定程度发展下,生产社会化与个别占有制矛盾发展的必然产物,而大企业集团则是在社会化大生产集中导致垄断形成和发展的必然产物。由此也就进一步说明,股份制生成的原因和条件是企业集团生成的原因和条件的前提和基础。企业集团是较股份制更高级的企业组织形式或社会经济组织形式。

第三节　我国大型国有经济主体
股份制改造模式选择

一、单个企业组织股份制改造模式

我国大型国有经济主体的各种个体(或单个)企业要适应经济全球化发展要求走与国际接轨的道路,要走市场经济条件下企业普遍走的股份制道路,要实现其建立现代企业制度改革目标,加快发展,增强控制力的现实要求,都需要而且已经具备了一定基础和条件进行股份制改造。从这些意义上讲,我国大型国有经济主体的个体(或单个)企业股份制改造与一般国有企业股份制改造也具有相同性或同一性。因而,也就应具有与一般国有企业改革相似的股份制改造模式要求。由此也就决定了我国大型国有经济主体股份制改造所选择的个体企

---

① 萨缪尔逊:《经济学》中文版上册,第156页。
② 本·巴鲁克·塞利格曼:《美国企业史》,上海人民出版社1975年版,第480页。
③ 保罗·巴兰、保罗·斯威齐:《垄断资本》,商务印书馆1979年版,第55页。

业股份制改造模式应是股份制企业,即公司制改造模式。

从我国大型国有经济主体,即特大型国有企业组织结构实际方面看,经过建国五十多年,特别是改革开放三十多年来早已形成了若干企业联合体或企业群体组织。这些群体组织许多企业都已经过股份制改造转变成独立的法人企业。而任何真正独立法人企业也都应是股份制企业。这些企业也应该是经过股份制改造的,新型大型国有经济主体统一整体的有机构成部分或个体企业组织。就是从这个意义上讲,股份制企业制度也应是大型国有经济主体实行股份制改造,实现企业制度创新过程中,各个单个企业必然选择的股份制改造模式。

我们在本书第一章从一般意义上研究的大型国有经济主体股份制改造的必要性和可行性,正是论证实行公司制这种股份制改造模式的必要性和可行性,也是大型国有经济主体单个企业组织采用股份制企业模式的必要性和可行性。

二、群体企业组织股份制改造模式

大企业集团作为股份制企业的一种特殊组织形式是适合股份制企业为主体和基础的企业群体组织,或若干个别企业即单个企业联合(或集合)的企业整体组织的股份制企业组织模式。我国大型国有经济主体的股份制改造也应采用大企业集团模式,即大股份制企业集团模式。

1. 采用大企业集团模式是各国大企业发展的普遍规律和要求

在实行股份制企业制度的条件下,一些垂直或横向关联产业,很容易形成以股权为纽带的大企业集团。在一定意义上可以说,也是股份制发展的必然结果。20 世纪 70 年代以来,在世界各国企业发展过程中,在持续大型化、规模化的同时,也出现了分散化、小型化趋势。大型化、规模化可以增强总体实力,而分散化、小型化则可以增强灵活性。企业集团能够兼容这两种趋势,所以,国外一些著名大企业,无一例外都采用大企业集团组织模式。

同时,当今世界范围内极具雄厚实力的巨型企业也都是大企业集团。当然,由于交通运输技术水平的空前提高,再加上高度专业化生产和社会化服务系统的完善,不少中小企业也进入了国际市场。但是,在世界市场上产生影响最大的还是巨型企业集团。这些从事跨国经营的企业集团就是跨国公司。企业集团和跨国公司都是股份制企业的一种高级形态。它们使现代企业制度发展到一个崭新的阶段,它们代表着现代企业制度发展的方向。

正因为当今世界各国大企业都是大企业集团。企业集团既是股份制发展的必然结果,又是股份制发展的趋势和方向,因此,采取企业集团模式也就必然会成为各国大企业发展的普遍规律和要求。我国大型国有经济主体的企业,其发展也必然要遵循采用企业集团模式这个普遍规律和要求。

2. 选择股份制大企业集团模式是我国大型国有经济主体实行股份制改造的客观要求

我国大型国有经济主体,实行股份制改造,既应根据一般国有企业股份制改造的要求,使改造后的各层次企业转变或改造成实行股份制企业产权制度和治理结构制度的股份制企业基础制度,同时,又应根据大型国有经济主体自身的特殊性,使改造后的大型国有经济主体成为与市场经济新体制相适应的股份制大企业集团企业制度。

本文所研究的大型国有经济主体,即我国国有经济需要控制的行业和领域的特大型国有企业,包括:"涉及国家安全行业、自然垄断的行业、提供公共产品和服务的行业,以及支柱产业和高新技术产业中的重要骨干企业。"这些特大型国有企业的显著特征在于它们一般都是具有一定垄断性的大企业或垄断性企业。

这些垄断性企业的特殊垄断性质和地位有的是由于它们本身就是自然垄断行业企业性质决定的,有的是由于它们本身就是具有唯一性或公益性企业决定的,有的是其企业产品产业在保障国家安全,增加国家财政收入,维护社会整体利益,推进国民经济发展中的特殊地位和作用决定的。

在我国实行社会主义市场经济体制下,在我国社会主义市场经济不断完善和发展的历史过程中,这些大型国有经济主体客观上仍然需要在相当长的时期内保持这种特殊垄断企业组织的地位。

如果具体分析一下,我们不难看到,那些涉及国家安全及高新技术产业的重要骨干企业,现在是行政性垄断企业,股份制改造后,有的还将是行政性垄断性企业,如造币公司等。有的在一定时期仍将可能是行政垄断性企业,如某些高新技术产业的重要骨干企业等。那些规模特别巨大,经营事业范围特别广,具有网络性生产营业的自然垄断行业,提供公共产品和服务行业的企业,股份制改造前是经济性垄断性企业,改造后仍将是或大量(大部分企业或企业的主业)仍将是经济垄断性企业。支柱产业的重要骨干企业在股份制改造后的一定时期,有的也还可能保持其经济垄断性企业地位。

正是由于我国大型国有经济主体上述行业企业一般都是垄断性行业企业,

并且在社会主义市场经济体制完善发展中,仍将要或大量(大部分企业或企业的主业)仍将要保持其特殊地位,这就需要有强大的垄断性联合经济实体组织和经济实力;有有利于垄断企业发展的企业组织形式或企业制度。无论是要满足前一需要还是要满足后一需要,采用一般股份制改革模式都是不能解决保持自身必要的垄断地位问题的。只有选择大企业集团模式,即在进行股份制改造中,同时通过改建或创建股份制大企业集团,才能解决保持自身必要的垄断地位问题。

此外,我们从客观实际情况来看,大型国有经济主体作为国有大企业,都是规模特别庞大的,产品范围广、品种多,具有庞大生产经营网络系统,具有众多生产经营企业的特大型企业联合(或集合)的企业群体(或整体)组织。

改革开放三十多年来,许多大型国有经济主体的基层企业都改制或正在改制为股份公司或有限责任公司等股份制企业。① 而这些股份制企业的群体(或整体)组织实行股份制改造,也不能再选择个体股份制企业模式,因而也必须选择群体(或整体)股份制大企业模式,即大企业集团模式。

3. 实行大企业集团企业制度对大型国有企业改革发展具有特殊功能作用

大企业集团本身是一种较一般企业联合组织成企业群体组织更为优越的企业联合组织。这是由于:

——大企业集团内部较一般经济联合体更能有效地、优化实行专业化分工协作,规模生产经营和优化资源组合配置。这表现在:一方面,可以在集团各成员单位间提高专业化协作水平,提高劳动生产率,增加产品数量,提高产品质量,降低产品成本,提高经济效益;另一方面,它能够打破"小而全"、"大而全"格局,实行跨地区、跨行业经营,使产品能够实现大批量生产,具有规模经济效益。

——大企业集团内部实行"统一领导、分级管理",经营决策和经营管理组织机构和职能专门化,管理机构较一般企业联合组织合理完善,管理制度较一般企业联合组织优越,管理水平也比一般企业联合组织更高。

——大企业集团成员众多,自身经济实力雄厚,资金和物资又便于统一集中使用,重点投入。并且,经政府有关部门批准还可以向社会发行股票或企业债券

_____

① 国资委的统计显示,中央企业及下属子企业的公司制股份制企业户数比重已从国资委成立之前的 30.4% 提高到目前的 64.2%。新华社北京 2008 年 12 月 15 日电(记者樊曦、陈玉明报道)。

集资。能为高投入承担风险，进行高科技产品研制和实行大规模技术改造。其开发能力较一般企业联合组织强。

——大企业集团组织较稳定，人员待遇相对优惠，能广泛吸收、稳定和高标准、高质量地培训各种经济技术管理人才，较一般企业联合组织更能保持和发挥人才优势。

——大企业集团商业信誉高，销售网络大，信息系统较健全，并且其运转灵敏，企业资金循环和周转速度比一般企业联合组织快。企业集团实力强大，其资金集中的兼并能力和控股、参股等资金联合能力也比一般企业联合组织强……所有这些优越性都有利于大型国有经济主体企业社会生产率和经济效益的大大提高。因而，也就大大有利于我国大型国有经济主体企业经济的发展和竞争能力的增强。也正因为如此，它使大型国有经济主体企业，有了经济技术实力，把产品打入国际市场，并开始在海外投资设厂，发展跨国公司。

我国传统的大型国有经济主体企业管理体制是一种政企不分、两权合一的企业管理体制或企业制度。企业体制改革的重要任务就是要建立起一种政企分开、两权分离的新型企业制度。改革开放以来，我国企业改革正是朝着这个重要目标不断深入发展的。实行大企业集团企业制度，还可以打破部门和地区的条块分割、冲破传统体制的束缚，不少企业都成了一个或几个企业集团的成员。这样，它就不再属于哪个部门、哪个地区的直属企业了，政府部门对这些企业主要运用经济手段和行政手段（包括法律手段）进行间接调控和管理。实行大企业集团企业制度时，要对大型国有经济主体各层次企业进行股份制改造，这样原有的企业管理体制，改革成了两权分离的管理体制。因而，实行大企业集团企业制度，对深化大型国有经济主体企业改革也具有特殊功能作用。

大企业集团本身就是技术进步的产物。技术进步和社会化大商品生产的发展是紧密相连的。正是在社会化大商品生产条件下，由于科学技术进步，机器大生产发展要求实行联合化；资源综合开发和合理利用，需要众多的企业和事业单位配合；科研、设计、生产一体化倾向，也要求企业联合许多企业集团可以在科研、技术协作和联合的基础上建立起来，或科研机构、大专院校和企业联合起来共同研制、开发高科技产品建立起来的。这有利于大型国有经济主体增强科研生产企业和单位的经济实力，并提高其科研生产能力，促进技术进步。

现代经济的发展要以科学的广泛应用和技术进步为基础。而现代科学的发展，技术的进步又要以经济的发展为前提。实行大企业集团制度，一方面，由于企业集团规模经济具有强大的科研、生产和技术开发能力,这就为技术进步提供了强大的物质技术基础;另一方面,由于企业集团经济增长和发展,又有赖于科学技术进步和广泛应用,这可以为推动技术进步提供强大的动力。

因而,实行大企业集团企业制度,对促进大型国有经济主体企业技术进步也有特殊功能作用。产业结构是再生产过程中产业之间和各产业内部各部门之间的经济技术联系和比例关系。它是随着社会经济的发展以及需求状况的发展而变化的。及时合理地调整产业结构是保证社会再生产正常进行和健康发展的必要条件。但产业结构的合理与否,又是建立在生产结构和产品结构是否合理,是否能满足社会需要的基础上的。企业集团的成员企业在其生产经营活动中由于实行统一领导和专业化分工协作,能够根据社会需要,根据技术经济和专业化分工协作的合理要求,适时调整成员企业的生产销售计划,以调整成员企业的生产结构和产品结构,从而实现社会产业结构及时合理地调整。因而,实行大企业集团企业体制,又必然有利于促进大型国有经济主体企业的产业结构的合理调整,也有着重要特殊功能作用。

三、过渡模式与目标模式

我国大型国有经济主体股份制改造增强控制力是一个同我国社会主义市场经济新体制建立、完善及社会主义市场经济逐步发展相适应的逐步发展过程。这个逐步发展过程应该说是始于我国改革开放初期扩大企业自主权改革,现在大量还处于转变企业经营机制的资产经营责任承包制阶段,少数行业如银行等已经开始进入股份制改革试点的企业制度创新阶段。大量大型国有经济主体股份制改造尚未全面展开。为要切实搞好我国大型国有经济主体股份制改造,科学设计其改造模式具有十分重要意义。

我们认为,我国现有大型国有经济主体改造成为大企业集团可设定为国有大企业集团过渡模式和国有控股大企业集团目标模式两种具体模式。

(一)过渡模式:国有大企业集团

国有大企业集团是现阶段我国未改制大型国有经济主体向企业集团转变的初始阶段的企业组织形式。

国有大企业集团模式构架,一般可设定为国有独资或国有合资股份制企业集团。

国有大企业集团是一种以一个国有独资或国有合资特大型企业为核心,诸多企业为外围,具有多层次组织结构;以经济技术或经营联系为基础,资产联结为纽带,实行集权和分权相结合的领导体制;规模巨大,实行多角化经营的企业联合组织或企业群体组织。

国有独资或国有合资股份制企业集团的组织结构,可为核心层与紧密层结构。也可为核心层、紧密层、半紧密层、松散层(协作层)结构。集团的核心层企业即集团公司为国有独资有限责任公司或国有合资股份有限责任公司。它也可以为国家授权的国有资产投资公司,也可以为国家授权的国有资产投资与经营公司。它是股份制企业集团的母公司或总公司。集团的紧密层企业为集团公司的直属企业(企业型结构)全资分公司、控股子公司及其关联企业。集团的松散层(协作层)企业为与集团的企业仅有经济技术协作关系的企业。

国有独资股份制企业集团模式适用于那些集团公司和集团的企业只宜国有独资经营,不宜国有合资经营的国有企业。这类国有企业,有的是因经营事业需要国家直接控制业务的公司(如造币企业)。有些企业仍由传统国有大企业改造为股份制公司。但由于这类公司业务特殊,现阶段中国还具备相应业务外包的条件。这类国有企业有的又是基于国家安全行业,具有特殊战略重要性和财务原因需要国家控制的企业。如特大型国防工业企业也可由传统国有大企业改造成股份制公司。由于这类特大型国有企业经营事业的特殊重要性,且现阶段财务尚不能独立。我国尚未建立与市场经济体制相适应的包括国防科研、国防订货在内的管理体制。这类国有企业还有的是我国高新技术产业中的某些重要骨干企业。现阶段这类重要骨干企业所经营的业务也是需要由国家直接控制的。

这两种过渡性股份制企业集团模式或设计都考虑到我国现行特大型国有企业除少数开始进行股份制试点外,大部分尚未进行整体性股份制改造。但由于我国企业改革三十多年来,一些特大型国有企业下属企业或下属企业的关联协作企业已经改造成股份制企业,但还不是完全完善、规范的股份制企业。如果特大型国有企业整体进行股份制改造,下属部分股份制企业仍应进入股份制企业集团。所以,过渡模式仍应该设计集团的半紧密层和松散层结构。当然,在过渡阶段的股份制大企业集团有的可以是不完整的层次结构的股份制企业大集团结构。特别是相当部分集团可以为仅有核心层和紧密层。

(二)目标模式:国有控股大企业集团

国有控股大企业集团是现阶段我国大型国有经济主体改制股份制企业集团

转变的高级完善形式,建立现代企业制度的目标模式。这种形式可为国有控股型大企业集团或国有控股经营型大企业集团两种基本模式。

国有控股或国有控股经营股份制企业集团是一种以一个或几个有控股或控股经营企业为核心;诸多企业为外围,具有多层次组织结构;以经济技术或经营联系为基础,资产联结为纽带,实行集权和分权相结合的领导体制;规模巨大,实行多角化经营的企业联合组织或企业群众组织。

国有控股或国有控股经营型股份制企业集团的组织结构,应为核心层、紧密层、半紧密层与松散(协作)层结构。集团的核心层企业为一个或几个国有股东和非国有股东,由国有股控股的合资控股或合资的控股经营股份有限公司(具备上市条件的为上市合资控股或合资控股经营股份有限公司),子公司为集团公司的直属企业,全资分公司和控股子公司及其关联企业;集团的半紧密层企业为集团公司的参股公司及其关联公司;集团的松散层企业为与集团企业仅有经济技术协作关系的企业。

现阶段和今后相当长的时期内,我国除极少数关系国家安全、国家高新技术产业重要骨干,且重要职能是公共服务、业务、财务与政府难以分开的,需要国家直接控制的特大型国有经济主体外,多数大型国有经济主体都应改造成国有控股或国有控股经营股份制企业集团。

三、设计过渡模式和目标模式的必要性

我国大型国有经济主体股份制改造增强控制力,采用过渡模式和目标模式是我国国有企业采用渐进式改革方式,需要经过不同阶段的客观要求决定的。

我国大型国有经济主体选择股份制大企业集团模式,进行股份制改造,之所以应设计过渡模式和目标模式,首先是由于我国国有企业改造一般都是以渐进改革方式,有步骤、分阶段逐步推进的。我国渐进式改革的显著特点在于它不是一步到位,而是分步到位,逐步实现改革目标。而且,一般多是采用先易后难战略,实行双轨制路线,在进行改革旧体制的同时进行新体制改革试点(试验),再进行新体制改革。

我国一般性国有企业改革是通过扩大企业自主权,初步改善国有企业外部环境条件阶段和实行承包制转换企业经营机制阶段,逐步进到实行股份制改造,进行企业制度创新建立现代企业制度阶段的。目前正在进行股份制改造,也是分步逐步推进。一般是先进行个别试点(试验),再进行全面推进。而且一般是

先实施改制,后进行重组,才能取得良好的改革效果。特别是原有的国有独资企业一般都是先改造为国有独资有限公司或国有合资股份有限公司,而后再继续深化改造,逐步改造成国有控股有限责任公司或国有控股股份有限公司的。

大型国有经济主体股份制改造在已进行扩大企业自主权改革和实行各种承包制,转变企业经营机制的基础上进行股份制改造,同样需要采用渐进式改革方式,有步骤分阶段进行。

在大型国有经济主体实行股份制改造过程中,客观上存在着必须先产权改制,再进行重组整合完善两个发展阶段或过程。这两个阶段企业改革的内容和要求不同,对制度安排或模式设计的要求也就不同。适应过渡阶段要求必然应设计过渡模式,适应实现目标完善阶段要求必然应设计目标模式。

其次,我国大型国有经济主体实行股份制改造增强控制力,需要设计过渡模式和目标模式,也是由其股份制改造发展本身也具有两阶段性特征决定的。

我国大型国有经济主体股份制改造,要实现的目标是建立现代企业制度。而建立现代企业制度的过程必须经过一个先改制,后重组整合完善才能构建完善、规范的现代企业制度,这样一个自然的发展进程或过程。改制即由实行原国有企业制度转变为实行股份制企业制度,这是实现股份制改造目标,建立现代企业制度的基础和最根本的条件。大型国有经济主体实行改制的这个过程或阶段,正是由实行国有企业制度转变为实行现代企业制度的过渡阶段。改制过渡阶段与实现建立现代企业制度的目标阶段或实行股份制改造的重组整合阶段,企业改革的内容和要求是有本质区别的。

在改制阶段,大型国有经济主体改制为国有股份制企业或企业集团,一般可在不改变企业国家所有制框架范围内进行,股份制改造其内容和要求是要实现在同一国家所有制范围内或国有资本内部的产权结构由一元化向多元化转变,构建完善、规范的股份制企业和企业集团产权制度和治理结构制度的基本制度,建立现代企业制度的基础;而在重组整合完善阶段,则应进一步在国有资本外部即国家所有制范围外部进行股份制企业产权多元化改革,构建完善、规范的股份制企业和企业集团企业产权制度和治理结构制度,实现建立现代企业制度目标。

正是由于我国大型国有经济主体股份制改造客观上应具有以上两阶段性特征,并且必须经过改制过渡阶段和重组整合完善阶段,才能实现建立现代企业制度目标。这在客观上也就需要设计一个与这两个阶段改革内容和要求相适应的股份制改造模式,即过渡模式和目标模式。

四、采用过渡模式的特殊意义和作用

我国国有企业改革发展始终是我国经济体制改革的中心环节。大型国有经济主体在整个国有企业改革发展中,始终处于核心地位并具有示范性、全局性和引导性的作用。

第一,它们是我国社会先进生产力的集中体现,关系国家安全、国计民生和国家经济命运的大型、特大型企业,基本由中央政府和地方政府掌握;

第二,它们往往又是一种大中小型企业同时共存的企业群众组织,主体是特大型企业还包含许多中央和地方部门划入的小公司和科研院所。所属企业资产规模大的达 7 至 8 千亿元,小的 2 至 3 亿元,甚至仅几千万元。职工人数多的可上百万人,少的只有几十人,其重组整合难度较一般国有企业股份制改造难度要大得多;

第三,这些大型特大型企业因一般多是具有公益性、垄断性企业。它们规模大,经营事业范围广,生产营业网络体系庞大,在进行股份制改造时,对社会稳定的影响力特别大。

基于这些特殊性质,采用过渡模式或使改制工作先在不改变企业原国家所有制范围内进行,先易后难地顺利推进改制企业的产权制度,治理结构制度和劳动人事制度、社会保障制度和国有资产管理制度改革等各项制度改革工作。这不仅对于正确处理改制大型国有经济主体改革、开放、发展、稳定关系,保证大型国有经济主体股份制改造各项工作能够在一个安定稳定的环境条件下顺利进行具有十分重大的特殊意义和作用;而且对于维护和巩固我国社会安定和稳定,推进我国改革开放和经济社会全面发展也具有十分重大的特殊意义和作用。

五、过渡模式必然向目标模式转变

我国大型国有经济主体,在采用股份制企业集团模式进行股份制改造增强控制力的过程中,由过渡模式向目标模式转变这也是由它自身的性质和特点,及其改革和深化改革客观要求决定的。

我国大型国有经济主体作为规模巨大、经营范围广泛、生产经营系统庞大的大企业,自身的性质特点决定,它在社会主义市场经济条件下,必须实行多元化产权制度才能实行股份制企业制度,适应社会主义市场经济发展的客观需要。

我国大型国有经济主体产权多元化改革,从采用过渡模式开始,先是在国有

资本内部进行,即在同一国家所有制范围内进行产权多元化改革。例如,在改制中,不同国有企业之间、不同部门之间的国有资本相互参股或持股,改制或新建形成国有合资股份制企业。这种国有资本内部或同一所有制范围内的产权多元化改革,它可以使改制大型国有经济主体在不同归属的国有股东之间形成一种产权联合与产权制衡关系和公司制企业治理结构制度基本框架结构,因而,相对于原国有企业产权一元化企业产权制度和企业制度来说,这是一个很大的进步。

但是,仅仅进行国有资本内部或同一国家所有制范围内的产权多元化改革,既不能使改制大型国有经济主体建立完善、规范的股份制企业和企业集团制度,也不能适应改制大型国有经济主体股份制企业和企业集团自身发展对巨额社会资本(资金)的客观需求。

第一,仅仅实行国有资本内部或同一国家所有制范围内的产权多元化改革,只是使大型国有股份制企业和企业集团具有定向筹集资本(资金)的权力、能力(私募权力、能力)而不具备完善、规范的股份制企业和企业集团具有社会募集资本(资金)的权力、能力(公募权力、能力)。这样改制大型国有经济主体也就不能构建完善、规范的股份制企业和企业集团的多元化产权结构制度和产权制度,从而也就不能构建成完善、规范的股份制企业的企业集团制度。只有把国有资本内部或同一国家所有制范围内的产权多元化转变为国有资本外部即同一国家所有制范围外的产权多元化,改制大型国有经济主体股份制企业和企业集团才具有完善、规范的社会筹集资本(资金)的权力和能力。才能构建完善、规范的股份制企业和企业集团的产权结构制度和产权制度,从而才能构建完善、规范的股份制企业和企业集团制度。

第二,仅仅实行国有资本内部或同一国家所有制范围内的产权多元化改革,只是使大型国有股份制企业和企业集团,在不同归属国有股份和国有股东之间,形成一种产权联合与产权制衡关系和公司制企业治理结构制度基本框架结构。但由于不同国有资本或不同国有股份的所有者的实际主体仍可能是同一部门机构和地方政府,作为不同国有股东代表的董事、监事和董事会、监事会的人事委任的最终权利,仍在政府人事部门和有关组织部门,最后决定权仍可能完全是政府人事部门,党的组织部门的行政长官。"国有资本所有者缺位"和"所有权行政化"问题仍不可能从根本上得到解决。这样,改制大型国有经济主体又不能构建成完善、规范的股份制企业和企业集团的治理结构组织制度和治理结构制度。从而,也同样不能构建完善、规范的股份制企业和企业集团制度。只有把国有资本内部或同一国家所有制范围内的产权多元化转变为国有资本外部,即同一国家所有制范围外的产权多元化,改制大型国有经济主体,股份制企业和企业集团才能从根本上解决"国有资本所有者缺位"和"所有权行政化"问题,才能构建完善、规范的治理结构组织制度和治理结构制度。从而,也才能构建完善、规范股份制企业和企业集团制度。

第三,从改制大型国有经济主体自身发展的客观需要方面看,由于它本身是一种大型或巨型企业,在市场经济体制下,也必须实行社会资本(资金)集中或联合的企业资金制度或企业产权结构制度,才能满足自身发展需要巨额资本(资金)的客观要求。如果仅仅进行国有资本内部或同一国家所有制范围内的产权多元化改革,从而只能在国有经济范围内定向集中或联合企业发展所需资本(资金),那是难以满足自身发展对广大社会集中或联合客观需要的。只有把国有资本内部或同一国家所有制范围内的产权多元化转变为国有资本外部,即同一国家所有制范围外的产权多元化,改制大型国有经济主体股份制企业和企业集团,才能通过社会资本(资金)集中和联合,满足自身发展对巨额社会资本(资金)客观需要。

正是由于仅仅进行国有资本内部或同一国家所有制范围内的产权多元化改革,既不能使改制大型国有经济主体构建完善、规范的股份制企业和企业集团制度,又不能满足其自身发展对巨额社会资本的客观需求。只有把国有资本内部或同一国家所有制范围内的产权多元化转变为国有资本外部,即同一国家所有制范围外的产权多元化改革,才能使改制大型国有经济主体构建完善、规范的股份制企业和企业集团制度,才能满足其自身发展对巨额社会资本的客观需求。这在客观上就使大型国有经济主体股份制改造过程必然显现为前后两个阶段。这个改造的前一阶段正是实行股份制改造采用过渡模式的过渡阶段,后一阶段正是实行股份制改造采用目标模式,实现构建现代企业制度目标的目标实现阶段。

第五章　我国大型国有经济主体的
产权占有权制度改造

企业产权制度包括企业产权占有权、使用权、收益权、处分权制度。企业产权制度改造的内容也应包括企业产权占有权、使用权、收益权、处分权制度改造。把我国大型国有经济主体改造成股份制企业或公司(包括股份有限公司和有限责任公司),首先必须将其原有的一元化企业产权占有权制度,即一元化企业产权结构制度或企业资金制度改造成多元化企业产权占有权制度,实行股份制企业或股份制企业集团的多元化企业产权结构制度或企业资金制度(资金来源构成制度)。

本章研究我国大型国有经济主体实行产权占有权制度改造、股权结构设计及其股权制度建立的意义、具体思路、对策和政策问题。

第一节　设置国家股,建立国家股权制度

一、设置国家股的必要性

把我国大型国有经济主体改造成股份制企业或公司(包括股份有限公司和有限责任公司),首先必须将原有国有企业或国有企业集团的国有资产转换成国有股份,设置国家股,建立国家股权制度。

国家股股权制度是国有股权的规则和规范。国家股股权是国有资产投资形成的股份及其享有的收益和其他法定权能的总和。国家股权的大小是由国有资产投资在公司所占有股份决定的。

1. 设置国家股是我国大型国有经济主体实行股份制改造的客观要求

我国股份制企业,即公司中的股权按照《股份制企业试点办法》,根据投资

主体投资来源不同,划分为国家股、法人股、个人股和外资股。① 上述股权划分早有人提出异议,认为不符合股份平等精神。后来我国《公司法》中,便没有作出以上股权划分。但是,在国有资产出资的公司中,股权划分作为客观现象仍客观存在。国家股作为代表国家投资的政府部门、机构以国有资产投资公司形成的股份,它只是国有资产投资形成的国有股份的一种形式。国有资产投资形成的股份还可以有国有企业以自己的法人资产投资形成的法人股,即国有法人股。由此可见,国有股并不一定都是国家股。国有股是国家股和国有法人股的总称。而国家股仅仅是国有股的一个组成部分。

由于国家股是由代表国家股投资的机构(投资公司)以国有资产投资公司形成的国有股份,这是国有资产所有者投资形成的股份,并且是拥有其原始产权,即最初产权和终结产权,即最终产权的国有股份。而国有企业的企业法人股,即国有法人股则是国有资产经营者以其法人财产,即企业经营财产或经营者财产投资形成的国有股。这两种国有股股权的性质和制度是有所区别的。

我国大型国有经济主体进行股份制改造时,之所以应设置国家股,首先是由于其改制股份制企业财产来源和构成中,客观上存在国有资产所有者投资形成的财产,股份制企业的财产权表现为股份。而股份的来源和构成是由其不同投资者的财产权来源和构成情况不同决定的。由此可见,设置国家股,这是我国大型国有经济主体,实行股份制改造应建立的最基本也是最根本的股权制度要求。

2. 设置国家股是我国大型国有经济主体,建立现代企业产权制度的客观要求

我国大型国有经济主体改制成股份制企业必须建立现代企业产权制度。建立现代企业产权制度的基本要求是要建立"归属清晰、权责明确、保护严格、流转顺畅"的企业产权制度。而要达到这些要求,首先要求改制企业制定企业中的产权归属清晰、产权主体人格化,产权所有者具有排他性。要达到这种要求,国有资产所有者投资形成的股份也必须设置为国家股。当然,在改制实践中,国家股也可以有种种特殊形式,例如,国有集团公司股、国有控股公司股等等,那只是形式不同而已,其性质上都属于国家股。否则是无法明确国有资产所有者产权,建立"归属清晰"的现代企业产权制度的。

----

① 见国家体改委等发布《股份制企业试点办法》,第 121 页。

3. 设置国家股是我国大型国有经济主体建立现代企业治理结构制度的客观要求

我国大型国有经济主体改制成股份制企业还必须建立现代企业治理结构制度。而现代企业治理结构制度是一种所有权制约经营权的组织管理机构体系。并且各种组织管理机构的行为,包括约束机制、激励机制和监督机制也是所有者制约、激励和监督经营者,所有者权利与经营权者权利相互制衡的行为机制。建立现代企业治理结构制度的基本关键和前提也首先在于要建立"归属清晰"的企业产权制度。不设置国家股,作为国有资产所有者的产权不明确界定,归属不清,不仅不能建立现代企业产权制度,而且也同样不能建立现代企业治理结构制度。

4. 设置国家股是我国大型国有经济主体改制股份制企业存在和发展的客观要求

第一,我国大型国有经济主体实行股份制改造,要改造成股份制企业,就必须实行社会集资投资的企业资金制度。多元化资金来源和构成是其改制股份制企业存在和发展的根本基础。而国有资产所有者的国有资本投资正是其社会集资投资的重要资金来源和构成部分。不设置国家股,改制国有经济主体便不能吸收国有资本投资。大体说来,如果国家不投资,大量的大型国有经济主体改制股份制企业也是难以存在和实现较大规模地扩张和扩展的,至少在我国现阶段和今后相当长的时期内必然会是这种格局。

第二,我国大型国有经济主体实行股份制改造的重要预期目标在于要通过改造提高自身素质,增强自身实力,从而增强控制力。为了实现这一重要目标,首先必须按照规范要求实行股份制改造。改制后,其改制股份制企业还必须根据市场经济的客观要求,努力增强自身的发展能力和经济实力。为此,它必须适时进行产业结构调整、升级和技术改造。无论是进行产业结构调整升级,还是进行技术改造,往往都需要国家大量扩大投资。如果不设国家股,国有资产持有者部门、机构不能对改制股份制企业投资。改制股份制企业也不能吸收国有资产所有者的投资。

二、设置国家股的可行性

我国大型国有经济主体实行股份制设置国家股可行性的法规和政策依据,较早见诸于改革开放初期国有企业实行扩大自主权的改革阶段,国家允许大型国有企业参与企业之间的经济联合的各项政策中。1986 年 3 月 23 日印发全国的《国务院关于进一步推动横向经济联合的若干问题的规定》中规定："企业之间的联合，是横向经济联合的基本形式，是发展的重点。"企业之间的联合，"不受所有制的限制。""提倡以大中型企业为骨干"、"可以采取合资经营"方式。这里已经开始明确了可能将大型国有经济主体的资产作为联合企业的"合资经营"资产。从实质上看也就是指，可将参与联合的大型国有经济主体的国有资产转换为联合企业的国家股股份。①

继国家制定的横向联合有关政策后，1986 年 12 月，国务院在《深化企业改革增强企业活力若干规定》中，明确规定："各地可选择少数有条件的全民所有制大中型企业进行股份制试点"②。接着在 1987 年 12 月 16 日国家体改委和国家经贸委印发的《关于组建和发展企业集团的几点意见》的通知中又指出："企业集团是以公有制为基础……以一个或若干个大中型骨干企业，独立科研设计单位为主体……"特别是试点实行国家计划单列的企业集团更是以全民所有制的特大型、大型企业或资金雄厚的全民所有制控股公司为核心，内部组织结构比较完善、并拥有一定数量的紧密层、半紧密层和松散层的企业成员。③ 以企业为核心的企业集团包括大量以大型国有经济主体为核心的企业集团。既然允许这些企业集团试行股份制，自然也就是允许将这些企业和企业集团的国有资产转换成这些企业集团的国家股份。④

随着国有企业改革的发展，1992 年国务院在批转原国家体改委、国务院生产办的《股份制企业试点办法》中正式明确股份制企业的股权设置应"根据投资主体的不同。股权设置可有四种形式：国家股、法人股、个人股、外资股。"国家股为有权代表国家投资的部门或机构以国有资产向公司投资形成的股份（含现有国有资产折成的国有股份），并且在这个《试点办法》中还制定有国有大型企业改组为股份制企业的具体规定。这里首次明确国有大型企业，即大型国有经

---

① 参见徐金发、顾家麟主编，国家经济体制改革委员会生产体制局编：《企业集团的组织与管理》，浙江人民出版社 1988 年版，第 30 页。

② 中国集团公司促进会编：《国有企业改革政策演变》，中国财政经济出版社 2003 年版，第 119 页。

③ 《关于试点企业集团实行国家计划单列的实施办法［试行］》，《2003 中国企业集团年鉴》，第 685 页。

④ 参见徐金发、顾家麟主编，国家经济体制改革委员会生产体制局编：《企业集团的组织与管理》，浙江人民出版社 1988 年版，第 119 页。

济主体在进行股份制改造时应设国家股。①

1994年国家国有资产管理局印发的《股份制试点企业国有股管理实施意见》又进一步明确:"国家股是指有权代表国家投资的政府部门或机构向股份制企业出资形成或依法公平程序取得的股份,即国家拥有的股份简称国有股。"②

此后,1997年9月12日党的十五大明确指出:"建立现代企业制度是国有企业改革的方向。要按照产权明确、权责明确、政企分开、管理科学的要求,对国有大型企业实行规范化的公司制改革,使企业成为适应市场的法人实体和竞争主体。"③

1999年9月党的十五届四中全会通过的《中共中央关于国有企业改革和发展若干重大问题的决定》中,更具体明确改制大型国有经济主体国家股改制的形式问题。《决定》指出:"国有大中型企业,尤其是优势企业,宜于实行股份制的,要通过规范上市,中外合资和企业相互参股等形式,改为股份制企业,发展混合所有制经济,重要的企业由国家控股。"④

2002年党的十六大进一步要求要深化企业改革,要"按照现代企业制度的要求,国有大中型企业继续实行规范的公司制改革……发展具有国际竞争力的大公司企业集团。"⑤

2003年党的十六届三中全会作出的《中共中央关于完善社会主义市场经济体制若干问题的决定》进一步明确:要"大力发展国有资本,集体资本和非公有资本等参股的混合所有制经济,实现投资主体多元化,使股份制成为公有制的主要形式。"⑥

党的十五大以来,关于推进大型国有经济主体股份制改造的各种决定和要求是进一步推进大型国有经济主体股份制改造的法制和政策依据,同时更是大型国有经济主体实行股份制改造时设置国家股的可行性法制和政策依据。

---

① 甘华鸣、罗锐韧主编:《股份制企业实务指南》,中国国际广播出版社1992年版,第1065页。

② 《现代企业制度实用手册》,改革出版社1994年版,第66页。

③ 江泽民:《高举邓小平理论伟大旗帜　把建设中国特色社会主义事业全面推向二十一世纪——在中国共产党第十五次全国代表大会上的报告》,人民出版社1997年版,第24—25页。

④ 《中共中央关于国有企业改革和发展若干重大问题的决定》,人民出版社1999年版,第8页。

⑤ 江泽民:《全面建设小康社会　开创中国特色社会主义新局面——在中国共产党第十六次全国代表大会上的报告》,人民出版社2002年版,第25—26页。

⑥ 《中共中央关于完善社会主义市场经济体制若干问题的决定》,人民出版社2003年版,第14页。

三、设置国家股，建立国家股权制度的重要作用

把我国大型国有经济主体改造成股份制企业或企业集团，首先应将其国有资产转换成国有股份，设置国家股，实行国家股股权制度。建立健全国家股权制度，对于使我国大型国有经济主体形成科学的企业组织结构制度，优化资源配置和进行企业化经营等都具有十分重大的意义和作用。

1. 建立国家股权制度可以使大型国有经济主体形成科学的企业组织结构制度

第一，我国大型国有经济主体原有国有财产转化成国家股后，国家与企业的关系也就会发生根本变化。在转化前，国家既是大型国有经济主体财产唯一的所有者，又是其财产唯一的经营者，国家与企业的关系是一种行政隶属关系。大型国有经济主体是国家行政机构附属的生产机构或生产单位。因而是一种缺乏生机和活力的"任人拨弄的算盘珠"；在转化为国家股后，由于国家只是大型国有经济主体国有财产的所有者，企业则成了企业中国有财产的经营者，正是在这个意义上国家与企业的关系是一种股东与其作为经营者的企业之间的平等的信用关系。因而，大型国有经济主体不再是国家行政机构的附属物，而是一个真正的自主经营、自负盈亏的商品生产者和经营者。

第二，把国有资产的国有企业产权形式转变为股份制企业产权形式只是国有资产产权形式发生的深刻变化，但其国有资产产权性质仍然没有发生根本变化。按照股份制经济的本质意义，国家股形成后，国家拥有大型国有经济主体国有财产的原始所有权即最初的所有权，又是终极所有权、最终所有权。这种所有权是可以有偿转让，但却是不能无偿划拨的。因此，在实行股份制改革中，必须切实维护国家财产不受侵害。因而，不应以任何形式化公为私，变相侵占国家财产。并且不应以任何方式把企业中属于国家的财产，以股份的形式分给任何集体或个人。

第三，股利是资产终极所有权的实现形式。国有资产转化为国家股后，大型国有经济主体拥有的国有财产经营权是一种由其所有权派生的法人所有权。法人所有权是由其原始所有权派生形式的所有权，它对企业资产只有中间处置权，即在经营过程中的处置权，而无最终处置权，即经营过程以外的处置权。所以，法人所有权确定的界限是对其经营财产的盈亏负责。因此，大型国有经济主体只能从它经营国有财产的实绩取得一定的报酬，而不能以其所经营财产所有权

的资格参与利益分配,即股利分配。这就规范了企业的责任和激励机制。

第四,在实行股份制改造的大型国有经济主体中,国有股仍可占主导地位,这是区别于传统的旧体制的显著特征。在传统的旧体制下,国有财产是大型国有经济主体的唯一财产。在改造后的大型国有经济主体公司中,国有财产只是企业中可以占主导地位的财产。除此之外,企业中还可有占非主导地位的法人财产、个人财产和外资财产。这又优化了企业的财产结构。

2. 建立国家股权制度有利于大型国有经济主体按照市场规律,优化资源配置

在我国实行社会主义市场经济新体制制度下,大型国有经济主体必须根据市场规律进行资源配置。国有股权制度,使其国有资产投资主体由政府行政部门变成了有权代表国家投资的投资机构(投资公司)。国有资产投资经营效果与企业利益息息相关,它在选择企业进行投资时,也就必须要根据市场条件的变化,按照市场规律的要求,优化投资,优化资源配置。同时,国有资产转化为国有股份资产后,股份资产又可以依法在社会范围内合理流动,这又有可能实现市场规律要求优化资源配置。

3. 建立国家股权制度有利于大型国有经济主体进行企业化经营

在我国实行社会主义市场经济新体制制度下,大型国有经济主体必须实行企业化经营,而不能像旧体制下那样承担过多的社会职能。国有资产转化为国有股份,建立国有股权制度后,国有股权作为股权的一种,其入股投资,一方面必须努力实现其追求经济效益的微观经济职能;另一方面也必须努力实现在"市场失灵"领域弥补市场缺陷,带动经济发展和稳定经济形势等客观经济职能。大型国有经济主体主要将通过优化企业组织结构和产品结构,发挥自身的各种优势,降低成本和贯彻落实国家有关政策等等,既提高企业生产营业的微观经济效益,又提高企业生产营业的社会效益等方式和途径,努力实现自身承担的各种宏观经济职能。但不会再承担大量企业办社会的社会职能部门。包括不会再承担保障就业、职工医疗、社会保险及教育等等多方面的社会职能,背上极其沉重的社会包袱。因而,这就必然有利于大型国有经济主体进行企业化经营。

四、国家股的形成

国家股的形成指国有资产怎样转化设置为股份有限公司的国家股,在实行股份制改造过程中,国有资产可以通过新创股份制企业,通过不同地区、行业、不

同所有制企业进行联合。通过与外资合资、合作经营以及通过原有企业进行股份制改造等方式实行股份制。实行股份制改造的方式方法不同,国家股形成的途径或设置方法也不同。

1. 在新建股份有限公司时,国家或地方可以通过有权代表国家的政府部门或机构以其新创公司的资产折价,或以其资金直接认股或购买股票的方式将国有资产转化成国家股。

2. 在国有企业与不同地区、行业、不同所有制的股份有限公司进行合并、联合时,企业的所有国有资产,包括有形资产和无形资产,都必须折成股份,实行资产合并或联合,这时企业的国有资产也就直接转化成为国有股或国家股。

3. 在国有企业与外商合资、合作办企业时,由于合资、合作企业是有限责任公司或股份有限公司性质的企业,无论企业的国有资产、资金或是外商资金都必须折成股份。这时企业的国有资产、资金便直接转化成国家股,而如果国有企业并未实行股份制,只是吸收外资扩大经营时,原有企业国有资产并不能转化成国家股,则其吸收的外资宜设为企业债券或优先股。

4. 在对原国有企业进行股份制改建时,由于原企业国有资产和企业自有资产或其他资产是连在一起的,其国有资产存量转化为国家股时必须进行清产核资与资产评估,并在此基础上划分股份,设置为国家股。国有资产存量转化为国家股的基本方法一般应该是:

——企业资产清理。实行股份制改革以前的国有企业总资产一般包括:国有资产和企业自有资产两部分。国有资产包括:国家历年拨入的固定资产、企业利用减免税进行投资形成的固定资产、企业利用税前还贷形成的固定资产、企业利用折旧基金形成的固定资产以及已提取但尚未形成固定资产的折旧基金、国拨流动资金、企业债权和土地使用权折价等。企业自有资产包括:企业用自留生产发展基金和技术改造基金投资的固定资产、企业用税后留利形成的固定资产、企业税后留利的各项专用基金、历年用自留资金补充的流动资金等。

——企业资产评估。在资产清理基础上进行企业评估,其评估资产应包括:有形资产、无形资产和企业长期债券、股票和专项资产等其他资产。对企业资产存量不同构成部分应分别采用不同方法评估。

——确定产权,划分股份。在企业资产清理、评估基础上进一步确立产权,划分股份。基本上应以不同资产(资金)来源作为依据,贯彻谁投资,产权就应归属于谁的原则。然后将其国有资产价值折成股份。这样,企业的国有资产也就转化成了国家股。

按照现行国家国有资产管理部门《股份制试点企业国有股权管理实施意见》，我国大型国有经济主体股份制改造时的国家股股权形成和设置的具体办法如下：

——国家直接投资设立的国有企业以其全部资产整体改组为股份制企业，原企业法人单位应予撤销，原企业的国家净资产（国家资本金及其对应的所有者权益，下同）折成的股份设置为国家股。

——国家直接投资设立的国有企业以其部分资产（连同部分负债）整体改组为股份制企业，未进入股份公司的部分只限于少量与生产经营无关的生活、服务性资产（幼儿园、医院等），原企业法人单位应予撤销，原企业进入股份制改组范围的国家净资产折成的股份设置为国家股。未进入股份制改组范围的部分则应按照国家国有资产部门资产重组有关规定实行分立、独立经营，或者以租赁、托管等方式暂交股份制企业有偿使用。必要时作为一种过渡性办法，可保留原企业法人单位，并由国有资产管理部门或经国有资产管理部门核准后，委托原法人单位在一定时期内，依预定条件代行股份公司国家股权管理职能或持有股权。此时，委托方和被委托方均应积极创造条件，促进未进入股份公司的部分发展成独立经营的实体企业，原企业法人单位逐步消亡或改变实体地位，股份公司国家股最终转归政府授权的部门机构直接持有。

——国家直接投资设立的国有企业根据生产经营的需要，只将原企业的部分生产经营性资产（连同部分负债）整体改组为股份制企业。未进入股份公司的部分包括有相当数量生产经营性资产，股权设置可按下述两种方式之一确定：其一，撤销原企业法人单位，原企业进入股份制改组范围的国家净资产形成的股份设置为国家股。未进入股份制改组的部分按照国家国有资产部门资产管理费用有关规定与股份公司实行分立，独立经营。二者之间无产权关系；其二，保留原企业法人单位，原企业法人单位持有并行使股权，未进入股份制改组范围的部分，其产权归原企业法人单位持有，可以成为原企业的组成部分或原企业的下属子企业。

——资本金属于独立于该企业的其他国有企、事业单位、行业性总公司和具有政府行政管理职能的公司除外的全资子企业（全资子公司）和控股子企业（控股子公司），以其全部或部分资产整体改组为股份制企业，该企业进入股份制改组范围的净资产折成的股份设置为法人股。

五、国家股的形式

股份公司的股份形式,一般有普通股与特别股之分。按各国法律,凡是公司股东都应有表决权,并通过这种表决权参与公司管理。但是,由于作为特别股的优先股在许多场合享有优先权,在享受公司管理事务方面的表决权一般都多受限制。因而优先股基本上没有参与公司管理的权力。但是,优先股东也并不是完全没有股东表决权。他们在特定事项和特别情况下仍有表决权。通常在公司章程变更有损于优先股东地位和权利时,应召开股东会议,进行议决,这时优先股东仍有表决权。

在设计大型国有经济主体改制公司的股权形式时,学术界有的人认为国家股一般可以采用特别股的优先股形式。

国有股这种优先股有其优点:一是有利于维护国家财产利益,体现了对国家利益保护的特点;二是由于国有股股东不享有表决权或表决权受到限制,使国家对公司管理事务和公司人事事务(董事会成员任命、经理任免等)的权限受到限制或丧失,从而有利于在国有股占较大比例的公司中真正建立公司制度。在公司机关的组成、职权行使、公司治理机构运行机制等方面,不至于因国有股过大而走轨变形。这对于那些刚从计划经济的国有企业向市场经济的公司转型而来的,国有股份所占比例较大的公司企业而言,尤其具有现实意义。因为在这种背景下,国有股股东拥有的是普通股就会享有控股权,就为国家的行政干预提供了便利;而这样的情况下,又往往存在着政府机关对企业滥施行政干预的习惯或偏好。特别是当政府职能没有转变,国家行政职能与国家资本拥有职能还没有妥善分离时,国有股是占比例很大的普通的股份,往往在很大程度上意味着国家的不当行政干预和公司法人地位的不够独立。并且会造成公司股份内部结构上的失衡。大型国有经济主体股份制改造时,有的设立国有优先股,对建立现代企业制度和健全内部机制,防止和减少行政的不当干预是有必要的。但这种股份设置应主要限于一般竞争性行业领域的企业,而需要增强控制力的大型国有经济主体的改制时,一般是不宜采用和设置这种国有股形式的。

第一,在一般或多数大型国有经济主体改制公司股份构成中,普通股是公司股本的基本构成部分,而优先股则是股本的非基本构成部分。在我国一般或多数的大型国有经济主体改制公司中,国家股在股本(股份总额)中占主导地位,如果把国有股设定为优先股,这就使其股本中的基本构成部分与非基本构成部分本末倒置。这会使我国一般或多数大型国有经济主体改制公司形同虚设。这是因为股份公司投资区别于其他一般企业投资最显著的特点和优点就在于它的盈利性和风险性是并存的。这一点又主要是通过作为公司股本基本构成部分的,普通股分配盈利的高低是随着公司财产经营利润的变动而变动体现出来的。如果公司股本的基本部分都是分配股利定额定律,其盈利性和风险性并存这个特点基本上是无法体现出来的。我国一般或多数大型国有经济主体实行股份公司制度时,国家股设定为优先股虽然能满足国家股稳定地取得利润,不承担或少承担风险的意愿,但同时也就会使其企业缺乏内在的风险经营机制和能力。所以,这对于搞活企业也就不利。如果企业缺乏活力,在若干年内都没有盈利甚至亏损时,国有股同样不能稳定地取得利润,并且不能对企业形成有效约束,从而也就会损害国家的经济利益。如果这样就会使一般或多数大型国有经济主体的股份制改革会丧失实际意义。

第二,假如实行股份制改革的一般或多数大型国有经济主体多是盈利企业,并且盈利水平往往比较高。在这个前提下,由于普通股的投资收益程度水平,即投资收益率有较高的弹性,而优先股则是较为稳定,相对凝固的,在普通股和优先股并存的状况下,这就容易限制国有资产增值率的提高。在我国大型国有经济主体改制公司中,国有资产转化成的国家股和其他股份比较不能做到同步增值,而是低于其股份增值程度,国有股在公司股本中的比例将逐渐下降。这样,我国大型国有经济主体的股份制改革同样也会丧失实际意义。

第三,由于把占主导地位的国家股设定为优先股或积累优先股,它不承担或少承担经营风险,我国大型国有经济主体财产经营风险就会大部或全部转嫁给企业法人股和个人股。但公司为了吸引外界投资,往往又会对公司外界的社会单位集体股和个人股采取必要的优惠政策,甚至也可能将它们设定为优先股。于是公司财产经营风险,就会主要甚至全部落在企业股上。这样不但企业股责任过大,而且也不符合我国股份制公司投资者仅以其投资额负有限责任的基本要求。可见,一般的把国有股设定为优先股也是不可行的。

当然,也不是说国有股完全绝对不能设为优先股,在特殊情况下也是可以设定为优先股的。例如:在原有大型国有经济主体集资扩大经营时,原有企业资产并没有转化为股份,只有新增的投资,因为原有资产没有转化成股份,如果新增投资要和企业原有资产一样,以相同的条件进行股利分配就会发生许多困难。首先是原有企业资产评估和折价是相当复杂困难的。其次,股利的分配比例的划分也是困难的。因为原有资产和新增资产各自对企业经营盈亏的贡献也是难以评价的。鉴于解决这些复杂问题的困难，因而，如果原有企业资产并未转化成股份，国家或地方对大型国有经济主体扩大经营投资宜于采取企业债券或优先股的形式。这样既能有效的保证国家新增投资实现其经济利益，同时原有企业资产又不用重新评估折价作股，也不用鉴别原有企业国有资产和新增国有资产在企业经营盈亏中的贡献问题。随着企业改革深化发展，原有大型国有经济主体国有资产可以通过重新评估折价作股转化为大型国有经济主体国有股份，作为扩大经营的新增国家投资，也可以由债券或优先股转化为普通股。

六、黄金股设置

在大型国有经济主体改制股份制公司时，国有股除一般应设置为普通股而不应设置为特别股的优先股外，在那些对于国民经济、国计民生或国家安全有重大关系，但国有经济拟退出的股份制公司还可以设置作为特别股的黄金股。这种股份设置也应是建立健全国有产权制度的重要举措。

"黄金股"（Golden Share）也叫"金股"。它是由政府在公司持有的带有特定权利，即否决权的股份。因股份所附权利重大，尽管股少（通常为1股），但意义和价值重大。因此，被称为"黄金股"或"金股"。

"黄金股"最早出现在20世纪70年代末80年代初的英国，当时是为了调整国有企业经过股份制改造后国家与企业的关系。因为从理论上讲，一旦国有企业股份上市，政府出售了所有国有股份后，就不再是企业的股东了，也无权对企业的经营管理进行任何形式的私法上的干预和控制，同时企业也不再依赖国家资助。政府与企业的关系就只限宏观调控和社会性管理以及订货合同关系。但是，有的企业对于国民经济、国计民生或国家安全有重大关系，如果政府失去控制，就可能出现对整个国家和社会不利的影响。正是为解决这一问题，英国创造了"黄金股"

"黄金股"不同于普通股和优先股。在"黄金股"制度下，为保证公司的大决策能符合国家、企业和公众的共同利益，不是实行多数票通过，而是一票否决制。"黄金股"的股东——政府对公司——一些决策事项有特别否决权。如可以限制公司卖掉经营项目中的有形资产；限制越过净资产值25%的股份的出售；阻止股份发行人修改章程中的某些关键性条款，例如外国人持股的最多份额、个人持股的最高份额、股票的流动性、董事会的构成方式以及对被兼并的否决权等。

英国政府"黄金股"章程中一般规定"黄金股"股东——政府的主要权限；限定特有个人持有股份；限制有关集团资产的处理；限制有关公司自发性的关闭和解散；限制具有表决权的股份；董事的任命条件等。如公司的管理层对公司实施一项大规模并购方案或某个大股东决定出售、让其股份，都要经过"黄金股"持有者的最终同意，否则，将不能通过。但这个特别否定权不针对企业管理层人员的任免、企业生产经营管理等一般权限范围。通过这样的安排，即使将国有企业股份整体公开转让并转变成为民营企业，政府仍可通过持有"黄金股"，依据章程中规定的权利对股份制企业进行一定的管理和控制。

英国最为典型的"黄金股"案例是英国电信，英国政府在其中只持有 1 股"黄金股"，其余的股份全部都非国有化。但政府的"黄金股"可以在英国电信损害公众利益时起作用。一种情况是英国电信不能随技术进步降低装机费用。另一种情况是英国电信不能随技术进步降低通话费用。二者都是借用垄断危害了公众利益。这两种情况一出现政府就可以废止英国电信董事会的决定，使其价格强制下降。"黄金股"仅 1 股就控制了庞大的英国电信，根本不需要政府完全独资或股权占 50% 以上的绝对控股。这比政府独资或绝对控股的效果要好得多。既实现了政府对特殊性质企业的控制，又可以实现股权多元化，建立清晰的产权制度和科学、民主的治理结构等。

另外，"黄金股"根据行业可有期限，也可无期限，以便对战略工业予以控制，如英国航天公司的"黄金股"是无期限的，而英国电信公司向政府发行的"黄金股"期限为 35 年，期满后转为普通股。

"黄金股"是政府控制企业的一种方法，只是针对已经民营化的新公司实行的，在传统国有企业和国家控股的公司中并不适用。但它能够起到国家控股的积极作用，同时又能克服国家控股的不足。政府拥有"黄金股"时，对公司一般正常经营活动并不进行干涉，也无权干涉；国家也不必派出自己的董事；国家只是在"黄金股"所附的明确的特定权利范围内对公司进行干预。它把国家对公司的有效的适当干预和控制同公司的独立地位、独立生产经营妥善地综合了起来。

"黄金股"制度产生后，在过去几十年中，不仅在英国实行，而且在法国、俄罗斯等国也已经实行。

在法国公共企业民营化过程中，为了保护国家利益，1986 年的《私有化法案》中规定了"黄金股"机制，并在 1993 年的私有化法案中保留了这一机制的相关规定。在国有公共企业进行私有化改革以前,如有必要保留国家利益:政府可以决定设置"黄金股"。"黄金股"可以赋予政府以下权限:(1)设定一个界限进入董事会的成员应事先得到经济财政部长的批准;(2)派往公司董事会1至2个没有投票权的成员;(3)不涉及国家利益的财产转让方案"黄金股"不受时间限制(在1986年的《私有化法案》中,有5年后转化为普通股的规定),但它可以通过政府法令而消除。另外还规定,取得卫生、安全及防卫领域的企业5%以上股份必须事先经政府批准。

在俄罗斯,国家新私有化法就规定政府可以对国家不掌握股份的重要企业实行国家参与管理特别权利即"黄金股"的措施。在这种情况下掌握"黄金股"使用特别权的政府,可以委派国家在开放型股份公司董事会(监事会)和监察委员会中的代表。国家代表是开放型股份公司董事会(监事会)的成员。[1]

各国的实践证明,"黄金股"是政府保证民营公司把企业利益和社会利益协调起来的有效管理方式。毋庸置疑,这种股份制度对我国正在进行的国有企业改革、建立现代企业制度是很有借鉴意义的。

目前,我国也已经有了实行"黄金股"制度的实际案例。2003年江西省政府已将萍乡钢铁公司总额达28亿元的国有资产通过公开招标形式整体转让。江西省这次国有资产退出举措就是在于改制后的企业设立1股国有"黄金股"。江西省政府花1元钱持有该股权,并且通过行使这一股权对改制过程拥有否决权。即当新入主的大股东不能按照协议条款来履行职责,发生损害国有资产利益、萍钢职工利益等事项时,政府将根据有关条款否决此次重组。对此,江西省政府明确表示,政府决不会因持"黄金股"而干涉企业的生产经营活动,不参与经营、决策及民事纠纷。

在目前我国的国资重组中,一般通过三条途径完成国有资本退出:一是把全部股权或控股权卖给个人或经营者群体;二是政府从全资国有企业中向社会法人出让大部分股权完成股权多元化改造;三是对严重经营不善的中小企业实施收购兼并、分离重组、破产清算、拍卖出售等。这些方式各有利弊,但都有需进一步优化的地方。江西省政府尝试在国有经济退出竞争性领域的实践引进"黄金股"制度,则为我们提供了市场经济条件下如何处理政府和企业关系的新思路,

---

[1]　据新浪财经2006年8月6日报道:英国《金融时报》宋京雅(SongJung-a)首尔2006年8月3日报道,目前,韩国也正在考虑实行"黄金股"制度。

同时为我们从新的视角审视国有资产的退出路径提供了有益的实践案例。

第二节　设置法人股,建立法人股权制度

一、设置法人股的必要性

法人股是由于法人财产向公司投资形成的股份。它包括企业法人以其依法可支配的财产权投入公司形成的股份,或具有法人资格的事业单位和社会团体以国家允许用于经营的财产向公司投资形成的股份。法人作为公司股东时,应由法人代表人或法定代表人的代理人代表行使其权利。① 由于法人股投资主体和国有股单一投资主体的情况大不相同,法人的出资情况较为复杂,因而法人股可有不同情况:

国有资产管理局印发的《股份制试点企业国有股权管理的实施意见》中曾明确规定:"法人股"是指具有法人资格的企业,以其依法占有的法人资产向独立自己的股份制企业出资或依法定程序取得的股份,即法人拥有的股份,简称"法人股"。

"国家投资设立的国有企业以其依法占有的法人财产权,向独立于自己的股份制企业出资形成或依法定程序取得的股份是法人股,股权归国有企业拥有。就这类法人股的持股单位系国有性质而言,可以进一步称之为国有法人股。"

"归国家拥有和归国有企业拥有的股份统称为国有股""区分国有股和法人股是国有企业进行股份制改组时明确产权归属和产权管理的需要,是国有股权管理的内部事务,其区别在于持股单位的性质和股权管理方式不同。对于证券交易与证券市场管理而言,国家股、法人股与其他类别股应当享受同等权力,从长远看其间没有差别。无须加以区分。"

此外,还有国家全部投资设立的事业单位法人和社会团体法人,如学校、协会等,以法人财产权出资形成的法人股份。这些法人中的财产,所有权也应当属于国家。用国家所有的财产出资形成的股份,虽然叫法人股,但仍然属于国有股。国有事业单位、社会团体法人,作为持股人,以股东身份持有股权,但还必须依法接受国家意志的制约。与上述国有企业法人股一样,如果不完全由法人单

---

① 国家体制改革委员会:《股份有限公司规范意见》,1992 年 5 月 15 日发布,第 20 条、第 40 条。

位支配,就很容易为国有资产流失留下缺口。当然,这一问题主要应当由国有资产管理法等行政法律、法规来解决了。①

鉴于国有股份表现为国家股和国有法人股是两种不同的表现形态,在我国大型国有经济主体股份制改造设置股份时,也应当针对不同情况分别作出安排。

1. 设置法人股是我国大型国有经济主体实行股份制改造的客观要求。要实行股份制改造就必须打破旧体制下那种产权一元化结构,使企业既可以得到国家资金又可以筹得社会资金;既有国家直接投资财产,又可以有法人投资财产。设置法人股后,企业有了向社会上其他法人单位集资和投资的权利,从而使社会资金得到更有效的利用。这种法人资金投资于改制大型国有经济主体后,使其企业的产权结构由单一的国家直接投资的一元性产权结构制度,改革成了国家和企事业法人单位共同投资的多元化投资的制度,从而增强了企业活力。

2. 设置法人股也是我国改制的大型国有经济主体存在与发展的要求。我国大型国有经济主体改制公司作为社会化大商品生产,即市场经济的社会经济组织形式,随着社会化大商品生产的发展,其国有资金和自有资金往往都不能满足自身发展的需要,因而必须要进行社会集资。根据股份经济发展的一般规律,股份制企业社会集资构成变化的基本趋势是:在股份制经济发展的初期,企业一般需要吸收大量社会资金,因而很难有剩余的资金用于企业外的投资。因此,社会上企业法人之间的互相投资的比例很小,而个人投资入股的资金就会相对较大。随着股份经济的逐步发展,法人(包括国有法人)之间的投资资金就会增多,其入股资金的比例也就会相应增大。②

从股份制经济一般意义上看,西方国家个人股和法人股持股率的变化发展趋势也适合我国的股份制经济。因此,设置法人股也是我国股份制有限公司存在与发展的客观要求。

3. 设置法人股对于促进整个社会股份经济的发展也有着十分重要的意义。法人股的设置合法化以后,我国大型国有经济主体改制股份制企业,不但有了向社会集资的合法权利,同时也拥有向其他企业单位投资的合法权利。这样,可以

---

① 参见程合红等:《国有股权研究》,中国政法大学出版社 2000 年版。

② 在西方发达国家中,法人持股呈上长趋势,而个人持股率则呈下降趋势。法人股东的持股比例一般已达 50% 以上,而在日本,法人持股比例甚至更高。从 1949 年到 1986 年,日本个人股东持股率从 69.1% 下降到 25.9% ,而法人股东的持股率从 15.5% 上长到 66.2% 。纪尽善:《国有企业股份制》,西南财经大学出版社 1992 年版,第 145 页。

及时地将企业暂时闲置的资金或多余的资产投资于其他股份制企业,既有利于社会资金合理流动和组合,又有利于优化社会资源的配置;既有利于集资股份制企业的发展,又有利于投资股份制企业的发展,从而促进整个股份经济的发展。

二、设置法人股的可能性

我国大型国有经济主体实行股份制设置法人股,可行性的法规和政策依据,较早的也见诸于国有企业实行扩大企业自主权改革阶段,国家允许大型国有经济主体参与企业之间经济联合的各项政策中。1986 年 3 月 23 日印发全国的《国务院关于进一步推动横向经济联合若干问题的规定》中规定:企业之间的经济联合,提倡以大中型企业为骨干,可以采取合资经营方式。当时的国有企业已是一种相对独立的商品生产者与经营者,并已成为具有一定权利和义务的法人。允许大型国有企业参加企业间的经济联合,也就允许大型国有经济主体以其法人财产与其他企业进行合资经营。实质上是已允许以其法人财产参股、控股联合企业,允许联合企业以其法人财产设置法人股。[①]

继后,在国家制定的发展企业集团的有关文件中,规定允许企业集团试行股份制的规定,实质上也就规定了允许参加企业集团的大型国有经济主体以其法人财产权加入企业集团的。这也是允许企业集团以其法人财产权设置法人股。[②]

1992 年,国家体改委印发的《股份制企业试点办法》的一系列文件中又明确规定了国营大型企业允许改制为股份制。在改制中其股权设置中可设法人股。"法有股为企业法人以其依法可支配的资产向公司投资形成的股份,或具有法人资格的事业单位和社会团体以国家允许用于经营的向公司投资形成的股份。"这是首次明确国有大型企业即大型国有经济主体在进行股份制改造时可设置法人股。[③]

此后,在党的十五大政治报告中,在十五届四中全会通过的《中共中央关于国有企业改革与发展若干重大问题的决定》中,在党的十六大政治报告和十六

---

① 参见徐金发、顾家麟主编,国家经济体制改革委员会生产体制局编:《企业集团的组织与管理》,浙江人民出版社 1998 年版,第 30 页。

② 参见徐金发、顾家麟主编,国家经济体制改革委员会生产体制局编:《企业集团的组织与管理》,浙江人民出版社 1988 年版,第 119 页。

③ 甘华鸣、罗锐韧主编:《股份制企业实务指南》,中国国际广播出版社 1992 年版,第 106 页。

届三中全会通过的《中共中央关于完善社会主义市场经济体制改革若干问题的决定》中都一再明确了,推进国有大型国有经济主体实行股份制改造中设置国有股的可行性政策、法规依据,这也是大型国有经济主体实行股份制改造设置法人股的可行性法规依据。

三、法人股的作用

法人股作为调整我国全民所有制内部的经济关系,扩大企业自主权的产物,作为我国企业家和企业职工在深化企业改革过程中创造出来的特殊股份形式,它对于实行股份制,对于我国大型国有经济主体建立股份制公司、促进其企业的发展具有十分重要的意义和作用。

1. 法人股的设置可以为我国大型国有经济主体企业实行股份公司的财产权制度创造重要条件

股份制是建立在多元性产权结构基础上的。我国大型国有经济主体实行股份制改革,建立股份制公司的一个重要条件就是必须改革原有的一元性产权结构,建立多元性产权结构。实行产权承包制改革以来,大型国有经济主体因获得了部分生产自主经营权,已经逐渐形成了企业法人资产。但是,在相当长的一段时期内,企业法人资产的产权关系一直没有得到法律上的明确承认。法人股的设置,则从法律上明确企业法人资产是一种不同于国有资产的特殊产权,这样就使国有企业的一元性产权关系转变为多元化产权关系。因此,法人股的设置,为我国大型国有经济主体实行股份制公司的财产制度创造了一个重要条件。

2. 法人股的设置可以规范国家与企业之间的利益关系,增强企业激励机制,有利于调动企业的积极性

正确处理国家与企业的经济关系,调动企业积极性应是改革的重要目标之一。实行承包制以来,我国大型国有经济主体成了相对独立的商品生产者和经营者,已经逐步承认企业的经济利益,并不断划分国家和企业的利益界限。但是,国家和企业之间利益分配关系,由于还缺乏合理的衡量标准,因而,在相当长的时间内没有实现规范化。这就不利于稳定持久地解决调动企业积极性问题。法人股的设置,从法律上明确了企业利益,使国家和企业之间的经济关系就可以走向依法调整的方向,从而也就可以逐步实现规范化。这样也就可以增强企业利益—动力机制。所以,也就有利于调动企业的积极性。

3. 法人股的设置可以形成企业自身的集团精神,有利于增强企业对职工的凝聚力

企业自身的集团精神和企业对职工的凝聚力,既是保证企业能够实现自主经营、自负盈亏、具有自我生长、自我发展能力的重要条件,也是改革的重要要求。我国大型国有经济主体旧体制的一个突出的弊端就在于不能正确处理内部的产权关系和经济利益关系,无法形成企业集团精神和企业对职工的凝聚力。实行扩权、承包制以来,企业逐步有了自有资产及其自身的经济利益,企业集团精神逐步萌发,但企业对职工的凝聚力也难以持久增强。法人股设置使企业有了自己的产权和利益,他们也就必然要进一步为争取更多的集体利益而努力团结奋斗,这样,也就有利于企业持久增强职工的凝聚力。

4. 法人股的设置可以抑制企业短期化行为,从而促进企业持久发展

增强企业活力,促进企业发展是企业改革的根本目标。企业成为相对独立的商品生产者和经营者后,其行为自然逐渐转为倾向自身的局部利益和短期利益。如果企业产权关系不明确,则无法形成企业自我约束机制,也就无法抑制企业短期化行为。法人股的设置,使大型国有经济主体的财产制度发生了根本变化,企业的财产约束机制的形成也就强化了企业行为的自我约束。因为在这种制度下,财产关系真正制约着利益关系,企业必须凭法人的财产获得相应的利益,企业所有的财产经营盈利决定企业职工利益的丰裕程度。这样企业必然要考虑其长远利益,从而有效地抑制短期化行为。

四、法人股与企业法人股设置

在我国大型国有经济主体实施股份制改造时,是否应设置企业法人股这是难以回避的问题。因为在大型国有经济主体改制过程中和改制后,如何保证改制企业的持续稳定发展,如何解决持续稳定地调动和发挥企业及职工的积极性问题,较之于中小国有企业改制发展来说,具有更加特殊的重要意义和作用。设置企业法人股对解决大型国有经济主体股份制改制过程中和改制后企业的稳定发展,以及持续地调动和发挥企业及企业职工的积极性,推进企业的发展,增进企业整体利益和企业及其职工的群体和个体利益都具有十分重要的意义和作用。

目前,我国关于大型国有经济主体实施股份制改造时,是否设置企业法人股问题存在长期意见分歧。但在实际上设置企业法人股早已成为事实。大型国有经济主体实施股份制改造时设置的法人股实际上就是企业法人股。因为,大型国有经济主体实施股份制改制后,其法人财产就是企业经营财产或企业拥有经营权的财产。企业对其财产所有者即投资人授予企业经营的财产享有占有、使用、收益和依法处分的权利。实际上通常应指除企业出资人拥有的企业财产的原始所有权和最终所有权(原始产权和最终产权)以外的其他各种产权权能的总和。企业用经营财产向外企业投资入股形成的法人股,或以其法人资本(法人经营财产)向社会回购的本公司(企业)股票(股份)形成的法人股都是企业法人股。并且,在大型国有经济主体股份制改制企业设置企业法人股,在国外早已是较为普遍的经验了。因而,在我国大型国有经济主体股份制改制时,允许设置企业法人股也应该是可行的。

第三节　设置个人股,建立个人股权制度

一、社会居民个人股的设置

我国把大型国有经济主体转化为社会公众型股份有限公司或股份制企业集团时还可以吸收本企业职工和本企业以外的国内外居民的个人投资设置个人股。我国股份有限公司的个人股可分为两种:一种是叫企业职工个人股,它是由本公司企业内部的职工个人投资形成的股份;一种是叫社会居民个人股,它是由本公司企业以外的社会居民投资形成的股份,又可能称为社会公众股。

1. 设置社会居民个人股是大型国有经济主体实行股份制改造的客观要求

我国大型国有经济主体实行股份制改造,要打破一元性的资金和财产制度,建立多元化的资金和财产制度,既可以通过吸收法人资金入股。同时,也可以通过吸收本企业职工和社会上的居民的个人投资,通过设立个人股的方式实现。如果不吸收个人投资入股,个人资金与国有资金和法人资金的性质是不同的。个人资金投入国有企业后,就使大型国有经济主体资金制度由单一的国家投资的一元性资金制度,改变成由国家和个人,或国家、法人和个人共同投资的多元性投资的资金制度。并且,又使国有企业的财产制度由单一的国家财产的一元性结构财产制度,改革成由国家财产和个人财产或国家财产、法人财产和个人财产联合或混合的多元性结构的财产制度。

2. 设置社会居民个人股也是我国大型国有经济主体改制的股份有限公司存在和发展的客观要求

我国大型国有经济主体改制股份有限公司,作为一种实行企业社会集资资

金制度的企业,其社会集资入股的对象除了国家、法人外,也可以包括个人。这是因为,社会主义初级阶段,社会上除了还存在着生产资料个体所有制外,还存在全民所有制和集体所有制企业事业单位职工消费资料的个人所有制。在股份制经济存在的前提下,生产资料个体所有者可以依法以其个体资产向有限股份公司投资。社会主义企业事业单位职工,也可以以其节余和暂时不用的个人消费基金向股份公司投资入股。

个人资金应是我国大型国有经济主体改制股份有限公司筹集社会资金的重要来源之一。这一点在我国股份制经济发展初期具有特别重要的意义和作用。

一般说来,股份制经济发展之初,股份制企业社会集资的重要来源是个人资金而不是事业单位的法人资金。因为,这时企业事业本身需要大量资金,因而,用于社会上其他企事业单位投资资金相对来说是短缺的。所以,这时股份制企业向社会募集资金的主要源泉不可能是企事业单位的法人资金,而是社会居民或本企业职工的个人闲散资金。正是在这个意义上说,个人投资对我国大型国有经济主体股份有限公司进行社会集资有着十分重要的意义和作用。也正因为如此,设置个人股这是我国大型国有经济主体股份有限公司存在和发展的客观要求。

设置社会个人股还有利于促使我国大型国有经济主体改制股份有限公司企业努力改善经营管理,提高经济效益。

社会个人股的股东是非特定的社会居民。单纯追求利益的偏好一般是社会个人股股东投资入股的真正实质性动机。社会个人股股东都想获得较高的股利收益,他们必然特别关心市场变化和企业生产营业状况,并且时常会根据上市股票价格变动与投资股份收益对比购买或抛售股票。正是由于存在这种可能性,也就必然促使股份有限公司企业努力改善生产营业经营。

3. 从整个社会客观经济的意义上看,设置个人股还能够广泛吸收闲散在社会上的游资,将消费基金转化为生产基金

随着我国社会主义市场经济的发展,人们的收入不断提高,即使在社会消费水平不断提高的同时,富余的个人消费基金仍然会越来越多地闲散在社会上成为社会游离资金。如果不允许个人投资,这个社会游离资金必然成为刺激人们盲目进行高消费或超前消费的社会消费基金。这样,当然不利于社会主义社会经济的发展。如果我国股份有限公司依法可以设个人股,社会的大量闲散游离的个人消费基金可以转化为生产基金,从而也就有利于社会主义经济的发展。

二、职工个人股的设置

职工个人股作为我国大型国有经济主体改制股份有限公司个人股的一种，它除了具有上述社会个人股设置同样重要的意义和作用外，还有着十分重要的特殊意义和作用。

1. 设置职工个人股不仅有利于我国大型国有经济主体改制股份有限公司集资，而且有利于促使公司企业职工从经济利益的意义上更加关心本企业的生产经营活动，从而有利于调动和发挥广大职工的主动性、积极性和创造性。

对于劳动者或职工个人来说，使他们与属于自己所有的生产资料直接结合是最能充分调动和发挥其主动性、积极性和创造性的一种有效方式。企业职工个人股的设置就使职工通过的投资入股的方式，把属于自己的财产加入了本企业里具体地直接有了自己所有的生产资料，标志着企业劳动者已经部分地与企业生产资料直接结合起来了。这样，就从财产所有权关系上使职工把企业中的国家利益、集团利益和个人利益有机地结合起来了。并且也就可以更加使职工把企业真正当成自己的企业，而不是当成企业领导者的企业，于是，也就可以大大增强职工的主人翁责任感。所以，也就必然有利于调动和发挥职工的主动性和创造性。

2. 设置职工个人股又有利于搞好我国大型国有经济主体改制股份有限公司企业的经营管理。

虽然实行股份有限公司制的大型国有经济主体本身是一种所有权与经营权两权分离的企业制度，经营权对所有权具有相对独立性，所有权对经营权具有制约性，股东可以通过其所有权组织——股东大会行使股东表决权，以及对企业各级经营管理行使监督权等间接参与企业经营管理。但是，如果设置职工个人股，职工个人（并非职工代表）可能依法直接进入董事会和监事会。依法直接参与企业经营权决策或监督经理（厂长）执行经营决策活动。在其过程中，职工股东既是企业生产资料的所有者和企业的主人，又是生产经营活动的劳动者。作为企业生产资料的所有者他最关心企业经营管理成败，对搞好公司企业经营有着强烈的主人翁责任感；作为企业的工人他们置身于企业经营管理第一线，他们对搞好企业经营管理具有发言权，能够为搞好经营决策和管理找问题提建议，想办法、添措施、当好决策执行和监督机构的参谋。因而，这也就必然有利于搞好企业的经营管理。

3. 设置企业职工个人股有利于协调企业经营者与生产者之间的利益矛盾，增强企业对职工的凝聚力。

增强企业对职工的凝聚力需要协调企业经营者和生产者之间的生产关系。设置职工个人股，一方面，作为生产者的职工成了股东，以企业法人的身份从事生产营业劳动并参加经营管理，其切身利益直接与经营成果相联系；另一方面，企业经营者往往也是股东，特别企业经营管理机构的领导成员是股东，他所从事的经营管理工作必然要对包括他自己在内的股东负责，并受到股东们的监督。这样也就使企业生产者和经营者二者的利益互相趋于同一，协调了企业经营者和生产者之间的利益矛盾。因而，也就必然增强企业对职工的凝聚力。

4. 个人股性质及配置。

股份制经济的性质是由其与之相联系的生产关系，即社会经济条件下的性质决定的。同样，作为股份制经济的最重要的具有实质性意义的生产关系，即社会经济条件的性质决定的。

我国大型国有经济主体改制股份有限公司所设置的个人股，无论是社会居民个人股，还是企业职工个人股，就其投资入股的来源来看，可能是全民所有制或集体所有制企业事业单位的职工按劳分配所得的个人消费基金的节余部分，以及其他合法的非劳动收入，如居民的银行利息、股东的股利收入等等。还可能是个体所有者和私营企业主的资本或资金经营收入。无论是职工的按劳分配收入还是个体所有者或私营企业主的资本资金经营收入仍然都具有私人所有性质。从这种意义上来看，它决定个人股仍然具有私有制性质。

但是，如果不把个人股份所有权看成完全的私有股权，或基本上是私有股权，那是十分片面的。因为，从社会经济的意义上，财产权所有权的性质随财产权的社会结合方式以及生产资料和劳动者相结合的经济关系形式的变化而变化的。

马克思在《资本论》中研究资本主义股份制经济时曾经指出，股份资本使资本"直接取得了社会资本（即那些直接联合起来的个人资本）的形式。而与私人资本相对立，并且它的企业也表现为社会企业而与私人企业相对立。"①这就是说，在资本主义股份制经济条件下，私人资本投入股份企业转变成股份资本后，其所有权性质已开始发生变化，即由私人资本开始转变成了社会资本。也正因

---

① 《马克思恩格斯全集》第 25 卷，人民出版社 1975 年版，第 493 页。

为如此,又使其私人企业开始转变成了社会企业。

马克思在《资本论》中研究资本主义股份制经济时还曾指出,在资本主义股份制企业中"实际执行职工的资本家转化为单纯的经理,即别人的资本的管理人,而穷凶极恶所有者则转化为单纯所有者,即单纯的货币资本家。""在股份公司内,职能已经同资本所有权分离"。① 正因为如此,资本主义股份制经济成了资本主义私人财产转化为社会财产的过渡点,成了与资本所有权结合在一起的再生产过程的职能部门,转化为联合起来的生产者的社会职能的过渡点。也就是马克思所提出的股份公司作为"资本主义生产极度发展的这个结果不是资本再转化为生产者的私有财产,而是联合起来的生产者的财产,即直接的社会财产。另一方面,这是所有那些直到今天还和资本所有权结合在一起的再生产过程中的职能转化为联合起来的生产者的单纯职能,转化为社会职能部门的过渡点"②。在这里我们进一步看到,马克思主义进一步强调了私人资本加入股份制企业成了股份资本后已经不再是投资者的"私有财产"了,同时,它又使与资本所有权结合在一起的再生产过程的职能部门,已经开始转化为联合起来的生产者的社会职能了。正因为如此,马克思指出,资本主义股份制企业虽然仍然是资本主义的经济组织形式,但是,它"应被看做是由资本主义生产方式转化为联合的生产方式的过渡形式。"③

在我国大型国有经济主体改制股份有限公司中,无论是企事业职工还是社会上其他居民投资入股的财产,虽原本是私人财产,与此同时,它也就开始转化成社会主义的社会财产了。因而,用这个企业财产从事的生产营业经营也就不能视为非社会主义经济活动了。所以,从这个意义上我们就可以看到,在我国实行社会主义市场经济体制条件下,个人入股仍然应该是一种具有一定程度的社会主义经济性质的股份所有权。

马克思在《资本论》中研究生产资料转化为资本的辩证法时指出:"生产资料本身,只有在劳动力作为生产资本的人的存在形式,能够和生产资料相合并时,才成为生产资料的物的形式或生产资本。因此,正如人类劳动力并非天然是资本那样,生产资料也并非天然是资本。只有在一定的历史发展条件下,生产资

---

① 《马克思恩格斯全集》第25卷,人民出版社1975年版,第463—464页。
② 《马克思恩格斯全集》第25卷,人民出版社1975年版,第464页。
③ 《马克思恩格斯全集》第25卷,人民出版社1975年版,第468页。

料才取得这种独特的社会性质。正如只有在一定历史条件下,贵金属才获得货币的独特的社会性质,货币才获得货币资本的独特的社会性质一样"①。在这里,马克思告诉我们生产资料转化为资本的根本条件是"劳动力作为生产资本的人的存在形式"。也就是资本主义雇佣劳动关系存在。资本主义雇佣劳动关系是资本主义生产关系的核心,是资本主义生产条件下生产资料和劳动者相结合的关系形式。由此,我们看到,资本主义生产条件下决定生产资料所有权是否具有资本所有权或资本主义所有权性质的基本条件就是资本主义条件下生产资料和劳动者的结合方式。

在我国大型国有经济主体改制股份有限公司中,个人股东投资入股的财产虽然都是个人私有财产,但一经入股,它就变成了公司企业的生产资金了。这个资金在企业经营的营运过程,即生产资料与劳动者相结合的过程,又是一个社会主义全民所有制企业的生产资料和社会主义劳动者相结合的过程。这时入股个人财产的所有权性质也就发生了变化。所以,从这个意义上我们也可以看到,个人股仍然应该是一种具有一定程度社会主义经济性质的股份所有权。

在我国大型国有经济主体改制股份有限公司中,虽然个人股仍然是一种具有一定程度社会主义经济性质的股份所有权,但它又不是一种具有完全社会主义经济性质的股份所有权,因为,它只是在个别私人财产转化为联合起来的社会财产,在用来作为社会主义全民所有制企业的生产资金的意义和范围内才具有社会主义经济性质的。它的原始产权即最初所有权和最终所有权仍然具有私人所有性质。正因为如此,为了保证实行股份制的大型国有经济主体的国有经济主体性质不至发生根本改变,在配置股份结构时,一般也应该以国有股为主导、国有股和社会主义企事业法人股为主体,而不应使个人股在企业股份结构上占主导地位,或成为企业股份结构主体。

虽然,个人股仍然是一种具有私人所有性质的股份,并且是一种具有私人所有权性质的股份。并且一般不应在实行股份制的大型国有经济主体股份结构居于主导地位成为主体股份,但这也不可否认实行股份制改革的大型国有经济主体仍然是比旧体制下的国有企业更优越的企业组织形式。

---

① 《马克思恩格斯全集》第24卷,人民出版社1975年版,第24页。

第四节　设置外资股,建立外资股权制度

一、设置外资股的必要性

我国大型国有经济主体改造为股份制企业(包括股份有限公司、有限责任公司和股份制企业集团)还可以吸收外国和我国香港、澳门和台湾地区投资者的投资。设置外资股,建立外资股权制度。外资股权制度是外资股权的规则和规范。

外资股是指外国和我国香港、澳门和台湾地区投资者投资拥有所有权的股份。其来源是这些投资者向企业投入的资金、设备技术等资产,或以购买人民币特种股票形式向公司投资形成的股份。

外资股作为我国股份公司向外国和我国香港、澳门、台湾地区投资者发行的股票按上市地域可以分为境内上市外资股和境外上市外资股两种。

第一种是境内上市外资股。境内上市外资股是股份有限公司向境外投资者募集并在我国境内上市的股份。这类股票称为B股。它与我国的A种股票不同。A种股票以人民币标明面值,在境内上市,供境内投资者用人民币认购。B股虽然也以人民币标明股票面值,在境内上市,但它是专供外国和我国香港、澳门、台湾地区的投资者以外币认购、买卖的股票,故属于外资股。

第二种是境外上市外资股。境外上市外资股是股份有限公司向境外投资者募集并在境外上市的股份。它以外币认购。在境外上市的外资股除了应符合我国的有关法规外,还须符合上市所在地国家或者地区证券交易所制定的上市条件。

1. 设置外资股是我国大型国有经济主体股份制改造的客观要求

第一,我国大型国有经济主体实行股份制改造,要打破一元资金和财产制度,建立多元性资金和财产制度,既可以通过吸收本国法人和个人资金入股,同时也可以通过境外法人和个人资金投资入股,通过设外资股方式实现。如果吸收了外资投资入股,外资投入我国大型国有经济主体后,就使大型国有经济主体的资金制度,由单一国家投资的一元性企业资金制度,改革成了由国家和外商或国家与个人、法人等共同投资的企业资金制度了。并且也使我国大型国有经济主体财产制度,由单一的国家财产的一元性结构的财产制度,改造成了国家财产和外资财产或国家财产权与法人、个人财产联合的多元性结构的财产制度了。

第二,我国大型国有经济主体股份制改造时,需要处置大量不良资产。各国

经验表明,大型国有经济主体改制处置大量不良资产往往需要引进资金雄厚、经验丰富的国际投资者来参与。债转股是国际投资者处置不良资产的重要手段,而这种方式实质上是利用外资实现大型国有经济主体股份制改造的特殊方式。处置不良资产可以拯救一些陷入财务困难,但其产品市场前景尚好的大型国有经济主体,在进行部分财产转让的同时,顺利实现股份制改造预期目的。

第三,我国大型国有经济主体股份制改造时,有的需要进行必要的资产调整重组,从而需要大量的经营性国有投资者。无论从资金、技术和管理能力方面看,国内不少企业的承载能力都十分有限。因而,在部分经营性国有资产从竞争领域退出的过程中,也需引进外资参与其并购重组和产业结构上的调整。设置外资股,正是一种利用外资,引进外资补充其减持资金来源的好方式。

2. 设置外资股也是我国大型国有经济主体改制股份制企业存在和发展的客观的要求

第一,我国大型国有经济主体实行股份制改造,要改造成股份制企业,就必须实行社会集资投资的企业资金制度。多元化资金来源和构成是其改制股份制企业存在和发展的根本基础。因此,改制股份制企业的社会集资来源除国有资本外,还可包括法人资本和个人资本。由于我国大型国有经济主体实行股份制改造客观上又需要引进或利用外资。因而,它的社会集资来源又必然可能包括外资资本。

第二,我国大型国有经济主体实行股份制改造,要实现通过改造提高自身素质,增加自身实力,从而增强控制力的预期目标,它在改制股份制企业后,必须根据市场经济发展的客观要求,努力增强自身的发展能力,努力增强自身的经济实力。为此,它在改制后,又必须适应市场经济发展的客观需要,适时进行产业结构调整和升级,适时进行技术改造。无论是进行产业结构调整升级还是进行技术改造,都需要引进境外或国外战略投资者,都需要引进或利用外资。

3. 设置外资股也是我国大型国有经济主体适应经济全球化发展,适应我国加入 WTO 的客观要求

第一,开放是经济全球化对各国经济发展,特别是发展中国家经济发展的普遍要求,世界各国发展的实践表明,开放对一国或一个地区经济发展有着十分重要的意义和作用,特别是对一个发展中国家(地区)意义和作用更为重大。开放程度的差异是影响一个国家或地区经济发展差异的重要因素。一个国家(地区)愈开放、参与国际经济的程度愈深,经济发展就愈快;反之,一个国家(地区)

愈封闭,与国际经济的隔离程度愈深,经济发展就愈慢,正如1996年世界银行《全球经济前景与发展中国家》的年度报告中指出,在发展中国家的经济发展速度和参与经济全球化的程度之间存在密切的因果关系。参与经济全球化有利于发展中国家的经济增长;反之,面对经济全球化裹足不前,必然影响经济的顺利发展。

正因为开放对发展中国家经济发展具有特殊的重要意义,我国作为世界上一个重要的发展中国家一直把扩大开放,作为我国经济主体的重要组成的部分,必然也应成为引进和利用外资,改制发展的重要经济主体。也正因为如此,我国大型国有经济主体在其股份制改造中,也就必然要以股权形式引进和利用外资,设置外资股。

第二,加入WTO是我国适应经济全球化客观要求的必然选择。加入WTO后,我国要向外资全面开放金融、保险、电讯、汽车等行业,许多都是我国大型国有经济主体占主导地位或垄断地位的行业领域。这些开放行业领域的大型国有经济主体也必然要利用股权方式引进外资,适应我国加入WTO的客观要求。

二、设置外资股的可行性

我国1979年制定,经1990年修正和2001年再修正的《中华人民共和国中外合资经营企业法》开宗明义地明确规定:"中华人民共和国为扩大国际经济合作和技术交流,允许外国公司、企业或其他经济组织或个人,按照平等互利的原则,经中国政府批准,在中华人民共和国境外,同中国的公司、企业或其他经济组织共同举办合营企业"。

第四条规定:"合营企业的形式为有限责任公司。在合营企业的注册资本中,外国合营者的投资比例一般不低百分之二十五"。

《中华人民共和国中外合资经营企业法》上述法律规定表明,我国法律明确允许境外、国外投资者以股权方式对我国企业,包括国有企业或国有经济主体投资的。这是我国国有大型国有经济主体引进和利用外资可设置外资股的基本法律依据。

2001年,我国正式加入WTO后,原外经贸部和证监会联合发布的《关于上市公司涉及外商投资有关问题的若干意见》,对外商投资我国股份有限公司发行A股或B股和允许的投资企业受让上市公司受让非流通股作了原则性规定。

2002年7月1日起我国正式实施了《外商参股证券公司的设立规则》和《外

商参股基金管理公司的设立规则》。此后,证监会和原经贸委联合发布了《关于向外商转让上市公司国有股和法人股有关问题的通知》,明确我国允许向外商转让上市公司的国有股和法人股,并明确规定了相应的原则、条件和程序。

2003年3月13日,原国家经贸部等四部门又联合颁发了《外国投资者并购境内企业暂行规定》,于2003年4月12日开始实施。

上述这些法规,是规定外商以股权方向我国企业,包括国有企业或国有经济主体投资的具体原则、条件和程序的。特别是规定外商投资者以股权方式购买我国国有股和法人股的具体原则、条件和程序的。这是我国国有经济主体可以吸收外资入股投资和并购国有经济主体国有股和法人股的具体法规依据。

1995年以来,我国制定并实行的《中共中央关于国有企业改革和发展若干重大问题的决定》中,明确决定:"国有大中型企业,尤其是优势企业,宜实行股份制的,要通过规范上市,中外合资和企业互相参股等形式,改制为股份制企业,发展混合所有制经济,重要的企业由国家控股。"这个决定更是对国有大型国有经济主体实行股份制,可以引进利用外资,实行中外合资股份经营的明确的总的政策规定。这是我国大型国有经济主体改造成股份制企业可以设外股的具体明确的政策依据。

三、设置外资股的作用

设置外资股对国有经济主体进行股份制改造和发展都有着十分重要的意义和作用。

1. 有利于补充改制资金解决我国大型国有经济主体股份制改造中存在的资金不足问题

我国大型国有经济主体在实行股份制改造过程中会出现大量不良资产,要使部分经营国有资产从竞争性领域退出,同时还要大量剥离债务,并且还需要进行必要的重组调整,一般都可能存在大量资金不足问题。通过引进国际战略投资解决部分资金不足问题,可以用股权转让使部分经营性国有资产从竞争性领域退出,而将其资金用于债务和需要进行增资扩展和并购重组的产品产业和行业。

2. 有助于规范大型国有经济主体股份制改造运作

股份制经济发展与市场经济发展紧密相连。在我国现阶段,市场经济发展层次较低,股份经济发育程度也相应仍处于较低层次。国有经济主体在进行股份制改造时,由于受股份经济发展自身的客观条件的限制,同时,在股份制改造中很容易因对股份制的认识理解出现偏差而按不规范的股份制模式操作运行。

外资股的设置,使外资介入国有大型国有经济主体股份制改造,不只是丰富了改制的经济主体,更重要的是外资在长期的股份制企业运作实践中形成的较为规范的股份制理念、模式、经验和技术等等,可以使我们用来规范大型国有经济主体股份制改造运作。

3. 有利于提升大型国有经济主体改制企业重组和技术改造的能力和水平

大型国有经济主体改造股份制企业后,重要的问题还在于需要适应市场经济发展的客观需要,适时进行产业重组、企业重组和产品重组和技术改造。由于引进和利用外资,设置了外资股,不但有利于解决改制大型国有经济主体重组和技术改造存在的资金短缺问题,更重要的是可以引进国外的企业重组和技术改造的理念、模式、经验和技术。这对改制大型国有经济主体的拓展和发展,增强竞争力,从而增强控制力都具有十分重要的意义和作用。

4. 有利于提升大型国有经济主体改制企业的管理水平

我国大型国有经济主体,无论是要实现股份制改造的预期目标,还是要在改制后进一步提升重组和技术改造的能力水平,提高竞争力,加强控制力,都必须努力提高管理水平,不断加强企业管理。

由于在大型国有经济主体改制的股份制企业中,设置外资股,引进和利用了外资,同时也就可以在与外资股东的合作中,引进境外、国外股份制企业、特别是大型公司加强管理,提高管理水平的理念、模式、经验和技术,提高改制大型国有经济主体的管理水平。

第六章　我国大型国有经济主体的产权使用权制度改革

　　把我国大型国有经济主体改造成股份制企业或公司(包括股份有限公司和有限责任公司),还必须把原有的企业财产所有权和经营权合一,或企业所有者财产和企业经营者财产合一的企业产权使用权制度,改造成企业财产所有权和经营权分开,或企业所有者财产和企业经营者财产明确分开的企业产权使用权制度。实行股份制企业的企业法人财产制度,并使企业法人财产关系具体化。

　　本章研究阐述我国大型国有经济主体实行产权使用权制度改造,建立企业法人财产制度,使企业法人财产关系具体化的意义、具体思路、对策和政策问题。

第一节　确立企业法人财产制度的意义和要求

一、企业法人财产制度的概念

　　企业法人财产制度作为企业产权使用权制度它是企业经营财产或企业作为经营者的财产制度。企业法人财产它是由公司所有者权益和经营者权益形成的财产构成或形成的。

　　首先,企业经营财产权或企业作为经营者的财产权,即企业财产是公司股东投资的股份资产形成的财产。只有在实行所有权与经营权明确分开,或企业所有者产权与经营者,即企业产权明确分开的股份制企业即公司中,才能真正实行企业法人财产制度。在公司制企业中,企业经营财产权或企业作为经营者的财产,即企业财产原本是从企业所有者财产中派生出来的财产。因而它首先是企业所有者投资股份资产形成的财产,也就是股份制企业股东投资资产,即股份资产或股东财产权形成的财产权。正因为如此,除一人公司外,其他股份制公司经营财产权都具有多元性来源和构成的企业财产。

其次,企业经营财产,又包括公司股东财产在其资本经营过程中资本自身增值形成的财产。如公司的股票溢价发行收入,法定财产的重估增值,企业接受捐赠以及资本折算差额等资本公积形成的财产。

第三,企业经营财产权还包括企业股东财产在生产经营过程中资金(资本)增值形成的财产。它是公司股东财产在生产经营中所有净收益的积累,即公司的留存收益,包括盈余公积和未分利润形成的财产。

以上三部分企业经营财产就是公司企业的所有者权益。

第四,企业经营财产还包括公司作为债权人或投资人以公司资产放债和投资拥有权益形成的资产和公司作为债务人负债经营收益所形成的资产。

作为企业经营者,它可以利用上述公司所有者权益形成的资产放债或投资。其放债的债权者权益和投资的投资者权益形成的资产仍然应归公司所有。公司作为经营者还可以公司财产作为信用担保和举债从事各种生产经营活动,其收益形成资产也仍属公司所有。

由上述企业法人财产构成或形成情况我们看到:企业法人财产是公司,作为经营者财产权或产权主体,在公司经营过程中所拥有的公司所有者权益和经营者权益形成的资产的总和。企业法人财产就是公司的经营财产,即公司经营财产。公司经营财产不等于公司设立和存续发展过程中的股东股本资产。如果公司经营盈利,其经营资产会大于股本资产。

二、确立企业法人财产制度的必然性

企业法人财产的主体是企业法人,而企业法人是法人的一种。在历史上,法人制度是适应商品经济发展需要,明确或确认团体民事权利主体地位而产生的。企业法人财产制度是适应社会化大生产的商品经济发展需要,明确或确认企业团体经济组织的复合产权关系而产生和发展起来的。

在资本主义发展初期,随着社会化大生产的商品经济的形成和发展,生产规模的不断扩大,依靠个别资金积聚,采取个别集资方式从事生产经营的独资企业和合伙企业都不能满足社会发展需要时,就需要一种通过社会资金的集中或联合,采取社会集资和投资方式从事生产经营的企业制度。这种企业财产制度就不能像独资企业和合伙企业那样的企业所有者产权和企业产权合一的单一产权财产制度。

因为,在这样的财产制度下,投资者既要负无限责任,又须直接从事经营管理。这就难于集中或联合巨额社会资金以适应大规模的生产经营的需要。正是在需要企业大规模集中或联合社会资金的企业团体经济组织在这些企业中,企业所有者产权和企业产权是分开的,企业在资金权利与义务上具有独立性。它们需要从法律上明确企业所有者产权和企业产权这种复合产权关系,以确认其企业团体经济组织的民事权利主体地位。正是适应这种客观要求,资产阶级国家法典才作出法人、企业法人制度有关规定,从而才形成法人和企业法人财产制度的。

在社会主义初级阶段实行社会主义市场经济体制条件下,产权关系,即财产所有权关系仍然是一切经济关系中最基本的法权关系,它是决定其他权利关系的。由于"人们奋斗争取的一切都同他们的利益有关。"①经济利益是人们从事一切经济活动的直接目的。我国大型国有经济主体实行股份制改造成了把资金集中或联合起来从事生产经营活动的公司,对于出资者或联资者来说,其直接目的仍然是为了分享联合经营所带来的经济利益。而这个分享利益的权利仍然是由他们所投资金的产权关系决定的。因此,为了保证我国大型国有经济主体集资或联资活动的顺利进行,同样也需要建立相应的明确产权关系的财产制度。

我国大型国有经济主体集中或联合的社会资金,从其来源看,仍然是属于不同所有者的个体性资金。它被集中或联合后也就成了企业的联合经营资金。因而,它既是投资者,即企业所有者的财产,又是企业经营者,即企业的财产或企业经营财产。同一产权也被分成了两个既相互联系又相互独立的部分。因而,作为我国大型国有经济主体的财产制度也同样需要确立一种既能明确企业所有者的个体资金产权关系,同时又能明确企业的联合经营资金产权关系的复合产权关系的企业财产制度。

社会主义市场经济体制下的企业法人财产制度正是这样的财产制度。因为社会主义国家法律既承认集中联合社会资金的我国大型国有经济主体为法人,这就明确了企业财产的所有权,而这个企业财产本身又是由其投资者即所有者的财产构成的,这样,同时也就又明确了企业所有者的财产所有权,从而也就明确了企业产权是一种复合产权关系。

集资联资大型国有经济主体法人是法人财产的主体,它和各种类型的企业法人制度一样都是适应社会主义商品经济和市场经济的发展建立起来的法律制度,同时,又是社会主义国家保障商品经济和市场经济发展的一种法律手段。

---

① 《马克思恩格斯全集》第1卷,人民出版社1965年版,第82页。

　　社会主义市场经济体制下的商品经济关系,是整个社会经济关系中的一种主要的基本经济关系,民法调整的正是由于商品交换而形成的商品经济关系。商品是属于不同所有者用来交换的劳动产品,它是不能自己走到市场上去进行交换的,必须依靠它的所有者。这个商品所有者在商品交换中即交换者。商品交换者必先是商品所有者。因此,作为民事权利主体的各种企业要从事商品交换活动也必先是商品,即财产的所有者,它必先具有独立的财产,才能具有独立的意志,有了独立的财产和意志,才能独立地享受民事权利和承担民事义务。只有这样,才能具有适应市场及社会变化需要的应变能力,从而也才会充满生机和活力。各种企业法人制度,正是根据集资或联资企业产权关系应是复合产权关系,必须明确这种复合产权关系,才能确认企业民事权利主体地位,从而才能成为一个具有独立财产和意志的真正商品生产者的客观要求形成的。

三、实行企业法人财产制度的基本要求

　　在实行企业法人财产制度的股份制企业即公司中,公司作为企业法人,它是企业经营财产即法人财产的主体,因而,公司便享有法人财产权。

　　企业法人财产权就是公司作为企业法人对其拥有的法人财产所享有的所有权,即法人财产的占有权、使用权、收益权和处分权。

　　公司享有法人财产权就有了利用企业法人财产独立地以公司的名义开展一切生产经营活动和资本经营活动的企业完善的经营权。与此同时,公司也必须对法人财产经营承担完全的经营责任。

　　因此,确立企业法人财产制度的基本要求是要确立公司对其经营财产的法人财产权,即企业完善的经营权和具体化的企业产权。把我国大型国有经济主体改造成股份制企业和股份制企业集团要确立法人财产制度,同样也必须确立公司对其经营财产的法人财产权,企业完善的经营权和具体的国有法人股股权。

第二节　企业法人财产关系具体化

一、确立企业法人财产权

　　把我国大型国有经济主体改造成股份制企业和股份制企业集团,要确立企业法人财产制度应具体确立企业法人财产权,完善企业经营权,明确界定国有法人股股权,使企业产权关系具体化。

确立企业法人财产权,这是大型国有经济主体股份制改造确立企业法人财产制度的首要要素,也是与未改制的大型国有经济主体企业制度的首要区别。

我国《公司法》第三条规定:"公司是企业法人,有独立的法人财产,享有法人财产权,公司以其全部财产对公司的债务承担责任。"

中国共产党第十四届三中全会《关于建立社会主义市场经济体制若干问题的决定》指出:"规范的公司,能够有效地实现出资者所有权和企业法人财产权的分离。"以上规定和决定,从根本上解决了股份制公司企业资产的归属问题和资产经营问题,并且还正确地把公司股东和公司看做是两个不同的主体,或者享有不同性质的权利;正确地把公司股东权利的来源确立为其对公司投入的资本,正确地把公司的财产权视为公司法人所拥有的财产权。

正确地确立大型国有经济主体改制公司的法人财产权,在其改制公司首先应确立公司法人财产的独立性,这是公司参与市场竞争的首要条件,是公司作为独立民事主体存在的基础,也是公司作为市场生存和发展主体的必要条件;其次,公司的出资者,无论是谁,不具有身份的外在性和特殊性,只不过是公司的内部成员而已。从这个意义上讲,国家作为民事主体向公司投资,随之取得的是其他普通投资者一样的股东身份。国家已进入公司内部,在公司之内起作用,而不是在公司外部起作用,从而割断了国家行政机关的超经济性与公司非超经济性脐带联系,这是使公司成为真正独立的法人企业的理论前提和制度要求。

公司法人财产权和出资者所有权不同。出资者无论是国家、企业还是个人,一旦将资产投入公司,即与出资者的其他财产区别开来,构成公司独立的法人财产,公司即成为法人财产所有权的主体。公司作为法人财产所有权的主体,不折不扣地享有对该财产的占有、使用、收益和处分的权能,并以其全部财产对公司债务承担责任。出资者与公司法人的关系是平等民事主体之间的合同关系,双方处于平等地位,出资者不得向公司法人发号施令,双方的权利、义务和财产关系,应依法(包括公司章程)进行调整,任何一方不得将自己的意志强加给对方。

出资者一旦将资产投入公司,即既不能对该财产进行直接支配,也不能要求退股,换回来的是与其投入多少相适应的股份或资额,其表现形式是股票或股权证。从此,出资者即由该财产的所有人,变成了股权的所有人,即"股东真正拥有的只是他的股票"[1]股票或股权证是有价证券,它也是一种财产,或者说是设

---

[1]　德姆塞茨:《关于产权的理论》,载《美国经济评论》1967 年第 57 卷,第 359 页。

定并证明某种财产权利的证书。财产权利与有价证券（股票或股权证）存在不可分离的关系，这种关系表现为股票所有人对公司的股份享有占有（直接占有）、使用（以股票进行抵押贷款）、收益（获得股息、红利等资产收益，以及公司破产、解散后按出资比例分配清偿债务后的剩余财产）、处分（股票的转让、赠与、继承等）的全部所有权能。出资者按投入公司资本额享有股东的资产受益、重大决策和选择管理者等权利。

公司法人财产权的提出，使人们找到了解决"两权"分离真正实现的中介，对于国有企业进行股份制改造，实行股份制具有重大的意义。因为，在实行社会主义市场经济新体制下，国有企业改制中必须实行所有权与经营权两权分离的企业制度，否则没有经营者的权力与利益，也就没有活力。法人财产权的确立是企业经营机制的最终转换的重要标志。它使企业应拥有自主权利和利益由外生机制转变为内生机制。在市场经济发达的国家里，公司的财产权结构安排比较规范，财产权结构之间不会发生紊乱现象。但现在在我国国有企业改制而成的公司里，其产权结构存在诸多不规范的地方，致使股份制应有的制度效能不能很好地释放出来。为达到股份制应有的制度效率，实现创新搞活的改革目的，必须解决财产权安排中的权能紊乱问题，这包括行政权对所有权的替代、法人财产权的保全、退出权的实施和剩余索取权的转让等。行政权对所有权的替代问题由来已久，政企不分越来越成为改革的难点之一。但是，由于国有资产形成的历史原因和本身的属性，政府一直是国有资产的代表，一直在行使该资产的所有权，政企不分最终表现为政资不分。如果不从根本上解决政府行政权与国有资产所有权的关系问题，就仍然没有规范的产权约束，法人财产权的独立与保全就同样受到政资不分的困扰。从企业方面看，无论是独资公司，还是上市公司，作为出资者，只能对其行使出资者的权利，可以监督但不能干扰企业的正常经营活动。总而言之，拥有公司所有权的国家出资者作为股东应该到位但又不能越位，并应与拥有法人财产权的公司彻底分离。法人财产权的确立，可以从企业制度意义上解决改制大型国有经济主体政资不分问题，对实现股份制改造目标具有特别重要的现实意义。

正确认识法人财产权的性质，首先要立足于法人财产权非单一性的特征，其次要突破传统的所有权观念而以服务于市场经济为出发点。法人财产权是指法人对其可控制的财产拥有或享有的产权。在财产权前面冠以"法人"的定语，只表示产权主体是法人而不是自然人。法人与自然人一样，亦可对其有形财产或无形财产拥有所有权、债权、知识产权等财产权利。其实,"法人财产"这个词本身已经清楚地表明了财产属于法人所有的产权归属关系,产权主体是明确的,就是公司法人。因此,法人财产权是指公司享有包括归属意义的所有权在内的完整的财产权利,它是综合性的民事权利。有的人从传统的所有权观念出发,抱定"一物一主"的原则,否定公司对法人财产拥有所有权。这种看法也是片面的,因为公司一旦由股东投资设立,其作为法人实体所必备的法人财产便与股东的个体财产完全分离,各自具有独立的法律地位。对于这种实体,美国著名公司法专家阿道夫·贝利写道:"这时,被称为公司的法律上的实体,作为财产所有人而出现了。"①可见,公司拥有其财产权的所有权,并不违反"一物一主"的原则,恰恰相反,正是这个原则的体现。

大型国有经济主体实行股份制和股份制企业集团制度确立企业法人财产权。首先应能独立支配企业经营管理的财产,政府和监督机构不得直接支配企业法人财产。除法律和行政法规另有明确规定者外,政府和监督机构不得以任何形式抽取投入企业的资本金,不得抽调企业的财产。

大型国有经济主体的企业法人财产权是一种对企业法人财产具有支配意义的财产权。整个企业法人财产权由企业行使,由企业支配。这样,国家作为大型国有经济主体的国有资产所有者,不再对大型国有经济主体财产具有直接支配权,它就从过去的所有者和经营者合一的身份退到了单纯的所有者——股东的位置上,行使选择经营者,收取资本收益和决定重大决策等出资者权利,这也使国家不得以任何理由平调和支配企业法人财产,从而也就可以保障企业法人财产的完整性和不可侵犯性。

其次,大型国有经济主体实行股份制和股份制企业集团制度,确立企业法人财产权,还应确立国家和其他出资人对企业承担财产责任和企业经营企业财产的责任。

第一,国家和企业的其他投资者——出资人作为股东,应以其资本权益,对企业债务承担有限责任。

第二,企业应以全部法人财产承担民事责任。企业承担的民事责任,也就是经营责任或自负盈亏的责任。它包括:(1)企业应对其法定代表人和其他工作人员,以法人名义从事的经营活动要承担民事责任。(2)企业经理应对企业盈

---

① 阿道夫·贝利:《没有财产的权力》,商务印书馆1962年版,第46页。

亏要负直接经营责任。(3)企业内部职工也应按照企业内部经济责任制对企业盈亏负相应的责任。

二、完善企业经营权

确立企业法人财产权,必须完善企业经营权。企业经营权是企业法人财产权的具体权能和基础,没有完善的企业经营权就没有具体的企业法人财产权,更不可能实现或确立企业法人财产权。

我国在计划经济体制下,国有企业是国营企业。它完全没有经营权。改革开放以后,国营企业在实行扩大自主改革,实行承包、租赁经营责任制转变企业经营机制改革和试行与推行股份制改革过程中,逐步实行企业财产所有权与经营权"两权"分离管理体制,逐步开始有了一定企业经营权。

改革开放以来,国有企业经营权的规范内容较早是在1988年我国颁布的《企业法》中规定的。《企业法》第二条规定:"全民所有制企业是依法自主经营、自负盈亏、独立核算的社会主义商品生产和经营单位。企业的财产属于全民所有,国家依照所有权和经营权分离的原则授予企业经营管理。企业对国家授予其经营管理的财产享有占有、使用和依法处分的权利。企业依法取得法人资格,以国家授予其经营管理的财产承担民事责任。"

由于过去企业经营职能是由国家承担的,因此,确立企业经营权就表现给企业放权。《企业法》对企业权利作了原则规定,由于《企业法》对企业权利作了原则的规定给实施带来了一定的难度。1992年国务院又依据《企业法》制定的《全民所有制工业企业转换经营机制条例》,对企业经营权作了具体的规定,主要包括:

——企业享有生产经营决策权。企业根据国家宏观计划指导和市场需要,自主作出生产经营决策,生产产品和为社会提供服务。

——企业享有产品、劳务定价权。企业生产的日用工业消费品除国务院物价部门和省级政府物价部门管理价格的个别产品外,由企业自主定价。企业生产的生产资料,除国务院物价部门和省级政府物价部门颁布的价格分工管理目录所列的少数产品外,由企业自主定价。

——企业享有产品销售权。企业可在全国范围内自主销售企业生产的指令性计划以外的产品,任何部门和地方政府不得对其采取封锁、限制和其他歧视性措施。

——企业享有物资采购权。企业对指令性计划供应的物资,有权要求与生产企业或者其他供货方签订合同;企业对指令性计划以外所需物资,可以自主选择供货单位、供货形式、供货产品和数量,自主签订订货合同,并可以自主进行物资调剂。

——企业享有进出口权。企业可以在全国范围内自行选择外贸代理企业从事进出口业务,并有权参与外商的谈判。

——企业享有投资决策权。企业依照法律和国务院有关规定,有权以留用资金、实物、土地使用权、工业产权和非专利技术等向国内各地区、各行业的企业、事业单位投资,购买和持有其他企业的股份。经政府有关部门批准,企业可以向境外投资或者在境外开办企业。

——企业享有留用资金支配权。企业在保证实现企业财产保值、增值的前提下,有权自主确定税后留用利润中各项基金的比例和用途,报政府有关部门备案。

——企业有权拒绝任何部门和单位无偿调拨企业留用资金或者强令企业以折旧费、大修理费补缴上缴利润。国务院有特殊规定的,从其规定。

——企业享有资产处置权。企业根据生产经营的需要,对一般固定资产,可以自主决定出租、抵押或者有偿转让;对关键设备、成套设备或者重要建筑物可以出租,经政府主管部门批准也可以抵押、有偿转让。法律和行政法规另有规定的除外。企业处置生产性固定资产所得收入,必须全部用于设备更新和技术改造。企业处置固定资产,应当依照国家有关规定进行评估。

——企业享有联营、兼并权。企业有权按照下列方式与其他企业、事业单位联营:(1)与其他企业、事业单位组成新的经济实体,独立承担民事责任,具备法人条件的,经政府有关部门核准登记,取得法人资格;(2)与其他企业、事业单位共同经营,联营各方按照出资比例或者协议的约定,承担民事责任;(3)与其他企业、事业单位订立联营合同、确立各方的权利和义务,联营各方各自独立经营、各自承担民事责任。

——企业享有劳动用工权。企业按照面向社会、公开招收、全面考核、择优录用的原则,自主决定招工的时间、条件、方式、数量。企业的招工范围,法律和国务院已有规定的,从其规定。企业从所在城镇人口中招工,不受城镇内行政区划的限制。

——企业享有人事管理权。企业按照德才兼备、任人唯贤的原则和责任与权利相统一的要求,自主行使人事管理权。企业对管理人员和技术人员可以实行聘用制、考核制。对被解聘或者未聘用的管理人员和技术人员,可以安排其他工作,包括到工人岗位上工作。企业可以从优秀工人中选拔聘用管理人员和技术人员。政府有关部门批准,企业可以招聘境外技术人员、管理人员。

——企业享有工资、奖金分配权。企业的工资总额依照政府规定的工资总额与经济效益挂钩办法确定,企业在相应提取的工资总额内,有权自主使用、自主分配工资和奖金。企业有权根据职工的劳动技能、劳动强度、劳动责任、劳动条件和实际贡献,决定工资、奖金的分配档次。企业可以实行岗位技能制或者其他适合本企业特点的工资制度。选择适合本企业的具体分配形式。

——企业享有内部机构设置权。企业有权决定内部机构的设立、调整和撤销,决定企业的人员编制。企业有权拒绝任何部门和单位提出的设置对口机构、规定人员编制和级别待遇的要求,法律另有规定和国务院有特殊规定的,从其规定。

——企业享有拒绝摊派权。企业有权拒绝任何部门和单位向企业摊派人力、物力、财力。企业可以向审计部门或者其他政府有关部门控告、检举、揭发摊派行为,要求作出处理。

从企业"经营权"的上述规范规定我们看到,企业"经营权"源于对国有企业实行所有权与经营权"两权分离"体制改革。主要是着眼于调整国家作为国有企业财产的所有者与企业作为国有企业财产经营者之间的权利和义务关系,而对企业经营权在市场经营中如何承担民事责任,执行民事权则规定得少。因此,企业经营权往往是被人们看做仅仅是一种对经营活动的管理权或经营管理权。

实质上看企业经营权应该是一种"与财产权有关的财产权。"(我国《民法通则》用语),我国《民法通则》第八十二条规定:"全民所有制企业对国家授予其经营管理的财产,依法享有经营权、受法律保护。"这显然也是把"经营权"当做一种"与财产权所有权有关的财产权"。

经营权作为与财产所有权有关的财产权是所有权派生出来的财产权利,它的存在是以所有权的存在为前提的。它的内容是从所有权权能中分离出来的。它的客体一般也是所有权的客体。

经营权的权利内容是有限的、不完全的、非所有人在行使财产权时,要受到法律和所有人意志的限制。

经营权的权利主体是非所有人。企业作为经营者,一旦有了经营权,它便成了一种独立于所有权的财产权,经营者对其经营财产便依法享有占有、使用、分配、处分和收益权利。这些权利的依法行使,可能不受他人干预。所有人不得随意收回财产或妨碍经营者依法行使其权利,侵害非所有人的权利。

总起来看,作为财产权派生出来的经营权,实质应是除财产的所有者拥有的企业财产的原始所有者和最终所有权(原始产权和最终产权)以外的其他各种产权权能的总和。企业经营权应是企业财产的占有、使用、收益和处分等各种产权权能的总和。

我国大型国有经济主体实行股份制和股份制企业集团制度后,应在改造前享有的不完善的行政性的企业经营权的基础上,进一步实行完善企业经营权,实行财产权的经营权制度。应授予改制企业和企业集团经营财产权享有的对财产的占有、使用、收益和处分等各种产权权能。也就是应使改制企业和企业集团享有除企业或企业集团财产所有者拥有的原始所有权和最终所有权以外的其他各种产权权能。

三、明确国有法人股权

确立企业法人财产权,还必须科学界定国家股和国有法人股,明确国有法人股权。

按照《股份制试点企业国有资产管理暂行条例》第3条的规定,组建股份制企业,用国有资产入股形成的股份(包括全民所有制企业改组为股份制企业),视股权管理不同情况,可以分别构成国家股和国有法人股,虽然二者在性质上均属国家所有,统称为国有资产股(简称为"国有股"),但国家股和国有法人股还是存在较大的区别的。

第一,国家股的股利收入由国有资产管理部门收取,解缴国库,依法纳入国家建设性预算;国有法人股的股利收入由直接投资入股的法人单位收取;

第二,国有法人股股权由投资入股的法人单位行使,国有法人股代表由投资入股的法人单位委派;国家股则由国有资产管理部门委托控股公司、投资公司、企业集团的母公司、经济实体性公司及某些特定部门行使股权和依法定程序选派代表或经国务院或省、自治区、直辖市人民政府批准,由国有资产管理部门依法定程序向有国家股的股份制企业委派股权代表。

界定国家股和国有法人股的主要法律依据是《股份制试点企业国有资产管理暂行条例》第5条对国家股和国有法人股的定义。根据该条规定,国家股为有权代表国家投资的政府部门或机构以国有资产向股份制试点企业投资形成的股份(含现有已投入企业的国有资产折合的股份),国有法人股是国有企业用国家授予其自主经营的国有资产向独立于自己的股份制企业投资形成的股份,但根据这一规定,无法解决历史较长的国有企业中国家股和国有法人股的界定问题,因为这类企业的资产往往是分期分批投入的,投入以后又委托给有关的主管机关管理,而这些主管机关往往又把所属的一些企业的国有资产委托给所属的某企业管理,加上每次投入的形式不一样,早期一般是用拨款形式投入,经济体制改革后又用"拨改贷"的形式投入,这就使得国家股和国有法人股的界定更加复杂。

根据原国家国有资产管理局和原国家体改委分别于 1994 年 11 月、1997 年 3 月联合发布的《股份有限公司国有股权管理暂行办法》和《股份有限公司国有股东行使股权行为规范意见》,结合我国建立现代企业制度的实践,对股份制企业国有股权的界定可归结如下:

国有企业改建为股份制企业的国有股权界定:有权代表国家投资的机构或部门直接设立的国有企业以其全部资产改建成股份公司的,原企业应予撤销,原企业的净资产折成的股份界定为国家股;(2)有权代表国家投资的机构或部门直接设立的国有企业以其部分资产(连同部分债务)改建为股份公司的,如进入股份公司的净资产累计高于原国有企业净资产 50%(含 50%)或主营生产部分全部或部分进入股份制企业,其净资产折成的股份界定为国家股;进入股份制企业的净资产低于 50%(不含 50%),其净资产折成的股份界定为国有法人股;(3)国有法人单位所拥有的企业,以全部或部分资产改建为股份制企业的,进入股份公司的净资产折成的股份界定为国有法人股。

新建设立的股份制企业的国有股权界定:国家授权投资的机构界定:国有企业或国有企业的合资子公司和控股子公司以其依法使用的法人资产直接向新设立的股份公司投资形成的股份界定为国有法人股。

综上所述,国有股权界定中应注意以下几个问题:

1. 凡是界定为国家股的不得再界定为国有法人股;

2. 国有企业改组设立股份有限公司时,其占有使用的资产经评估确认后,须将净资产一并折股,股权性质不得分设;其股权要按规定确定国有持股单位统一持有,不得由不同部门或机构分割持有;

3. 国有企业进行股份制改组,要贯彻国家产业政策,要保证国家股或国有法人股的控股地位。国有股权控股有绝对控股和相对控股之分,绝对控股一般是指国有股权持股比例占 50% 以上(不含 50%);相对控股是指国有股权持股比例高于 30% 但低于 50% ,但因股权分散,国家对股份有限公司有控制性的影响计算持股比例一般应以同一持股单位的股份为准,不得将两个或两个以上国有持股单位的股份加以总计;

4. 严禁将国有资产低估作价折股,在一般情况下,应以评估确认的净资产折为国有股股本。如果不是全部折股,则折股方案需与募股方案和预计发行价格一并考虑,折股比例为国有股股本除以发行前国有净资产。股票发行溢价倍率应不低于折股倍数,股票发行溢价倍率为股票发行价格除以股票面值,折股倍数为发行前国有净资产除以国有股本净资产,未全部折股的差额部分应计入资本公积金,不得以任何形式资本(净资产)转为负债,净资产折股后,股东权益应等于净资产。

第七章 我国大型国有经济主体的
产权收益权制度改革

把我国大型国有经济主体改造成股份制企业（包括股份有限责任公司和有限责任公司）和股份制企业集团还必须将其国家所有者财产独享产权收益权的产权收益权制度，改造成国家所有者财产和企业经营者财产和其他所有者财产可共享产权收益权制度。实行股份制企业按股平等分配股利制度。

本章研究我国大型国有经济主体进行企业产权收益权制度改革，实行股份制企业股利分配制度和公积金制度的意义、思路、对策和政策问题。

第一节 实行股利分配制度

一、收益分配与所有者和经营者共享产权收益权

我国大型国有经济主体改制股份制企业——公司的产权收益权制度就是产权收益分配制度，产权收益分配制度既是股份制企业的产权的实现制度，也是股份制企业经营管理制度的重要内容，在我国实行社会主义市场经济条件下，搞好大型国有经济主体改制股份制企业的收益分配，对公司及股东都有十分重要的作用。

公司可供分配的"收益"包括哪些内容？从公司产品价值构成的角度来分析，公司在一定时期内的生产（营业）价值额 W，应该由公司（企业）在生产（营业）中耗费的生产资料价值额 C，支付劳动者报酬额（包括劳动的工资、资金、津贴及其他报酬）V 以及利润 P 这三部分构成，亦即 $W = C + V + P$。$C + V$ 构成公司（企业）的生产（营业）成本，P 则是超过成本的余额。公司通过经营过程，为社会提供的商品或者劳务通过市场而售出得到社会的承认后，其销售收入必须首先补偿生产资料的价值 C 及支付的报酬 V，而剩下的 P 还要缴纳国家规定的

税收及其他法定付费,假定此为 P_1,那么所剩下的即为 $P - P_1 = P_2$,亦即 $P_2 = W - C - V - P_1$,这就是公司可供分配的纯利润或称之为纯收益。

在现实的经济生活中,公司的纯利润主要由公司的营业利润和资本利润构成。公司的营业利润是公司(企业)生产(营业)中所产生的利润。资本利润又称资本盈余,是指公司通过资本经营即出售、交换股份或财产所获取的超过股本或账面价值的盈余,它是直接的资本或资产的经营上所产生的利益而非生产所得。

我国大型国有经济主体改制股份制企业——公司的利益分配就应是指这两种利益的分配,也就是公司一定时期内纳税后的纯利润分配。因为股份有限公司的纯利润是来自公司所有持股者投资入股的财产所有权所获得的利益,所以,利益分配的主体必然是所有股东而非其他人。

一切非股东之间的利益分配关系,即广义利益分配中的公司与作为社会管理者的国家间的税收和付费缴纳关系,公司与其职工之间的工资支付关系,包括偿还银行贷款及利息,公司与其他企事业单位之间的资金拆借、公司与个人之间的债权债务关系均不属于股份有限公司利益分配的范围。

我国大型国有经济主体改制股份制企业——公司的财产所有者和经营者共享产权收益权应是指在实行股份制企业制度下,在企业作为企业财产经营者——企业法人以公司财产投资形成法人股份时,因公司财产权属于法人所有,而不论公司财产是否是国家投资,国家对公司的财产均不享有所有权。公司以其所有的财产权为对价取得的股份,是典型的属于法人拥有的股份。这样,企业财产经营者——企业也就成了股东,法人投资形成的股份也应与企业财产所有者——国家和其他企业财产所有者同样享有产权收益的平等权利,而不是仅有企业财产所有者——国家独自享有产权收益的权利。正是在这个意义上说,股份制企业产权收益权制度是一种企业财产所有者和经营者共享产权收益权制度。

二、收益分配及收益分配原则

我国大型国有经济主体改制股份制企业——公司的产权收益分配制度从本质上看应是一种实行按资分配和平等分配原则的收益分配制度。或者说应是一种实行按资分配和平等分配原则的股利分配制度。

第一,实行按资分配原则

我国大型国有经济主体改制股份制企业——公司的收益分配的按资分配原则,应是财产所有权收益的分配原则,而不是我们通常所论及的个人消费品分配原则,这是两个不同分配领域的分配原则。明确区别这两个不同领域的不同分配原则对于正确认识我国股份有限公司实行的按资分配利益有着极为重要的意义。

个人消费品分配原则,属于个人消费品分配领域的原则,它所要解决的是劳动者从事生产经营活动应按什么标准取得一定报酬,以保证其个人消费需要的问题。而财产收益分配原则则是属于剩余产品价值即其转化形式——利润分配领域的分配原则,它要解决的是财产所有者委托他人经营其财产(即所谓的投资入股)所获得的利益,应按什么标准分配,才能实现其投资的问题。亦即前者是投"劳",当然是按"劳"分配,而后者是投"资",那么理应按"资"分配。

以往许多人把个人消费品分配原则和作为财产所有权收益分配的利益分配原则混为一谈,并把实行按劳分配还是实行按资分配作为社会主义分配原则与资本主义分配原则的区分标准,这是不正确的。实际上,按劳分配是社会主义分配原则,按资分配也可以成为社会主义分配原则。公司的按资分配原则既然是财产所有者委托他人经营其财产所获得的利益如何分配的原则,那么,这种分配关系就是建立在财产委托他人经营这种生产关系形式之上的,而财产委托他人经营这种生产关系可以存在于资本主义生产方式之中,也可以存在于其他商品生产特别是社会化大商品生产之中,它并非为资本主义生产方式所独有,因而也可以存在于社会主义的商品生产之中,例如我国改革开放以来行之有效的各种承包经营责任制、租赁制等均与股份制一样属于把财产委托他人经营的生产关系形式。所以按资分配的利益分配原则是社会化大生产的商品生产条件下的一般分配原则,亦可为社会主义市场经济条件下的股份制企业所采用。

我国大型国有经济主体改制股份制企业——公司的按资分配利益也应是按照股东入股投资,即股东持有的股份分配利益。

正确处理按股分配利益问题的基本依据是生产关系决定分配关系原则。根据这一原则,股份制企业的利益分配关系应由股东的资本(资金)所有权关系决定。公司股东的利益分配主要是股利分配。股利分配实际上是公司股东的资本(资金)所有权在经济上的实现。正是由于公司的资本(资金)是由各股东入股投资筹集起来的,资本(资金)的所有权属于投资入股的股东。所以,通过所筹资金从事各种生产经营而获得的利益也就必须按所投资本(资金)多少,即股份资本(资金)多少分配股利。

综上所述,我国大型国有经济主体改制股份制企业——公司的按资分配原则就是按照股东投资入股的数量分配股利的原则。

第二,实行平等分配原则

如果企业筹集资金的方式相同,即股东入股条件相同,那么其入股股东的资金所有权就是完全平等的。所以,在我国大型国有经济主体改制股份制企业——公司进行股利(即利益)分配时,也应实行按入股资金多少的比例平等分配股利的原则。

公司的股利分配平等原则不仅应包括投资条件相同的每股盈利的平等分配,而且也包括投资条件相同的每股亏损的平等分配。因此,它实际又是一种利益共享、亏损或风险共担的原则,因而又称之为"同股同利"原则。由于我国股份有限公司的股东对公司仅以其认购股份承担有限责任,并且有分享其入股财产经营收益的权利,所以,其亏损(风险)共担原则一般是通过在股利分配以前,提取一定盈利作为公积金,并以其弥补亏损的形式来贯彻的。当然,有时也以亏损股本的形式来贯彻。同股同利的平等分配原则具体表现在股利的分派日期、分派金额在各股东之间不得有所差别。

三、股利来源及股利分配政策

我国大型国有经济主体改制股份制企业——公司股利应是指股东依靠其所拥有的公司股份从公司分得的利润,也是董事会正式宣布从公司净收益中分配给股东,作为给每个股东对公司投资的一种报酬。公司的股利一般由股息和红利组成,其中股息是股东按股份比例在公司有盈余可分配的情况下,按照章程预先规定的比例所获得的利益;红利是公司盈利较多时,除分股东股息,还按股份分配给股东部分剩余利益。股息一般较为固定,红利则随公司盈利的多少而变动。依据公司章程规定,公司应根据经营实绩定期分派股利给股东股利的分派必须经过董事会的批准,董事会在法律规定的范围内,决定股利分派的形式、金额和时间。在法律上,股利一经董事会宣布,就成为公司的一项负债。

在大多数情况下,留存盈余是股利的唯一来源,它表明了分派股利的最高限度。但并不等于说,有了留存盈余就可以分派股利。因为分派股利,不仅要有足够的留存盈余,假如是发放现金股金股利的话,还需要有足够的现金可供分派。公司获得了盈利,在留存盈余账户上积有贷方余额,有时这种盈利也可以表现为非现金资产的增加,而并无充足的现金。即使企业有充裕的流动资本,也需要留一部分做扩大生产之用,或者用做收回发行在外的公司债券或优先股本之用,或者因为企业从事风险较大的营利事业,需要为以后可能出现的意外损失作弥补准备,在这些情况下,都不能将大部分现金作为股利分派出去。

通常情况下,股利只能根据公司本期的净收益来分派,但有的时候,即使发生本期亏损,也可以根据以往年度的净收益(留存收益)的金额分派股利。但是,股利的发放不能使股东权益减少到核定股本金额以下,如果这样,债权人便失去了应有的保障。

按我国《公司法》及有关规定,企业当年无利润时,不得分配股利,但企业为了维护股票信誉,在已用盈余公积金弥补亏损后和经股东会特别决议,可用盈余公积金分配股利,但分配股利后,企业法定盈余公积金不得低于注册资本的25%。

我国大型国有经济主体改制股份制企业——公司的股利政策应是公司最重要的财务政策,因为公司税后利润的分配,即将多少利润分给股东作为股利,采用何种股利形式,将多少利润留在企业作为扩大经营的资金来源等均取决于公司的股利政策。股利分配额越高,股票价格越高;但股利分配越多,用于企业发展的资金越少,企业发展的速度就越慢,从而使股票价格下降。因此,增加或减少股利分配的数额都将产生两种方向完全相反的影响。公司的最佳股利发生应能使这两种效应组合到最佳的均衡点,从而使公司的价值达到最高。

公司股利政策所必须加以考虑的因素有如下几个:

1. 法律的约束。根据我国《公司法》及有关财务管理规定,公司税后利润在弥补亏损,提取法定盈余公积金前,不得分配股利;公司在破产清算期间,不得支付股利。

2. 资产的流动状况。公司现金股利的发放,需要公司有足够的现金。因此,只有具有足够的现金、有价证券之类流动性较强资产的公司才有能力支付股利。一般情况下,发展速度较快的公司,即使其获利能力较强,经营业绩较好,但现金一般都较拮据,因此往往难以有足够的现金支付大量股利。当然这些公司可以负债发放股利,但这样做会降低公司的财务弹性,使公司可能因财务基础薄弱而丧失许多有利可图的投资机会,从而对公司的未来发展及未来股价产生不利的影响。因此,资产流动性差的企业,尤其是现阶段国内大量的发展速度较快的公司在选择股利政策时要充分考虑这个问题。当然对于负债能力较强的公司而言,流动性并不成为其股利政策的决定性因素。

3. 盈利的稳定状况。股票投资者对稳定股利有偏好,不稳定的股利支付会给公司股利带来不利的影响。因此许多公司均采取稳定的股利支付政策。为此,为了防止公司每年支付股利数量上有大幅度的波动,一般每年盈利较为稳定的公司,往往支付较多的股利,而每年盈利不稳定的公司,往往支付较少的股利。

4. 公司的扩展速度。公司的发展需要有较多的资金投向有利的投资机会。这对公司而言,保留利润是满足这些投资机会的较为有利的资金来源。同时对股东而言,公司目前所拥有的投资机会也是他们较为有利的再投资机会,因此,股利政策要充分考虑公司的发展。

5. 偿债的需要。如果公司债务到期,就需要组织资金以偿还这些债务,而公司税后利润当然成为公司偿债时要考虑的主要因素。

6. 债约的约束。一般长期公司债约对公司支付现金股利均有约束性条款;债权人往往借助于这些条款以保护自身的经济利益。债约中通常规定,公司营运资本数量低于特定水平时,公司不得支付股利。公司不可利用借债保留起来的利润(保留利润余额)支付股利。优先股股票的发行章程也常有这样的规定条款,公司若不发放优先股股利,也不得发放普通股股利。

7. 公司的控制权。公司的各种不同资金来源对公司控制状况会产生不同的影响。对于不愿分散股权又不愿因增加负债而加重其财务风险的公司而言,保留利润是克服这两种融资方式缺点的好办法。

8. 股东的偏好和在公司的地位。每个股东投资的主要目的有所区别,股东对股利的偏爱也有不同。按照对股利的偏好,股东可分为三类:第一类,股东是投资者,他们长期持有股权,与公司的利害关系是永久性的。特别是在小型公司和家族公司中,他们拥有股份最多,他们希望公司收益估计得越低越好,少分股利。他们的意愿是尽可能地提高他们在公司股权的价值比较偏好资本收益。第二类,股东是偏好股利收益的投资者。他们投资的主要目的在于获取高额稳定的股利。他们长期持有股权,与公司的利害关系也是永久性的。他们愿意实事求是地计算收益,希望多分些股利,偏好股利收益。第三类,股东是投机者,他们持有股权的主要目的在于短期持股期间内股票市价大幅度升跌波动,利用买卖股票获取价差。这类股东置公司长远利益而不顾,只顾眼前多分股利和股票市场价格上涨,比较偏好于资本收益。公司的股利政策要兼顾这三类股东对股利的要求。制定政策决定利润分配的股东,他们所处的地位有时成为据以支付股利的主要准则。例如,在一个被少数富有者严密控制的公司中,很可能发生一种限制股利的极端事例,这些富有的股东,因到达个人所得税的某种界限,可能导致按高税率课税,以致他们从现金股利中只能获益很小。因此,他们通常宁愿公司把利润用来扩充营业,通过股票市场价格的上涨来提高其所有权价值。

四、股利分配制度的选择

我国大型国有经济主体改制股份制企业——公司可选择建立以下不同类型的股利分配制度。

1. 建立稳定的每股股利分配制度

这种模式的基本特点是,公司保持较高的每股股利水平,股利随公司每年利润水平的提高而增加。这样做的理由是:首先,稳定且略有增长的股利政策,会给股票投资者带来该公司风险低的印象,这对股价将产生极为有利的影响;其次,靠股利谋生的投资者,要求有规律性地获得股利收入,因此,稳定的股利将吸纳较多的股东,从而对股东产生有利的影响;其三,许多机构投资者,往往采取较为谨慎的投资策略,把其资金投资于股价不大起大落的股票,而股利较为稳定的股票也正表现出其所具有的这些特点,从而成为这些投资者最热衷的投资对象。一般而言,处于成熟期的公司较适合采用这种股利分配模式。

2. 建立固定支付比率的股利分配制度

这种模式的基本特点是,公司事先规定每年税后留利中用于支付股利部分的比例,每年均按这个比例发放股利。如果公司每年税后利润不稳定,则公司每年的每股股利,也不稳定。因此,这种股利分配模式较适合于每年税后留利比较稳定的公司采用。

3. 建立固定股利加额外股利的股利分配制度

这种模式的基本特点是,公司每年支付较低的股利,再根据公司每年业务的具体情况,另行决定是否发放额外股利。这种股利分配模式较适合于每年利润水平不稳定的公司采用。因为较低的固定股利水平,可避免公司每年发放的股利因公司年利润水平的变动而变动,从而避免对该公司股价产生不利的影响。

五、股利分配形式的选择

我国大型国有经济主体改制股份制企业——公司可选择建立不同类型的股利分配的形式。主要包括:

——现金股利。现金股利是公司发放股利的一种最普通、最基本的形式。一般投资者投资于股票,最感兴趣的就在于能够收到比一般投资更多的现金股利。因而,现金股利是最受股东欢迎的或者是股东最感兴趣的股利发付形式。

——财产股利。所谓财产股利也就是用公司财产或其他公司的证券作为股利的发放形式。这是非现金股利的较常见的形式。这里指的公司财产可以是公司的有价证券或政府公债券,也可以是其他公司的债券或股票,政府公债或其他流动资产。当然最常见的财产则是以其他公司证券代替现金发给股东的股息。

——票据股利。公司以本票或期票代替现金发付给股东。这种票据可以附有利息,也可以不附利息,它到期可以自由转让。

——债券股利。以公司债券发付给股东的股利。这种股利和票据股利相似,均会增加公司负债。不过票据股利为公司短期负债,债券股利为公司长期负债。

——股票股利。许多国家的《公司法》都规定,公司经过股东大会批准同意,依股东大会法定多数决议,可以用发行新股的方式来分派股利。这种以增发新股作为股利分派给股东的方式即为股票股利。股票股利通常采用增发普通股发给普通股东的形式,也就是我们通常所说的送、配股。采用股票股利形式来发放股利,实际上是一部分留存收益的资本化,但它只增加了公司的股本减少了留存收益。因此,发放股票股利对公司的资产、负债和股东权益总额毫无影响,对得到股票股利的股东在公司所占权益的份额也不会产生影响,而仅是股东持有的股票数量比原来增加了。世界各国公司几乎都把股票股利的分配方法作为与现金股利同样常用的分配方法,我国也不例外。之所以如此,主要有以下原因:一是从公司的角度看,发放股票股利无须支出现金,从而可以为扩大公司的业务经营留下现金。因而既有利于加快公司的资金循环周转,又有利于吸引更多的投资者投资,从而有利于公司的发展。二是从股东的角度看,得到股票股利并不需要支付多少现金,因为股票随时可转化为现金,如果股东需要现金,完全可以将得到的股票售出而取得现金。这就说明股票股利对股东来说与现金股利区别不大。三是发放股票股利对于股东本人来说还可以有免征个人所得税的实际好处。总之,股票股利是一个在不减少公司的现金的条件下,使公司的股东分享公司利润的两全其美的办法。

——任意股利。它是指在公司既可用现金发付,又可用股票发付,股东对于公司有选择权的股利。

——综合股利。它是指公司同时用两种以上形式,如可用现金或股票发付,股东对于公司发付方式无选择权的股利。

六、实行股利分配程序制度

我国股份有限公司利益分配的一般程序应为:在股份有限公司通过财务会计年终核算后,应根据公司财务状况由董事会根据章程和法令规定提出利益分配方案,并交由股东大会议决通过后才能实施。

实施股东大会通过的年度利益分配(盈方分配)方案时,首先应弥补亏损、提取公积金和公益金;其次再提取支付董事、经理人员和其他高级职员的特别报酬基金;最后将其余部分再按股票数额种类支付股利,进行股利再分配。

第二节　公积金制度

一、实行公积金制度的意义

我国大型国有经济主体改制股份制企业——公司利益分配中的公积金应是超过负债及股本的剩余资产中保留在公司不予分配的那部分金额。

我国大型国有经济主体改制股份制企业——公司建立公积金制度有着非常重要的作用:

第一,我国大型国有经济主体改制股份制企业——公司的股东除了有投资的有限责任外,实际上与债权人没有什么区别,就这个意义而言,公司的所有股票和债券拥有者也是公司的债权人,而公司对其债权人除公司财产外没有其他的担保。因此,为了维护债权人的利益就必须保证公司的资金得到维持和充实。但是,在社会主义市场经济条件下存在着市场风险,公司盈利或亏损都是正常的。因而,为了使公司在经营亏损时也能保证资金的维持和充实,公司在盈利时就必须提取一部分利润积存起来不予分配,以满足日后弥补亏损需要,所以,必须建立公积金制度。

第二,我国大型国有经济主体改制股份制企业——公司提取公积金是为了公司的发展需要。因为公司的资金是由股东投资所形成的。广大股东投资入股的利益偏好十分明显,他们是为了取得较高的股利收入。如果公司经营状况不好,分配股利水平甚低,投资者对此公司便不屑一顾,不愿购买公司的股票,公司也就无法筹集到自身发展所需要的资金。为了保证公司的发展,我国公司都必须保持一定的股利分配水平。其最低水平为社会平均股利分配水平,即社会上同类股份企业的一般分配水平,一般还应高出这个水平,这样股民才会积极购买该公司股票,才有利于公司筹资扩大发展。而要使公司在经营状况欠佳时也能保持适当的股利水平,只能建立公积金制度,在公司盈利较多时适当提取一部分利润积存起来不予分配以防患未然。

第三,我国大型国有经济主体改制股份制企业——公司建立公积金制度是为了提高公司的生产经营能力,增强公司的市场竞争能力。企业为了自身发展必须增强盈利能力,占领市场,因而必须努力增加资金投入,扩大生产规模。当然扩大资本的主要途径应该是发行股票、债券,进行直接融资或争取贷款。但直接融资或进入资本市场需要严格的条件。例如,公司组建要有一定年限;盈利较为稳定;注册资本要有一定规模;自有资本要达到一定比例等,而向银行争取贷款也要求较高的资信度,而且需要承担利率。即使能够通过这些渠道解决部分资金需求,而企业在扩大再生产中的资金"瓶颈"仍将长期存在。因此,依靠公司的积累便成为解决资金问题的又一基本途径。公司依靠自身积累扩大资金亦即建立公积金制度,将部分利润积存起来,不予分配,这一做法对于企业扩大生产是十分必要的。

二、公积金的种类和用途

我国大型国有经济主体改制股份制企业——公司的公积金依提取公积金有无强制性为标准,可分为法定公积金和任意公积金。根据法律强行积存起来的公积金为法定公积金,根据公司章程或股东大会决议从能够处理的利益中积存的公积金为任意公积金。根据我国《公司法》第167条规定:"公司分配当年税后利润时,应当提取利润的百分之十列入公司法定公积金。公司法定公积金累计额为公司注册资本的百分之五十以上的,可不再提取"。"公司从税后利润中提取法定公积金后,经股东会决议,可以提取任意公积金。"

我国大型国有经济主体改制股份制企业——公司的公积金依其来源又可分为盈余公积金和资本公积金。盈余公积金为公司在每年度决算时从历年业务经营中所获得的盈利中提存的公积金,它又分为法定盈余公积金和任意盈余公积金两种。前者应依法定比例提存,后者依公司章程或股东大会决定提存。资本公积金是从公司各种非经营获得的利益中所增加的资金或净值中提存的公积金。经营盈利应是公司公积金的主要来源。从公司非经营获得的利益中取得公积金的来源可有多种形式,一般归结为三类:即资本盈余、重估价盈余和公司合并或联合改组发生的盈余。资本盈余指公司出售或交换股份或财产所收到的金钱或财产超过股本账面价值部分。重估价盈余是公司资产经过重新估价高于原来成本或账面价值的增值收入。公司合并或联合改组发生的盈余主要指变动后的新公司承受被合并或联合改组的公司资产减负债的余额。

我国《公司法》第168条规定:"股份有限公司以超过股票票面金额的发行价格发行股份所得的溢价款以及国务院财政主管部门规定列入资金公积金的其他收入,应当列入资本公积金。"

按《公司法》规定公积金可用于:弥补亏损,企业可使用盈余公积金弥补亏损;扩大公司生产经营或转增资本,企业经股东会决议,在办理增资手续后,可将公积金转为股本,按股东原有股份比例发给新股。但法定公积金转为资本时,所留存该项公积金不得少于注册资本的25%。

第八章　我国大型国有经济主体的产权处分权制度改革

把我国大型国有经济主体改造成股份制企业或公司(包括股份有限公司、有限责任公司)和股份制企业集团,还必须将其原有国家或国有资产所有者独享企业财产处分权制度,改造成股份制企业或股份制企业集团的企业所有者与企业经营者都有企业产权处分权,企业所有者对企业财产的最初产权,即原始产权和最终产权,即终极产权享有处分权。企业经营者——企业对企业经营财产享有处分权的共享产权处分权的企业产权处分权制度,实行股份制企业的产权变动终止制度。

本章研究我国大型国有经济主体进行企业产权处分权制度改革,实行股份制企业的产权变动终止制度,包括产权合并、分立制度、增资、减资制度和破产、解散与清算制度的意义、具体思路、对策和政策问题。

第一节　实行产权合并与分立制度

一、实行产权合并与分立制度的客观必然性

按照我国《公司法》的规定,我国大型国有经济主体改制公司的产权合并(以下简称"合并")是指两个以上公司依法律规定归并为一个公司的行为。公司的合并可采取吸收合并和新设合并两种形式。股份公司的吸收合并是指一个股份公司吸收其他公司,吸收方继续存在,被吸收公司解散,被吸收公司的资产和债务同时转给存续公司的合并形式。被吸收接纳的公司可能是一个,也可能同时有几个,可能是股份公司,也可能是有限责任公司。新设合并是指两个以上公司合并设立一个新的公司,合并各方解散的合并形式,又称创立合并或联合。新设公司接管原有几个公司的全部资产和债务。

在产权变动过程中的兼并、收购、并购都属公司合并。企业兼并是指两家或更多的独立的企业、公司合并组成一家企业,通常由一家占优势的公司吸收一家或更多的公司。企业兼并的形式一般有三种:(1)承担债务式兼并,即在资产与债务等价的情况下,兼并方以承担被兼并方债务为条件接收其资产的兼并方式;(2)购买式兼并,即兼并方出资购买被兼并方企业资产的兼并方式;(3)吸收股份式兼并,即被兼并企业的所有者将被兼并企业的净资产作为股金投入兼并方,成为兼并方企业的一个股东的兼并方式。

收购是指一个公司购买其他企业的资产或股份,达到控股的法律行为。被收购企业作为经济实体仍然存在,法人主体资格不变,仅是股东发生了变化。收购方取得被收购企业的控制权和部分或全部股份。收购的形式一般有两种:(1)控股式,即收购公司购买目标公司(被收购公司)一定的股份,成为目标公司最大股东,取得目标公司控制权和决策权,可以对目标公司进行重组,注入自己的管理方式,重新定位目标公司的目标和选择经营战略;同时,与目标公司其他股东一样共享红利及分担经营风险。控股式收购与一般的证券投资或参股不同,一般的证券投资通过购买股票仅取得红利及享有股票升值的利益,享有根据股份占有比例一定的发言权,并不参与公司的最终决策权;参股则除一般投资目的外还有建立长期合作关系等目的,但两者都不能形成对目标公司的控制。(2)全资收购,即收购公司购买目标公司的全部股份,使之成为自己附属的全资子公司,收购后收购公司对目标公司享有支配权。

公司并购就是兼并与收购的总称。公司的合并与公司兼并、收购、并购既有联系,又相互区别。他们的共同点表现为:(1)合并、兼并、收购交易的对象是共同的,都是企业产权交易的形式,都是以企业这一商品为对象。(2)合并、兼并、收购行为都是买卖企业的行为。(3)合并、兼并、收购都是公司在谋求自身发展中所采取的外部扩张战略,通过外部扩张增强公司实力和市场竞争能力,形成规模经济,扬长避短,优化资源配置。

合并(含兼并)与收购作为不同形式的企业买卖行为,具有不同的特点,主要表现为:(1)无论是吸收合并还是新设合并,被吸收、被兼并方或新设合并中被合并的各方都因合并而丧失法人主体资格,其资产、债权、债务及责任均由存续公司、兼并方或新成立的公司享有和承担。而在收购中,被收购企业仅仅发生股东变更,仍具有法人资格;收购方只是通过收购获得了被收购公司的部分股权。(2)合并与收购对债权人担负的义务不同。按照我国《公司法》规定,因合并而新设公司,应当申请设立登记。

我国大型国有经济主体改制股份制企业,建立产权合并制度是市场经济条件下商品经济的竞争规律和生产社会化趋势的客观要求。在我国实行社会主义市场经济体制和条件下,有的公司为了减少本行业的竞争对手,扩大经营规模,增加产品产量,节省管理费用,优化资源配置,提高市场占有率,获得更多的利润而实施合并;有的公司为了使自己的产品多样化,实现多角化经营,降低投资风险和成本而进行合并;有的公司为了克服自身的不足,获得被合并企业的科学技术上和经济管理上的优势,增强自己的竞争能力,进行兼并。被合并的公司通常规模较小或经营状况较差,也通过合并挽救企业,避免企业资产的过多损失和法律上的破产清算程序。同时,在当前,无论在国际还是国内,均出现了"强强联合"的趋势。我国需要建立国家级、世界级的大公司、大集团、跨国公司,需要培植一些能够跻身于世界工业企业500强的大型企业,这也必须实行大公司、大集团战略,兼并和联合也必然就成为我国大型国有经济主体改制公司实施大公司、大集团战略的重要途径和模式。

我国大型国有经济主体改制公司的分立,是指一个股份有限公司因生产经营需要或其他原因而依法定程序分成两个以上具有独立法人资格的公司。公司分立的形式,一般分为新设分立和派生分立两类。

新设分立是公司将其全部财产分割后分别归入新设立的两个以上的股份公司,原公司终止。新设分立所设立的公司只能是与原公司同类的公司,即新设立的公司只能是股份有限公司的形式。

派生分立是一个公司将其财产或营业的一部分分离出去设立一个或数个新的公司,原公司法人主体资格继续存在。派生分立既可以设置股份有限公司,也可以设置有限责任公司。如果原存的股份有限公司因分立而需要减少注册资本的,应当依法办理减少注册资本手续。有的时候,公司的分立和合并交织在一起,如一个股份有限公司将其财产及营业分割为两个以上部分,分别归入两个以上已经存在的股份有限公司的,实际上既有分立,又有合并。

公司的分立具有的特征:(1)公司的分立行为必须依照法律规定的程序进行,否则,分立行为无效。公司分立行为作为一种法律行为会产生一定的法律后果,如资产债务的分割与转移,新公司的设立,原公司解散,存续公司章程的修改等。(2)公司的分立行为会引起法人主体资格的变化。无论是新设分立,还是派生分立,都会引起公司法人主体资格的变化。在新设分立中,原有的公司失去其法人资格,新设立的公司取得法人资格。在派生分立中,新设立的公司取得法人资格,存续的公司保留其法人资格。(3)公司的分立行为会引起资本的转移。在新设分立中,原公司的全部资本分成两部分以上向新设立的两个以上的公司转移,原公司的债务按所达成的协议由分立后的公司承担。在派生分立中,原公司的部分资本和营业向新设立的公司转移,原公司的债务按所达成的协议由存续公司和新设公司承担。

我国大型国有经济主体改制公司建立产权分立制度也是市场经济条件下,商品竞争规律和社会化生产发展趋势的客观要求。在我国实行社会主义市场经济体制条件下,引起公司分立的原因多种多样,主要有:(1)分割财产。如股东不愿意继续保持合作关系而要求分割财产和营业,自立门户;财产继承人、受遗赠人分得遗产后不愿意合作经营而要求分割财产等,都会产生公司的分立。(2)提高经营效率。公司在经营规模发展到一定程度后,已难以实现有效调控,为了提高经营效率,而将一部分营业分离出去,使其成为一个新的公司。如公司为了集中力量从事主要经营业务活动,将某些附带性的营业独立,成立新公司。(3)扩大资本控制范围。公司将一部分营业分割出去,创建新公司,并使其发展壮大,以提高在某一地区或者某一行业的市场占有率。通过这种派生分立转移一部分资本给新设公司,扩大资本的控制范围。(4)规避法律限制。为了避开反垄断法的限制,公司在资本量和营业规模达到一定程度时,有意识地分小营业组织,使一个公司变成几个公司。

二、实行产权合并与分立制度的意义和作用

我国大型国有经济主体改制公司走合并与分立之路,具有十分重要的意义和作用:

第一,对实现资源的优化配置具有十分重要的意义和作用。资源配置是指经济生活中的各种资源(包括人力、物力、财力)在各种不同方面之间的分配。在市场经济条件下,市场取代政府成为社会资源的基本配置者,通过市场及市场机制来调节各种资源,并将这些资源有效地配置给生产社会最需要的产品和效率高的部门。企业是资金、劳动力、技术、机器设备、房地产等多种要素的复合体,企业作为商品进入市场流动,也将遵循价值规律、供求规律、竞争规律。大型国有经济主体通过合并与分立可以使生产要素流向最需要,最能产生效益的地区和行业,使生产要素在不断流动中实现最佳的优化组合,同时也可以使企业从

粗放型经营走向集约型经营,提高企业的经营效率和经济效益。

第二,对实现产业结构的优化升级具有十分重要的意义和作用。产业结构是指各个产业部门之间和每个产业部门内部的组织和构成情况以及它们之间存在的相互联结、相互制约的关系。目前,我国仍存在产业结构不合理、产业水平不高等问题。同时,产业结构的地区趋同化倾向问题也较为严重,重复建设,布局分散,企业规模小,难以形成规模效应,导致增量资源的利用效益极低,严重地制约经济的发展。我国产业结构正处于高速转换阶段,这种转换若仅靠分散的增量调节而不触动存量难以实现。大型国有经济主体通过合并与分立可以调节和重新组合各种存量资源,加速产业结构的优化和升级推动经济均衡增长。

第三,对资产存量重组和国有资产的保值、增值具有十分重要的意义和作用。资产重组是企业的固定资产、流动资产、无形资产、长期投资等资产在各产业部门、各所有制、各地区企业之间的重新组合和企业组织的重新设置。目前我国,国有存量资产运行效率极低,大面积亏损,而且不合理的存量结构吸附着大量的增量投入,并且严重地影响增量投资的运行效益。我国大型国有经济主体改制公司通过合并与分立进行资产重组是改变这一状况的良方,是优化企业资产组合提高经济效益,避免亏损,实现国有资产保值增值的有效措施。

第四,对实现自身竞争战略性也具有十分重要的意义和作用。

在竞争性经济条件下,我国大型国有经济主体改制公司只有不断发展才能保持和增强在竞争中的优势,才能够生存下去。

我国大型国有经济主体改制公司可以通过两种途径扩张其实力:一是铺新摊子,建新企业;二是走公司兼并、联合之路。两种途径相比较,合并往往是效率比较高的途径。这是因为:

——合并往往能够大幅度地降低企业发展成本和投资风险,节省创设时间。在一般情况下,兼并往往是优势企业对劣势企业的兼并。劣势企业之所以愿意被兼并,正是因为自己经营管理水平较低,经济效益低下,甚至濒临破产。这类企业的所有者往往根本没有更新改造财力,甩掉如此沉重的包袱当然是越早越好。这样的企业出售价格往往很便宜,兼并方支付的兼并费用加上投入的更新改造的费用与新建一个相同企业所花费用要便宜得多。

投资建新的企业要花费大量的财力和时间去获得稳定的原料来源、培训技术人员、拓展销售渠道,因而这种方法涉及更多的不确定性,相应风险较大,成本较高。而采用兼并方式公司可利用被兼并企业的原料来源、人才、销售渠道和已占有的市场,因此可以大大减少发展过程中的不确定性,降低风险和成本。

企业通过兼并方式扩张,还可以省掉建新企业的设计修建时间,迅速获得现成人员和设备;可以立即投入生产和销售,使投资者能够快速获得收益,迅速收回投资,因而风险较小。

——通过兼并能够有效地实现跨行业经营。当一个公司试图进入一个新的生产经营领域时,既可以通过投资新建方式,也可以通过兼并的方式来实现。采用投资新建方式,必须对进入一个新行业将面临的障碍以及新增生产能力对行业的供求平衡的影响加以考虑。如果新增生产能力很大,行业内部将可能出现生产能力过剩而引发价格大战。而采用兼并方式,既可节省投资又可利用兼并企业的销售渠道、生产技术、长期积累的经验、取得原料的途径、有利的地理位置等,大大减少进入障碍,也不会增加新的生产能力,行业内的供求平衡不会被打破,不易引起价格战,从而顺利实现公司多角化经营。

公司的分立是与公司合并相反的一种行为,允许公司合并,就应当允许公司分立的。我国大型国有经济主体改制公司建立产权分立制度还适应了公司因主原因而引起的经营变化的需要,对于保护层股东利益和实现股东的意愿,对于公司选择新的经营方式和经营战备,提高公司经营效率和经济效益,高效利用其资本,扩大资本控制范围也具有十分重要的积极作用。

三、实行产权合并与分立的程序制度

我国大型国有经济主体改制公司合并与分立不仅是公司自身的事情,而且涉及进行合并的公司的股东、债权人的利益,涉及公司经营管理人员及从业人员的利益。所以,公司合并必须依照法定程序进行。凡是违反法定程序进行合并的,该合并与分立行为不能产生法律效力,是无效的合并与分立行为。股份公司之间或股份公司与有限责任公司之间的合并,合并分立后存续的公司必须是股份公司。合并与分立必须遵循下列法定程序:

——合并我国大型国有经济主体改制公司各方董事会拟订合并与分立的方案。首先,合并各方要有合并的意向,然后各方互相探讨有关合并分立的各种事项,经协商达成一致意见后,制作合并与分立方案。合并与分立方案的内容一般包括:合并与分立后存续公司的名称及住所;合并分立的可行性分析;合并与分立后存续公司的章程修改事项或新设公司章程需载明的内容;合并与分立时换

股比率;合并与分立各方的资产、债权、债务状况及处理办法;合并与分立后的存续公司或新设公司股份总数、种类和数量;有关合并与分立的其他条款。

　　——股东大会作出合并与分立决议。通过董事会将合并方案提交股东大会讨论,并由股东大会作出是否批准决定。我国《公司法》规定,股份公司的合并与分立属于股东大会的特别议决事项,必须取得出席会议的股东所持表决权的2/3 以上同意。

　　——报经有关部门审批。股份公司合并须经国务院授权部门或省级人民政府批准,涉及发行或变更股票的必须经中国证监会批准。相关行业的归口审批是:涉外经济技术合作公司合并与分立由商贸部审批;建筑行业由国家发改委审批;旅游业由国家旅游局审批;房地产开发业由建设部审批;金融业由中国人民银行审批;技术咨询、开发、转让公司合并由国家科委审批;航空公司由民航总局审批;医药卫生业由卫生部审批;新闻出版业由新闻出版总署和中共中央宣传部联合审批;法律业由司法部审批;交通运输业由交通部审批等等。

　　——编制资产负债表和财产清单。公司现有资产的借贷状况应明确记载于资产负债表中,公司所有动产、不动产、无形资产、债权债务以及其他资产都必须依照一定的会计方法记载于财产清单中。资产负债表和财产清单均应按照《公司法》的规定备置于公司,以备债权人查阅。

　　——签订合并与分立协议。合并与分立方案报经国家有关部门批准后,参与合并与分立的各方签订合并与分立协议。合并与分立协议一般应包括的内容是:合并各方的名称、住所;合并与分立后存续公司或新设公司的名称、住所;合并与分立各方的资产状况及处理办法;债权债务状况及处理办法;存续公司或新设公司股份总数种类及数量合并与分立时的换股比率(即对解散公司股东所持的股份,进行兑换时用什么样的股票和多少数量进行分摊);存续公司章程的修订或新设公司章程的签订;不同意合并与分立的股东的股份处理办法;进行合并与分立的具体时间安排:合并与分立各方认为需要载明的其他事项,合并协议拟订好后,合并各方应将合并协议交由董事会和股东大会讨论通过后再签署。合并与分立协议的内容不得违反法律、法规,否则协议无效。

　　——通知债权人。股份公司应自作出合并与分立决议之日起法定时间内通知债权人,并于法定时间在报纸上公告。债权人自接到通知书之日起法定时间内,未接到通知书的有权要求公司清偿债务或者提供相应的担保。不清偿债务或者不提供相应担保的,公司不得合并与分立。在规定的期限内债权人未提出异议,视为承认合并与分立。完成了上述程序之后,公司即可进行合并,移交财产。在此基础上,合并与分立后存续公司召开股东大会,公司代表人报告合并经过,需要修改公司章程的,对公司章程修改作出决定。需要重新组建董事会、监事会的,对董事会、监事会的组成及议事规则作出决定,并选举董事会成员和监事会成员。合并后新设公司应召集创立大会,由各公司推举的设立委员报告合并经过,通过新设公司章程,选举董事会成员和监事会成员以及其他议决事项。

　　——办理合并与分立登记手续。根据我国《公司登记管理条例》,合并与分立后存续公司登记事项发生变化的,应当申请变更登记;因合并与分立而新设的公司,应当申请设立登记。而解散的公司,应当注销登记。

第二节　实行资本的增加和减少制度

一、实行增加资本制度

　　我国大型国有经济主体改制公司增加资本,简称"增资",是指公司为了筹集资金,依照法定程序增加公司的股份总数。股份公司增资主要是为了扩大经营规模、增添新设备、增加房地产等固定资产、扩充投资领域等。增资的方式主要为:发行新股、增加股份金额、公司债转换成公司股份、公积金拨充资本、公司增值补充资本。

　　我国大型国有经济主体改制公司增资必须遵循法定程序:

　　——董事会制定增资的方案。在经过增资必要性和可行性论证后,董事会制定增资方案,对增资的原因、增资的目的和用途、增加的资本或股份数额、增资的具体办法、增资的时间和安排等事项作出规定;

　　——股东大会作出增资决议。董事会将增资方案提交股东大会讨论,由股东大会对增资作出决议;修改公司章程。由于股份增资时必然使公司章程规定的注册资本发生变更,因此,股份公司增资时,必须依法修改公司章程中有关注册资本及股东认缴出资的条款;

　　——报经有关管理部门批准。股份公司增资的,报经国务院授权部门或省、自治区、直辖市人民政府批准;以募集方式增加注册资本的,还应当报经中国证监会批准;

　　——进行变更登记。根据《公司登记管理条例》的规定,公司增资的,应当自股款缴足之日起,向公司登记机关申请变更登记。申请变更登记时,应当向原公司登记机关提交公司法定代表人签署的变更登记申请书;依照《公司法》作出的变更决议或决定,提交修改后的公司章程或者公司章程修正案。此外,公司增资还应当提交具有法定资格的验资机构出具的验资证明;提交国务院授权部门或者省、自治区、直辖市人民政府的批准文件;以募集方式增加注册资本的,还应当提交国务院证券管理部门的批准文件。公司增资后应当在法定时日内申请变更登记。

二、实行减少资本制度

我国大型国有经济主体改制公司减少资本,简称"减资",是指依照法定程序减少公司的股份总额。股份公司减资的原因主要有:一是公司剩余资本过多。公司资本过多,形成过剩,再保持不变,就会导致资本在公司中的闲置和浪费,不能发挥资本效能,同时也增加了分红的负担。公司通过把过剩的资本退还给股东而减少公司资本,提高资本利用率。二是公司严重亏损,导致其注册资本与实有资产差距过大,公司资本已失去应有的证明公司资信状况的法律意义,股东也因公司连年亏损得不到应有回报。公司减少注册资本以保证注册资本和其他资产的一致,同时以使资本有可能进行利益分配。公司减少资本后的注册资本不得低于法定最低限额。公司减资的方法主要有:减少股份数额、减少股款数额和同时减少股份及股款。

公司的减资直接涉及股东利益,同时直接影响到公司债权人的利益,因此,公司减资必须遵循更为严格的法律程序:董事会制定减资的方案。在经过减资必要性和可行性论证后,董事会制订减资方案,对减资原因、减资的动机和目的、减资的方法、减少的资本或股份数额、减资的具体办法和时间安排等事项作出规定;股东大会作出减资决议。董事会将减资方案提交股东大会讨论,由股东大会对减资作出决议;编制资产负债表和财产清单;修改公司章程;通知债权人。公司应当自作出减少注册资本决议后的法定时日内通知债权人,进行变更登记。根据《公司登记管理条例》的规定,公司减少资本,应当自减少注册资本决议或决定作出后的法定日内向公司登记机关申请变更登记。申请变更登记时,应当向原公司登记机关提交公司法定代表人签署的变更登记申请书。依照《公司法》作出的变更决议或决定,提交修改后的公司章程或者公司章程修正案。此外,还应当提交具有法定资格的验资机构出具的验资证明;提交公司在报纸上登载公司减少注册资本公司和公司债务清偿或者债务担保情况说明。

第三节 实行破产、解散与清算制度

一、实行破产、清算制度

我国大型国有经济主体改制公司与自然人有出生和死亡一样,也有取得法人资格和因某种原因而失去法人资格的情况。股份公司法人资格消失的程序包括破产和解散两种,公司一经被宣告破产或者因某种原因而解散,该公司即停止其对外的业务活动,依法组成清算组进行清算。清算程序完成后,公司的法人资格即告消失。

我国大型国有经济主体改制公司破产,是指公司不能清偿到期债务,而被法院宣告进入破产还债程序的状态。"公司不能清偿到期债务"成为股份公司破产的原因或界限。这一界限由于衡量标准不止一个在实践中法院很难操作。因此有必要对破产界限的衡量标准加以规定。一般认为《公司法》所规定的达到破产的标准是所谓的"现金流量标准",即只要公司不能支付到期的金钱债务,即使它的资产超过它的负债,也达到破产界限。因为没有理由要求债权人等待股份公司出售它的资产变为现金。这一标准便于法院掌握。公司债权人申请法院裁定公司破产,并不表明法院必须因此宣告该公司破产。管辖法院可以考虑到各种因素,如公司取得担保,承诺在一定期限内(我国法律规定是自破产之日起六个月内)清偿债务;公司股东追加投资;公司可能得到融资等,而不作出破产宣告裁定。

公司破产必须遵循的程序是:

——提出破产申请。破产申请可以由股份有限公司的债权人提出或者股份有限公司提出。我国大型国有经济主体改制公司的债权人请求法院宣告股份公司破产的,应当提出申请书。我国大型国有经济主体改制公司在经营过程中亏损严重,并确已不能清偿到期债务,股东不愿意继续支持,外部也没有融资可能时,经公司讨论,拟订破产方案,交股东大会讨论,经出席会议的股东所持表决权的 2/3 以上通过,作出破产决议。由于公司的破产涉及众多投资者的利益,因而法律规定其申请破产前应向国务院授权的部门或省、自治区人民政府报批,涉及股票有公开发行的,还应报中国证监会批准,经批准后,由股份有限公司的法定代表人根据公司股东大会决议向法院申请破产。

——破产申请的管辖和受理。破产申请的管辖法院为债务人所在地的人民法院,破产申请的受理是指人民法院对债权人或债务人提出的破产申请进行审查,对符合受理条件申请予以立案。人民法院收到破产申请后,立案受理。

——债权人会议。债权人会议是公司的债权人按照人民法院的通知或公告而组成的表达债权人共同意见、讨论决定有关破产事项参与破产程序的临时性组织。债权人会议由全体债权人组成。债权人会议有以下职权:审查有关债权的证明材料,确认债权有无财产担保及其数额;讨论通过和解协议草案;讨论通过破产财产的处理和分配方案等。债权人会议通过表决行使职权,表决的程序因表决事项不同有所区别。对于一般事项,需由出席会议的半数以上的有表决权的债权人同意,并且这些债权人所代表的债权总额应占有财产担保债权总额半数以上,否则决议无效;对于和解协议草案的通过,则需超过总债权人的半数同意,其所代表的债权总额,需占无财产担保债权总额的2/3以上。债权人会议依照法定程序表决作出的决议,对全体破产债权人发生效力。

——破产宣告和破产解散。破产宣告是指受理破产案件的法院,经审查,对符合条件的破产案件,以裁定的方式宣告债务人破产的法律行为。法院宣告债务破产的裁定后,开始破产清算程序。

——破产宣告和破产清算。破产宣告是指受理破产案件的法院,经审查,对符合条件的破产案件,以裁定的方式宣告债务人破产的法律行为。法院宣告债务破产的裁定,自宣告之日产生以下几方面的法律效力:作为债务人的股份有限公司从破产宣告之日起丧失对公司财产的管理处分权,由清算组织接管公司;对破产股份公司未履行的合同,由破产清算组决定解除或继续履行;破产宣告之日起开始破产清算程序。破产清算由清算组执行。破产清算组是在破产宣告后,由法院指定的人员组成,负责接管破产的股份公司以及负责破产财产的保管、清理、估价、处理和分配的临时性机构。包括接管破产企业的全部财产并负责对其进行保管、清理、估价、处理和分配;接管破产企业移交的与破产财产有关的账册、文书、资料和印章等;决定是否履行破产企业未履行的合同;对破产财产、破产债权进行清理、登记造册和评估;以清算组名义代表破产企业进行必要的民事活动、诉讼活动;提出破产财产的处理和分配方案并提交债权人会议讨论通过。

——破产程序的终结。破产程序在出现以下情况之一时终结:达成和解协议后,公司如期执行和解协议;破产财产不足以支付破产费用;破产财产分配完毕。破产程序终结,可由清算组向法院申请,也可由法院直接依职权裁定。

二、实行解散清算制度

我国大型国有经济主体改制公司的解散是指公司法人资格的消失。

公司可能因下列原因而解散：

1. 公司章程规定的营业期限届满或者公司章程规定的其他解散事由出现。对于营业期限，我国《公司法》没有具体规定，一般在公司章程中可以约定。营业期限届满，股东不愿继续经营或达不成协议，公司即告终止。其他解散事由《公司法》未作列举规定，股东可在公司章程中加以约定，如可以约定经营条件发生重大变化、公司设立宗旨已经完成、公司设立宗旨无法实现、发生不可抗力、公司重要股东消亡、公司亏损达到一定的数额等，作为公司解散事由。

2. 股东大会决议解散。当股东们认为公司继续存续下去已没有实际意义或对其没有利益时，可以通过股东大会以特别决议的形式决定解散公司，我国《公司法》规定，公司股东大会对解散公司作出决议，必须经出席会议的股东所持表决权的 2/3 以上通过。

3. 合并。公司因合并而解散是一种法定解散情形，新设合并时，原来的公司均告解散；在吸收合并时，被吸收的公司解散。

4. 分立。公司因分立而解散也是一种法定解散情形，在新设分立时，一家公司分立为两个以上的公司，原公司解散。

5. 公司违反法律、行政法规被依法责令关闭而解散。公司违反法律、法规危害社会公共利益时，可能被人民法院或政府有关部门依法撤销。

公司的解散需履行法定程序。公司的解散，除因公司合并或者分立解散，不经过清算程序以外，因其他原因解散的，都必须依法进行清算，以防止公司借解散而隐匿财产、逃避债务，损害债权人和股东权益。在清算程序履行完毕后，公司的法人资格才归于消失。

公司解散需遵循的清算程序：

——成立解散清算组。由于公司解散的原因不同，清算组的组成方法也不相同。由于公司章程规定的营业期限届满，或者公司章程规定的其他解散事由出现以及股东大会决定解散。公司应当成立清算组行使下列职权：清理公司财产，分别编制资产负债表和财产清单；通知并公告债权人；处理与清算有关的公司未了结的业务；清缴所欠税款；清理债权、债务；处理公司清偿债务后的剩余财产；代表公司参与民事诉讼活动。通知并公告债权人。清算组应当法定时日内通知债权人,债权人应当在法定时日内向清算组申报其债权。清算组应当对债权进行登记。

——清理财产,确定清算方案。清算组成立后应当及时对公司的财产进行清理,编制资产负债表和财产清单,以确定公司现有财产、债务数额及种类。清算组根据债权人申报的债权以及资产负债表、财产清单所确定的公司财产及债务,制定如何将公司实物转换为货币、如何清偿债务、如何分配公司财产等为内容的清算方案,并将清算方案报股东大会或者有关主管机关确认。

——分配财产。按照我国《公司法》第 187 条第二款的规定,公司财产能够清偿公司债务的,应按下列顺序处理公司财产:①支付清算费用;②支付职工工资和劳动保险费用;③缴纳所欠税款;④清偿公司债务。公司财产在清偿公司债务后还有剩余的,应当按照股东持有的股份比例,将剩余财产全部分配给股东。

——制作清算报告并报经股东大会或者有关主管机关确认。公司清算结束后,清算组应当将如何进行清算、如何偿还债务、如何分配剩余财产等情况写成书面清算报告,并报经股东大会或有关主管机关确认。

——办理公司注销登记。清算组应当将已经确认的清算报告报送公司登记机关,申请注销登记,公告公司终止。不申请注销登记的,由公司登记机关吊销其营业执照,并予以公告。

第九章　我国大型国有经济主体的治理结构制度改造

把我国大型国有经济主体改造成股份制企业或公司(包括股份有公司和有限责任公司)和股份制企业集团,还必须把原有企业的所有权与经营权职能、机构合一、经营权职能、机构不能专门化、独立化的企业治理结构制度,改造成企业所有权与经营权职能、机构明确分开,经营权职能、机构专门化、独立化的企业治理结构制度。实行股东会——董事会——经理人——监事会企业组织管理机构制度和股份制企业的内部的人事管理和激励约束制度。

本章分析研究我国大型国有经济主体进行股份制改造,实行股东会——董事会——经理人——监事会企业组织管理机构制度和股份制企业的内部的人事管理和激励约束制度的意义、具体思路、对策和政策问题。

第一节　组织管理机构设置的原则

一、所有权与经营权的分离原则

在我国大型国有经济主体改制股份制企业——公司内部,所有权被分解了,股东凭借其出资证书(股票、股权证)拥有对企业财产的终极所有权,具体体现在通过股东大会选举董事会和监事会领导及监督公司事务,有权按股份获取红利。由股东投资形成的公司财产由董事会支配,形成法人财产权。经理则负责公司的日常经营管理事务,这样就形成了所有权与经营权的分离。

所有权与经营权的分离,使产权主体由原来单一主体分裂成自然人和法人主体。前者是投资者,在公司里是股东,后者是企业,也就是公司。作为投资者,股东享有所有权。股东所有权的实现形式表现为获取资本收益,显然,所有权的这种实现形式和借贷条件下所有权的实现形式是不相同的。股东所有权的实现形式还表现为,股东参加股东大会,选举董事会。董事会是公司的法人机关,行使公司发展战略方面的决策权。公司的日常经营管理活动由董事会聘任经理行使。这样,一方面股东作为所有者并不直接参与企业经营管理事务;另一方面,它对行使公司发展战略决策的董事会,又有选举权,因而,从某种意义上说,它又对公司的经营管理有一定影响,虽然这种影响是有限的,但它或多或少是具有影响力的。因此,在设置公司组织管理机构时,就必然遵循所有权与经营权分离的原则。

二、分权制衡原则

我国大型国有经济主体改制股份制企业——公司组织管理机构的设置,还应遵循重大问题的决策权、管理权、监督权分别由不同机构和人员行使并相互制衡的原则。

重大问题的决策权赋予公司的权力机关——股东会;公司的经营决策和业务执行权赋予公司的董事会。除此之外,在公司业务和财务的监督权享有方面,采取单轨制的英、美国家,监督权由享有经营权的公司董事会享有。董事会内部分为两种董事:一为执行董事,负责公司的日常经营管理业务;一为一般董事,负责对公司业务经营的监督。采取双轨制的德、法等国对公司的监督分别由监事会(或监察委员会)负责。也有人认为,监察人独立存在能达到经营与监督的特别制衡目的,能减少经营机关之专断、越权,以免经营权的滥用。

"分权制衡"式的组织机构旨在突出公司决策和经营上的民主化、科学化,使公司在独立有效地组织生产和经营的前提下达到维护股东利益的目的。但"分权制衡"在突出民主决策、管理的同时,也存在对效率不够重视的问题。公司运行实务中股东会和监事会权力的削弱以及董事会和经理会权利的不断扩张趋势,为实际上是公司业务经营对公司组织机构方面效率要求的内在冲动的外部表现。

三、民主管理原则

我国大型国有经济主体改制股份制企业——公司是由不同股份的股东投资入股组建的,因而各股东对公司的管理、分配享有公开、公平的权利,实行民主管理原则,就能充分实现股东的权利。公司的股东,一般以表决权形式对公司的经营决策、管理机构成员变动发表意见,监督公司经营管理者的经营行为,要使股东很好地履行这一权能,就需要有相应的组织保证,这就要求我们在设置公司组织管理机构时,必须贯彻实行民主管理原则。一般包括:(1)股东应有权依照《公司法》选择董事会成员、经理机构成员等。所谓依法选择公司领导班子成员,一是在确定公司领导时,必须尊重股东意见,真正由股东确定经营者,而不是由上级部门委派。二是在市场经济条件下,公司可在人才市场上招聘到适合本公司经营特色的经营管理人才,担任本公司经营管理职务,并要采取适当方式取得股东的意愿,得到多数股东的支持和信任。(2)决策民主。由于市场经济风险的残酷性,公司的经营决策权组织中,虽不乏经营专家的精明决策,但也要考虑股东代表人选,因为他们真正代表着股东的利益,也可从另一方面督促决策者们努力工作,提高决策的科学性。(3)监督民主。这种监督是互相的,经营者监督股东、公司职工,公司职工也监督着经营者。股东大会、董事会、经理、监察人之间的互相监督,使公司的经营秩序处于有序状态,从而提高公司的凝聚力和战斗力,在市场竞争中处于常胜之中。

四、集体领导与分工负责相结合原则

由于我国大型国有经济主体改制股份制企业——公司具有"两权分离"、"三权分立"的特点,因而在设置其管理机构时,还必须坚持集体领导与分工负责的原则。

集体领导是公司管理发展的客观必然,资本主义国家的公司领导体制也曾经历了由个人领导向集体领导转变的过程。在商品经济时代,公司规模狭小,生产商品成为人们生产的主要目的,领导活动可由少数几个人甚至一人承担。随着市场经济的发展,人们不再是为商品而生产,而是为经营而生产,生产与经营关系的密切结合,使那种单枪匹马式的领导制度失去了光彩,代之而起的是和谐统一的集体领导制度。因此,公司的联合股东、合作生产、共同经营的特性,要求在设置其组织管理机构时,又必须贯彻集体领导原则。

在市场经济条件下,公司经营业务的广泛性、多样性,使各种经营决策取决于大量的信息资源和不同才智人员的集体智慧,单方面的信息量和个人的才智往往是有限的,因而更显示出集体领导力量的重要性。当然,从公司内部管理而言,不同部门、不同工种的人员,又具有各自的工作特点和工作责任,而社会化大生产的相关性,将促使公司内部各机构成员职责分明,权限清楚,使责、权、利有机结合起来,使公司机构成为高效运转的组织管理机构。因此,为使公司的经营

管理决策具有科学性,正确决策能得以贯彻实施,在设置组织管理机构时,就必须贯彻集体领导与分工负责的原则,以使公司内部机构运转有力。

第二节　股东会的设置

一、股东会的权利与义务

依照我国《公司法》规定,我国大型国有经济主体改制股份制企业——公司股东会应由股东组成。股东的权利和义务是随认股或股票的所有权的获得而获得,丧失而丧失的。公司的股东既享有一定的权利,同时又对公司承担着有限责任。股东的责任就是出资,股东只承担自己持有股份认购价格的资本(资金)数额,而对公司的债权人和公司都不承担其他任何责任。股东的股份投资,必须在公司成立以前或新股发行效力发生以前缴清股款。一旦股份认定并缴纳股款而成为股东后,他的责任也就尽完了。但是,依据《公司法》规定,股东权利一般包括:

1. 管理权。指公司通过股东大会直接委派或执行业务,股东根据自己所持有的股份按比例所得的选票行使权力。每股拥有一票,通过大会选任董事会和监事会成员、修改章程、决定是否增加资本(资金)或发行公司债券,批准年度账目,分配盈余等。

2. 检查权。指为了了解情况,以便提出意见和进行正确投票,股东有取得有关企业活动和盈亏的一切必要资料的权利,并可随时了解公司经营活动的进展情况,以及主要子公司的经营状况。

3. 股息权。指股东在每一会计年度终了时对公司盈利分配的权利。一般是先由董事会按照《公司法》和公司章程提出分配计划,再经股东大会表决通过。股东的这部分红利是以股息形式交付的,股息可一次交付,也可以分期交付。除优先股等特别股外,所有股票是相等的。

4. 公司财产权。指股东对公司的净资产,即全部财产扣除债务后享有每股相等的权利。因此,在公司清算时,在出让公司财产和扣除清偿债务后的余额,各股东之间有按每股均等分享的权利。一个公司经过经营使财产增值了,则公司在资本上升值了,原股东对财产享有优先权,体现在公司的新股认购权或财产分配权上。

建立在股东资格基础上的股东表决权制度,是股东大会制度的重要组成部分。公司的股东是通过行使表决权行使其股东权的,表决权是股东对股东会议提案表示赞成或反对的权利。普通股的股东都有表决权,各股东的表决权以股份的多少为标准,以每一股有一表决权为原则。即股东表决的基础以按资分配为标准,或在所有股票一律平等的前提下,每股份一票,而不是每个股东一票。为了保护众多小股东的利益,可采取如下两种方式限制大股东可能出现的、操纵投票行为:一是通过公司章程规定股东股票数超过一定数量时表决权采用相应递减的原则,如合几股拥有一个表决权;或规定每个股东的表决权不允许超出全体股东表决权的一定比例数。二是允许股东按照应选董事的人数把全部票数集中投于他所愿意选举的董事名下,即累积投票。如某公司的一个股东拥有 50 股股票,而应选董事为 10 名,则该股东总共拥有 500 票(50×10),按照累积投票法,他可以将全部票集中投于他所选择的一名董事名下,这样则可兼顾少数股股东的意愿。

二、股东会的设置及职权

我国大型国有经济主体改制股份制企业——公司股东会又叫股东大会或股东会议,它是公司的最高权力机构,应由全体股东参加。在特殊情况下,可由股东代表参加。股东会一般应有四种形式:

1. 公司成立大会。通常应在公司筹备完成后,按《公司法》规定召开股东大会,通过公司章程,审议公司筹建创立报告,选举董事,确定公司管理机构等事项。

2. 股东年会。按《公司法》规定,股东大会应当每年召开一次年会,审议公司董事会提出的经营报告及资产负债表,讨论下年经营计划方案,选举董事和修改公司章程;讨论股息、红利的分配方案。此外,如果该公司一年有一会计年度就应召开一次股东大会,有两个会计年度,就应召开两次股东大会。

3. 临时股东大会。这是公司遇到紧急问题时,需召开临时股东大会予以解决。根据《公司法》规定,董事会成员不足法定最低人数或者公司章程所定人数的 2/3 时;公司未弥补的亏损达股本总额时;持有公司股份 10% 以上的股东请求时;董事会认为必要时;监事会提议召开时。上述任一情况下,均可召开临时股东大会,但临时股东大会不得对通知中未列明的事项作出决议。股东大会由董事会负责召集,由董事长主持。召开股东大会,应将会议审议的事项于会议召开 30 天以前通知各股东。

4. 特别股东大会。当公司事务只涉及某一种类股份的股东权利时可召开有关股东的特别会议进行议决。如解决优先股股东权利方面的问题,可召开优先股股东大会;或根据股东的特别要求和目的,召开特别股东大会。

我国大型国有经济主体改制股份制企业——公司股东大会是股东行使权力的时机和场所。股东大会的具体职权包括:决定公司的经营方针和投资计划;选举和更换董事和由股东代表出任的监事;决定有关董事、监事的报酬事项;审议批准董事会的报告,公司的年度财务预算方案和决算方案,公司的利润分配方案或弥补亏损方案;对公司增加或减少注册资本,发行公司债券和公司合并、分立、解散、清算等事项作出决议;修改公司章程等。

股东大会的召集和会前准备。股东大会应当每年召开一次年会,遇有特殊情况,可依法召开临时股东大会。股东大会由董事会召集,由董事长主持。董事长因特殊原因不能履行职务时,由董事长指定的副董事长或其他董事主持。会前30天应将会议审议事项通知股东。临时股东大会不得对通知中未列明的事项作出决议。发行无记名股票的,应当于会议召开45天以前就会议审议事项作出公告。无记名股票持有人出席股东大会的,应当于会议召开5日以前至股东大会闭会时止将股票交存于公司。

股东出席股东大会,所持每一股份有一表决权。股东大会决议,是依出席股东大会的股东所持每一股份有一表决权的原则作出的,一般事项,持半数以上表决权的出席股东同意即可通过;特别事项,如公司合并、分立或解散的决议,修改公司章程,必须经出席会议的持2/3以上表决权的股东通过方为有效。股东可以委托代理人出席股东大会,代理人应当向公司提交股东授权委托书,并在授权范围内行使表决权。股东大会的决议违反法律、行政法规,侵犯股东合法权益的,股东有权向人民法院起诉,要求停止该违法行为或侵害行为。

由于股东会是一种非常设机构,在股东会闭会期间,公司的最高权力机构是董事会,因而股东会审议的各种报表、报告、议案均是由董事会给予准备的。这样,在一般情况下,董事会应是股东会议的召集者。但为了防止董事会抵制股东意见或以种种不端行为侵犯股东权益,则有必要建立由法定少数股东召集股东会议的制度,即如果董事会在一定时期内不召集股东会时,可由地方政府主管部门批准法定少数股东自行召集股东会议,或由法院责令其召开股东会议。

第三节　董事会、监事会和经理机构的设置

一、董事会设置

我国大型国有经济主体改制股份制企业——公司董事会是公司的经营决策和业务执行机构。设立董事会的目的是将资产的所有者与经营者分离,赋予经营者以充分的自主权,使有才能的经营者能够更好地对公司财产进行经营管理。依照《公司法》规定董事会由创立大会或股东大会选择的全体董事组成。

董事会应设董事长 1 人,可以设副董事长若干人。董事长和副董事长由董事会以全体董事的过半数选举产生,董事长为公司的法定代表人。

由于公司经营活动是经常性、有序性的,公司的经营决策活动则必定是经常的,而董事会正是按照股东会决议和公司章程及国家法令进行经营决策的组织机构,因此它就必然成为一种常设机构。当然,我国公司章程中规定可设常务董事会。常务董事会在董事会休会时,应按法令、章程、股东会议决议、董事会决议行使董事会职权。在设常务董事会的公司中,董事会似乎就不是常设机构了,但是,常务董事会本身只是董事会的常务机构,所以从董事会的组成部分这一意义上说,董事会仍是一种常设机构。

同时,董事会又是一种会议机构,是董事行使表决权以形成公司各种决议的场所。通常情况下,原则上应有董事成员过半数以上出席、出席董事过半数以上同意的决议才能执行。常务董事会在董事会休会期间经常进行决策决议,而在进行特别重大事项决策时,则应有 2/3 以上常务董事会成员出席,并有半数以上出席人数通过的决策才能执行。因而它又是一个实行集体决策的组织机构。

我国大型国有经济主体改制股份制企业——公司董事的任期应由公司章程规定,但每届任期不得超过 3 年。董事任期届满,连选可以连任。组成董事会的董事,可以是本公司股东,也可以是非股东。董事会内分为两种董事,一为执行董事,负责公司的日常经营管理业务;一为一般董事,负责对公司业务经营的监督。

根据《公司法》第 57 条规定,有下列情形之一的人员,不得担任公司的董事:①无民事行为能力或者限制民事行为能力;②因犯有贪污、贿赂、侵占财产、挪用财产罪或者破坏社会经济秩序罪,被判处刑罚,执行期满未逾 5 年,或者因犯罪被剥夺政治权利,执行期满未逾 5 年;③担任因经营不善破产清算的公司、

企业的董事或者厂长、经理,并对该公司、企业的破产负有个人责任的,自该公司、企业破产清算完结之日起未逾3年的;④担任因违法被吊销营业执照的公司、企业的法定代表人,并负有个人责任的,自该公司、企业被吊销营业执照之日起未逾3年的;⑤个人所负数额较大的债务到期未清偿。公司违反前款规定选举、选派的董事无效。另据第58条规定,国家公务员不得兼任公司的董事。

　　同时,为规范公司负责人的行为,防止其滥用职权损害公司、股东和其他利害关系人的利益;《公司法》规定了公司负责人的一系列义务及违反义务时应承担的责任。①遵守公司章程的义务。②忠实履行职责和维护公司财产的义务。③董事、经理的竞业禁止义务。《公司法》第61条规定,董事、经理不得自营或为他人经营与其所任职公司同类的营业或者从事损害本公司利益的活动。从事上述营业或活动的,所得收入应当归公司所有。董事、经理除公司章程规定或者股东会同意外不得同本公司订立合同或进行交易。④保守公司秘密的义务。⑤董事、经理不得将公司资金借贷给他人的义务。⑥董事、经理不得以公司资产为本公司的股东或者其他人债务提供担保的义务。⑦损害赔偿责任。《公司法》第63条规定,董事、监事、经理执行公司职务时违反法律、行政法规或公司章程的规定,给公司造成损害的,应当承担赔偿责任。⑧决策失误时对公司的赔偿责任。

　　此外,董事会由董事组成,董事会受股东委托管理企业生产经营业务,因此,董事是企业的高级管理人员,是公司里最具权威的管理者,他们的聪明才智、文化修养、道德行为、综合素质对公司的成败优劣至关重要。他们必须是股东意志和愿望的反映者,股东利益的代表者和保护者。

　　依据我国《公司法》规定,我国大型国有经济主体改制股份制企业——公司董事会应具有下列职权:负责召集股东大会,并向大会报告工作;执行股东大会决议;决定公司的经营计划和投资方案;制订公司的年度财务预算方案和决算方案;制订公司的利润分配方案和弥补亏损方案;制订公司增加或者减少注册资本的方案以及发行公司债券的方案;拟订公司合并、分立、解散的方案;决定公司内部管理机构的设置;聘任或者解聘公司经理,根据经理的提名,聘任或者解聘公司副经理、财务负责人,决定其报酬事项;制定公司的基本管理制度。

　　公司的股东会由董事会召集,在特殊情况下可由董事会批准股东自行召集,或由地方主管机关批准股东自行召集,或由监察人、清算人员召集。董事会在所召集的股东会上,应负责将该年度企业经营情况向股东大会提出书面报告,并将企业的章程、资产负债表、损益表及股东名册、企业债券存根等随时备置齐全,让股东和债权人随时抄录以便检查和监督公司搞好经营,以维护股东和债权人的利益。

董事会对股东会通过的任何决议都有执行的义务和责任。如果董事会不执行股东会的决议,股东应有权改组董事会。其方式有:①股东可以联合起来通过表决法程序罢免董事,改组董事会;②股东可以转让股票,使公司股票价格下跌,恶化公司经营状况,迫使公司改组董事会;③股东可以通过与其他公司联系,让其大量收购原公司股票,迫使原公司破产、倒闭。

公司的经营方向和重大经营策略,中长期发展目标计划,非一般性的交易活动和除国家法令、公司章程必须由股东会决议以外的其他重要事项等,均应由董事会决议批准,其执行结果也应由董事会向股东大会作出报告。由于公司每年的盈亏情况不同,股利分配和弥补亏损的情况也就不一,因此,某年度是否分配股息和红利,如何分配,如何弥补经营亏损,这些都应由董事会根据《公司法》规定和公司章程提出方案,交股东大会讨论决定。

在实行授权资金制度下,公司设立时只需在其章程中写明注册资金,即股份总数和设立时已发生或认购的股数,其不足部分则在公司成立后,由董事会依据公司发展需要随时发行新股,或募集新股以补足差额。但是,申请发行公司债券虽由董事会决定,却不需经过股东会的同意,因为它不影响公司的注册资金。即使公司增发新股时,也必须经股东会讨论决定,并要修改公司章程,进行修改章程登记。

董事会在行使职权时应受到一定的监督制约,以提高公司的经营管理质量。这些制约包括:董事会作为公司的代理人不得从事公司经营业务范围以外的活动,董事会在行使职权时不得超过公司授予的具体权限范围之外;如果股东会的决议和董事会的决议相冲突,一般以前者为准,股东会可以否决董事会的决议,直至董事会被解散。

我国大型国有经济主体改制股份制企业——公司董事会是公司的经营决策和业务执行机构。为了保证董事会的决议能够代表大多数股东的利益,有利于公司的经营,《公司法》对董事会会议的召集和作出决议的程序做了较为严格的规定:

——董事会会议分为定期会议和临时会议。定期会议每年度至少召开两次。董事长应当按照公司章程规定的通知方式,将每次会议的时间、地点、讨论事项等,在会议召开10天以前通知全体董事。在某些情况下,如经董事请求时,董事会应当召开临时会议。临时会议的通知方式和通知时限,由公司章程规定或由董事会确定:董事会会议应由1/2以上的董事出席方可举行。如果出席董事会会议的董事不足全体董事的半数,董事会就不能召开;董事会作出决议,必须经全体董事的过半数通过;董事会会议应由董事本人出席。董事因故不能出席,可以书面委托其他董事代为出席董事会,委托书中应载明授权范围;董事会应当对会议所议事项的决定作成会议的记录,由出席会议的董事和记录员在会议记录上签名;董事应当对董事会的决议承担责任。董事会的决议违反法律、行政法规或者公司章程,致使公司遭受严重损失的,参与决议的董事对公司负赔偿责任。但经证明在表决时曾表明异议并记载于会议记录的,该董事可以免除责任。

二、监事会设置

我国大型国有经济主体改制股份制企业——公司监事会应是指公司依据《公司法》及公司章程规定的要求所设立的,对公司经营活动依法进行监督的常设机构。监事会一般由股东大会选出,并代表股东大会执行监督的职能,负责监督董事会及其执行机构的业务活动及财务活动,以确保董事及经理们依法按照公司章程正确有效地行使职权,而不是滥用职权。监事会一般不参与公司业务的决策和管理,而仅起一般的监督作用。为了实施有效监督,董事会及总经理必须定期向监事会报告公司的决策、盈余、分配、投资、人事等情况,公司所有重大问题都要向监事会报告或向监事会主席报告。但监事会只能阻止董事会或经理的违法业务活动,却不能超过其授权范围,进行违反股东大会决议的活动。

监事会是公司的内部监督机构,其职责是对董事会的活动及公司的业务进行监督。股东大会、董事会和监事会三个机构之间既相对独立,又相互制衡,既使经营者有充分的自主权,又保障资产所有者的利益。监事会成员不得少于3人,由股东代表和适当比例的公司职工代表组成,具体比例由公司章程规定。监事会中的股东代表由股东大会选举产生;职工代表由公司职工民主选举产生。规定监事会中必须有职工代表是因为我国是社会主义国家,职工在企业中具有重要的地位和起着不可忽视的作用。公司的董事、经理及财务负责人都不得兼任监事。监事的任期每届为3年,任期届满,连选可以连任。监事会成员的任职资格限制,与《公司法》中对董事所作的规定相同。

由于公司股东的财产是委托董事会经营的,公司财产经营管理的实权相对集中于董事会,使得少数董事手中的实际权力很大,有时可能会专断行事,滥用职权,违反股东的意愿,损害股东的利益,因而,客观上需要对董事会的行为和经营活动进行必要的检查监督。同时,我们虽然在公司组织管理机构设置中赋予了检查、监督董事行为及董事会活动的权利,而在股东与董事之间、专业知识和经营时间、空间等方面却存在很大差别。①由于股东经营公司业务的知识、才能和经验等素质远不及董事、经理,因而缺乏对董事、经理及管理机构行为行使监督的能力。②由于股东是通过股东会行使表决权,对董事、经理及管理机构行使监督职能,股东开会时间极少,而董事、经理及管理机构在公司经营活动中经常行使职权,使得股东行使表决权的时间和董事、经理等行使职权的时间差别很大,因而股东缺乏对董事、经理及管理机构的行为行使充分监督的时间。③由于股东相当分散,其职业或居住地方相当宽广,并且往往因自己的事业无法脱身而不能经常行使对董事会的监督权,从而对董事、经理及董事会的行为监督不力,其监督职能的空间条件不完备。鉴于这诸种原因,股东们实际上不能完全履行他们对董事、经理和董事会行为的监督职能。故而在客观上需要选任股东代表和一些具有专门知识才能及富有实践经验,又有能力对公司经营状况随时进行检查监督的人成立专门的监督机构,以对董事、经理和董事会的行为实行全面监督。

公司监事会的组成成员包括:①股东代表,包括国家、集体和个人股东代表,他们直接参加监事会能起到直接维护企业和股东权益的作用。②精通公司企业经营管理业务、会计、审计业务及法律事务等专业知识的人才,他们参加监事会有利于解决监察事务的技术问题。③职工代表,他们参加监事会,既有利于对董事和董事会的行为实行群众性的全面监督,又有利于加强股份合作制企业的民主管理。

按我国《公司法》规定,我国大型国有经济主体改制股份制企业——公司监事会应行使下列职权:检查公司的财务;对董事、经理执行公司职务时违反法律、法规或者公司章程的行为进行监督;当董事和经理的行为损害公司的利益时,要求董事和经理予以纠正;提议召开临时股东大会;公司章程规定的其他职权。监事列席董事会会议,但不能参与公司的业务和管理,对外一般无权代表公司。监事会的召集和决议监事会应在其组成人员中推选一名召集人。监事会的议事方式和表决程序由公司章程规定。监事会既由股东大会选举产生,又对股东大会负责并报告其工作情况。如果公司监事会或监事不能依照法律、法规、公司章程真实履行监督职责,致使公司遭受重大经济损失,股东大会则可追究其责任,并且可以解散监事会或免去违法违规监事的职务。

三、经理人机构设置

我国《公司法》规定公司设经理。我国大型国有经济主体改制股份制企业——公司的经理应是指辅助董事会开展公司业务、进行日常经营管理的人员。国外《公司法》一般不对经理作规定,因为经理只是属于公司的雇员。我国《公司法》作此规定是考虑到目前各种企业都设置类似经理这样的职务,对加强经营管理发挥了很好的作用。公司的经理由董事会任免,对董事会负责。经理的任职资格限制与《公司法》对董事任职资格限制相同。

经理是公司的行政工作首脑,他们秉承董事会的意志,全权经营管理,处理公司日常经营管理事务。经理的设置规模视公司经营管理业务的需要以公司章程确定,一般认为,无论是否股东或董事身份,都可以担当。任免通常需经过半数的董事同意并向主管机关申报登记。经理与公司的关系是委托关系,在经理机构人数的设置上,应有一名总经理,以统一管理全公司业务,另设若干名副总经理,视公司业务情况而定,分工负责管理专项业务活动。

我国公司的经理人机构,虽然不同于董事会那样的经营决策机构,但它也并不仅仅是执行业务机构。因为市场经济条件下,经济条件随时都在发生变化,经理机构在执行董事会的经营决策时,往往有可能要根据客观经济条件,对公司的经营决策进行修正,因此,经理机构既是公司的经营机构,又是公司的管理机构,它融经营、管理于一身。

我国大型国有经济主体改制股份制企业——公司经理对董事会负责,应行使下列职权:主持公司的生产经营管理工作;组织实施董事会决议;组织实施公司年度经营计划和投资方案;拟订公司内部管理的机构设置方案和公司的基本管理制度;制定公司的具体规章;提请聘任或解聘公司副经理、财务负责人;聘任或解聘除应由董事会聘任或解聘以外的负责管理人员;公司章程和董事会授予的其他职权。

经理要列席董事会会议。按《公司法》对经理的义务和责任的严格规定,我国大型国有经济主体改制股份制企业——公司经理应当遵循公司章程,忠实履行职务,维护公司利益,不得利用公司的地位和职权为自己牟取私利;不得利用职权收受贿赂或者其他非法收入,不得侵占公司的财产。经理利用职权收受贿赂和其他非法收入,或者侵占公司财产的,没收违法所得,责令退还公司财产,由公司给予处分。构成犯罪的,依法追究刑事责任;不得挪用公司资金或者将公司资金借贷给他人,不得将公司资产以其个人名义或者以其他个人名义开立账户存储。经理挪用公司资金或者将公司资金借贷给他人的,责令退还公司的资金,由公司给予处理,将其所得收入归公司所有。构成犯罪的,依法追究刑事责任;不得以公司资产为本公司的股东或者其他个人债务提供担保。经理违反《公司法》的规定,以公司资产为本公司的股东或者其他个人债务提供担保的,责令取消担保,并依法承担赔偿责任,将违法提供担保取得的收入归公司所有。情节严重的,由公司给予处分;不得自营或者为他人经营与其所任职公司同类的营业或者从事损害本公司利益的活动。从事上述营业或活动的,所得收入应当归公司所有。经理除公司章程规定或者经股东会同意外,不得同本公司订立合同或者进行交易;除依照法律规定或者经股东会同意外,不得泄露公司秘密;执行公司职务时违反法律、行政法规或者公司章程规定的,给公司造成了损害,应当承担赔偿责任。上述规定也适合于公司的董事、监事。

　　我国大型国有经济主体改制股份制企业——公司董事会应通过人才市场选择经理。在一个社会财产高度资本化的国家,不但实物财产、货币财产可以转化为资本,而且人的知识、才能、职业也可以转化为资本,并且不同形式的资本之间可以相互比较和制约。虽然经理不是公司财产的所有者,但却是自己人力资本的所有者,要使自己的经营能力转化为资本,就必须通过人才市场用自己人力资本的所有权去交换公司财产的经营权。因此,公司在人才市场上选择经理的过程,就是人力资本所有权与公司财产经营权相交换的过程。在公司中,尽管公司经理经营的是别人的财产,但他自己也投入了人力资本,并且人力资本收益率最终取决于公司资产的经营状况,经理接受市场选择经营好公司,同时也就实现了自己人力资本的增值。另外,通过人才市场选择经理的市场约束,可以克服经理阶层滥用权力或对公司资产不负责任的问题。股东通过股票市场选择经理。股东对公司经理的评价和选择,可通过购进股票或出售股票来表达他们的意愿。如果公司经营得好,股东对公司经理经营表示满意时,就大量购进股票加以赞赏,"用手表决";如果公司经营得不好,股东对公司经理经营不满意时,就大量抛售股票加以反对,"用脚投票"。因此,股东对公司经理的选择和约束是通过购进或抛售股票的方式来表达的。

第十章　建立完善规范的产权制度

我国有一些大型国有经济主体改制为股份制企业时都建立了股份制企业产权制度。但目前仍有相当一部分大型国有经济主体还没有进行产权制度改革,已经改制企业的产权制度尚需进一步完善、规范,建立完善、规范的股份制企业产权制度。

本章分析研究我国大型国有经济主体建立完善、规范的股份制企业产权制度的意义、思路、对策与政策问题。

第一节　建立完善、规范的产权制度的重要意义和思路

一、国有企业产权制度改革现状分析

改革开放以来,我国大型国有经济主体企业产权制度改革已经取得了卓著成效。

截至 2005 年 1 月,全国 2903 家国有及国有控股大型骨干企业已有 1464 家改制为多元股东控股的公司制企业,改制面为 50.4%。2005 年,全国国有企业实现销售收入 11.5 万亿元,同比增长 19.2%;实现利润 9047 亿元,同比增长了 25.1%。其中,国资委直接监管的 169 家中央企业实现销售收入 6.7 万亿元,增长 19.8%;利润 6276 亿元,增长 27.9%。2005 年与 2002 年相比,全国国有及国有控股工业企业户数减少 1.19 万户,年均减少 3967 户;而实现利润增加 3814 亿元,年均增长 34.8%;上缴税金增加 2237 亿元,年均增长 16%。国有及国有控股工业企业户数占全国工业企业的 11%, 而实现利润和上缴税金分别占到了44.9% 和 56.7%。中央企业 2004 年上缴的税金占全国税收近五分之一。①

---

① 《中国国有企业五成以上完成股份制改革》,来源:《中经网》www.gdnet.com.cn/newgdnet/economic/detail ... 6K 2006—8—20—,百度快照 2005 年 1 月 17 日。

2006 年,全国国有企业户数共计 11.9 万户,比 2003 年减少 3.1 万户,年均减少 8%。但累计实现销售收入 16.2 万亿元,比 2003 年增长 50.9%,年均增长 14.7%;实现利润 1.2 万亿元,比 2003 年增长 147.3%,年均增长 35.2%;上缴税金 1.4 万亿元,比 2003 年增长 72%,年均增长 19.8%;企业资产总额 29 万亿元,比 2003 年增长 45.7%,年均增长 13.4%;户均资产 2.4 亿元,比 2003 年增长 84.6%,年均增长 22.7%。

2006 年,中央企业实现销售收入 8.3 万亿元,比 2003 年增长 85.3%,年均增长 22.8%;实现利润 7681.5 亿元,比 2003 年增长 155.5%,年均增长 36.7%;上缴税金 6822.5 亿元,比 2003 年增长 91.5%,年均增长 24.2%;净资产收益率 10.1%,比 2003 年提高 5.1 个百分点;总资产报酬率 7.9%,比 2003 年提高 2.9 个百分点。

截至 2006 年底,中央企业资产总额为 12.2 万亿元,比 2003 年底增长 46.5%,年均增长 13.6%;净资产总额为 5.39 万亿元,比 2003 年底增长 49.7%,年均增长 14.4%。国资委成立后,中央企业第一个任期的 3 年,资产总额平均每年增加 1.3 万亿元,销售收入平均每年增加 1.2 万亿元,实现利润平均每年增加 1500 亿元,上缴税金平均每年增加 1000 亿元。初步测算,国有资产保值增值率达到 144.7%。

2006 年,中央企业销售收入超过千亿元的有 21 家,利润超过百亿元的有 13 家,分别比 2003 年增加 12 家和 7 家。有 13 家中央企业进入 2006 年公布的世界 500 强,比 2003 年增加 7 家。宝钢集团有限公司作为制造业企业,连续 3 年进入世界 500 强,排名从 2004 年的第 372 位提升到第 296 位。中国石油化工集团公司、中国石油天然气集团公司和中国移动通信集团公司分别从 2002 年度的第 70 位、第 69 位和第 230 位提升到第 23 位、第 39 位和第 202 位。中国铁路工程总公司、中国铁道建筑总公司和中国建筑工程总公司 3 家建筑企业第一次进入 500 强。福布斯公布的全球 2000 大上市企业,是根据股票市值、销售额、利润和资产计算的,2006 年中央企业有 3 家进入前 100 强,中国石油天然气集团公司名列第 41 位。中国石油化工集团公司排名第 71 位。中国移动通信集团公司排名第 89 位,是香港市场排名最高的上市企业。[1]

2007 年中央企业平均总资产报酬率 8.3%,比 2003 年提高 3.3 个百分点;

---

[1] 《国有企业改革发展取得显著成就》,《经济日报》2007 年 7 月 12 日。

平均净资产收益率11.9%,比2003年提高6.9个百分点。2002年到2007年,中央企业资产总额年均增加1.5万亿元,销售收入年均增加1.3万亿元,实现利润年均增加1500亿元,上缴税金年均增加1000亿元,国有资产保值增值率达到144.4%。①

国资委的统计显示,2008年中央企业及下属子企业的公司制股份制企业户数比重已从国资委成立之前的30.4%提高到目前的64.2%。② 2008年1至11月,全国31个省(区、市)、新疆生产建设兵团、深圳、厦门、宁波、大连国资委直接监管和委托监管的国有及国有控股企业,实现销售收入5.8万亿元,同比增长22.9%;实现利润2744.2亿元,同比下降12.3%;上缴税金3485.2亿元,同比增长19.3%。中央企业实现销售收入10.8万亿元,同比增长20.2%;实现利润6830.4亿元,同比下降26%;上缴税金9221.4亿元,同比增长20.6%。③

虽然,我国大型国有经济主体国有企业产权制度改革已经取得了卓著成效。但目前仍有相当一部分大型国有经济主体还没有进行产权制度改革。已经改制的企业有相当一部分产权制度改革不到位,尚须进一步完善、规范,建立完善、规范的股份制企业产权制度。④

建立完善、规范的产权制度对大型国有经济主体实现股份制改造目标,创新企业制度具有十分重要的意义。

---

① 《坎坷曲折　激昂壮阔——国企改革30年纪实》,国务院国有资产监督管理委员会:中国经济网 www.ce.cn/xwzx/gnsz/gdxw/200808/27/t20080...49K,2008年8月27日,百度快照。
② 据国务院国有资产监督管理委员会主任李荣融在2008年12月25日召开的"全国国有资产监督管理工作会议"上介绍,新华社北京2008年12月15日电(记者樊曦、陈玉明报道)。
③ 据国务院国有资产监督管理委员会主任李荣融在2008年12月25日召开的"全国国有资产监督管理工作会议"上介绍,《经济参考报》2008年12月26日。
④ "经过二十多年的改革,国有企业长期积累的结构性矛盾和体制机制障碍还没有得到根本解决,特别是大型国有企业股份制改革相对滞后、法人治理结构不完善、核心竞争力不强、经营机制不活等问题还比较突出。要进一步加快改革步伐,用改革的办法解决发展中的问题,通过体制机制创新促进科学发展。"国务院国有资产监督管理委员会主任、党委书记李荣融:《落实科学发展观实现中央企业更好发展》,《求是》2006年第6期。国务院国有资产监督管理委员会副主任邵宁在2008中国企业领袖年会上指出,下一阶段国企改革和结构调整的任务仍十分繁重,主要工作集中在八个方面:一是进一步收缩战线,在政策性关闭破产结束之后,继续对一批低效率的企业进行清理。二是推进国有独资公司董事会试点工作,进一步避免一把手决策、个人拍板问题的出现。三是进一步优化资源,通过资产重组,使资源更多地向行业的领先企业配置。四是继续解决国有企业的社会职能问题,进一步减轻国有企业的负担。五是通过干部人事、劳动用工和制度改革,使企业内部机制逐步优化。六是建设一套合理企业运作制度,使企业管理更加严格和科学化。七是加强自主创新。八是增强国有企业的国际竞争能力。浙江在线2008年12月8日。

第一，大型国有经济主体通过股份制改造是要真正建成"产权清晰、权责明确、政企分开、管理科学"的现代企业制度。如果没有建立完善、规范的产权制度，企业所有权与经营权不能分开、企业所有权组织和经营权组织也不能分开，企业的多元性所有权和经营权都不能实现。这样也就不能真正实现"产权清晰"。

第二，大型国有经济主体改制企业如果没有建立完善、规范的产权制度，不仅"产权清晰"不能真正实现，同时企业法人制度也不能真正形成。这是因为企业法人财产就是企业经营财产，企业法人财产的主体就是企业法人。如果没有完善、规范的企业产权制度就不能真正分开。经营权的真正实现也会成为空谈，于是经营者权责明确也就成了空谈。所以"权责明确"也就无法真正实现。

第三，大型国有经济主体改制企业如果没有建立完善、规范的产权制度，也不能真正实现"政企分开"。这是因为，"政企分开"要以"产权清晰"和"权责明确"为前提。改制大型国有经济主体没有建立完善、规范的产权制度，不仅"产权清晰"、"权责明确"不能真正实现，同时又会因法人制度无法真正确立，企业经营权职能、机构不能实现专门化、独立化，传统大型国有经济主体政企合一问题也就无法从根本上得到解决。所以，"政企分开"也就不能真正实现。

第四，大型国有经济主体改制企业如果没有建立完善、规范的产权制度，也无法真正实现"管理科学"。这是因为，"管理科学"也要以"产权清晰"、"权责明确"和"政企分开"为前提。改制大型国有经济主体没有建立完善、规范的产权制度，不仅"产权清晰"、"权责明确"和"政企分开"不能真正实现，同时，又会因企业经营权职能、机构不能实现专门化、独立化，企业经营者就无法真正实现自主经营管理，从而使企业无法真正成为"自主经营，自负盈亏，自我约束，自我发展"的经济实体。所以，企业经营管理也就无法真正适应市场变化的客观需要而真正实现"管理科学"。

二、建立完善、规范的股份制企业产权制度需要解决的问题

目前，我国大型国有经济主体改制股份制企业，建立完善、规范的产权制度需要进一步解决的问题主要是：

1. 企业改制目标定位和产权制度改革要求问题

目前，我国有些大型国有经济主体进行股份制改造在企业改制方案设计时没有明确的目标定位，因而，也就没有明确的企业产权制度改革要求。所以，虽

已将原有国有企业改为"公司",但没有进行产权制度改革或产权制度改革不到位。

有些大型国有经济主体企业改制的主要目标是为了筹集资金,即通过股票市场筹集资金,充实企业的资本金;并没有将股份制视为一种能够促进效率提高的产权变革。因而,在实施股份制改造时,只是将国有企业换成了"公司"牌子,但没改革企业产权制度和治理结构制度,没有改革企业原有国有企业体制和机制。

2. 产权制度改革具体政策和配套改革有关政策不完善问题

目前,我国大型国有经济主体股份制改造中,产权制度改革具体政策和配套改革有关政策尚不完善,致使有关产权制度改革无法进行。因而,也使有的改制企业虽已将原有国有企业改为"公司",但却不能达到建立完善、规范的股份制企业产权制度的基本要求。

产权制度改革具体政策和配套改革有关政策不完善,改制企业就无法将原大型国有经济主体企业产权制度改造成股份制企业产权制度。

产权制度改革具体政策和配套改革有关政策不完善,有些改制企业国有资本出资人(作为企业所有者)往往不能行使或不能完全行使出资人的权利,企业经营者拥有国有资产的占有、使用、收益权和一定的处置权,但没有严格的责任。盈利了是企业的,亏损了是国家的,企业的经营者可以不承担亏损责任。因而,改制股份制企业产权制度就不能成为"权责明确"的产权制度。

产权制度改革具体政策和配套改革有关政策不完善,政府的经济社会管理职能和国有资产所有者职能不能明确分开,由党委和政府的多个部门分别管理大型国有经济主体企业的班子、资产、运行、投资和改革,各个部门政企不分,仍然会过多地干预企业。改制企业的经营者实际上不能拥有或不能完全拥有对改制企业经营资产的占有、使用、收益和一定的处置权。因而,改制股份制企业产权制度就不能成为"政企分开"的产权制度。

3. 产权制度改革操作不规范问题

目前,我国有些大型国有经济主体在股份制改造实际操作中,在制定改制方案、执行审批制度、进行清产核资、财务审计、资产评估和产权转让与交易管理、定价管理、转让价款管理、依法保护债权人利益及维护职工的合法权益等等方面,还存在一些操作行为不规范问题。甚至部分大型国有经济主体企业在改制时,核销的应收账款计提减值准备数额较大,在改制后又收回对应的资产,由此产生的利益被参与改制的其他投资人按入股比例无偿占有。有的企业改制时土地使用权没有评估作价就由改制后的企业无偿使用；有的企业探矿权、采矿权未在改制中评估作价就由改制企业无偿占有；有的企业国有资产没有进场交易，存在不公开透明的问题。这些都会造成国有资产流失或损害职工合法权益。

三、建立完善、规范产权制度改革的基本思路

当前，我国大型国有经济主体改制股份制企业建立完善、规范产权制度可考虑以下几条基本思路：

1. 明确股份制改造目标定位和产权制度改革要求

我国大型国有经济主体改制股份制企业建立完善、规范产权制度，在企业改制方案设计时，首先必须明确股份制改造目标定位，明确企业产权制度改革要求。

明确大型国有经济主体股份制改造目标定位，必须理顺股份制改造与建立现代企业制度的关系，正确设计企业产权制度改革要求；必须认清形势，统一认识，增强大型国有经济主体产权改革的责任感和紧迫感，努力推进大型国有经济主体产权制度改革。

明确大型国有经济主体股份制改造目标定位，正确设计企业产权制度改革要求，应根据企业发展前景及国家的国有经济布局调整战略，正确制定大型国有经济主体企业产权制度改革方案。

2. 进一步完善产权制度改革具体政策和配套改革有关政策

目前，我国大型国有经济主体股份制改造中，主要应进一步完善改制企业建立完善、规范企业产权占有权、使用权、收益权和处分权制度改革的具体政策和配套改革有关政策。完善企业产权占有权制度改革的具体政策，主要应完善改制企业建立完善、规范的股权设置制度的具体政策；完善企业产权使用权制度改革的具体政策，主要应完善改制企业建立完善、规范企业法人财产制度的具体政策；完善企业产权收益权制度改革的具体政策，主要应完善改制企业建立完善、规范的股利分配和公积金制度的具体政策；完善企业产权处分权制度改革的具体政策，主要应完善改制企业建立完善、规范的产权变动终止制度的具体政策。同时，还应进一步完善改制企业产权多元化和主辅分离、辅业改制等改制与重组结合有关配套改革的具体政策。

3. 进一步规范产权制度改革操作

据有关资料显示，2004 年 1 至 8 月，北京、上海、天津三地产权交易机构的不完全统计，共进行企业国有产权交易 2363 宗，成交金额 467.6 亿元，由于交易

行为比较规范,事先公开披露了产权转让信息,采取有效措施避免了产权转让中的暗箱操作、低估贱卖等问题,所以,转让价格普遍高于资产评估价格。①

　　另据我们实际调查有关资料显示:东锅集团对原辅业企业国有资产,是采取全部进入产权交易市场,进行公开挂牌交易的方式实现产权转换的。这种方式的突出特点是具有公开性、公平性和规范性,是一种有效地解决辅业企业在改制中如何防止国有资产流失,实现国有资产的保值增值目标、改制成本的资金来源、维护改制职工的合法权益,确保了改制企业的基本稳定等等重大困难问题较好的方式。东锅集团通过对原辅业企业国有资产通过产权交易市场公开挂牌交易转让产权,能实现国有资产的保值增值目标。东方锅炉厂10个改制单位的国有资产评估价为1.15亿(技校未带资产),实际成交价为1.31亿,实际成交价与评估价相比增值了13.68%。在10个单位中,除了三个单位因连续亏损而按评估价挂牌外,其余7个单位在评估价的基础上分别按5%到10%的增幅挂牌。增幅最大的达到156%。

　　事实证明,规范大型国有经济主体企业产权改革的行为,不仅能促进国有资产合理流动和重组,优化国有经济布局和结构,防止国有资产流失。而且能加快国企产权改革、建立现代产权制度的步伐。因此,在大力推进大型国有经济主体企业产权改革时,必须进一步规范其产权改革操作行为。

　　目前,在我国大型国有经济主体股份制改造实际操作中,主要应通过进一步健全和执行规范的操作制度,规范操作行为。为此,必须健全和执行规范的制定改制方案制度;执行审批制度;执行清产核资、财务审计、资产评估制度和产权交易管理及维护职工的合法权益等等方面的制度。

第二节　进一步明确改制目标定位
有关产权制度改革要求

一、大型国有经济主体股份制改造的目标定位

　　关于大型国有经济主体股份制改造的目标定位问题,长时间以来主要有三种观点:一是主张通过股票市场筹集资金,充实大型国有经济主体的资本金;二

---

① 中国企业家协会研究部:《进一步推进国企产权改革的几点建议》,2004年10月21日,www.dfdczx.com/article/news_brightness.as … 30K,百度快照。

是主张完善大型国有经济主体的法人治理结构,增强经营决策的科学性,健全自我约束机制,提高市场竞争能力;三是主张改善大型国有经济主体的产权结构,建立现代企业制度。

第一种观点虽具有较强的现实性和针对性,对于在短期内解决大型国有经济主体的资本金不足问题,迅速满足企业发展对巨额资金的需求是非常现实的。但是,通过股票市场筹集资金,充实大型国有经济主体的资本金这只能解决大型国有经济主体发展中的表层问题。大型国有经济主体实行股份制改造的根本意义在于解决国家独资风险过于集中和经营效率低下问题,而不仅仅是资本金不足问题。因而大型国有经济主体股份制改造不能以筹集资金,充实资本金作为股份制改造目标。

第二种观点主张的完善大型国有经济主体的法人治理结构也不应作为大型国有经济主体股份制改造的根本目标。因为我国大型国有经济主体在现行的国有独资产权结构下,法人治理结构存在着严重缺陷,治理结构不完善不规范问题严峻。所以完善大型国有经济主体法人治理结构也必须以产权改革为前提。大型国有经济主体实行股份制改造的根本意义也不仅仅是要解决法人治理结构问题。因而也不应把完善法人治理结构作为股份制改造目标。

第三种观点建立现代企业制度应是大型国有经济主体股份制改造的根本目标。这是由于我国大型国有经济主体实行股份制改造的目标定位正是应建立现代企业制度,也就是应建立"产权清晰、权责明确、政企分开、管理科学"的现代企业制度。

自从我国提出以建立现代企业制度为国有企业(含大型国有经济主体)的改革目标以来,股份制改制与建立现代企业制度的关系问题便成为人们关注的一个重要问题。

有的人认为现代企业制度不等于股份制。建立现代企业制度不一定推行股份制。这种看法试图把建立现代企业制度与实行股份制改制对立起来,这是不正确的。这是因为,我国企业实行股份制改造与建立现代企业制度两者是统一的,具有同一性。具体说来:

——股份制是大型国有经济主体企业建立现代企业制度的主要形式。

如前所述,现代企业制度一般包括独资企业、合伙企业和公司即股份制企业三种主要形式。社会主义市场经济体制要求大型国有经济主体建立的现代企业制度是"产权清晰、责权明确、政企分开、管理科学"的现代企业制度。这种现代企业制度主要应是公司制即股份制企业制度,而不应是独资企业或合伙企业制度。

——股份制改造是建立现代企业制度的主要内容。

我国大型国有经济主体企业建立现代企业制度试点(试验)的内容包括:完善企业法人制度;确定试点企业国有资产投资主体;确立企业的公司组织形式;建立科学规范的公司管理结构;改革企业劳动人事工资制度;健全企业财务会计制度;发挥党组织的政治核心作用;完善工会工作和职工民主管理;试点的配套的措施,包括:调整企业资产负债结构,加快建立社会保障制度,减轻企业办社会的负担,培育产权交易市场,发展规范各类市场中介组织等。[①] 上述这些内容正是大型国有经济主体企业实行股份制改造的主要内容。

这是因为,大型国有经济主体企业要改造成公司制即股份制企业,无论是改造为有限责任公司(包括国有独资公司)还是股份有限公司,都必须进行上述各方面的改革和配套改革工作。大型国有经济主体企业股份制改造的实际内容和要求与建立现代企业制度试点的内容和要求基本上是同一或统一的。大型国有经济主体企业股份制改革的宏观配套改革措施,与建立现代企业制度试点的宏观配套改革措施也基本上是同一或统一的。

大型国有经济主体企业股份制改造与建立现代企业制度试点的主要内容不仅具有同一性和统一性,而且也都是符合我国大型国有经济主体企业的客观实际需要和要求的。正是在这种意义上讲,上述企业制度改革与配套改革的主要内容,既可以成为我国大型国有经济主体企业股份制改造的主要内容,又可以成为我国大型国有经济主体建立现代企业制度的主要内容。

——股份制也是我国大型国有经济主体建立现代企业制度的现实选择。

如前所述,实行社会主义市场经济体制所要建立的现代企业制度,实际上是一种企业财产的所有权与经营权完全分离的法人企业制度。我国大型国有经济主体企业改革以来所进行的各种企业制度改革一直在朝着这个目标前进。改革开放以来,通过扩大企业自主权和实行承包制,已经使企业财产的所有权和经营权在一定程度上逐步分开。但是由于扩大企业自主权和实行承包制、租赁制等

[①] 《关于选择一批国有企业进行现代企业制度试点的意见(草案)》、《关于选择一批国有企业进行现代企业制度试点的工作提纲》,《现代企业制度实用手册》,改革出版社1994年版,第46—56页。

制度本身的缺陷或局限性,都不能使我国大型国有经济主体企业建立起实行所有权与经营权完全分离的法人企业制度,以实现企业改革的目标。因而,我国大型国有经济主体企业改革也就必须在扩大企业自主权和推行承包制基础上向更高层次深化发展。其更高层次就是实行企业制度的创新,建立一种实行所有权与经营权完全分离的法人企业制度。而这种企业制度正是股份制或公司制企业制度。因而,股份制或公司制应该成为我国大型国有经济主体企业改革深化发展所选择的主要目标。正因为如此,股份制也就应该成为我国大型国有经济主体企业建立现代企业制度的现实选择。

当然,我们既不应把股份制改制与建立现代企业制度对立起来,也不应把股份制与建立现代企业制度等同起来。

大型国有经济主体企业建立起公司制度后,还必须继续努力健全公司内部的各种规范化制度以及配套的规范化的宏观经济管理制度。所以,股份制企业还需要有一定的规范和发展过程,才能实现"产权清晰、责权明确、政企分开、管理科学",才能成为适应社会主义市场经济体制要求的现代企业制度。从这个意义上讲,大型国有经济主体企业股份制或公司制与建立现代企业制度改造的主要内容和具体目标又是有区别的。因而,二者又具有差别性。

正是由于大型国有经济主体企业股份制或公司制改造与建立现代企业制度改造具有的同一性和差别性这种相互关系,大型国有经济主体必须在实行股份制改造的基础上经历一个股份制改制企业进一步规范、完善和发展的过程才能建成现代企业制度。所以,建立现代企业制度它就必然是我国大型国有经济主体股份制改造的根本目标。

二、明确产权制度改革要求

建立现代产权制度是构建现代企业制度的重要基础,所以,大型国有经济主体股份制改造首先必须实行企业产权制度改革。

无论从当今世界经济发展的形势看,还是从目前进一步深化改革的大势看,现在也必须大力推进大型国有经济主体企业产权制度改革。因为产权改革实际上就是要建立一个能够符合市场经济的自我循环运转的产权体系,而在这里面,大型国有经济主体企业产权制度改革是其最重要的核心内容。

世界市场经济的发展历史表明,产权市场化是市场经济不可逾越的阶段。我国发展市场经济虽然起步较晚但发展较快,已经从最初实物产品的市场化,发展到生产要素的市场化和目前的产权市场化。因此,应通过认清国内外经济发展的形势,将思想认识统一到只有大型国有经济主体企业产权市场化,才能使市场经济规则真正贯彻到社会经济生活的每个角落;只有在大型国有经济主体企业产权高度市场化的条件下,资本与投资领域才能充分地实现优化选择或重组。

当前,对企业产权制度改革中一些问题还存在的模糊认识,阻碍产权制度改革的进程。为此,还必须转变观念,统一认识,才能大力推进大型国有经济主体企业产权制度改革。

必须意识到推进大型国有经济主体企业产权制度改革,既不是"国退民进",更不是"国有经济从一切竞争性领域退出",而应按中央确定的建立"归属清晰、权责明确、保护严格、流转顺畅"的现代企业产权制度的方针,坚持有进有退,进要有为,退要有序,通过有所为有所不为,完善国有资本合理流动的机制,增强国有经济的控制力、影响力和带动力,从而充分发挥其主导作用。

必须意识到推进大型国有经济主体企业产权制度改革,既不是将大型国有经济主体企业当做包袱甩掉而一卖了之,更不是什么全盘私有化,而是按《企业国有产权转让暂行办法》和其他的相关各项规定,在充分保障出资人、债权人和全体职工合法权益的前提下,通过转让、拍卖、收购、兼并、投资参股、债权转股权等多种形式,对产权进行有序交易和流转,以优化企业和社会的资本结构,实现资源的优化配置,从而提高资产的运营效率,增加企业和社会财富。

必须意识到推进大型国有经济主体企业产权制度改革,既不能采用下指标、赶进度的做法,更不能采取搞运动的方式一哄而起,要遵循市场经济规律,按市场经济优胜劣汰的规则办事,不搞"一刀切",不刮"出售国有资产风",在市场公平竞争中实现资产重组和结构调整。

必须意识到在我国目前情况下,大型国有经济主体国有及国有控股企业不宜实施管理层收购并控股。这是因为管理层收购并控股,是将所有权与经营权合一,这既不利于形成大型国有经济主体有效的公司治理结构,也不利于建立大型国有经济主体市场化配置经营管理者的机制,更不利于维护大型国有经济主体作为国有经济的控制力,特别是国有大企业的资产总量巨大,管理层自有的和可以规范筹集的资金,一般情况下是很难或无法达到控股所需的资金额度,脱离这个情况搞管理层收购并控股,难以避免违规融资而造成国有资产流失。因而,在我国目前情况下,大型国有经济主体国有及国有控股的大企业推行管理层收购并控股不仅与我国国企改革要实现所有权与经营权相分离的目标相悖,而且不符合我国国有企业建立现代企业制度和现代产权制度的改革方向。

对上述问题转变观念,统一思想认识后,就能进一步认识到,通过大力推进产权制度改革,可以使大型国有经济主体企业的有形的和无形的国有产权变为国有资本,进而可以使国有资产管理由管企业变为管资本,优化配置国有资本和运营国有资本,实现国有资本增值。

转变观念,统一认识,就能统一如何规范大型国有经济主体产权制度改革行为,既不会对我国一些大型国有经济主体企业已经进行的产权改革,因出现一些国有资产流失而断定改革搞错了,也不会对改革中的国有资产流失视而不见。而会认真总结经验教训,针对已经发生或可能发生的问题,采取行之有效的相应对策,大胆地推进大型国有经济主体企业产权制度改革,努力实现建立现代企业制度的改革目标。[①]

三、正确制定完善、规范的企业产权制度改革方案

大型国有经济主体企业产权制度改革方案主要应包括建立完善、规范企业产权占有权、使用权、收益权和处分权制度改革方案和配套改革方案。建立完善、规范的企业产权占有权制度改革方案主要是建立完善、规范的股权设置制度方案。建立完善、规范的企业产权使用权制度改革方案主要是建立完善、规范的企业法人财产制度方案。建立完善、规范的企业产权收益权制度方案主要应是建立完善、规范的股利分配和公积金制度方案。建立完善、规范的企业产权处分权制度改革方案主要是建立完善、规范的产权变动、终止制度方案。

同时,目前在我国大型国有经济主体股份制改造中,还应建立完善、规范的产权多元化和主辅分离、辅业改制等改制与重组结合的产权制度改革方案及其相关的配套产权制度改革方案。包括化解不良资产和债务、分离政策性业务和企业办社会,推进大型国有经济主体股份制改造等具体产权制度改革方案。

正确制定大型国有经济主体企业产权制度改革方案,要根据企业发展前景及国家的国有经济布局调整战略,确定大型国有经济主体企业改制的基本方案。要以坚持"以人为本",调整好各种人的利益关系和实现所有权与和经营权两权分离、责权明确原则,确定大型国有经济主体改制企业的实施方案。处理好国有

---

① 参见企业家协会研究部:《进一步推进国企产权改革的几点建议》,2004 年 10 月 21 日, www. dfdczx. com/article/news_brightness. as … 30K,百度快照。

股东、收购者、债权人、经营者及职工的关系以及企业改制和企业长远发展、建立现代企业制度的关系,维护合法权益。

第三节　完善产权制度改革及其配套改革有关政策

一、完善产权制度改革具体政策

目前,我国大型国有经济主体股份制改造中,完善改制企业建立完善、规范产权占有权制度的股权设置制度的具体政策,主要应完善国有股、法人股、个人股和外资股设置制度的具体政策。当前,特别还应尽快建立完善以下规范的股权设置制度的具体政策:

1. 非国有企业(民营企业、外资企业)收购国有股权政策

我国大型国有经济主体股份制改造过程中,民营企业、外资企业参与并购重组是重要力量。大型国有经济主体企业并购重组中的一些难点问题,如资产交易价格的确定、土地处置方式、债权债务和担保、职工安置及非经营性资产剥离、评估值和交易值出现差异等问题,以及随着 QFII 的实施,国外投资者收购上市公司股份可能对解决股份全流通造成新障碍的问题、国外投资者的并购行为可能导致垄断等由于外资参与并购重组所导致的问题,这些问题还会因大型国有经济主体企业的并购过程与改制过程同时进行而更加复杂。其中的每一个问题都需要制定相应的对策和政策。

2. 企业职工购股有关政策

允许大型国有经济主体股份制改造企业改制时职工优惠持有本公司一定的股份这是许多国家的成熟经验。过去上市公司职工持股问题多多,根本原因在公司治理和资本市场有问题缺少有关规范而不在职工持股本身。现在已到了必须解决有关问题的时候了。因为,以后绩优大型国有经济主体股份制企业可以上市或让外资持股,解决这个问题已日益紧迫。

3. "黄金股"设置政策

"黄金股"制度自 20 世纪 70 年代末 80 年代初在英国产生以来,在世界上一些国家早已经实行。各国的实践都已证明"黄金股"是政府保证民营公司把企业利益和社会利益协调起来的有效管理方式。在我国大型国有经济主体改制股份制公司设置"黄金股"应是作为建立健全国有产权制度的重要举措。但我国大型国有经济主体改制股份制公司中,部分国有经济退出企业是否可以设置

"黄金股",怎样设置"黄金股",至今尚无明确政策。因此目前,尚需要明确有关"黄金股"设置政策。

目前,我国大型国有经济主体股份制改造中,完善改制企业建立完善、规范产权使用权制度的企业法人财产制度的具体政策,主要是应具体完善确立企业法人财产权,完善企业经营权,使企业产权关系具体化的具体政策。

1. 完善确立企业法人财产权制度的具体政策。应具体完善确立企业法人财产权,完善企业经营权,明确界定国有法人股股权的具体政策,使企业产权关系具体化。

首先应完善使企业能独立支配企业经营管理财产的具体政策。完善政府和监督机构不得直接支配企业法人财产的具体政策。

其次,还应完善确立国家和其他出资人对企业承担财产责任和企业经营企业财产的责任的具体政策。

2. 完善企业经营权制度的具体政策。

应完善使改制企业和企业集团享有,除企业或企业集团财产所有者拥有的原始所有权和最终所有权以外的其他各种产权权能的具体政策。

目前,我国大型国有经济主体股份制改造中,完善改制企业建立完善、规范产权收益权制度的股利分配制度的具体政策,主要应具体完善股利分配政策制度的具体政策和股利分配制度的具体政策。

1. 大型国有经济主体改制股份公司的股利政策是公司最重要的财务政策。股份公司税后利润的分配取决公司的股利政策。完善、规范的公司股利政策制度是制定正确的股利政策的根本保证。完善股利分配政策制度的政策应制定能使改制企业建立依据有关法律的约束、公司资产的流动状况、公司盈利的稳定状况、公司的扩展速度、公司偿债的需要、公司债约的约束、公司的控制权及公司股东的偏好和在公司的地位等影响股利分配政策的因素、正确制定股利分配政策的股利分配政策制度的具体政策。

2. 大型国有经济主体改制股份公司的股利分配制度是保证其产权收益权得以实现的根本制度。完善股利分配制度的具体政策应制定能使改制企业建立稳定的每股股利分配制度、固定支付比率的股利分配制度和固定股利加额外股利的股利分配制度的具体政策。

目前,我国大型国有经济主体股份制改造中,完善改制企业建立完善、规范的产权处分权的产权变动、终止制度的政策,主要应具体完善、规范改制企业建立完善、规范的产权合并、分立制度、增资、减资制度和破产、解散与清算制度的具体政策。

1. 大型国有经济主体改制股份公司的产权合并与分立制度是公司最根本的产权处分权制度。完善产权合并与分立制度的政策应制定能使改制企业建立规范的产权合并与分立的程序制度的具体政策。因为改制公司合并与分立必然会涉及进行合并的公司的股东、债权人的利益,涉及公司经营管理人员及从业人员的利益。所以,公司合并必须依照法定程序进行。凡是违反法定程序进行合并的,该合并与分立行为不能产生法律效力,是无效的合并与分立的行为。股份公司之间或股份公司与有限责任公司之间的合并、分立后存续的公司必须是股份公司。

2. 大型国有经济主体改制股份公司实行资本的增加和减少制度也是公司的一种根本的产权处分权制度。完善改制企业建立完善、规范的增资、减资制度的政策,应制定能使改制企业建立规范的增资、减资法定程序制度的具体政策。

3. 大型国有经济主体改制股份公司实行的破产、解散与清算制度也是公司的一种根本的产权处分权制度。完善改制企业建立完善、规范的破产、解散与清算制度的政策,应制定能使改制企业建立规范的破产、解散与清算法定程序制度的具体政策。

二、完善产权制度改革配套有关政策

目前,我国大型国有经济主体股份制改造中,改制企业要建立完善、规范的产权制度等改革配套政策,进一步完善大型国有经济主体产权多元化实现形式——国有股份公司和国有控股公司(或国有控股经营公司)两种主要模式的具体政策和进一步完善大型国有经济主体产权多元化实现途径——股份制改造、资产重组、培育发展大企业集团和发展资本市场,推进我国大型国有经济主体产权多元化的具体政策。

第四节　进一步规范产权制度改革操作

一、健全和执行规范的制定改制方案制度

目前,在我国大型国有经济主体股份制改造实际操作中,健全和执行规范的操作制度规范操作行为,应健全和执行规范的制定改制方案制度,严格制订和审

批企业改制方案。

改制方案的主要内容应包括:改制的目的及必要性,改制后企业的资产、业务、股权设置和产品开发、技术改造等;改制的具体形式;改制后形成的法人治理结构;企业的债权、债务落实情况;职工安置方案;改制的操作程序,财务审计、资产评估等中介机构和产权交易市场的选择等。

改制方案必须明确保全金融债权,依法落实金融债务,并征得金融机构债权人的同意。审批改制方案的单位(包括各级人民政府、各级国有资产监督管理机构及其所出资企业、各级国有资产监督管理机构以外有权审批改制方案的部门及其授权单位,下同)应认真审查,严格防止企业利用改制逃废金融债务,对未依法保全金融债权、落实金融债务的改制方案不予批准。

改制中涉及企业国有产权转让的,应严格按照国家有关法律法规以及相关配套文件的规定执行。拟通过增资扩股实施改制的企业,应当通过产权交易市场、媒体或网络等公开企业改制有关情况、投资者条件等信息,择优选择投资者;情况特殊的经国有资产监督管理机构批准,可通过向多个具备相关资质条件的潜在投资者提供信息等方式选定投资者。企业改制涉及公开上市发行股票的,按照《中华人民共和国证券法》等有关法律法规执行。

企业改制必须对改制方案出具法律意见书。法律意见书由审批改制方案的单位的法律顾问或该单位决定聘请的律师事务所出具,拟改制为国有控股企业且职工(包括管理层)不持有本企业股权的,可由审批改制方案的单位授权该企业法律顾问出具。

企业改制方案需按照《企业国有资产监督管理暂行条例》(国务院令第378号)和国务院国有资产监督管理委员会的有关规定履行决定或批准程序,否则不得实施改制。国有企业改制涉及财政、劳动保障等事项的,须预先报经同级人民政府有关部门审核,批准后报国有资产监督管理机构协调审批;涉及政府社会公共管理审批事项的,依照国家有关法律法规,报经政府有关部门审批;国有资产监督管理机构所出资企业改制为非国有企业(国有股不控股及不参股的企业),改制方案须报同级人民政府批准。

审批改制方案的单位必须按照权利、义务、责任相统一的原则,建立有关审批的程序、权限、责任等制度。

审批改制方案的单位必须就改制方案的审批及清产核资、财务审计、资产评估、进场交易、定价、转让价款、落实债权、职工安置方案等重要资料建立档案管理制度,改制企业的国有产权持有单位要妥善保管相关资料。

二、健全和执行规范的清产核资制度

目前,在我国大型国有经济主体股份制改造实际操作中,健全和执行规范的操作制度规范操作行为,应健全和执行规范的清产核资制度,认真做好清产核资工作。

企业改制要按照有关规定进行清产核资。要切实对企业资产进行全面清理、核对和查实,盘点实物、核实账目,核查负债和所有者权益,做好各类应收及预付账款、各项对外投资、账外资产的清查,做好有关抵押、担保等事项的清理工作,按照国家规定调整有关账务。

清产核资结果经国有产权持有单位审核认定,并经国有资产监督管理机构确认后,自清产核资基准日起2年内有效,在有效期内企业实施改制不再另行组织清产核资。

企业实施改制仅涉及引入非国有投资者少量投资,且企业已按照国家有关规定规范进行会计核算的,经本级国有资产监督管理机构批准,可不进行清产核资。

三、健全和执行规范的企业财务审计和资产评估制度

目前,在我国大型国有经济主体股份制改造实际操作中,健全和执行规范的操作制度规范操作行为,应健全和执行规范的企业财务审计和资产评估制度,加强对改制企业的财务审计和资产评估。

企业实施改制必须由审批改制方案的单位确定的中介机构进行财务审计和资产评估。确定中介机构必须考察和了解其资质、信誉及能力;不得聘请改制前两年内在企业财务审计中有违法、违规记录的会计师事务所和注册会计师;不得聘请参与该企业上一次资产评估的中介机构和注册资产评估师;不得聘请同一中介机构开展财务审计与资产评估。

财务审计应依据《中国注册会计师独立审计准则》等有关规定实施。其中,依据国家有关规定计提的各项资产减值准备,必须由会计师事务所逐笔逐项审核并出具专项意见,与审计报告一并提交国有产权持有单位作为改制方案依据,其中不合理的减值准备应予调整。国有独资企业实施改制,计提各项资产减值准备和已核销的各项资产损失凡影响国有产权转让价或折股价的,该计提减值

准备的资产和已核销的各项资产损失必须交由改制企业的国有产权持有单位负责处理,国有产权持有单位应采取清理追缴等监管措施,落实监管责任,最大程度地减少损失。国有控股企业实施改制,计提各项减值准备的资产和已核销的各项资产损失由国有产权持有单位与其他股东协商处理。

大型国有经济主体独资企业实施改制,自企业资产评估基准日到企业改制后进行工商变更登记期间,因企业盈利而增加的净资产,应上缴国有产权持有单位,或经国有产权持有单位同意,作为改制企业国有权益;因企业亏损而减少的净资产,应由国有产权持有单位补足,或者由改制企业用以后年度国有股份应得的股利补足。国有控股企业实施改制,自企业资产评估基准日到改制后工商变更登记期间的净资产变化,应由改制前企业的各产权持有单位协商处理。

改制为非国有的企业,必须在改制前由国有产权持有单位组织进行法定代表人离任审计,不得以财务审计代替离任审计。离任审计应依照国家有关法律法规和《中央企业经济责任审计管理暂行办法》(国资委令第7号)及相关配套规定执行。财务审计和离任审计工作应由两家会计师事务所分别承担,分别出具审计报告。

企业改制涉及土地使用权的,必须经土地确权登记并明确土地使用权的处置方式。进入企业改制资产范围的土地使用权必须经具备土地估价资格的中介机构进行评估,并按国家有关规定备案。涉及国有划拨土地使用权的,必须按照国家土地管理有关规定办理土地使用权处置审批手续。

企业改制涉及探矿权、采矿权有关事项的,依照国家有关法律以及有关规定执行。企业改制必须由国土资源主管部门明确探矿权、采矿权的处置方式,但不得单独转让探矿权、采矿权,涉及由国家出资形成的探矿权、采矿权的,应当按照国家有关规定办理处置审批手续。进入企业改制资产范围的探矿权、采矿权,必须经具有矿业权评估资格的中介机构进行评估作价(采矿权评估结果报国土资源主管部门确认)并纳入企业整体资产中,由审批改制方案的单位商国土资源主管部门审批后处置。

没有进入企业改制资产范围的实物资产和专利权、非专利技术、商标权、土地使用权、探矿权、采矿权、特许经营权等资产,改制后的企业不得无偿使用;若需使用的,有偿使用费或租赁费计算标准应参考资产评估价或同类资产的市场价确定。

非国有投资者以实物资产和专利权、非专利技术、商标权、土地使用权、探矿权、采矿权、特许经营权等资产评估作价参与企业改制,由国有产权持有单位和非国有投资者共同认可的中介机构,对双方进入改制企业的资产按同一基准日进行评估;若一方资产已经评估,可由另一方对资产评估结果进行复核。

在清产核资、财务审计、离任审计、资产评估、落实债务、产权交易等过程中发现造成国有资产流失、逃废金融债务等违法违纪问题的,必须暂停改制并追查有关人员的责任。

四、健全和执行规范的企业产权交易管理制度

目前,在我国大型国有经济主体股份制改造实际操作中,健全和执行规范的操作制度规范操作行为,应健全和执行规范的产权交易管理制度,加强对改制企业产权交易的交易管理、定价管理、转让价款管理,依法保护债权人利益。

非上市企业国有产权转让要进入产权交易市场,不受地区、行业、出资和隶属关系的限制,并按照企业国有产权转让管理暂行规定,公开信息,竞价转让。具体转让方式可以采取拍卖、招投标、协议转让以及国家法律法规规定的其他方式。

向非国有投资者转让国有产权的底价,或者以存量国有资产吸收非国有投资者投资时国有产权的折股价格,由依照有关规定批准国有企业改制和转让国有产权的单位决定。底价的确定主要依据资产评估的结果,同时要考虑产权交易市场的供求状况、同类资产的市场价格、职工安置、引进先进技术等因素。上市公司国有股转让价格在不低于每股净资产的基础上,参考上市公司盈利能力和市场表现合理定价。

转让国有产权的价款原则上应当一次结清。一次结清确有困难的,经转让和受让双方协商,并经依照有关规定批准国有企业改制和转让国有产权的单位批准,可采取分期付款的方式。分期付款时,首期付款不得低于总价款的30%,其余价款应当由受让方提供合法担保,并在首期付款之日起一年内支付完毕。转让国有产权的价款优先用于支付解除劳动合同职工的经济补偿金和移交社会保障机构管理职工的社会保险费,以及偿还拖欠职工的债务和企业欠缴的社会保险费,剩余价款按照有关规定处理。

企业改制要征得债权金融机构同意,保全金融债权,依法落实金融债务,维护其他债权人的利益。要严格防止利用改制逃废金融债务,金融债务未落实的企业不得进行改制。

五、健全和执行规范的维护职工的合法权益的操作制度

目前,在我国大型国有经济主体股份制改造实际操作中,健全和执行规范的操作制度规范操作行为,应健全和执行规范的维护职工的合法权益的操作制度,切实维护职工的合法权益。

企业改制方案必须提交企业职工代表大会或职工大会审议,并按照有关规定和程序及时向广大职工群众公布。应当向广大职工群众讲清楚国家关于企业改革的方针政策和改制的规定,讲清楚改制的必要性、紧迫性以及企业的发展思路。在改制方案制订过程中要充分听取职工群众意见,深入细致地做好思想工作,争取广大职工群众对改制的理解和支持。

企业实施改制前,原企业应当与投资者就职工安置费用、劳动关系接续等问题明确相关责任,并制订职工安置方案。职工安置方案必须经职工代表大会或职工大会审议通过企业方可实施改制。职工安置方案必须及时向广大职工群众公布,其主要内容包括:企业的人员状况及分流安置意见;职工劳动合同的变更、解除及重新签订办法;解除劳动合同职工的经济补偿金支付办法;社会保险关系接续;拖欠职工的工资等债务和企业欠缴的社会保险费处理办法等。

企业实施改制时必须向职工群众公布企业总资产、总负债、净资产、净利润等主要财务指标的财务审计、资产评估结果,接受职工群众的民主监督。

改制为国有控股企业的,改制后企业继续履行改制前企业与留用的职工签订的劳动合同;留用的职工在改制前企业的工作年限应合并计算为在改制后企业的工作年限;原企业不得向继续留用的职工支付经济补偿金。改制为非国有企业的,要严格按照有关法律法规和政策处理好改制企业与职工的劳动关系。对企业改制时解除劳动合同且不再继续留用的职工,要支付经济补偿金。企业国有产权持有单位不得强迫职工将经济补偿金等费用用于对改制后企业的投资或借给改制后企业(包括改制企业的投资者)使用。

企业改制时,对经确认的拖欠职工的工资、集资款、医疗费和挪用的职工住房公积金以及企业欠缴社会保险费,原则上要一次性付清。改制后的企业要按照有关规定,及时为职工接续养老、失业、医疗、工伤、生育等各项社会保险关系,并按时为职工足额交纳各种社会保险费。

第十一章　建立完善规范的法人治理结构制度

　　我国有一些大型国有经济主体的企业或银行改制为股份制企业时都建立了股份制企业法人治理结构。但许多改制企业的法人治理结构建设尚需进一步完善和规范。大型国有经济主体实行股份制改造,必须建立完善、规范的法人治理结构制度。

　　本章分析研究大型国有经济主体建立完善、规范的股份制企业法人治理结构对加强改制企业管理,实现制度创新的意义、思路、对策与政策问题。

第一节　建立完善、规范的法人治理结构制度
的重要意义和要求

一、建立完善、规范的法人治理结构的重要意义

　　建立完善、规范的法人治理结构对加强改制企业管理,实现大型国有经济主体制度创新具有十分重要的意义。

　　企业法人治理结构作为股份制企业的组织管理机构,不同于传统大型国有经济主体组织管理机构。由于传统的大型国有经济主体实行的是一种所有权与经营权及其职能、机构合一的企业制度,企业的组织管理机构,只是代表国家一个所有者行使组织管理企业的各种职权,其基本职能是对企业生产经营活动进行组织和管理。而大型国有经济主体改制成股份制企业后,由于股份制企业实行的是一种所有权与经营权及其职能、机构分离的企业制度,企业组织管理机构,即企业法人治理结构,不只是代表国家一个所有者,而应代表包括国家股股东在内的各种股东,即各种不同所有者行使组织管理企业的各种职权。其职能不仅仅限于对企业经营进行组织和管理,还应包括保护不同所有者权益、合理进

行利益分配、正确协调所有者与经营者间及所有者内部和经营者内部的各种关系等等。因而,大型国有经济主体改制成股份制企业就必须建立完善、规范的企业法人治理结构。否则,改制大型国有经济主体会和传统的大型国有经济主体的组织管理机构一样,没有进行实质性的改革。这样,既无法达到加强企业科学管理体系建设和加强企业管理的目的,又无法使大型国有经济主体通过股份制改造,真正建成"产权清晰"、权责明确、政企分开、管理科学"的现代企业制度。

第一,大型国有经济主体改制企业虽已打破了一元性产权结构体制,建立了多元性股份制企业产权结构,如果没有建立完善、规范的法人治理结构,企业所有权与经营权及其职能、机构没有分开、企业所有权组织和经营权组织不能规范运作,企业的多元性所有权和经营权都不能实现。这样也就不能真正实现"产权清晰",就会使"产权清晰"成为空谈。

第二,"权责明确"要以"产权清晰"为前提。改制大型国有经济主体如果没有建立完善、规范的法人治理结构,首先是"产权清晰"不能真正实现。同时法人产权和企业法人制度也不能真正形成,这是由于法人产权就是企业财产经营权,企业法人财产就是企业经营财产,企业法人财产的主体就是企业法人。如果没有完善、规范的企业法人治理结构,企业所有权与经营权及其职能、机构不能真正分开。经营权职能、机构也就无法实现真正专门化、独立化。经营财产的真正形成,经营权的真正实现也会成为空谈,于是经营者权责明确也就成了空谈,所以,"权责明确"也就无法真正实现。

第三,"政企分开"要以"产权清晰"和"权责明确"为前提。改制大型国有经济主体没有建立完善、规范的法人治理结构,不仅"产权清晰"、"权责明确"不能真正实现,同时又会因法人制度无法真正确立,企业经营权职能、机构不能实现专门化、独立化,传统大型国有经济主体政企合一问题也就无法从根本上得到解决,所以,"政企分开"也就不能真正实现。

第四,"管理科学"要以"产权清晰"、"权责明确"和"政企分开"为前提。改制大型国有经济主体没有建立完善、规范的法人治理结构,不仅"产权清晰"、"权责明确"和"政企分开"不能真正实现,同时,又会因企业经营权职能、机构不能实现专门化、独立化,企业经营者就无法真正实现自主经营管理,从而使企业无法真正成为"自主经营、自负盈亏、自我约束、自我发展"的经济实体。所以,企业经营管理也就无法真正适应市场变化的客观需要而真正实现"管理科学"。

二、建立完善、规范的股份制企业法人治理结构需要解决的问题

目前,我国大型国有经济主体改制股份制企业建立完善、规范的法人治理结构需要进一步解决的问题主要是:

1. 股东会未建立或不完善、不规范问题

目前,我国有些大型国有经济主体改制的股份制企业中,由于国有资本出资人制度尚不完善和不规范,出资人制度和法人财产制度的关系尚未理顺,国家股东在治理结构中的各种关系尚未理顺,其组织和行为都还处于无序状态。有些大型国有经济主体改制的股份制企业未建立股东会,已建立的股东会也很不完善、不规范。

我国大型国有经济主体改制的股份制企业有的已建立的股东会中严重存在国家股股东越位问题。

有的国家股的代表过分行使权利,甚至侵犯其他股东的权利与利益。由于在原大型国有经济主体改制形成的股份公司中国家一般均占有较多的股份甚至绝对多数的股份,所以,在这些公司中,其他股东意见很难在股东大会中通过表决形成决议,来影响公司的经营及在董事会中选入自己的代表。那些未完全脱离原上级主管部门(或公司)的股份制企业,往往仍由该上级主管部门或公司代表行使国家股股权,这些部门与公司干脆不理会改制企业的决策机制,仍然像过去一样直接干涉改制企业的经营。任命、罢免股份公司的法定代表人与其他高级管理人员。

我国大型国有经济主体改制的股份制企业有的已建立的股东会中,还存在股东会实际职权被削弱和趋于形式化问题。

按照《公司法》,股东会作为公司的最高权力机构,它拥有对公司一切经营活动的最终决策权。但目前在我国大型国有经济主体改制的股份制企业中,不少公司的股东会实际职权非常有限,甚至形同虚设,有被削弱和趋于形式化的倾向:一是有的公司章程严重违背《公司法》的有关规定,限制股东大会的许多职权,使得股东会只重视公司的利润分配,而不注重公司资本经营,只看重年终的经营结果,而不注重公司的长远发展战略,对公司的经营管理者缺乏监督与控制。因而,股东大会处于一种被架空的地位,其职权大为削弱,无法对公司发展起到重要作用;二是目前有些股份公司和股东会被少数股东所操纵,众多中小股东,尤其是单个分散的小股东基本上对公司的经营管理没有发言权。由于地域分散,情况信息不灵等原因,他们也无法对公司的经营有所了解,进而参与管理。

因此,他们唯一关心的就是公司的年终分红,对公司的其他情况则一概不知也不了解。并且,有的上市公司对参加股东大会的股东资格加以严格限制,规定持有多少股份的股东才有资格出席股东会;有的非上市公司动辄就规定只召开股东代表大会,而不是股东会,这就无形中或有意把许多股东拒之于股东会之外,使他们无权、无机会表达其意愿,他们的合法权益被非法地剥夺了。这些不规范的股东会运作机制,难以形成对所有股东合法权益的有效保护;三是股东会的职权行使有时受到董事会或经理机构的有意刁难,从而使董事会或经理凌驾于股东会之上为所欲为,颠倒了投资者和经营者之间的关系。如有的股份公司有意不按公司章程规定召开股东大会;有的股份公司不顾代表公司股份10%以上的股东要求,拒绝召开临时股东大会;有的公司有意不按规定时间提前通知各股东与会,或把会议地点选在极不方便,交通食宿费用较贵的地方举行,以千方百计阻挠股东到会,从而达到逃避股东会监督的目的。

2. 董事会、经理人机构不完善、不规范问题

目前,大型国有经济主体改制股份制企业仍然主要实行的是由原大型国有经济主体主管部门向所属企业派出董事长制度。董事会组建基本上是按行政管理体制来进行的。董事长和总经理是按照原来享受的同等行政级别来安排选任,不少企业的董事长与总经理是一肩挑,而不是以产权关系为纽带,实行股东会、董事会、监事会、经理人等的各司其职、各负其责。

这种干部人事制度首先违背了《公司法》的组织、治理规则和程序,而且会将政府部门的意志作为经营者的意图强加于企业,难免带有浓厚的行政干预色彩。就是说这种行政安排选任方式,对企业经营者来说不可能量才而用。董事长与总经理一肩挑的行为不受监督和约束,当企业因发生决策失误和经营管理不善等主观因素造成了重大经济损失,企业的经营者是不需赔偿的,也是赔偿不了的。因此,最终承担经济损失的仍然是国家,而不是个人。

由于我国大型国有经济主体改制股份制企业主要实行的是由原大型国有经济主体主管部门向所属企业派出董事长制度。重要的董事人选往往是由政府推荐或直接任命的,从而使得不少董事在主观上仍视自己为政府的代表,而不代表股东,把自己置于政府官员的地位,考虑公司的问题多以行政手段为之,而不采取经济手段,并且所要考虑的目标是使政府满意,而不考虑如何使股东满意,他们仅仅是向政府负责,而不向股东大会及股东负责。因此,不少董事的官员意识太浓,经营者意识较弱,缺乏市场经济中的竞争意识、资本意识、效益观念。

同时,目前不少董事知识素质不适应市场经济,如何在股份公司中执行董事的职权,还缺乏足够的文化经济修养。传统的厂长负责制与董事会领导下的总经理负责制无论是在决策机制、决策程序,还是在权力分配、责任承担等方面都是明显不同的。因此,从厂长负责制到董事会领导下的总经理负责制,是企业内部管理机制的革命性变革,它是市场经济条件下的新型企业管理制度。这就要求董事精通现代企业制度的运作机制,掌握公司法律法规,洞察市场风云,具有从事公司经营管理与决策的才能和知识,而目前不少董事对公司运作机制知之甚少,知识陈旧,素质不高,缺乏经营头脑,不具有开拓创新能力。使得公司董事会的决策能力不高,公司治理结构的功能作用发挥不好。如果掌握决策权的董事们素质不高,再好的经营机制也无济于事,因为机制是相对稳定的,机制效率的高低只能取决于运用这些机制的董事们的素质。

3. 监事会不完善、不规范问题

目前我国大型国有经济主体改制股份制企业中的监事会的监督作用极为不力,同时其制度和行为也还很不完善不规范,有的甚至形同虚设,完全成了装点公司门面的一种摆设。表现为:有的公司监督机构不健全,甚至没有监事会,或者其组成不符合《公司法》规定;监事会不敢依法行使监督权,而是受董事会或董事长控制,监事会缺乏独立性和权威性;我国《公司法》第54条第三款规定,当董事和经理的行为损害公司的利益时,监事会只有"要求董事和经理予以纠正"的权利,但如果董事和经理不予纠正又怎么办呢? 监事会则对此无可奈何。因此,监事会本身的监督职权有限,权利规定不充分,不能对董事会及经理形成有效的监督。

三、完善、规范法人治理结构的基本思路

当前,我国大型国有经济主体改制股份制企业完善、规范法人治理结构,可考虑以下几条基本思路:

1. 深化国有资产管理体制改革,理顺产权管理关系,完善、规范的出资人制度

按照现代企业制度的产权明晰、政企分开的要求,把大型国有经济主体改组为股权多元化的公司制度。首先,国有资产就必须有明确的产权代表,即有明确的出资人代表。其次,还应实现出资人的权利与企业法人财产权相分离,确立企业的法人财产权,使企业能够对其经营行为承担有限责任,真正实现企业的自主

经营、自负盈亏。从而减少政府对企业的行政干预,加快政企分开的进程。只有这样,才有利于实现企业的产权清晰、政企分开,有利于国有资产运营效率提高。这一点在当前大型国有经济主体进行战略性改组中显得尤为重要。

为了实现大型国有经济主体改制目标,我国国有资产的管理应建立完善、规范的国资委、资产经营公司和企业的三级国有资产管理体系。

国资委应是国有资产监督和管理机构,而不应是单纯的国有资产监督机构。应代表政府行使国有资产的监督和管理职能,负责国有资产保值增值的责任,制定国有资产管理的政策法规,负责处理国有资产监督和管理。

资产经营公司应是国资委授权设立的投资机构,从事国有资产运营的特殊法人,它对授权范围内的国有资产行使资产收益、重大决策、推荐和选择国有产权代表的权力,对国有资产收益进行管理和再投资。

大型国有经济主体作为市场的主体,应充分运用企业法人财产权,致力于自身的生产经营和发展,明确权责,把国有资产保值增值落到实处。

完善、规范大型国有经济主体改制股份制企业出资人制度,应理顺出资者与经营者、出资者所有权与企业法人财产权的关系,充分发挥投资主体与法人实体在市场运作中的作用,形成决策机构、执行机构和监督机构各自独立、权责分明,既相互协调又相互制约的关系;建立科学的投资决策监控制度、财务监管和内审制度、资产经营者的考核任务和奖惩制度、产权代表制度等,从而完善、规范国有资本的出资人制度。

2. 理顺股东会、董事会与经理人关系,建立完善、规范的股东会、董事会、经理人机构

按照《公司法》规定,股东会应是股份制企业全体股东组成的最高权力机构,它拥有重大事项的最终决策权,包括管理权、检查权、股息权和财产权等。

大型国有经济主体改制股份制企业未建立股东会的必须建立股东会。已建立股东会不完善不规范的应予以完善、规范。

在我国大型国有经济主体改制股份制企业中,建立完善、规范的股东会需要把政府原来在大型国有经济主体的决策权、管理权,基本上转让给这些企业的股东会,使其真正成为股份制企业的最高权力机构;需要明确规定国家股代表使用控股权权限;也需要考虑借鉴国际上众多国家和地区制定《公司法》的普遍经验,实行限制大股东的股东表决权制度。

董事会应成为大型国有经济主体改制股份制企业的决策机构,应对股东会

负责,董事会有权对企业的重大经营活动决策并承担由此发生的一切责任,对企业全部财产的安全和增值承担直接责任。为使决策科学化、减少失误;应实行外部董事制或独立董事制度。可以聘请有关的专家、学者进入董事会。经理人机构是执行机构,主要贯彻落实董事会的各项经营决策,经理对董事会负责。两者的权责要在公司章程中明确规定,以便在实际工作中各司其职。

3. 理顺董事会、经理人与监事会关系,完善、规范监事会

在大型国有经济主体改制的股份制企业中,监事会作为监督董事、经理及董事会和经理人行使权利的内设机构,必须建立完善、规范的组织制度,并充分发挥每位监事和整个监事会整体的监督功能作用。目前,除应充分发挥现有的监事及监事会的作用外还可实行外派财务总监和外派监事制度,进行外部监管。监事会的组成可由行业主管部门、国资等有关部门派出人员、经营管理专家、企业家和职工代表等组成。目前国家对国有大型企业的监督已采取稽查特派员的方法,就是一项很好的措施,这种大型国有经济主体稽查特派员制度应立足于政企职责分开,以财务监督为核心,不干预企业的生产经营活动,不得直接支配企业法人财产,保全企业资本和维护所有者的权益。

在大型国有经济主体股份制改造不断推进的过程中,为确保股份公司的健康发展,必须努力强化监事会的监督功能。为此,需要采取以下措施:一是在法律法规上扩大监事会的监督职权,使其有职有权,具有高度的权威性和约束力;二是适当扩大监事会人数;三是改善监事会的成员结构;四是通过公司章程规定完善监事会的议事方式和表决程序,使监事会处于有序运转过程中;五是亟待提高监事会成员的思想素质和业务素质,使其成为专家型的监督成员,而不是徒有其名的监督者,从而确保各方面的经济利益处于公正的地位。

第二节　建立完善、规范的股东会

一、使股东会真正成为股份制企业的最高权力机构

在大型国有经济主体改制股份制企业中,建立完善、规范的股东会最根本的就是要充分发挥股东会的作用,使其真正成为股份制企业的最高权力机构,凡关系改制股份制企业全局的大事,都必须由股东会通过。换句话说,就是政府应把原来在大型国有经济主体的决策权、管理权,基本上转让给这些企业的股东会及其经常办事机构董事会。要正确处理国家股权同民间股权在股东代表大会和董

事会上的关系,使民间股东在决定问题方面享有应有的地位。

我国绝大多数大型国有经济主体当前都要实行国家绝对控股的股份制,即国家股权在整个股权中所占的比重可能为75%,最少也会在51%以上。这不仅由于大型国有经济主体在国民经济中处于非常重要的地位,而且还由于我国资本市场盘子至今很小,大型国有经济主体的规模相对较大,如发行超过资本金总额半数以上的股票,资本市场是承受不了的。

而我们知道,在股份制度下股东会的表决权一般是以持有股份数量为标准,并且实行一股一表决权的原则,一般称为股东平等原则。所谓股东平等原则在实质上并不是人数的平等,而是股份的平等,是股东基于股东资格而具有的权利义务,受到按持股比例的平等待遇。[①] 在国家绝对控股的大型国有经济主体改制股份制企业中,在股东会执行表决权时如果实行一股一表决权的原则,决定事项实际上仍然是国家股权代表一人说了算,同国有独资时相比,其经营机制仍很难出现大的变化。

因此,大型国有经济主体改制股份制企业如何在国家绝对控股的条件下,在实行股份制股东会表决权规则中,要充分发挥非控股股东,特别是民间股东应有的作用,使股东会真正成为股份制企业的最高权力机构,就需要创造性运用股份制表决权制度规则,才能解决问题。

为了解决这个问题,一是可在股东会行使股东表决权时国家股代表要尊重其他股东的意见,除特别重大事项表决,如关系到大型国有经济主体企业性质和执行国家宏观经济政策的问题要发挥控股权作用外,在其他问题上,应尽可能听取和尊重其他股东的意见。可考虑由国家明确规定:哪些问题国家股代表使用控股权;哪些问题不使用控股权;也可以考虑表决时实行限制大股东的折股计票制度。

根据我国当前的现实情况,国家可以把大型国有经济主体股份制企业需要股东会表决决定的特别重大事项大体规定为:(1)有关股份制企业重大体制变化和主要股东进退方面的特别重大事项;(2)有关执行国家法律、法规和宏观经济政策方面的特别重大事项;(3)有关股份制企业主要管理人员任免方面的特别重大事项;(4)有关经营管理和业务活动方针方面的特别重大事项;(5)有关利润分配方面的特别重大事项等。在这些特别重大事项中,前两方面问题是国

---

① 　[日]龙田节编:《商法略说》,甘肃人民出版社1985年版,第71页。

家最关心和重视的。

国家之所以要在大型国有经济主体股份制企业处于绝对控股地位,主要因为他们在国民经济中处于核心地位,在保证国民经济持续、快速、健康发展和宏观经济政策有效贯彻等方面能发挥重大作用。所以,在股东会上讨论、决定涉及管理体制、国家控股地位和执行国家法规、政策等方面的问题时,国家股权代表应该发挥控股作用,以保证国家控股主要目的的实现。即在表决这些问题时,遵守股份制表决问题的一般规则,不管股票是国家的还是民间的都应是一股一票。

而在上述规定中,后三方面问题却是股东特别是民间股东们最关心的。首先,能不能把一家大型国有经济主体股份制企业真正办成现代化企业,获得越来越多的利润,管理人员的状况是决定性因素。股东特别是民间股东们都希望能参与挑选并找到能干、正直、熟悉银行业务的主要管理人员。其次,改善经营管理和加强业务活动是企业增加利润的主要渠道,经营管理、业务活动的方针和计划,自然也是股东们关注的焦点。再次,利润分配方案直接关系股东们的当前和长远利益,更是股东们最关心的内容之一。因此,国家绝对控股的大型国有经济主体股份制企业,在决定这后三方面问题时,一定要尊重非控股股东,特别是民间股东的意见。凡非控股股东,特别是民间股东不同意的地方,一定要反复磋商,尽可能修改。为了保证做到这一点,就有必要考虑表决时实行限制大股东的折股计票制度。

二、限制大股东表决权制度:国际借鉴与现实选择

限制大股东表决权制度是当代国际上通行的股份制企业股东表决权制度。在股份制度下,股东会的表决权虽一般是以持有股份数量为标准,并且实行一股一表决权的原则,即股东平等原则。这种股东平等权利是由股份制经济入股集资或联资经营按股分配经济利益的本质决定的,因而是不能通过章程剥夺的。

但许多国家《公司法》考虑到如果有些股东股份较多,会压迫股份较少的股东或操纵公司业务,这不利于股份企业发展。因而,又都规定了公司可以在章程中限制其表决权。例如:法国《公司法》规定,依照惯例,每一股份都应按其所代表的资本额的比例拥有表决权,并且至少有一票的表决权,但章程可以限定每股只能在股东大会上行使的表决权。比利时《公司法》规定,股东表决权的大小应与股票票面价额的大小成比例,如为无额面股,表决权利的大小则与其出资的多少成正比,但出席大会的单个股东或个人不得以超过有效表决票总数的五分之

一票数投票表决,也不得超过出席大会表决票五分之二票数投票表决。瑞士《公司法》规定,每个股东至少享有一票表决权,但公司章程可以限制拥有较多股份的股东的投票权,并且可以通过章程规定以认股证书(注:认股证书只有分配股利的权利,而无在股东会上的投票表决权)发行无表决权的股份。卢森堡《公司法》也规定,股东表决权应为每股有一票表决权,但在年度股东大会上单个股东对于任何特别决议享有的代表权,都不得超过股份资本总额的20%,或表决权总数的40%。瑞典《公司法》规定:每股至少有一票表决权,允许有复数表决权,但任何股份不能享有超过另一股份10倍以上的表决权。除公司章程另有规定以外,任何人在股东大会上都不能以代表会议决议权总数的五分之一以上表决。《美国标准公司法》也规定:发行在外的股份,不论属何种类别,对提高股东会议表决的每一事项应有一项表决权,但公司章程另有规定除外。我国台湾地区的《公司法》也规定,每一股在股东大会上有一表决权,但一股东若超过发行股份总数3%以上时,应以章程限制其表决权,如公司章程有对股东限制其表决权规定,政府或法人为股东时应同受其限制。

由此可见,所谓股东平等原则,还可以包含有对大股东投票表决权进行必要限制的规定。因而,正确地说,它应是股东权利平等和对大股东投票表决权进行适当限制的制度。限制大股东表决权制度是当代国际上通行的股份制企业股东表决权制度。

既然实行股东平等原则,还可以包含有对大股东投票表决权进行必要限制的规定。在大型国有经济主体改制股份制企业中,建立完善、规范的股东会时,可否考虑对股东代表大会表决问题的方法做一些修改。

具体设想可否考虑在股东代表大会上讨论和表决这后一些问题时,视国家股权占全部股权的比重对国家股权折扣计数。目的就是使国家在表决一些问题时放弃控股地位,实行国有股代表同民间股代表协商一致或平等表决的原则。这样,就能比较彻底地改变经营机制,尽快建立现代企业制度。

第三节　深化国有企业改革,建立和完善董事会制度

一、建立和完善董事会制度

为建立和完善我国大型国有经济主体改制股份制企业董事会制度,国资委于2004年6月决定选择部分中央企业进行建立和完善国有独资公司董事会试

点工作。建立和完善董事会试点的主要内容是：

1. 依法规范企业组织形式

现代企业制度的建立和公司法人治理结构的完善，要求企业具有法律意义上规范的组织形式。构建国有企业出资人制度，国资委代表国家履行出资人职责，就是在规范的公司组织形式基础上履行《公司法》规定的公司股东职责。因此，完善董事会试点工作，首先就是根据《公司法》及相关法律法规的规定，进行企业组织形式的变更，由全民所有制工业企业变更为国有独资公司。

2. 优化董事会成员结构，建立外部董事制度，提升以重大决策和风险控制为核心的董事会功能

为了进一步强化董事会的决策功能，国资委为完善董事会试点企业从境内外精心遴选了外部董事。他们中有境外大型公司的董事长、知名企业家，有中央大型企业的原负责人，也有国内高等院校的领导和资深专家，他们分别在公司国际化经营、战略决策、投融资和企业财务会计等方面有着深厚的专业知识和丰富的实践经验。作为外部董事，他们不在公司担任除董事和董事会专门委员会职务以外的其他职务。

3. 规范董事履职程序，健全董事会运行机制，为董事会建设制度化、规范化奠定制度基础

董事会能否充分发挥作用，在很大程度上决定着公司治理的有效性。完善董事会试点企业董事会，建设起一开始就着眼于董事会运作的规范性、科学性和有效性，为此，董事会试点企业根据这些要求先后制定了《公司章程》、《董事会议事规则》、《董事会各专门委员会议事规则》等基本制度和规范性文件，对公司的组织形式、董事会及各专门委员会的组织结构、职权范围、议事规则以及董事权利义务体系等核心内容进行了明确的规定，构建成董事会试点企业新董事会组织和运作的规则体系。

4. 建立董事会专门委员会制度，完善董事会组织功能，为董事会科学决策提供支撑

建立董事会专门委员会制度是国际大型跨国企业在强化公司治理方面的通行做法和成功经验。董事会试点企业新董事会分别设立了常务委员会、提名委员会、薪酬与考核委员会和审计委员会等专门委员会。

董事会专门委员会根据《公司章程》、《董事会议事规则》和《董事会各专门委员会议事规则》的规定各司其职、有效运转，分别在指导和监督董事会决议的

执行,研究公司经理人员的选择标准、程序及方法,拟订经理人员的薪酬方案、考核与奖惩建议,监督公司内控及风险管理体系、指导与监督公司内部审计工作等方面发挥专业作用,为董事会重大决策提供咨询、建议,形成董事会科学决策的支撑体系。

5. 建立权力机构、监督机构、决策机构和执行机构之间的分权制衡的运行机制

分权制衡和协调运作,是公司治理结构的核心内容,也是国资委开展建立和完善国有独资公司董事会试点工作的要求。董事会试点企业在完善董事会试点工作中,遵循公司治理的基本原则,跟踪学习和把握《公司法》修订的趋势,尤其是鼓励公司自治的立法精神,在出资人、董事会、监事会和经理层之间构建起既相互制衡、又高效运行的规范的制度安排。

作为规范的国有独资公司,董事会试点企业在《公司章程》中明确规定:"国资委代表国务院履行出资人职责",强化了国有企业出资人制度。依据《公司章程》明确细化了董事会和经理层之间的事权界限。公司监事会依照《公司法》、《国有企业监事会暂行条例》的规定履行监督职责。各治理机构之间各负其责、有效制衡、高效运转,形成了符合现代企业制度要求的运作机制,进一步完善了公司法人治理结构。

6. 建立董事会授权制度,提高董事会决策效率,形成对市场的快速响应机制

把握好董事会试点企业的发展方向与速度,对董事会试点企业的日常经营运作进行总体监控,是国资委赋予董事会试点企业新董事会的重要任务。根据这一要求,董事会试点企业在实施完善董事会试点工作中,依据国资委试点要求和有关法律法规,以及国外先进的公司治理经验,遵循谨慎与效率相结合、风险控制管理与高效运作相结合的原则,系统地制订了有关董事会授权机制。通过《公司章程》和《董事会议事规则》等制度性文件,授权董事会常务委员会除行使一般专门委员会基本职能外,还在一定范围内行使公司对外投融资、担保等事项的决策权,并根据董事会试点企业经营管理的特点将部分权力授予董事长和总经理行使,通过明确、可量化的标准及决议备案、过程风险监控等制度,保障董事会授权的规范运作,充分发挥董事会以发展战略、重大投融资、企业重大改革方案和选聘、考核经理层等内容为决策重点,对公司进行有效的战略控制和监督。

董事会授权制度的安排,充分利用了公司的现有决策资源,既可以有效降低

治理成本,也有利于提升公司对市场的快速响应能力,增强董事会试点企业的核心竞争力。

7. 建立董事责任追究体系和约束机制,促进董事诚信履职和勤勉尽责

董事通过充分履行《公司章程》规定的董事职权,实现对公司的决策和管理。同时,董事在履行职权时,必须遵循相应的规则,履行相应的义务。这是董事职务的根本属性,也是董事会进行科学决策的基本要求。为此,《公司章程》中设置了完整的董事责任追究体系和约束机制,从制度上确保董事会的健康运行以及董事会"集体决策和个人承担责任的议决规则"的实现。具体表现在以下两方面:

(1)建立了董事责任追究体系。《公司章程》规定,董事违反法律法规、《公司章程》规定的董事义务,给公司造成损失,或者在董事会决议违反法律、法规或者《公司章程》规定,致使公司遭受损失时,无法证明对该决议投反对票的,董事应承担赔偿责任。这种责任包括经济上的赔偿,也包括名誉上的补救及董事职务的解除。董事责任追究体系的建立,要求董事在履行职权时,不仅要遵守法律法规和《公司章程》的硬性规定,而且还应该科学、审慎地履行职权,尽最大努力为公司和出资人利益考量。

(2)建立了董事履行职权约束机制。董事履行职权时应遵循诚信和勤勉尽责原则。《公司章程》设定的董事履行职权应遵循的一系列制度和程序体现了这一要求,在公司与董事签订的服务合约中也作了相应规定。例如,董事应亲自出席董事会会议,董事连续3次未能亲自出席董事会会议的,视为不能履行董事职责,董事会可提请国资委予以解聘;外部董事应保证对公司履职的基本时间;董事应关注公司事务,在董事会召开前应充分审阅议案资料等。

8. 规范母子公司管理关系,完善国有资产监督管理和保值增值体系

董事会试点企业董事会就其经营管理的国有资产向出资人承担保值增值责任,对于董事会试点企业集团公司这样的纯粹控股公司而言,除了自身治理结构的完善以外,规范母子公司管理关系,也是建立完善的内部国有资产监督管理和保值增值体系的重要环节。《公司章程》及《董事会议事规则》都对此做了相应的制度安排。主要体现为:通过完善董事会试点企业集团公司所属子公司的法人治理结构,统一委派董事、监事,规范对所属子公司的管理;由董事会试点企业董事会依法行使对董事会试点企业所属子公司的股东权利,并将所属子公司的股东代表或董事就该企业重大事项表决意见的决定权授予董事会常务委员会,确保董事会试点企业董事会对所属子公司的管理和监控。

二、深化企业改革,推进企业体制创新

建立和完善董事会是深化企业改革,推进大型国有经济主体企业体制创新的客观要求。也是深化企业改革,推进大型国有经济主体企业体制创新的重大举措。[①]

按《企业法》注册为"企业"的国有独资企业是实行所有权和经营权两权合一的企业制度,而按《公司法》注册为"公司"的国有独资公司是实行所有权和经营权两权分离的企业制度。

大型国有独资公司建立和完善董事会试点通过建立和完善董事会,把国有独资公司由"企业"转变为"公司",不仅仅是换了个名字,而是企业制度发生了根本转变。其深层本质含义是使大型国有独资企业由实行所有权和经营权两权合一的企业制度转变成了实行所有权和经营权两权分离的企业制度。

按《企业法》注册的国有独资公司转变为按《公司法》注册的有限责任公司,虽然只是几个字之差,但其企业制度却从受《企业法》调整的国有独资企业转变成受《公司法》调整国有独资公司。这是大型国有经济主体国有独资企业制度的根本转变,也是国有独资企业改革的深化发展和体制创新。

第一,按《公司法》注册的大型国有独资有限责任公司是一种实行所有权和经营权两权分离产权制度的企业制度。国有控股的子公司尤其是上市公司的所有权和经营权分离,使上市公司的其他股东特别是中小股东在公司治理上能够发挥作用。按《企业法》注册为大型国有独资公司是一种实行所有权和经营权两权合一产权制度的企业制度。国有控股的子公司尤其是上市公司的所有权和经营权合一,使上市公司的其他股东特别是中小股东在公司治理上很难发挥作用。

第二,按《公司法》注册的大型国有独资有限责任公司是一种实行所有权和经营权职能、机构分离,经营权职能、机构专门化、独立化的企业制度。企业拥有

---

① 到2004年我国大型国有独资企业建立和完善董事会试点时,董事会制度早已成为所有中国股份公司和上市公司普遍的法定权力机构制度。但在占全国国有资产60%、GDP40%的169户大型国有独资企业中,建立董事会的只有21户,绝大部分仍实行厂长经理制,没有董事会,或者董事会虚设。169家国资委所属国有独资企业,绝大部分是按照《企业法》注册的"企业",只有为数极少的是按照《公司法》注册的"公司"。《央企董事会革命》,www.mie168.com,2006年3月15日,资料来源:中国企业家,作者:郭大鹏。

完全的自主经营权;按《企业法》注册的大型国有独资公司是一种实行所有权和经营权职能、机构合一,经营权职能、机构非专门化、独立化的企业制度。企业仅拥有国家赋予的部分自主经营权;

第三,按《公司法》注册的大型国有独资有限责任公司是一种强调董事会决策,并通过一系列的制度安排,形成权力机构、决策机构、监督机构和经营管理者之间的制衡机制。而按《企业法》注册的大型国有独资公司实行厂长负责制,企业的经营方针、长远规划、基本建设方案和重大技术改造方案等,都是以厂长一个人为中心的决策制度。《企业法》虽规定了厂长的职权,但却没有规定其应承担的责任;虽规定了政府对企业的审批事项,但却没有明确政府与企业之间的出资关系,企业负责人可将决策权、执行权、监督权集于一身,企业决策权和执行权不分。

三、建立和完善董事会,完善公司法人治理结构

大型国有独资企业进行建立和完善董事会试点,建立规范的董事会制度,也是完善大型国有独资企业法人治理结构的重要战略举措。

董事会制度是股份制企业即公司法人治理结构中的核心制度,董事会在公司法人治理结构中处于十分重要的地位。一方面,董事会是股东利益的忠实代表,是保护股东合法权益、体现股东意志的制度依托,是实现出资人职责到位的最终体现。另一方面,董事会负责企业的重大决策,对企业进行战略性监控,并负责选聘、评价、考核、激励经理人员,是企业内部深化改革、加强管理、提高效率的重要保证,是企业市场竞争力的制度基础。

现在我国大型国有独资公司有的虽已经建立了董事会,但有些董事会很不规范,其董事会成员都是党委委员和经理班子人员。董事会与党委会、经理办公会高度重合,决策权和经营权没有分开。在这种情况下,董事会成员之间存在领导和被领导的关系,会妨碍部分董事自由发挥意见。并且董事会成员基本上都是由公司内部产生,基本上还是由董事长决定。在这种情况下,董事相对于公司没有独立性,他们的表决权也往往不能够独立于公司决策者的意志,董事会往往也难发挥其应有的功能作用。

在我国实行社会主义市场经济新体制下,市场经济要求大企业必须建立规范的董事会。规范的董事会应是其成员之间没有领导和被领导关系,能够实现企业的决策权与执行权分开,实现集体决策和监督决策执行并代表出资人利益,

正确处理各方面关系的行使决策权和决策执行监督权的企业组织管理机构。

大型国有独资公司建立和完善董事会试点,在完善国有独资企业法人治理结构方面的一个重要制度创新,就是在我国国有独资企业建立了外部董事制度。

外部董事能够避免董事与经理人员高度重合,真正实现决策权与执行权的分权制衡,保证董事会能够作出独立于经理层的判断与选择;而且外部董事不负责企业的执行性事务。这个角色有利于外部董事更好地代表出资人的利益。

此次,进入董事会试点企业的外部董事人选,他们中有境外大型公司的董事长、知名企业家,有中央大型企业的原负责人,也有国内高等院校的领导和资深专家,他们分别在公司国际化经营、战略决策、投融资和企业财务会计等方面有着深厚的专业知识和丰富的实践经验。作为外部董事,他们不在董事会试点企业担任除董事和董事会专门委员会职务以外的其他职务。这些身份十分显赫的高级企业经营管理人才进入试点企业董事会,优化了试点企业董事会成员结构,进一步强化董事会的决策功能,为董事会成为真正的企业集体决策和决策执行监督机构提供了必要保证。

这是因为,第一,如果仅仅实行内部董事制度,容易形成内部人控制企业的现象,不可能形成有效力的决策。试点企业的外部董事在董事会成员中具有一定席位,这就可以有效地防止出现内部人控制企业的现象。从而也就可能形成有效力的决策。第二,这些外部董事都是由国资委聘任,其任免独立于董事会试点企业,这又为外部董事发表独立意见提供了保障。第三,这些外部董事身份都十分显赫,具有独立的判断能力和相关经验,他们的意见不容易受到干扰。

建立和完善董事会试点企业,在完善国有独资企业法人治理结构方面构建的新董事会组织和运作的规则体系,着眼于董事会运作的规范性、科学性,为健全董事会运行机制,为董事会建设制度化、规范化奠定制度基础。这就为提高公司治理的有效性,充分发挥董事会在企业经营中的决策和监督作用提供了必要保证。

建立和完善董事会试点企业,在完善国有独资企业法人治理结构方面借鉴国际大型跨国企业在强化公司治理方面的通行做法和成功经验,建立的董事会专门委员会制度,各个专门委员会根据《公司章程》、《董事会议事规则》和《董事会各专门委员会议事规则》的规定各司其职、有效运转,分别在指导和监督董事会决议的执行,研究公司经理人员的选择标准、程序及方法,拟订经理人员的薪酬方案、考核与奖惩建议,监督公司内控及风险管理体系、指导与监督公司内部审计工作等方面发挥专业作用,为董事会重大决策提供咨询、建议,形成董事会科学决策的支撑体系。这就为完善董事会组织功能,为董事会科学决策提供支撑和必要保证。

这次建立和完善董事会试点企业,在完善大型国有独资企业法人治理结构方面,在出资人、董事会、监事会和经理层之间作出的既相互制衡、又高效运行的规范的制度安排,通过在《公司章程》中明确规定:"国资委代表国务院履行出资人职责",强化了国有企业出资人制度。依据《公司章程》,明确细化了董事会和经理层之间的事权界限。公司监事会依照《公司法》、《国有企业监事会暂行条例》的规定履行监督职责。这又为各治理机构之间各负其责、有效制衡、高效运转,形成符合现代企业制度要求的运作机制;建立权力机构、监督机构、决策机构和执行机构之间的分权制衡的运行机制提供了必要保证。

建立和完善董事会试点企业,在完善大型国有独资企业法人治理结构方面,对有关董事会授权机制作出的制度安排,通过《公司章程》和《董事会议事规则》等制度性文件,授权董事会常务委员会除行使一般专门委员会基本职能外,还在一定范围内行使公司对外投融资、担保等事项的决策权,将部分权力授予董事长和总经理行使,通过明确、可量化的标准及决议备案、过程风险监控等制度,保障董事会授权的规范运作,充分发挥董事会以发展战略、重大投融资、企业重大改革方案和选聘、考核经理层等内容为决策重点,对公司进行有效的战略控制和监督。董事会授权制度的安排,对充分利用公司的现有决策资源,有效降低治理成本,提升公司对市场的快速响应能力,增强公司的核心竞争力提供了必要保证。

建立和完善董事会试点企业,在完善大型国有独资企业法人治理结构方面,建立的董事责任追究体系和约束机制,要求董事通过充分履行《公司章程》规定的董事职权,实现对公司的决策和管理。同时,要求董事在履行职权时,必须遵循相应的规则,履行相应的义务。这是董事职务的根本属性,也是董事会进行科学决策的基本要求。为此,在《公司章程》中还设置了完整的董事责任追究体系和约束机制:(1)《公司章程》规定,董事违反法律法规、《公司章程》规定的董事义务,给公司造成损失,或者在董事会决议违反法律、法规或者《公司章程》规定,致使公司遭受损失时,无法证明对该决议投反对票的,董事应承担赔偿责任。这种责任包括经济上的赔偿,也包括名誉上的补救及董事职务的解除。董事责任追究体系的建立,要求董事在履行职权时,不仅要遵守法律法规和《公司章程》的硬性规定,而且还应该科学、审慎地履行职权,尽最大努力为公司和出资人利益考量。(2)《公司章程》规定董事履行职权时应遵循诚信和勤勉尽责原则,同时在公司与董事签订的服务合约中也作了相应规定。例如,董事应亲自出席董事会会议,董事连续3次未能亲自出席董事会会议的,视为不能履行董事职责,董事会可提请国资委予以解聘;外部董事应保证对公司履职的基本时间;董事应关注公司事务,在董事会召开前应充分审阅议案资料等。董事责任追究体系和董事履行职权约束机制的建立,从制度上确保董事会的健康运行以及董事会"集体决策和个人承担责任的议决规则"的实现,同时也为促进董事诚信履职和勤勉尽责提供了必要保证。

　　建立和完善董事会试点企业,在完善大型国有独资企业法人治理结构方面,除了自身治理结构的完善以外,还在规范母子公司管理关系,建立完善的内部国有资产监督管理和保值增值体系方面做了相应的制度安排。在《公司章程》及《董事会议事规则》中规定由试点企业集团公司对所属子公司统一委派董事、监事,规范对所属子公司的管理;规定由试点企业董事会依法行使对其所属子公司的股东权利,并将所属子公司的股东代表或董事就该企业重大事项表决意见的决定权授予董事会常务委员会,规范母子公司管理关系,确保试点企业董事会对所属子公司的管理和监控,为完善国有资产监督管理和保值增值体系提供了必要保证。

四、尚待研究解决的问题及其对策

1. 建立完善、规范的董事会受托责任制度和监管制度问题

　　建立完善和规范的董事会试点企业的制度创新反映国家管理企业方式的根本性转变,表明国家对中央所属大型国有经济主体企业实行政企分开这一管理体制改革又迈出了新的步伐,无疑是中国大型国有经济主体企业改革深化发展的又一个重要突破。

　　但是,我们必须清醒地看到,这种建立和完善的董事会的制度创新,它是建立在企业所有者国资委对董事会进行授权和监管的前提和基础之上的。

　　如果没有与中央所属大型国有经济主体企业新董事会制度集权相适应的企业所有者国资委对董事会进行授权和监管制度,新董事会是不能健康正常运行的,并且也是不能充分发挥新董事会在其企业治理中的核心作用的。

　　所以,要保证中央所属大型国有经济主体企业新董事会能够健康正常运行,要充分发挥新董事会在企业治理中的核心作用,首先必须规范政府和企业之间、

出资人与企业间的关系,建立完善、规范的董事会受托责任和监管制度。

建立完善、规范的董事会试点企业试点显示:大型国有经济主体企业资产所有者国资委应授予新董事会对经理层进行管理的各种职权和重大投融资决策与战略性监控权都必须法律化制度化。与此同时,国资委对新董事会的各种监管职权也必须法律化制度化。

在对经理层进行管理的职权方面,董事会受托责任制必须将应授予新董事会选择、考核、决定经理人员薪酬的职权法律化制度化。

包括:第一,必须将应授予新董事会对经理人员进行经营业绩考核的职权法律化制度化。按试点模式,今后中央所属大型国有企业将由董事会对经理人员的经营业绩考核,国资委不再对董事会进行指标考核。第二,必须将应授予新董事会决定经理人员的薪酬的职权法律化制度化。由于薪酬与业绩考核挂钩,按试点模式,今后中央所属大型国有企业将由董事会依照国资委的指导意见,决定经理人员的薪酬。第三,必须将应授予新董事会选聘经理人员的职权法律化制度化。按试点模式,今后中央所属大型国有企业选聘有关经理人员,将由企业董事会负责。

在进行重大投融资决策与战略性监控职权方面,国资委必须将应授予新董事会的包括推进改革与重组、把握好企业发展方向与速度和对企业的日常经营运作进行总体监控的职权法律化制度化。

此外,国资委还必须将应授予新董事会向子公司统一委派董事、监事,规范对所属子公司的管理并依法行使对所属子公司的股东权利等基本职权法律化制度化。

在对新董事会应行使的各种监管职权方面,国资监管机构作为股东应通过评价董事会以保持董事会的责任感和压力感并促进董事会管理好经理人员;应通过建立董事会年度工作报告制度(董事会每年至少应向股东会报告一次工作)、建立向股东提供信息的制度(除了定期的会计报表、生产经营状况等,还要提供包括给企业带来重大损失和影响的突发事件等不定期的信息)和管理董事(包括选聘和解聘董事,对董事进行培训、评价,决定董事薪酬)等对董事会实施监管的各种职权也应法律化制度化。

2. 建立完善、规范董事会推进大型国有独资公司股份制改革问题

通过在大型国有独资公司建立完善、规范的董事会,来规范行使国有独资公司控股的上市公司国有股东权利,在一定程度上可以保证上市公司规范运转。这对于大型国企股份制改革将起到积极的促进作用。

　　在大型国有独资公司建立完善、规范的董事会,来规范国有独资公司经营决策组织制度和行为,在一定程度上可以保证大型国有独资公司规范运转,有利于大型国有独资公司推进结构调整和资产重组,加快股份多元化改革的步伐。

　　而要实现以上两方面目的不仅需要建立完善、规范的董事会受托责任制度和监管制度;而且需要进一步优化董事会成员构成,强化董事会的决策功能。

　　试点企业在建立完善、规范的董事会试点中,建立外部董事制度虽在优化董事会成员结构,进一步强化董事会的决策功能方面有了可喜的进步和发展。但是,大型国有独资企业只有一个股东——政府。股权结构单一、国有经济绝对控股,所有董事会成员本身都不拥有公司产权,他们都是"官员",是国有产权的"代表",这样的董事会发挥的作用必然是有限的。因此,进一步优化董事会成员构成,强化董事会的决策功能,还需要进一步深化大型国有独资公司改革,推进大型国有独资公司推进结构调整和资产重组,加快股份多元化改革的步伐。

　　3. 外部董事和经理人的职业化和市场化选择问题

　　大型国有独资公司建立完善、规范的董事会,一方面是致力于要解决怎么围绕行权进行制衡问题;另一方面,还应努力解决行权的效率问题。要追求这两者之间的平衡,又得有制衡,又得有效率。这是一项具有挑战性的工作。

　　试点企业在建立完善、规范的董事会试点中,试图从建立外部董事制度和建立董事会管理经理层制度两方面努力解决这个问题。但这是以能聘任到称职合格的外部董事和经理人为前提条件的。现在的问题还在于中国大型国企的职业外部董事和经理人市场还没形成,外部董事和经理人的职业化这方面都还没有做到位。中国的外部董事和经理人队伍市场化选择机制还没有形成。

　　因此,培育职业外部董事和经理人市场,形成外部董事和经理人市场化选择机制,这也是当前和今后一定时期解决建立完善、规范的大型国有独资公司董事会需要采取的对策措施。

第四节　加强改制大型国有经济主体监督

一、加强改制企业监督的意义

　　大型国有经济主体在实行股份制改制改造,建立完善、规范的治理结构制度,实现制度创新过程中,加强企业监督是加强改制企业管理的重要内容。加强改制企业监督具有十分重要的现实意义。

第一,大型国有经济主体改制为公司制企业后,公司制企业是一种所有权与经营权两权分离的企业管理制度。企业的所有者即投资者依其所有股权获得投资利益,企业经营者依其经营权经营管理企业财产。为了维护投资者的利益,保证企业营业发展能够稳健进行,必须对企业经营者,包括经营决策和经营决策执行者进行长期持续、有效的监督,才能保证企业生产经营决策和决策执行的规范运作,保证企业健康成长和拓展,以保证投资者的利益。因而,加强改制企业监督首先是保证改制企业投资者利益的基本手段。

第二,企业的生产经营活动实际上是一个决策和决策执行过程。在经营者决策受到投资者有效监督的同时,如何保证合理决策得以准确实施是关系到企业经营成效的重要问题。因此,建立对企业生产经营活动的内部监督机制,加强对大型国有经济主体改制企业的内部监督,也是从各方面加强企业内部管理,保证企业生产经营活动正常开展的必要条件。

一般说来,企业监督应包括:企业所有者,即投资者监督、企业经营者监督和企业员工监督三个层次的监督。不同层次监督的任务或目的有所不同。企业投资者监督的基本任务是最大限度地保证企业投资者的权益。企业经营者监督的基本任务是在保证企业生产经营活动正常开展的同时,不断提高企业经济效益。企业员工监督的基本任务在于保护劳动者的正当权益。

二、加强改制企业投资者对企业生产经营的监督

加强改制企业监督首先应加强企业投资者对企业生产经营的监督。企业投资者,即股东对企业生产经营实施监督的权利,是由政府颁布的有关企业法规(如《公司法》)所赋予的,并受到法律保护。而在各企业的具体实施过程中,其实施监督的组织机构对象、方法和指标体系等具体内容,则通常是在各企业的章程中作出具体规定,并在有关企业法规的保障和指导下,以企业章程作为日常具体实施的基本依据。

股东对企业生产经营实施监督的对象,主要应包括两个方面,一是企业经理。即企业日常生产经营活动的实际管理者。二是企业的重大生产经营活动和主要经营业绩。由于企业的重大生产经营活动和主要经营业绩足以左右企业的生存和发展,因此,股东通常对企业重大生产经营活动保持一定的参与度。特别是在涉及企业重大生产经营决策和主要经营业绩指标确定等问题上,股东往往扮演着决策者和监督者的双重角色。其所形成的有关董事会或股东会决议本

身,即是对企业重大生产经营活动和主要经营业绩指标的一种监督和约束。

　　股东对企业生产经营实施监督的组织形式,包括加强股东会、董事会和监事会分工监督。

　　1. 作为企业的最高权力机构,股东会对企业生产经营加强监督的主要内容是:决定企业的经营方针和投资计划,以此作为企业开展生产经营活动的基本依据;决定董事任免,并审议批准董事会的报告,以此对企业董事及董事会的工作进行全面评价和督导;决定监事任免,并审议批准监事会的报告,以此对企业监事及监事会的工作进行全面评价和督导,并依据监事会有关对企业日常生产经营的监督结论作出必要的处置;审议批准企业的年度财务预算方案和决算方案,以此监督和指导企业年度财务行为;制定并修改企业章程,以此全面规定企业生产经营的基本准则和方针。

　　2. 作为企业的日常决策机构,董事会加强监督企业生产经营活动的基本方法是通过有关重大决策的形成,为企业经理行为和企业有关生产经营活动订立必要的规则,并以此作为实施监督的依据。其主要监督职权包括:决定企业的经营计划和投资方案,以防止企业经理行为有损于企业和股东利益;任免企业经理、副经理和财务负责人等高级管理人员,对企业高级管理人员行为和经营业绩作出全面评价,并以此作为对其不良行为的一种监督和约束;制定企业的基本管理制度,以此形成对企业生产经营活动和员工行为的制度约束。另外,在股东人数有限而不设董事会的企业中,这一监督职能通常可分别由企业股东会和执行董事会承担。

　　3. 监事会作为股东授权的对企业生产经营行为加强监督的常规机构,也是整个企业的内部监督机构。监事会对企业生产经营加强监督的主要内容包括:检查企业财务;对董事、经理执行企业职务时违反纪律、法规或者企业章程的行为进行监督;当董事和经理行为损害企业利益时,要求董事和经理予以纠正;如必要时,可要求企业董事和经理报告企业经营情况或具体业务情况;可以企业名义委托注册会计师或执业审计师,对企业董事会或经理报告的企业经营情况进行复审。

三、加强改制企业经理对企业内部生产经营活动的监督

　　在股东授权范围内,企业经理加强对企业内部生产经营活动的监督,是企业生产经营活动得以正常开展的重要保障,也是维护和不断提高企业生产经营效率的重要途径。

一般而言,经理对企业内部生产经营活动加强监督,主要包括:

1. 对企业生产活动的监督。其主要是在有关生产计划和生产制度的基础上,由生产计划、质量控制、原材料供应和技术工艺等职能部门协助企业经理进行的。其监督内容主要涉及:监督生产计划的执行情况,包括产成品产量、在制品和半成品产量;监督产品质量情况,包括质量标准的执行情况、合格产品产量、废品率等;监督原材料采购和供应情况,包括原材料采购计划的执行进度,原材料储备和原材料质量等;监督生产工艺的执行情况,包括各生产单位的分工与协作情况、工艺流程、生产设备的保养与维护以及工艺革新等。

2. 对企业产品销售活动的监督。其主要是在有关产品营销计划的基础上,由销售、市场策划、公共关系以及售后服务等职能部门及人员协助企业经理进行的。其监督内容主要涉及:对产品销售进度的监督,包括产品销售量、销售价格、销售收入和库存量等;对产品促销行为的监督,包括广告、销售费用、市场研究、售后服务以及各种促销活动等。

3. 对企业财务活动的监督。其主要是以企业财务制度、投资计划、年度预算等为依据,由财务职能部门协助企业经理进行。其监督内容主要涉及:对企业内各部门和员工执行财务纪律的监督;对企业流动资金周转情况的监督,包括应收款项、应付款项、银行存贷款和现金等项指标;对企业投资计划执行情况的监督;对企业成本的监督,包括各项成本、费用的支出,固定成本与可变成本等指标;对企业各项经济效益指标变动的监督,如资金利润率、销售利润率、流动资金周转天数等。

4. 对企业劳动纪律的监督。其主要是制定各生产经营部门的劳动纪律和企业劳动纪律,由各部门会同企业经理进行的。其监督内容主要涉及:对企业员工遵守作息时间情况的监督;对各部门、各岗位员工履行岗位责任和遵守岗位工作纪律的监督;对员工遵守劳动合同的监督。

5. 对企业技术进步活动的监督。其主要是在企业研究与开发部门以及工艺技术部门的协助下进行的,主要监督内容有:对企业产品计划执行情况的监督;对企业生产工艺革新和调整计划执行情况的监督;对企业技术情报工作的监督;对企业技术培训工作的监督。

四、加强改制企业员工对涉及劳动者正当权益行为的监督

在改制企业内部,对涉及劳动者正当权益行为加强监督,主要是由企业工会

组织承担的。其大致可分为两类：

一是对企业管理者虽不违反劳动合同和国家有关劳动法规,但确实涉及职工权益行为的监督。其主要监督内容包括:对额外劳动时间的监督。如企业管理者要求职工加班,但加班时间又不超过法定限额的行为。由于加班涉及职工正当休息的权利,如果长期进行下去,也就不利于职工生活和健康。因此,企业工会就有必要出面与企业管理者协商,达成双方都能接受的方案。对职工工资和福利水平的监督。工会可根据企业实际经营情况、居民生活物价指数以及职工劳动强度等因素,就定期或不定期提高职工工资和福利水平等问题,与企业管理者进行协商,并对其所作的许诺进行监督。对改善职工劳动条件和劳动环境的行为进行监督。对企业处分违纪职工、解聘职工等行为的监督,以保证其不侵犯职工的正当权益。

二是对企业管理者违反企业劳动合同或国家有关劳动法规行为的监督。其主要监督内容包括:对企业违反国家劳动法规或劳动合同中有关工资报酬和福利待遇等项规定的行为的监督;对企业违反国家劳动法规或劳动合同中有关职工劳动条件和劳动环境等项规定的行为的监督;对企业违反劳动合同或国家劳动法规中有关职工劳动时间的行为的监督。对于上述违规行为,企业工会可协助或代表受害员工向企业管理者进行交涉,也可直接向有关劳动仲裁机构投诉,以维护广大劳动者的合法权益。

第五节　建立健全我国的企业家制度,培养造就一支现代企业家队伍

一、培养造就一支现代企业家队伍

1. 培养造就一支现代企业家队伍的必要性

建立大型国有经济主体改制企业完善、规范的法人治理结构制度离不开企业家。目前,我国还比较缺乏适应现代市场经济的现代企业家,为此必须努力培养造就一支现代企业家队伍。

现代市场经济的一个显著特征是企业在社会经济中既是经济主体,又是生产经营的再投资、再生产的主体单位与利益主体单位。同时,企业还是整个社会生产的基本单位和整个社会生活中最重要的基础环节。许多人天天都在企业里工作,许多人天天都在和企业打交道,还有许多人天天都在为企业服务。企业不

仅对社会生产的发展,而且对人民生活水平的提高都起着关键性作用。正是在这个意义上讲,企业是市场经济的"龙头"。

但是,在市场经济条件下企业家又是企业的"龙头"。因为他们是企业生产经营活动的组织领导者。生产经营事业是企业的生命。企业生产经营战略决策是否正确,企业在市场竞争中成败与否的关键都在于企业家。如果企业家在生产经营中决策失误,企业组织管理不善、企业便不能在竞争中处于不败地位,从而也就不能兴旺发展。因此,要发展市场经济,就要办好各类企业,而要办好各类企业,也就需要培养造就一支现代企业家队伍。

实现经济体制由传统的计划经济体制向社会主义市场经济体制转变,经济增长方式从粗放型向集约型转变,是我国在今后相当长一个时期的重大战略任务。推进这两个根本转变,需要进行多方面的工作,尤其需要通过办好企业加以落实和体现。要办好企业既要靠广大职工群众充分发挥积极性和创造性,又要靠作为企业资本经营的企业家善于经营管理。实践表明,要有好的企业家才可能有好的企业。改革开放以来,我国有相当一批企业办得不错,具有活力和竞争力。还有一些企业条件差,困难多,经过艰苦努力,不仅改变了落后面貌,而且迅速崛起。这其中原因不尽相同,但有一个共同点,就是都有一个好的企业经营管理者群体或企业家。也有另一种情况,就是企业基础本来是比较好的,也是很有发展潜力的,但由于企业经营、管理者群体或企业家的素质不高,经营决策失误,企业管理不善,结果导致企业生产经营情况每况愈下,负债累累,甚至破产倒闭。这些经验事实也表明,重视企业家建设,努力培养造就一支现代企业家队伍,也是实现两个根本转变的客观需要。

我国企业要适应市场经济发展的需要,要转变经济增长方式,必须深化改革,建立现代企业制度,实现企业制度创新。

我国大型国有经济主体改制企业建立现代企业制度的主要形式是公司制或股份制。适应公司制或股份制企业制度改革的需要,企业领导者需要从计划经济体制下,由行政部门任命对政府负责,组织企业实现国家生产计划任务的生产管理干部,转变为受企业财产所有者委托,对企业财产所有者负责,运营企业资本,制定和实施企业资本运营战略,努力实现企业经营目标的企业资本经营者。由此决定培养造就一支现代企业家队伍,既是加强企业管理的重要内容,又是建立现代企业制度的重要条件。

长期以来,我国实行计划经济体制,我国大型国有经济主体企业制度及其经营机制不适应市场经济发展需要。改革开放以来,企业体制和企业经营机制逐渐转变,已经有许多企业家的政治素质、专业素质和道德素质逐步适应了社会主义市场经济的要求;也有许多企业家的观念转变较快,逐步确立了市场观念,实现了从计划经济向市场经济转变;还有许多企业家他们的改革开放意识较强,大胆改革,取得了较大的成绩,使其所在的企业已经取得较好的经济效益。与此同时,仍然有不少企业的经营机制仍没有多大转变,其中一个重要原因就是作为企业经营者的企业家管理观念和素质与现代企业制度运行机制不相适应。因此,努力培养造就一支现代企业家队伍,这也是建立现代企业制度,实现企业制度创新的客观需要。

2. 必须着力于提高我国企业家的素质

我国企业家要适应市场经济新体制下实施资本经营制度与行为的需要,本身就需要一定的素质和能力。更为重要的是从现在的实际情况来看,我国企业家队伍中大多缺乏市场经济的熏陶和锤炼,真正思想上开拓进取、决策科学、管理有素的企业家还为数不多。尽管近些年来,经过多方面的努力,企业家的素质已有较大的提高,但面对瞬息万变的市场,仍有相当多的人感到很不适应。具体表现在:

第一,是文化知识和专业结构不尽合理,基础比较薄弱。不少人对现代企业制度和市场经济有关知识及其法律知识等缺乏应有的了解。有许多人知识结构相当单一。尤其令人忧虑的是不少厂长经理看不到市场经济发展对自己智能结构提出的更高的要求,缺乏学习吸收新知识的紧迫感,认为自己学历有了,职称评了,已经到头了。于是忙时顾不上学习,闲时又不愿意学习,完全靠吃老本闯市场,凑凑合合当厂长,很难有所作为。

第二,是经营思想和经营方法不适应市场经济条件下企业资本运营的要求。有的在激烈的市场竞争中缺乏应有的敏感,不注意掌握市场信息,不善于预测市场走向,不精于科学的可行性论证,决策时或靠"摸着石头过河",或靠"跟着感觉走",带有很大的盲目性。有的习惯于"走老路",过"稳当"日子,怕担风险,怕"捅娄子",缺乏创新意识。

为了培养造就一支适应市场经济体制下资本运营的现代企业家队伍,必须从基础做起,解决好现有企业家素质偏低问题,着力提高我国现有企业家的素质。

3. 我国企业家应着力提高的素质

现代企业家所具备的素质要求应由现代企业家的作用、精神和品质等客观标准条件决定。从现代企业制度对企业家从事企业资本生产经营事业的实际，我们可以看到，作为专门从事企业经营管理职业的企业领导人的企业家，他的作用在于使经济资源由低生产率水平转变为高的生产率水平，也就是要实现企业生产经营资本价值增值。为此，他们必须具有创新意识和创新的能力，他们必须具有风险意识和驾驭市场风险的能力；他们必须具有市场竞争意识和市场竞争能力。也正因为如此，要使我国的企业家成为合格的现代企业家，需要着力提高以下种种"素质"。

第一，良好的政治思想素质。

良好的政治思想素质是企业家成功地创办企业和成功经营企业的重要保证。一个成功的企业家必须坚持坚定正确的政治方向，认真学习政治理论，树立正确的道德观、价值观、自觉遵守各项法律法规和方针政策，依法经营、诚实守信、廉洁自律、努力塑造自身的良好形象，从而才能塑造良好的企业形象，使企业不断创造良好业绩。

良好的思想素质是企业家成功地创办企业和成功地经营企业的重要条件。一个成功的企业家应具有时代崭新的精神风貌，具有强烈的事业心、使命感和社会责任感；具有强烈的竞争意识和开拓进取精神，不安于现状，不墨守成规。在激烈的市场竞争中，要有百折不挠，勇往直前的信心和毅力。同时，还必须具有良好的思维素质。

良好的思维素质是企业家的"职业神经"。企业家良好的思维素质主要表现是：

——流畅思维。思维能"发射"出来的数量多。能举一反三，触类旁通，对复杂的事物表现能有效地归纳、概括、判断和表达。

——广阔思维。善于全面地看问题，能抓住某个问题最一般的基本框架，又不会遗漏有关的重要环节和主要因素。

——果断思维。即能迅速地对外界刺激作出反应，迅速地意识到存在的问题并找到解决问题的办法。

——敏捷思维。能把握事物发展的动态及方向，随机应变，及时提出各种不同的思想、办法和对策。

——独创思维。能独立地思考问题，不迷信、不盲从、不满足于现成的方法和答案。善于吸收群众智慧,探索新的方法和答案。

第二,较高的文化素质。

在科学技术迅猛发展的今天,知识更新的速度非常迅速,经营管理是多门科学知识集合的边缘科学,既涉及自然科学知识,又涉及社会科学知识。企业家虽不可能成为全才,但应成为通才,必须根据工作需要,尽量使自己多掌握一些与企业经营管理有关的知识,见多识广,才可能在激烈的竞争中足智多谋、权变制胜。

同时,市场经济本身又具有多元性和开放性特点,在客观上也要求企业家必须有较高的文化素质和合理的知识结构,不断努力提高文化素质水平,才能适应市场经济新体制下现代企业资本经营制度和行为的要求;才能面对市场经济条件下出现的各处新情况和新问题做到应付自如,抓住机遇,发展企业资本生产经营事业。

在科学技术不断进步,市场经济不断迅速发展的今天,要成为一名成功的企业家,必须熟悉本行业的生产经营技术业务知识;必须了解国内、国际与行业、企业生产经营有关的发展状况知识;必须掌握预测和及时处理生产技术活动中可能出现的各种问题的基本知识;同时,还必须按照市场经济的要求掌握一定的市场营销、金融会计、经济法律与法规、国际贸易及公共关系等方面的知识,才能不断开拓进取,作出新贡献。

第三,综合的能力素质。

现代企业制度对企业家的素质要求是多方面、全方位的。其中驾驭市场经济的综合能力尤为重要。主要是:

——创新能力。

创新是现代企业家最重要的本质特征。企业家不应墨守成规,追求四平八稳、封闭保守、按部就班、怕担风险。企业家也不应只是昨天的保卫者。而应该是具有强烈创新意识的开拓、进取的创新者,即今天的开拓者,明天的保卫者。尤其是在经济转型的特定历史阶段,由于企业的发展,没有现成的模式可借鉴,更需要企业家有“敢为天下先”的开拓创新精神,在实际工作中不断穿新衣走新路,创造新的经营业绩。

——决策能力。

作为一个成功的企业家,应高瞻远瞩,多谋善断,善于捕捉市场信息,对企业外部环境和内部实力有较强的分析判断能力。面对纷繁复杂的市场竞争中的种种情况和问题,要善于透过事物表面现象,抓住问题的本质,抓住机遇,立足实际,扬长避短,及时果断作出科学的战略决策。

——管理能力。

努力搞好经营管理是企业成功的重要条件。一个成功的企业家必须是一个优秀的企业经营管理专家。他能够根据企业的特点和发展需求,正确确立企业经营管理的指导方针,建立有效的组织管理机构,制定科学的管理方法,以确保企业资本生产经营目标的实现。

——协调能力。

成功的企业家应善于协调各种关系,包括上下级关系、左邻右舍关系、各种社会组织和利益团体关系等。及时协调好企业内部和外部各种社会关系,就能调动各方面的积极性,为企业的成功和发展创造一个良好的环境。

有人说,企业经营管理是一种创造性活动,而这种创造性活动,又必须以企业家的素质为依托。企业家要有哲学家的思维,经济学家的头脑,政治家的眼光,军事家的胆略。

二、建立健全我国的企业家制度

建立健全我国的企业家制度,对于培养造就一支现代企业家队伍具有十分重要的意义和作用。这里拟对建立健全我国企业家制度的意义和要求问题做一些初步探讨。

1. 建立健全企业家选拔任用制度

随着我国市场经济的发展和企业改革的深入,培养造就一支适应资本运营的现代企业家队伍已成为当务之急。这支现代企业家队伍主要应通过企业资本生产经营实践和市场竞争等有效途径逐步催生和成长发展。

建立健全我国的各种企业家制度是促进和保证培养造就这支现代企业队伍健康成长的最基本最重要的思路和途径。

建立健全我国的企业家制度,首先应建立健全符合资本运营要求的企业家任用制度。长期以来,在企业管理人才的选拔使用上,习惯于沿用计划经济条件下的选用人才标准,选用企业领导人往往偏重于选用执行型、依赖型的人才,论资排辈,平衡照顾观念盛行。改革开放以来,企业逐步推行了干部人事制度改革,取得了很大的成绩,但在选用机制上,企业干部"行政化"的现象仍很突出,以致影响了企业家的脱颖而出及现代企业家队伍的形成。适应企业资本运营要求,迫切需要转变选拔机制,建立一种公开、平等、竞争的企业经营领导人才选拔机制。在选拔标准上,应根据不同行业特点,确定各类企业经营者共同的基本条件,制定任职规范,取得任职资格。在选拔范围上,应不受身份、职业、地域、所有制性质限制,广开才路;在选拔方式上,应由委任制转变为以竞争聘任制为主,职务的升降也应由政府主管部门决定,转变为由市场竞争定夺。在选拔程度上,应把党的有关干部选拔任用程序和企业法、公司法规定的企业经营者任免程序结合起来。

第一,要引入竞争机制。

在选拔任用企业领导人中引入竞争机制,主要指引入社会公开招标、招聘和竞聘等选拔任用方式。

目前,我国企业家任用方式主要有四种:一是委任制,即由企业上级干部管理机关委派任命企业领导人;二是选举制,即通过职工或股东民主选举产生企业领导人;三是聘任制,即通过企业内部或面向社会公开招标,平等竞争择优聘用的办法;多方位选拔人才;四是竞选制,即通过公开竞聘,绩效考核等手段,将具有创新精神和经营能力的人才选到企业任职。

长期以来,我国用管党政干部的单一模式来管理企业领导干部,对企业领导人多实行委任制。这种企业干部委任制在计划经济体制下,曾发挥过特定的历史作用,但它与市场经济体制下,现代企业实行资本运营的发展趋势是极不相适应的。这是因为委任制能强化企业领导从政意识,不利于企业家阶层的生成和发展;实行委任制干部管理机关有权任免企业领导人,却不承担任何经济责任,任免企业领导人,往往会因不能适应企业经营管理的需要,而使企业生产经营陷入困境;委任制靠行政识别、考察与选拔企业领导人,难以避免局限性和片面性。

选举制是在企业改革中,为了克服委任制的弊端而产生的。企业职工或股东民主选举厂长(经理)、董事长等企业领导人,有利于增强企业经营者的责任感和事业心;较好地体现了职工的主人翁地位;有利于促进企业领导人转变领导作风,密切干群关系,激发职工的积极性;也能使企业领导有较好的群众基础,便于企业领导集中统一领导。但由于选举制选择的选举对象局限在企业,不利于在更广阔的领域挑选人才;同时民主选举制度、程序、方法也难以规范,并且对参选者也难以进行正确的综合评判。因而,也难以获得最佳人选。

聘任制和竞选制都是引入了竞争机制的选拔任用方式。它通过向社会公开招标、招聘、竞聘平等竞争,多方位选用企业领导人,弥补了选举制的不足,同时突破了委任制的强制性,也突破了选举制选拔范围的局限性和封闭性。有利于选用优秀的企业家。所以,从现代企业发展趋势来看引入竞争机制的招聘制和竞选(聘)制,应成为任用企业领导,建立健全企业家任用制度的主要方式。

第二,要引入市场机制。

在选拔任用企业领导人中引入市场机制,主要指应实行企业家走向市场,让企业到市场上去挑选企业家的选拔任用制度。要实行这种企业家选拔任用制度,就必须建立企业家市场。

企业家市场,有的又称为企业经营者市场,它指的正是职业企业经营者人才市场。二战后开始在美国出现,逐渐扩展到一些工业发达国家,20世纪70年代引入我国港台地区,目前在上海、深圳等沿海地区和内地较发达的地区也已出现。

我国建立企业家市场的目的就是要在市场经济条件下,实现企业经营领导人由行政配置向市场配置的战略转移。并通过市场竞争,实现对企业经营者人才这一社会资源的优化配置,使一批熟悉专业知识,精通企业管理,善于市场竞争,具备创新精神的人才,脱颖而出,逐步培养和造就一支职业化、市场化的企业家队伍。

建立企业家市场应建立和完善企业经营者人才交流体系、信息体系、考评体系和工资体系。建立企业经营者人才交流体系,应打破地域、单位所有制、身份和编制的界限,实行企业经营者社会自由流动管理体制,建立企业经营职业人才交流市场机构;建立企业经营者人才信息体系,应在企业经营职业人才交流市场机构中建立各级各类企业经营职业人才资源供需信息库,记录各类交流企业经营者的全面情况,为市场选拔任用企业经营领导人提供可靠依据;建立企业经营者人才考评体系,应采用规范的测评手段和方法,对各类企业经营者的素质、能力、专长和潜能进行客观公正的社会评价。建立企业经济者的市场工资体系,应根据职业企业经营者的社会评价基础情况,结合市场供需状况,及时制定企业家市场指导工资标准,以供企业家市场供需双方参考。

2. 建立健全企业家培训制度

注意对企业经营者实施培训教育,不断更新其知识,不断提高素质是培养造就一支企业家队伍的重要制度建设。

目前,我国对企业家的培训还缺乏统筹规划;培训手段和内容较单一;培训与使用脱节问题也较普遍。缺乏有效培训,也是长期以来造成许多企业领导人缺乏在市场竞争中求生存、求发展的风险意识和进取精神,缺乏按市场经济要求组织生产经营知识和现代企业管理能力的重要因素之一。

要培养造就一支现代企业家队伍,必须建立健全我国的企业家培训制度。

第一,充分发挥高校专业教育培养高层次企业经营管理人才优势。

应充分发挥高等院校有关企业经营管理专业教育优势,加强高校有关企业经营管理的本科生、硕士生、博士生、博士后等专业人才基地建设,加快培养企业经营管理的高级专业人才。企业亦可选送优秀管理人才进大专院校有关企业经营管理专业培训班深造、培养中高级经营管理人员。

第二,严格岗位培训制度。

企业家培训制度既应包括学校培训制度,也应包括实践中的各种培训制度。严格岗位培训制度也是建立健全企业家培训制度的重要组成部分。企业家岗位培训应包括任职资格培训,适应性强化培训、专题讨论培训、研修培训、设置厂长助理、挂职锻炼等。这些都是在实践中培养造就企业家的有效培训制度或方法途径。

第三,鼓励自学成才。

过去,许多优秀的企业经营管理人才都是通过在实践中,坚持业余自学,通过自学成才的道路成长为企业家或优秀企业家的。对通过业余自学成才成长起来的企业家,在任用时应与其他途径成长起来的企业家一视同仁。应鼓励企业经营管理人员,通过业余自学、自学成才。

第四,培训与使用结合。

各级各类企业家培训合格者应颁发培训资格证书,应聘时应凭资格证书。并且应规范企业家等级升迁制度。应在具备企业家资格的基础上,根据企业家的知识、能力和经营成效规范企业家等级晋升制度。把培训与使用结合起来,把企业家经营知识、能力、绩效与其等级晋升统一起来。

3. 建立健全企业家管理制度

加强对企业家的评价、约束和监督,努力改革企业家的管理工作,完善企业家管理制度,也是培养造就一支企业家队伍的重要制度建设。

目前,我国对企业家的评价,约束和监督机制或制度有的已经不适应市场经济新体制的要求,有的还没有建立,需要通过建立和完善各种管理制度,加强对企业经营者的评价、约束和监督。

第一,应依法建立和健全企业领导体制,建立健全企业各级组织领导机构和制度,明确企业领导的职责、权限、规范企业领导机构及其领导者的组织、制度和行为。

　　第二,应对企业经营者实行政绩考核制。考核中应改进评价标准。在计划经济体制下,评价企业管理官员的主要标准是完成计划指标的好坏,以及社会政治工作的优劣,主要是重政治、重稳定、重资历;轻经营、轻能力、轻经济效益。往往以政治型、执行型、依赖型、行政型领导,代替企业家。在市场经济条件下,企业经营目标应是高利润率和资产增值。利润率的高低才是评价企业家政绩的主要标准。所以,考核企业家经营政绩主要应更多地使用能反映企业经营工作实绩的客观标准,如企业利润率、企业股票价格、企业市场占有率、企业资产增值、后劲投入以及名优产品创利等。考核方式可由政府有关职能部门组成考核组考核,也可在企业内部由经营者定期向企业最高权力机构汇报工作,由企业最高权力机构进行审议和评定;还可由社会舆论界来考核;如报刊公布企业利税数额及排列位序,以此强化企业经营者的事业心和责任感。

　　第三,应强化企业家的约束、监督机制或制度。市场经济在为企业家施展才华,提供广阔天地的同时,也会因某些消极因素影响使企业家放松自我约束。因而,必须从爱护和保护企业家的目的出发,对企业家实行有效的约束和监督。组织、纪检、监察部门应加强对经营者的教育工作。工商、审计、税务等经济部门应依法对其经济行为实行监督,特别应搞好厂长经营定期审计和离任审计。应充分发挥企业各种监察机构和权力机构对经营者的监督作用。对企业家行为约束,应包括产权约束、税收约束、信贷约束、法规约束等。建立健全这些约束机制或制度,不仅是爱护和保护企业家健康成长的客观需要,也是实行现代企业制度的客观要求。因为,现代企业制度下,公司企业实行法人授权委托经营制度、资产所有者或股东把资本经营权授予企业家,委托企业家经营,企业家必须对股东负责,而不能“自行其是”;同时,还应看到,由于市场经济中的某些负面效应往往容易使一些企业经营者产生不合理不合法的行为,如短期行为、垄断行为、欺诈行为等等。为了爱护保护企业,同时也是为了保护企业所有者的利益,必须加强对企业家的约束机制或制度建设。

　4. 建立健全企业家保护制度

　　在建立企业家管理制度,特别是约束制度的同时,还应建立健全企业家的有效保护制度、以保障企业家的合法权益不受侵犯。企业家权益保护制度主要是企业家法律保护制度、利益保护制度和荣誉保护制度等。

　　第一,建立企业家法律保护制度。

从中央到地方,都有必要制定保护企业家合法权益的特别法。特别法,是仅仅对于特定人、特定事物或特定地区才可以适用的法律。保护企业家权益的特别法应具有以下基本内容:

——保护企业家的经营决策权及相应的生产指挥权和人事权。任何部门、任何人借助权势或"关系网"来非法干预厂长(经理)行使职权,都应受到一定的法律制裁。

——保护企业家在政策允许限度内的合理的高收入;

——保护企业家人格尊严,对其诬陷、诽谤者绳之以法;

——保护企业家人身安全;

——企业家行为只能以当时的政策法令为准绳,因情况变化而颁布的新法规、新政策,对企业家行为没有追诉力。

——指定或建立专门管理企业家上诉的机构,对过期不调查处理的官僚主义行为以渎职论处。

——保护企业家的相对稳定和合理流动。职业经营者与企业的聘任合同,经鉴证后具有法律效力,任何机关不得单方面更改或废止。

第二,建立企业家利益保护制度。

企业家肩负着资产保值增值重任,承担着风险压力,理应获得与其相符的收入,企业家的收益应与其实现的经营效益紧密挂钩。应把对企业家的物质鼓励和精神鼓励结合起来。

目前,企业家收入与企业效益联结并不紧密,解决这一问题,可考虑两种办法:一是实行企业家年薪制;二是实行企业家收入股权制。

第三,建立企业家荣誉保护制度。

随着企业改革的深化发展,企业家们凭着自己的作为和贡献,赢得了人们的尊重。为了保护和激励企业家成长,需要建立企业家荣誉保障制度。

建立企业荣誉保护制度,一方面可通过新闻媒体广泛宣传企业家的改革精神、创业精神和奉献精神,在全社会形成一个关心、崇尚、爱护企业家的良好氛围;另一方面可通过提高企业家的政治地位,让企业在参政议政方面充分发挥作用。此外,还可以开展评定优秀企业家活动,对为企业发展作出贡献的企业家由政府授予优秀企业家荣誉称号。

5. 建立健全我国企业家的激励机制

在市场经济中,由于企业家对企业成功与否具有关键意义。对企业家的激励,实质上是对企业家经营业绩的评价,是在经济利益和社会地位上给企业家的补偿和确认。通过对企业家进行合理的激励,可以激发企业家最大限度地发挥自己的经营管理才能,提高企业的经济效益,促进企业经济和社会经济的发展。

企业家的激励机制包括物质和精神两个方面的激励机制。物质方面的激励机制主要是利益或收入激励机制。精神方面的激励机制主要是晋升激励机制和荣誉激励机制。

利益或收入激励机制是企业家激励机制的核心部分。建立健全企业家的利益激励机制,应贯彻企业经营者经济收益与其经营业绩挂钩原则;并且,还应改变企业家收入形成方式。企业家收入一般应由基本收入与风险收入两个部分组成,基本收入应与企业同资历职工工资大体持平,风险收益,应由其经营业绩决定。

6. 实行股权激励制度

在大型国有经济主体实行股份制改造,改革人事制度和激励约束机制制度时实行企业股权激励制度,这是解决改制企业持久地调动企业领导和经营者的积极性,从根本上搞活改制大型国有经济主体问题的重要战略措施,它对促进改制企业发展,增进企业和职工利益也具有重要意义和作用。

大型国有经济主体企业股权激励制度是企业按照国家有关政策,依法将一部分产权以股权激励的形式,并以一定的时限有偿地转让给企业内部职工,包括国企经营者。在规定的时限内,这部分产权以股权的形式参与企业利润分配,但参与分配的利润以职工购买这部分股权的形式仍留在企业;作为企业转让部分产权的所得,由企业转为国有资本的扩股。这一过程一直持续到规定时限期满。届时,这部分股权激励就转化成职工所拥有的实际股份,职工依照股份参与红利分配。实际上,在规定的时限内,企业转让的这部分产权只是以股权激励的形式在企业内部空转,企业的产权并没有损失,反而起到了保值作用,并扩大了支配或控制资产的范围;而企业职工也并没有支付实际的代价,仅是通过这种形式把企业经营和职工利益结合起来,使职工不再是单纯的劳动者,而是具有劳动者和企业所有者的双重身份,从而增强了职工对企业的关心和贡献意识,有利于企业的发展和扩张。

实行股权激励制度应消除政策和观念上的若干障碍问题:一是应消除股权激励制度仅适用于小型企业或困难企业而不适用于大型国有经济主体企业这种观念障碍问题。实际上股权激励制度不仅适用于小型企业或困难企业,而且也是适用于大型国有经济主体企业的;二是股权激励制度实行的前提是国家能够从大型国有经济主体企业中以期权方式、限制性股票以及法律、行政法规允许的其他方式有偿地让出一部分产权的拥有权,而这需要对实行股权激励制度企业应具备条件和制度的规范要求制定具体政策;三是股权激励制度本身又是一项系统工程,不同的企业、不同的产权结构、不同的企业优势以及不同层次的职工所拥有的股权激励指标系数是不同的,因此,还应依据不同情况制定不同的企业的规范操作办法;四是股权激励制度一旦实行,对期权、限制性股票以及法律、行政法规允许的其他方式,有偿地让出的一部分产权的拥有权转化股权后,是否可以转让以及能否继承,都应有一系列政策法规来予以明确。

大型国有经济主体改制企业实行股权激励制度,不仅对建立完善、规范的法人治理结构制度具有重大的现实意义,而且对建立完善、规范的产权制度也具有积极、深远的现实意义。一是股权激励制可以改变大型国有经济主体企业原来单一的产权结构,有利于企业产权结构朝着多元化方向发展,从而起到优化企业产权结构的作用;二是有利于调动企业内广大职工的积极性和奉献精神,由于股权激励制的实行基本上实现了"工者有其股",使群众得到了实惠,从而对企业经营管理的参与更主动、更积极、更有效;三是可以增强企业抵御风险的能力,以前经营风险主要由国有资本承担,企业少数管理者往往是具体的承担者,而股权激励制的实行,使广大职工由于共同利益而自觉地组成为承担者群体;四是可以扩张国有资本的调控幅度和范围,从长远看,国有资本不仅没有缩小,反而起到了保值增值作用,并且由于股权激励的实现,国有资本的调控才有了实际意义,其调控幅度和范围比原先大大地扩张了。

大型国有经济主体改制企业实行股权激励制度应把握好股权激励的政策界限,在起步阶段股权激励的水平不能太高,激励的对象也不能过宽。要与当前社会对收入分配的承受能力相适应;股权激励应坚持风险与收益对称。在考核指标的设置上既要考核当期效益情况,更要着眼于企业的长期发展;既要看盈利水平,也要看股票市值的变化。要通过股权激励促进改制企业业绩的提升;股权激励应严格按照相关政策规范进行,在股权授予中不能无偿量化存量国有资产,也不得由国有大股东单独支付激励成本。

第十二章　我国大型国有经济主体的股份制企业集团改造

　　我国大型国有经济主体股份制改造，包括把大型国有经济主体改制重新组建成股份制企业集团和把现有大型国有经济主体的行政性企业集团改造成股份制企业集团。无论是改制重新组建股份制企业集团还是行政性企业集团改造成股份制企业集团都应有明确的指导思想，正确的组建原则、方法和战略政策。

　　本章分析研究我国大型国有经济主体实行股份制企业集团改制和改造的客观必然性及组建股份制企业集团的原则、思路、对策和政策问题。

第一节　企业集团股份制与我国大型国有经济主体的深化改革

一、我国企业集团兴起和发展的重大意义

　　我国企业集团作为适应我国的社会主义市场经济和社会化大生产的客观需要而出现的一种具有多层次组织结构的经济组织，它兴起于 20 世纪 80 年代起步的横向经济联合。1986 年《国务院关于进一步推动横向经济联合若干问题的规定》将我国企业跨地区、跨部门的横向联合推向高潮。1987 年以《关于大型工业联营企业在国家计划中实行单列的暂行规定》为起点，单列联合体的内部关系日益紧密，企业集团便迅速兴起和发展起来了。

　　我国企业集团兴起初期，大量的企业集团都是以大型国有经济主体为核心或骨干企业的企业集团。我国企业集团的兴起和发展，对于促进我国大型国有经济主体的改革和发展，促进我国经济体制改革的发展、促进技术进步、促进产业结构的合理调整、促进区域经济和整个社会经济的发展都有十分重要的意义和作用。

　　——我国企业集团的兴起和发展,促进了大型国有经济主体改革的深化发展。我国传统的大型国有经济主体管理体制是一种政企不分、两权合一的企业管理体制或企业制度。大型国有经济主体体制改革的重要任务就是要建立起一种政企分开、两权分离的新型企业制度。改革开放以来,我国大型国有经济主体改革正是朝着这个重要目标不断深化发展的。企业集团的兴起和发展,打破了部门和地区的条块分割,冲破了传统体制的束缚,不少大型国有经济主体都成了一个或几个企业集团的成员。这样,它就不再属于哪个部门、哪个地区的直属企业了,政府部门对这些大型国有经济主体主要运用经济手段和行政手段(包括法律手段)进行间接调整和管理。于是政企合一的问题便在一定程度上得到了解决。同时,有不少大型国有经济主体在加入企业集团后又推行了承包制、租赁制或试行了股份制。这样又在不同程度上把大型国有经济基础主体管理体制,逐步改变成了两权分离的管理体制。

　　——我国企业集团的兴起和发展,促进了大型国有经济主体的发展和竞争能力的增强。企业集团本身是一种较一般企业联合组织或企业群体组织更为优越的企业联合组织。这是由于:(1)企业集团内部较一般经济联合体更能有效地、优化实行专业化分工协作、规模生产经营和优化资源组合配置。这表现在:一方面,可以在集团各成员单位间提高专业化协作水平,提高劳动生产率,增加产品数量,提高产品质量,降低产品成本,提高经济效益;另一方面,它能够打破"小而全"、"大而全"格局。实行跨地区、跨行业经营,使产品能够实现大批量生产,具有规模经济基础效益;(2)企业集团内部实行"统一领导、分级管理",经营决策和经营管理组织机构和职能专门化,管理机构较一般企业联合组织合理完善。管理制度较一般企业联合组织优越。"家务事"水平也比一般企业联合组织更高;(3)企业集团成员众多,自身经济实力雄厚,资金和物资又便于统一集中使用,重点投入。并且,经政府有关部门批准还可以向社会发行股票或企业债券集资。能为高投入承担风险,进行高科技产品研制和实行大规模技术改造。其开发能力较一般企业联合组织强;(4)企业集团组织较稳定,人员待遇相对优惠,能广泛吸收、稳定和高标准、高质量地培训各种经济技术管理人才。较一般企业联合组织更能保持和发挥人才优势;(5)企业集团商业信誉高。销售网络庞大,信息系统较健全,并且其运转灵敏,企业资金循环和周转速度比一般企业联合组织快;(6)企业集团实力强大,其资金集中的兼并能力和控股、参股等资金联合能力也比一般企业联合组织强……所有这些优越性都促进了大型国有经济主体社会劳动生产率和经济效益的大大提高。因而，也就大力促进了大型国有经济主体的发展和竞争能力的增强。也正因为如此，它使我国许多大型国有经济主体已经有了经济技术实力，把产品打入国际市场，并开始在海外投资设厂，发展跨国公司。

——我国企业集团的兴起和发展，促进了我国宏观管理体制改革的发展。我国传统的宏观经济体制是一种产品经济型的管理体制。无论是计划体制、财政体制、金融体制、物资分配体制和流通体制都是一种与部门和地区的条条块块专政相适应的宏观管理体制。这些管理体制既捆住了企业的手脚，又必然搞"大而全"、"小而全"的自然经济，阻碍社会主义经济发展因而必须加以改革。我国企业集团的兴起和发展，开始打破了条条块块专政格局，加速了使大型国有经济主体成为真正商品生产者的历史过程。同时，在企业集团的组建过程中，国家对计划体制、财政体制、金融体制、物资体制和流通体制等等各种宏观管理体制都相应进行了配套改革。这样，也就促进了我国宏观经济体制改革的发展。

——我国企业集团的兴起和发展，促进了技术进步。企业集团本身就是技术进步的产物，技术进步和社会化大商品生产的发展是紧密相连的，正是在社会化大商品生产实行联合化；资源综合开发和合理利用，需要众多的企业和事业单位配合；科研、设计、生产一体化倾向，也要求企业联合。我国许多企业集团正是在科研、技术协作和联合的基础上建立起来的；或是由科研机构、大专院校和大型国有经济主体联合起来共同研制，开发高科技产品建立起来的。这类企业集团的兴起发展也就必然增强这些科研生产、大型国有经济主体和单位的经济实力，并提高其科研生产能力，促进技术进步。现代经济的发展要以科学的广泛应用和技术进步为基础。而现代科学的发展、技术的进步又要以经济的发展为前提。我国企业集团的兴起和发展，一方面，由于企业集团规模经济具有强大的科研、生产和技术开发能力，这就为技术进步提供了强大的物质基础；另一方面，由于企业集团经济增长和发展，又有赖于科学技术进步和广泛应用。这又为推动技术进步提供了强大的动力。

——我国企业集团的兴起和发展，促进了我国产业结构的合理调整。产业结构是再生产过程中产业之间和各产业内部各部门之间的经济技术联系和比例关系。它是随着社会经济的发展以及需求状况的发展而发展变化的。及时合理地调整产业结构是保证社会再生产正常进行和健康发展的必要条件。但产业结构的合理与否，又是建立在生产结构和产品结构是否合理、是否能满足社会需要的基础上的。企业集团的成员,企业(包括大型国有经济主体)在其生产经营活动中由于实行统一领导和专业化分工协作,能够根据社会需要,根据技术经济和专业化分工协作的合理要求适时调整成员企业的生产销售计划以调整成员企业的生产结构和产品结构,从而实现社会产业结构及时合理地调整。我国许多企业集团都是适应我国产业结构合理调整的客观需要组建的。因而,它们的兴起和发展,就必然促进我国产业结构的合理调整;另一方面,由于我国政府还对企业集团实行宏观调控和管理,这样也及时有力地促进了我国产业结构的合理调整。

——我国企业集团的兴起和发展,促进了区域经济的发展。企业集团一般是以经济发达地区的大型骨干企业为核心组建和发展起来的。企业集团的兴起和发展,它可以使发达地区经济更加发达。同时,又可以通过经济发达地区的企业与经济落后地区的企业联合,带动经济落后地区经济基础的发展。

我国企业集团开始多是在经济发达地区兴起和发展起来的。在经济发达地区的企业集团可以充分利用和发挥自身的资金优势、技术优势和中心城市及发达的地域经济等优势,更好地发展各种主导产品,进行大规模的技术改造和高技术产品开发,并建立起各种经济技术协作中心、金融中心、物资交流中心、信息服务中心等等,以增强自身的经济辐射能力。同时,还可以通过与经济不发达地区的企事业经济单位联合和协作,将经济不发达地区的人力、物力和财力等生产资源和生产要素纳入发达地区生产经营体系,使经济发达地区所支配的生产资源和生产要素迅速增长,经济实力迅速扩大。这样,便可以使发达地区的经济更加发达。经济不发达地区的企事业单位往往拥有自然资源和丰富的劳动力资源、市场广阔等优势,它们和经济发达地区企业联合或合并组建企业集团后,可以使自身所拥有的各种生产资源的投入取得较好的经济效益;可以引进发达地区的资金、先进技术和先进管理经验;可以及时获得各种经济信息等以增强不发达地区的经济基础技术开发和经济增长能力。这样,也就带动了经济不发达地区的经济发展。

——我国企业集团的兴起和发展推动了社会经济的增长和发展。我国企业集团作为一种大规模的生产单位,在整个社会经济发展中也有着十分重要的地位和作用:(1)我国企业集团本身不仅是从事大规模生产经营的经济单位,是社会生产的主力军,而且是一般企业的依附力量。整个社会经济发展的战略目标,要依靠企业集团带动广大中小型企业才能实现;(2)我国企业集团又是应用和推动科学技术进步,并把科技成果转化为现实生产力的中坚力量;(3)我国企业集团还是工业、农业、交通、国防现代化建设所需大型技术装备的生产者和组装者,是实现社会主义现代化的主导力量;(4)我国企业集团又是进出口贸易的主要承担者。发展对外经济关系的主力军。正因为上述地位和作用,所以,我国企业集团的兴起和发展,又推动了我国社会经济的增长和发展。

二、股份制是我国企业集团发展的必然趋势

当前,我国以大型国有经济主体为核心和骨干企业的企业集团的兴起和发展已经取得了十分显著的成效。但是,由于我国现有大量以大型国有经济主体为核心骨干企业的企业集团基本上是在生产和经济技术联合的基础上,主要依靠名优龙头产品、行政手段和契约合同关系为纽带组建起来的。目前从总体上看,还是一种不完善、不规范的企业集团。其主要表现是:

1. 在企业集团的组织结构方面:企业集团一般应由其核心层、紧密层、半紧密层和松散层这四个层次构成。但实际上我国现有一些以大型国有经济主体为核心和骨干企业的企业集团的集团公司和集团的紧密层都还没有形成,一些企业集团的组织结构是不完善、不规范的。

2. 在企业集团的联合基础或联系纽带方面:企业集团成员企业间的联系纽带一般可有多种。但是,只有资产才是最根本的,也是最坚实的联系纽带。我国现有一些以大型国有经济主体为核心和骨干企业的企业集团多是在横向经济联系和横向经济联合的基础上,在生产和经济技术协作中,通过行政手段或契约合同手段联合组建起来的。这种联合缺乏应有经济基础。因而,其联合是很不稳定的,不能持久的。集团成员之间的聚合水平低,集团内部的联系纽带是虚弱的,因而其联合的基础也是不规范的。

3. 在企业集团内部领导体制和功能方面:企业集团一般应实行集权和分权相结合的领导体制。我国现有一些大型国有经济主体企业集团由于其以大企业为中心的多层次组织结构的资产联合基础尚未真正形成。因而,其统一领导一般多以契约合同规定和行政指令为限。企业集团的领导体制和功能也还是不完善、不规范的。

4. 在企业集团的规模和经营范围方面:企业集团一般应有巨大规模,实行多角化经营。由于我国一些以大型国有经济主体为核心和骨干企业的企业集团是以同行业或同一产业联合为限,其发展规模多受限制,规模和经营范围也还没

有得到充分发展。

上述几方面不完善、不规范问题,正是我国现有大多数企业集团存在的主要弊端。同时,也是发展我国以大型国有经济主体为核心和骨干企业的企业集团需要解决的主要问题。产生这些原因或因素是多方面的。但其基本原因或因素则主要是我国现有一些以大型国有经济主体为核心和骨干企业的企业集团是以生产和经济技术联合为基础,以行政手段或契约合同手段为联系纽带组建形成的。它缺乏完善的、规模的企业集团应具备的经济基础和条件。所以,为了使我国现有大量以大型国有经济为核心和骨干企业的企业集团得到进一步发展,就必须提高它们的素质,使它们进一步完善并发育成型。而要实现这一目标,就必须从根本上改造现有企业集团成员之间联合的基础上,进一步发展成为深层的以资产联合为基础的企业联合,实行股份制。也就是说,必须通过改革把现有大量以大型国有经济主体为核心和骨干企业的企业集团改造成为股份制企业集团。

股份制企业集团它是一个由母公司(或总公司)及其关联的子公司(或分公司)和关联的企业构成的企业总体。股份制企业集团实质上是一种由若干企业或事业单位共同出资,通过互相合并或联合组成一个股份制企业(股份有限公司或有限责任公司)和它的参股企业及其与之相关的以经济契约合同联系的配套协作企业组成的企业联合组织或企业总体。

股份制企业集团之所以可以成为我国现有大量以大型国有经济主体为核心和骨干企业的行政性企业集团发展的必然趋势和方向,其主要原因在于:

1. 股份制企业集团的母公司(或总公司)可以成为企业集团的核心即集团公司。其子公司或(分公司)因其母公司(或总公司)对其持股已达控股程度(一般母公司对子公司持股50%以上,总公司对分公司持股为100%),因而它们可能成为集团公司的完全持股或控股公司,从而也就可以形成集团的紧密层;集团公司持股未达控股程度的关联公司其生产经营活动的自主权和自由度比其控股公司大得多。因而,它们可能形成集团的半紧密层。其关联企业集团与集团成员企业仅仅是通过契约合同联系起来的配套协作企业,它们享有合同规定以外的完全的生产经营自主权和最大的自由度。因而,改造成股份制企业集团。其组织结构不完善、不规范问题便可相应得到解决。

2. 股份制企业集团的经济实体部分是股份制企业。这个股份制企业是建立在资产联合的基础上,以资产为联系纽带,通过资产(资金)合并或联合方式联合起来的。由于资产(资金)是集团成员企业从事企业商品生产和经营活动最基本最重要的经济条件,资产(资金)联合能够使其成员企业间的生产、技术、经营等方面的各种联系建立在稳定的基础上,能够密切其成员企业之间的经济利益关系,使之真正成为命运紧密相连的利益共同体。因而,能够使企业集团真正成为一种聚合水平高、内部凝聚力强的经济组织。如果将我国现有大量以大型国有经济主体为核心和骨干企业的企业集团改造成股份制企业集团,其联系纽带虚弱,联合基础不规范问题相应也可以得到解决。

3. 股份制企业集团的集团公司可能依其经济技术、经营联系和资产联合的程度和状况不同,对不同层次的企业实行不同程度的集权和分权相结合的领导体制。作为集团公司的母公司(或总公司)因其持有子公司(或分公司)的控股股份或达到支配地位的股金比例,甚至百分之百的股份或股金。因而,对其子公司(或分公司)可以实行资产经营一体化管理。而子公司(或分公司)在生产经营方面,仍然保持着一定的自主决策权,处于相对独立的商品生产和经营单位的地位。集团公司对其参股的关联公司持股达控股程度,而且各参股公司又可以互相投资,环形持股。因而,集团公司不能对它们实行资产一体化,只能实行统一经营。它们之间按持股多少或出资比例分享利益和承担责任,因而其集权管理程度较子公司或分公司低,而分权管理程度则较子公司或分公司高。集团公司及其子公司或分公司和参股公司与其关联的配套协作企业之间,只是契约合同关系,不能对它们实行集权统一领导,只能以统一经营方针指导。它们则按章程合同规定享受各种权利,承担各种义务和责任。

股份制企业集团内部由于其集权分权领导体制完全形成。所以,各组成部分可以依其在集团中的地位发挥不同的功能作用,从而便可以分别形成投资中心、利润中心和成本中心。

如果将我国现有大量以大型国有经济主体为核心和骨干企业的企业集团改造成为股份制企业集团,企业集团领导体制和功能不完善、不规范的问题也可以相应得到解决。

4. 股份制企业集团成员企业因以资产联合为基础、资产为联系纽带。其资产包括实物形态和价值形态,其价值形态,即资金。资金的集中(合并)或联合(控股、参股等)可以不受地区、部门、产业、行业和不同所有制企业的限制。同时,资金又具有社会流动性,便于及时调整集团内部的生产结构、产品结构和企业结构。这样,企业集团发展规模和经营范围的各种不必要的限制便可以打破,从而也就可以朝着巨型规模和多角化经营方向发展,如果把我国大量以大型国有经济主体为核心和骨干企业的企业集团改造成股份制企业集团,其规模和经营范围限制方面问题相应也可以得到解决。

第二节　我国大型国有经济主体股份制企业集团的组建

一、组建的目标设计和基本原则

我国大型国有经济主体无论是改制还是重新组建股份制企业集团都必须要有明确的政策目标和正确的组建原则。

第一个政策目标和应遵循的基本原则是应以壮大大型国有经济主体经济,增强国有经济控制力为目标。坚持以大型国有经济主体为主体,多种所有制经济相结合的基本原则。

我国大型国有经济主体通过改制和重新组建股份制企业集团,是为了通过企业改制增强活力,做强做大;通过重组发展壮大,做大做强,实现其壮大大型国有经济主体经济,增强国有经济控制力的目标。所以,在组建大型国有经济主体改制股份制企业集团时,必须坚持以大型国有经济主体为主体,多种所有制经济相结合的基本原则。这个原则应保证原大型国有经济主体经济组织在组建股份制企业集团中具有控制力的主导地位,同时还应大力鼓励支持非国有经济,特别是非公有制经济积极参与其股份制企业集团的改制发展。

第二个政策目标和应遵循的基本原则是以建立两权分离、政企分开的现代企业制度为目标。坚持自愿互利和政府引导相结合的原则。

我国大型国有经济主体改制和重新组建股份制企业集团作为社会化大生产条件下的商品生产的组织形式,客观上就要求必须建立起一种实行企业财产所有权与经营权两权分离、政企分开的现代企业制度。并且,实行企业财产所有权与经营权两权分离、政企分开这也是克服传统的企业制度的根本弊端,建立与我国的社会主义市场经济相适应的新型的企业制度的客观要求。因而组建我国大型国有经济主体改制和重新组建股份制企业集团又必须以建立两权分离、政企分开的现代企业制度为其目标。为此,组建这类股份制企业集团不应实行行政命令,必须坚持自愿互利和政府引导相结合的原则。自愿互利原则就是要在自愿互利和符合社会需要的基础上,由企业自主组建集团。各级政府和行业主管部门,应根据产业政策和企业组织结构的合理化要求,积极引导企业参加有关集团,但不应采取行政手段,自上而下地强行组织。企业集团不应兼有政府的行政职能。

按照自愿互利的原则组建我国大型国有经济主体改制和重新组建股份制企业集团,首先是发展社会主义市场经济的客观要求。这是由于我国的集体制企业集团本身是一种商品经济组织形式,在社会主义市场经济中,每个企业都是平等的商品生产者,都是处在平等的商品生产和交换关系之中,都必须按照等价交换的原则行事。因而,相互之间的合并或联合也必然以平等互利为基础。同时,相互之间的合并或联合也必须在国家政策许可,其相互之间的经济联系也必然应是一种自愿的行为。

其次,按照自愿互利的原则组建我国大型国有经济主体股份制企业集团,也是我国经济改革的客观要求。这是由于在传统体制下,我国企业只是一种组织生产的行政机构。所以,企业的合并或联合必然靠行政命令。而在社会主义市场经济新体制下,企业是一个依法自主经营、自负盈亏、独立核算的商品生产和经营单位。它有其自身独立的经济利益,并且对自己所使用的资金要承担全部责任,企业合并或联合就必须由企业自身权衡利弊,自决取舍。

当然,按照自愿互利原则组建企业集团并不是不要政府对企业的宏观调控和管理。相反,需要加强政府对企业集团宏观调控管理的基础上才能实现。在集团组建过程中,政府机关要充分利用经济、法律和必要的行政手段,加强对集团的宏观管理和指导,以促进集团按照国家有关方针政策进行自主的生产经营活动。

大型国有经济主体按照自愿互利原则组建股份制企业集团也不是不要政府指导或引导。因为,现在组建企业集团要受条条块块分割、企业行政级别及企业经营者素质等条件制约,不能完全由各企业间以自发、自主、自愿的方式进行。这就还需要政府必要的政策法令,做好各种协调和扶植工作的积极引导。因而,又应该把自愿合并和联合与政府指导结合起来。

第三个政策目标和基本原则应是增强企业活力和竞争力,促进社会主义经济增长和发展为目标。坚持优化组合、结构合理、依靠科技、增强后劲原则。

在我国,大型国有经济主体改制和重新组建股份制企业集团既是我国社会主义市场经济发展的客观要求,也是我国经济体制改革的重要措施,其根本目的就在于要跨越地区、部门和所有制的限制,以生产技术和经营联合为基础,以资产联系为纽带,优化企业组织结构和产业结构,以增强企业实力和竞争能力,促进社会主义经济增长和发展。因此,我国大型国有经济主体改制和重新组建股份制企业集团还必须坚持优化组合、结构合理;依靠科技、增强后劲等原则。

首先,大型国有经济主体改制和重新组建股份制企业集团的一个重要意义和目的是要通过企业合并或联合优化企业组合,促进企业结构、生产结构和产品结构合理化,从而促进产业结构合理化。因而,在组建股份制企业集团时必须贯彻"优化组合、结构合理"原则。

贯彻这个原则在组建集团时应搞好可行性研究。为此,在改制和重新组建股份制企业集团前,应做深入细致的调查分析,弄清拟合并或联合企业的生产技术经济情况。包括产品方案、生产能力、技术力量、设备条件、生产组织、经营管理等情况,以便找出生产技术经济方面的内在联系,制定出合并、联合和协作的最佳方案。同时,还应该进行充分的市场预测,对其主导产品在市场上的覆盖面、占有率及生产同类产品的生产能力和销售情况进行调查和分析。并且,对拟建集团的生产技术水平还应该进行评估论证。对组建集团能够给成员企业和整个社会带来多大经济效益和利益进行经济分析。

贯彻这个原则在组建集团时,还应打破部门、地区、行业、所有制界限,其成员企业应根据相互间的生产技术经济联系,按专业化协作和有利于资源合理配置和利用的要求有机结合。

其次,依靠科技增强后劲是大型国有经济主体改制和重新组建股份制企业集团能够成为具有雄厚实力、规模巨大、实行多角经营的重要条件。因而,它也就必然成为组建企业集团的原则性要求。

贯彻这个原则在改制和重新组建股份制企业集团时,应要求所组建股份制企业集团应有较强的技术开发能力,能积极推进技术进步。应鼓励独立科研设计单位进入股份制企业集团,成为集团的技术开发中心。同时集团可以加强自己已有的技术开发力量,也可以发展同科研设计单位的横向联合。

二、组建的基本方法

我国大型国有经济主体改制和重新组建的股份制企业集团以其核心层企业存在的实态,一般可分为单核心型和多核心型两类。各企业在组建集团时,应根据实际需要选择适合的类型。

单核心型集团应以一个大型骨干企业作为集团公司和核心层,与之合并的完全持股企业和持股已达控股程度的控股企业为紧密层,以持股未达控股程度的参股企业为半紧密层,以与成员企业有固定协作关系的关联企业为松散层。核心层与紧密层、半紧密层成员企业间,应通过合并即完全持股或联合即控股或参股等方式,实现成员企业与有固定协作关系的企业之间的联结应通过订立经济契约合同方式实现。在领导和管理方面,核心层企业对完全持股的紧密层企业实行资产——经营一体化,对控股和参股企业派出股东代表和股权董事参加领导机构和经营管理活动。集团的组织体系可根据其经营范围、规模、地域等实际情况,采用母公司——子公司——参股公司制,或总公司——分公司——参股公司制,或者这两种组织兼用制。

多核心型企业集团应由若干大型骨干企业为核心层企业。核心层企业之间应通过互相参股,即相互持股联结起来,核心层的每个核心企业应合并或联合若干中小型企业形成一个企业系列或企业系列群,以完全持股企业和持股达控股程度的企业为其半紧密层,各系列企业的紧密层之间也可以互相参股,环形持股。多核心型集团中每个企业系列的核心层企业与其紧密层、半紧密层企业之间的联结仍应通过合并即完全持股和联合控股和参股实现。集团各系列企业群的组织体系同样应根据各系列群的核心企业与其紧密层、半紧密层企业合并、联合及经营范围、规模和地域等实际情况采取母公司——子公司——参股公司制或总公司——分公司——参股公司制或这两种体系并用制。在各核心企业系列之间还应组建横向联系的集团经理会、集团投资中心(投资公司)、集团金融中心(集团财务公司)和集团商贸中心(集团商贸公司或商社)。

我国的大型国有经济主体现有企业集团在改造成股份制企业集团时,如果其核心层企业与其紧密层企业之间是通过合并联结起来的,核心层企业便成了紧密层企业的总公司,紧密层企业就成了核心层企业的分公司。因此,二者间便形成了总公司——分公司关系。集团的组织体系建成了一种总公司——分公司——参股公司体系。如其核心层企业与紧密层企业之间是通过联合联结起来的,而且核心层企业对紧密层企业持股已达控股程度,核心层企业便成了紧密层企业的母公司,紧密层企业便成了核心层企业的子公司。企业集团的组织体系即为母公司——子公司——参股公司体系。但如果核心层企业与紧密层企业既有合并又有联合关系,核心层企业则兼有总公司和母公司双重意义。这样,该企业集团就形成总公司——分公司——参股公司和母公司——子公司——参股公司两种组织体系兼用的混合组织体系。

三、组建形式和途径

我国现有大型国有经济主体改制和改造组建股份制企业集团可以通过不同形式实现。主要是：

1. 主导产品型企业集团

这种类型企业集团的成员企业可以生产龙头产品大型国有经济主体骨干企业为核心，在经济、技术和经营方面互相联系、有机结合的基础上实现资产（资金）的合并和联合。这种合并和联合可以把龙头产品的生产扩散到生产同类产品的企业，在专业化分工协作互相联系有机结合的基础上实现资产（资金）合并或联合。还可以把龙头产品的工艺扩散到各个伙伴企业，在各个工序实行专业化分工协作互相联系有机结合的基础上实现资产（资金）合并或联合。

2. 联合销售或联合服务型企业集团

这类集团的成员企业可以在产品联合销售或在联合服务的基础上，实现资产（资金）合并或联合。

3. 联合科研生产型企业集团

这类集团的成员企业有的可以在联合进行科研和生产的基础上，实现资产（资金）合并或联合。科研生产企事业单位联合进行科研和生产其互相联合的方式也可以是多种多样的：有的可以是科研单位进入企业集团。有的可以以科研单位为龙头联合生产组成企业集团。有的可以是企业集团与科研单位、大专院校联合办科研机构，使之成为集团的研究开发中心。有的还可以是企业集团与科研单位进行项目合作，由企业集团提出科研开发项目，提供科研经费，研究单位负责研究开发。

4. 综合多元联合企事业单位的合并和联合

这类集团的成员企事业单位包括工商企业、银行和其他金融机构、科研单位和大专院校等，它们可以在科研、生产、商业、外贸、金融等多种经济关系方面互相有机结合的基础上实现资产（资金）合并和联合组建起来的。

我国现有大型国有经济主体改制和改造组建股份制企业集团也可以通过不同途径实现。主要是：

1. 通过生产技术经营联合、资产合并联合组建。股份制企业集团可经过由生产技术或经营的松散联合到资产、资金紧密联合的途径组建。

2. 通过企业主体重组途径组建。企业主体重组就是将被改组企业的专业生产经营系统改组为股份有限公司,原企业变成控股集团公司,原企业非专业生产经营系统改组为控股公司的全资公司(或其他形式)。这种企业集团组建方式的特点在于保留了原企业的法人地位,把主要生产经营资产投入了紧密层的股份有限公司,并把这些公司变成了原企业(控股公司)的子公司。再由原企业(控股公司,即核心企业)的参股公司(参股不到51%的公司)形成半紧密层的参股关联公司。

3. 通过控股公司重组途径组建。控股公司是以控股方式进行资产经营活动的特殊股份制企业。它是一种以产权经营为主的企业法人。我国国有资产授权经营的国有控股公司是典型的控股公司。控股公司一般可将其控股企业改组或改造成股份有限公司或有限责任公司。将其控股100%的作为控股公司即集团核心企业的分公司。将其控股51%以上的作为控股公司即集团核心企业的子公司。将其参股51%以下的公司作为集团核心企业参股公司。集团核心企业的分公司、子公司是集团的紧密层企业,参股公司是集团的半紧密层企业。

四、组建程序

我国现有大型国有经济主体改制和改造组建股份制企业集团一般程序主要是:

——筹备与立项。筹备阶段首先应确定核心企业(集团公司)。一般要以具备基本条件的大型国有经济主体为核心企业,组建单核心股份制企业集团。或者由某大中型企业牵头重新组建一家核心企业,组建单核心股份制企业集团;或者由某几个大中型企业联合牵头组建联合集团公司作为核心企业层,同时由核心企业层各核心企业分别组建企业系列形成多核心企业集团;其次,应确定子公司、参股企业和松散层联合企业由核心企业作为紧密层企业的子公司、作为紧密层企业的参股企业和松散层联合企业各方代表组成拟建股份制企业集团筹备委员会,负责集团筹备和申报事宜。筹备委员会向政府主管机关报送申请组建股份制企业集团报告、核心企业股东大会或股东大会代表大会关于组建企业集团的决议、核心企业及子公司、联合企业名单及有关资信证明材料,包括营业执照复印件、同意组建集团的协议、有关契约合同,以及主管部门要求的其他材料,经主管部门审批立项。

——进行清产核资、产权界定工作并制定《股份制企业集团组建实施方案》和《股份制企业集团章程》。

收到批准部门同意组建企业集团批文后，筹备委员会应对成员企业进行清产核资、产权界定工作并制定《股份制企业集团组建实施方案》和《股份制企业集团章程》。《股份制企业集团组建实施方案》的主要内容一般应包括：(1)组建股份制企业集团的意义；(2)拟建股份制企业集团中核心企业或核心层企业、紧密启动企业的子公司、半紧密层企业的参股企业和松散层联合、协作企业的基本情况；(3)组建股份制企业集团的可行性分析，即拟建集团有关生产、市场、财务情况的分析、预测及其相关方案设计；(4)各成员企业间的产权关系与协作关系；(5)集团动作机制设计；(6)社会及经济效益评价；(7)其他重要事项。

《股份制企业集团章程》的主要内容应包括：(1)股份制企业集团名称，核心企业或核心层企业即集团公司、紧密层企业、半紧密层企业的名称及住所；(2)股份制企业集团组建宗旨及经营范围；(3)核心企业或核心层企业注册资本总额、紧密层、半紧密层企业注册资本和核心层企业在紧密层、半紧密层企业所拥有的股权；(4)核心企业在集团中的职能、核心企业发挥各项职能的运作程序、规划；(5)股份制企业集团的协商机构与职权；(6)股份制企业集团的财务与会计制度；(7)股份制企业集团的终止与清算制度；(8)股份制企业集团成员参加、退出席位条件和程序；(9)股份制企业集团章程修改(订)程序；(10)股份制企业集团章程订立日期及集团各成员企业法定代表人签字；(11)其他应载明的事项。

——复审和注册登记。筹备委员会上述各项准备工作完成后，向批准部门提出复审申请。复审时需提交的文件包括：审批组建方案与章程的请示；组建股份制企业集团实施方案；股份制企业集团章程；核心企业或核心层、紧密层、半紧密层企业的验资报告；会计师事务所出具的股份制企业集团的合并财务报表；批准部门要求的其他材料。组建股份制企业集团正式批准文件下达后，筹备委员会需报送下列文件向工商管理部门申请办理工商登记。

报送的文件应包括：核心企业、紧密层和半紧密层企业法定代表人签署的登记注册书；批准部门批准组建股份制企业集团的文件；股份制企业集团章程；核心企业或核心层、紧密层和半紧密层企业营业执照复印件或法人资格证明；核心企业或核心层企业、紧密层和半紧密层企业的验资报告；股份制企业集团合并财务报表；工商联登记主管机关要求的其他文件。

第三节　我国大型国有经济主体股份制
企业集团组织机构设置

一、股东权组织设置

股份制企业集团的实体部分是股份制企业（股份有限公司或有限责任公司），按照股份制的一般要求，单核心型股份制企业集团应设置股东权、决策、监督和经营管理四大组织机构。

我国大型国有经济主体股份制企业集团的股东权组织又可以称为股东代表会，由股东代表组成。股东代表可包括国家股、法人股和个人股及外资股代表。国家股东代表应由国有资产管理和授权管理机构委派。法人股东应规定按一定个人股股金数或股份数比例选派。

股份制集团的股东权组织也就是集团的所有权组织。因而，也就应是集团的最高权力机构。但它又仅仅是一个通过股东行使表决权参与集团管理的机构。因而，它也是一个非常设机构。应设每年召开年会常会和临时会议制度。其职权主要应为：听取董事会工作报告、审查董事会提出的财务预算和决算及利益分配方案、选董事和监事、决定集团的股金或股份增减和分立合并歇业解散破产等重大问题、审查修改集团公司章程等。

集团为有限公司的可以集团成员企业为股东组成集团股东权组织。

二、决策权组织设置

股份制企业集团的决策权组织即经营决策权组织是董事会。董事会由董事组成，董事可以包括股权董事和非股权董事。股权董事可根据股权性质委派或选派。一般说国家股和集团股股权董事可由持股单位委派，而个人股股权董事可由个人股东选举产生。非股权董事可由聘任的高级经济技术专家、学者、律师、管理职员及社会知名人士及集团党群组织领导成员担任。

股份制企业集团的经营决策应是由董事会进行的，董事会是进行经营决策的常设机构。由于董事人员太多，集团章程可规定设常务董事会负责集团日常决策工作。集团董事会主要职权应包括：确定集团的主业方向、审定集团长期发展规划、审查集团公司年度财务决算、确定集团公司盈亏及分配方案及其对策、任免集团公司高级职员并评价其工作、审议总经理提出的利益分配方案、对集团公司增资减资和分立合并歇业破产等重大事项提出意见、向股东代表大会作工作报告并执行股东代表会的决议、提出集团章程修改意见等。

三、监督权组织和经营管理组织

股份制企业集团的监督权组织应称为监事会。它是监督检查董事会业务执行情况的常设机构。它是由股东代表选任的监察人员即监事组成的,与董事会一样具有同等权利能力的组织机构。其成员一般至少应包括股东代表、精通集团公司经营管理业务和财会审计业务及法律事务等知识的专门人才、职工代表及集团党组织领导成员等。集团监事会行使的主要职权应包括:调查集团的业务及财务状况、召集临时股东会议、向股东代表报告工作、列席董事会议等。

股份制企业集团的经营管理组织是集团公司的经理人机构。是集团公司的业务执行机构。集团经理人机构应根据集团内部组织结构设置。一般应设总经理、副总经理、总工程师、总经济师、总会计师和各种事业部职能机构和直属企业经理人员机构等。集团经理人机构应是集团的业务执行机构。它行使的职权包括:执行董事会决议;决定公司生产经营计划;确定内部工资分配方案;根据总经理提名,按干部管理权限任免公司经理、厂长、事业部长。经营管理委员会设常务委员会,负责处理日常事务。经营管理委员会下设各部为办事机构。它由若干职能部门组成,具体实施对集团的统一管理。

在采用事业部组织结构形式下,集团公司及其紧密层和半紧密层及关联公司的经营活动可按不同产品或地区来划分事业部。事业部既是一种独立运营的业务单位,也是各级职能部门和垂直领导部门机构的纵向协调机构,它是集团公司——事业部——子(分)公司结构的中间环节。由若干职能部门组成,具体实施对集团的统一管理。

我国大型国有经济主体股份制企业集团一般应实行双重法人制而不应实行一级法人,授权经营的管理体制。主要是在市场经济条件下,市场经济不断变化,在一级法人管理体制下,各基层公司无充分的经营自主决策权,很容易形成各种发展战略、政策等等"一刀切",不利于集团各基层公司业务开展;由于一级法人强调整体经营,就容易形成统得过细,管得过死,束缚基层灵活经营;授权度小,审批时间长,使基层公司往往容易在市场经济中坐失良机。集团公司的分公司不具有法人资格,但集团公司及其关联的子公司和参股公司都应具有法人资格。总经理或不设总经理、副总经理的公司经理分别应为集团公司及其关联的子公司、参股公司的法人代表。总经理行使的职权主要应为：执行董事会的决议、主持制定公司生产经营发展规划、主持公司年度计划及预决算、签发公司重要规章制度、设置公司本部的机构、确定工资奖金分配方案及集体福利事项、处理日常生产活动和经营决策、代表公司签订主要经济合同及进行各种民事诉讼活动等等。

四、其他组织机构

多核心企业集团除应在每个核心企业及其系列企业中的控股参股企业组成的股份制企业中设置股东会、董事会、监事会和经营管理组织机构外，在各核心企业系列之间还应设置集团经理会，建立集团投资、金融和商贸公司或中心。

多核心企业集团的经理会应是由各核心企业及其紧密层企业的经理（厂长）组成的联合进行经营决策和协调的组织机构。它也是建立在企业集团内部成员互相投股的基础上的，它具有事实上的大股东会的性质。其主要职能是：协调集团各核心企业系列及相互持股企业之间的共同关系；统一接受国家指令性计划和国家订货；负责组织协定整个企业集团的统一经营战备决策等。集团经理会应是一种实行集体领导制的组织机构。经理会的总负责人应由经理会选举产生，一般应选举各核心企业中经济实力最强的企业经理担任。

多核心企业集团的投资中心（或集团金融中心、集团财务公司）应是根据集团经理会的决定，由各成员企业出资组成的投资公司或融资投资公司。其基本职能主要是：依据国家有关方针政策、法律、法规规定筹集集团用于统一开发投资的资金；在企业集团内部融通资金，以补充国家银行对集团中短期贷款和流动资金的不足；同银行及其他金融机构建立业务往来关系，办理本集团内部的票据承兑与贴现业务，向银行及其他金融机构输票据再贴现业务；发放各种贷款；为集团内部成员企业发放债券和股票；执行经理会的投资开发决议，负责集团内部的投资开发活动等。

多核心企业集团的商贸中心（或集团商贸公司）是集团内部的交易媒介或贸易中心。其基本职能主要是：组织集团内部物资交易；为集团成员企业采购生产资料商品；组织销售集团成员的商品；反馈市场信息等。

第四节　我国大型国有经济主体行政性企业集团的股份制改造

一、股份制改造的总体思路

我国大型国有经济主体现有行政性企业集团或是以行政关联关系为联结纽带，或是以生产技术与销售经营等非资产连接为联结纽带组成的企业集团。把这种行政性企业集团改造成股份制企业集团，一般都应经过一个企业改制——企业重组改制——整体改制的发展过程。而且整体改制也要经过一个过渡模式和目标模式两个发展阶段。

1. 集团企业股份制和集团公司股份制改造

我国大型国有经济主体现有行政性企业集团实行股份制企业集团改造的基础是集团企业改制。它是指应对行政性企业集团的集团公司和集团成员企业（不包括协作企业）实行股份制改造。

对于集团整体由于各种原因不能进行股份制改造的行政性企业集团，可先对集团下属有发展前途的"二级"、"三级"法人企业及分公司企业实施股份制改造，将这些下属企业改造成股份有限公司和有限责任公司或股份合作制公司等企业，把这些下属企业的国有资产转换成为国有股份资产，并明确产权。在此基础上，同时再对集团的集团公司（总公司）进行股份制改造，把集团公司改造成股份有限公司或有限责任公司，并使集团公司成为集团国有资产经营者。

在企业改制过程中，改制集团成员企业和集团公司都应实行主辅分离，实现"改制分流"。解决原有国有企业的企业办社会、历史债务等历史包袱问题。

2. 集团企业重组改制和集团公司重组改制

我国大型国有经济主体现有行政性企业集团实行股份制企业集团改造分两步，企业重组是指应在企业股份制和集团公司股份制基础上，整合企业和集团公司产业资源，按照产业链与核心竞争力发展的要求，进行集团内部重组，重组后再按产业进行股份制改造，形成新的股份制公司。

在企业重组过程中，改制集团成员企业和集团公司由于都已经改造成股份制企业，企业组织结构已经发生了根本变化，同时实行了主辅分离，逐步有了较明晰的产业链和核心竞争力的培育发展方向。在此基础上，集团成员企业进一步规范完善企业治理结构，进一步完善企业内部的权利结构、激励机制和约束机制,进一步深化改革,实行股权激励制度和职工持股制度,进一步解决持久地调动企业经营者(领导)和生产者(职工)的积极性,从根本上搞活企业,以确保国有资产的保值增值。

正是由于这一阶段企业在重组和深化改革的同时,企业也有了条件引进战略投资者把企业改制、改组(重组)和改造(技术改造)与加强管理结合起来,使集团成员企业和集团公司进一步得到了一定发展,这就可以为企业集团整体改制逐步创造了条件,奠定了基础。

大型企业或集团在确定改制方案时可先对公司或集团的战略目标、业务前景及组织体制进行评估,并进行相应的结构调整再推进改制。

国家及某些地方的大型国有经济主体企业,不少业务重合、事业重复,又不可能形成规模经济水平之上的竞争,可以先进行适当的归并整合,而后改制。整合应当用市场化的办法推进。但股东同一的企业,从法律上看亦可根据股东的安排直接合并或整合。因为如果先改制形成多元股东结构后再合并或整合,成本可能显著上升。但到底是否及如何整合,必须进行经济分析。

许多国有独资大型国有经济主体企业,其下有一家甚至多家上市公司,拥有的存续资产有优有劣。形成这种结构,与我国采取优良资产上市、不好资产留给母公司的做法及利用上市公司让政府和实体企业隔离、减少干预的做法有关。这种结构使有独资的母公司很难改制和股权多元化,简单化地上市或在非上市的子公司引入新股东,则可能破坏集团内凝聚力和整合能力。因此对这类集团,至少应评估是否有必要对主体业务资产及相应的子公司先进行适当整合,包括母子公司合并,而后引入新股东、实现母公司改制乃至上市的路径和方案。母公司引入战略投资者而后吸收上市子公司的方案,就是改制与集团组织结构调整结合的做法。这种做法从结构上消灭了上市公司与集团可能有不正常关联交易的根源,其做法和经验都值得研究和借鉴。

2. 整体改制与整体上市

我国大型国有经济主体现行行政性企业集团实行股份制企业集团改造,应在其成员企业及集团公司实行股份制改造和集团内部完成重组改制的基础上,在条件成熟后,整个企业集团的成员企业和集团公司再实行一体化的股份制企业集团体制改造。实行"整体改造、整体上市"。建成公众型股份制企业集团。在原行政性企业集团成员企业和集团公司企业实行股份制改造和重组及深化改制并引进战略投资者有了一定发展基础后,集团公司及其成员企业共同联合

（或集合）成为一种以大企业（集团公司）为核心，诸多企业为外围，具有多层次组织结构；以经济技术或经营联系为基础，资产为联结纽带，实行集团和分权领导体制；规模巨大，实行多角经营的企业联合组织或企业群众组织。

随着我国大型国有经济主体企业集团实行股份制企业集团改造深化发展，整体上市概念将成为市场关注的重要焦点。总的来说，整体上市的主要动机：一是可符合上市公司的监管要求，避免母公司和上市公司之间的关联交易和同业竞争，实现上市公司在财务和经营上的完全自主；二是可通过上市公司的市场化估值溢价，将母公司未来的增长能力充分"套现"，从而提升母公司的整体价值；三是可为母公司旗下的其他业务提供市场融资渠道。由于整体上市要么消除了大量关联交易，要么通过优质资产注入增厚公司业绩，因而能够提升公司估值水平和内在价值。①

2006 年 12 月国务院办公厅转发国资委《关于推进国有资本调整和国有企业重组的指导意见》，要求推进国有资本向重要行业和关键领域集中，并加快国有大型企业股份制改革，所有国有大型企业都要逐步改制成为多元股东的公司，

---

① 据统计，2006 年，我国提出或实施整体上市公司已有 12 家，其中已经完成的有 5 家公司。从最早完成整体上市的鞍钢股份来看，整体上市给其生产经营产生了巨大的促进作用：第一，公司的生产规模迅猛增长。前三季度，钢产量 1116.92 万吨，较上年同期增长 330.31%；钢材 1027.86 万吨，较上年同期增长 128.52%。第二，产品结构得到进一步完善。股权收购后公司的产品结构基本比较完备，涵盖了长材、板材、管材等主要品种，其中板材占钢材产量的比重得到进一步提高，由上年同期的 62.5%提高到 82.5%。第三，盈利能力得到大幅提升。前三季度，公司主营业务收入、主营业务利润、净利润分别比上年同期增长 87%、219%、200%。而在整体上市之前，公司已显露出增长乏力的迹象。由此，我们看到，鞍钢股份通过整体上市使主营业务下滑的势头得到逆转，盈利能力大幅回升，可以说整体上市使其获得了"第二春"。我们相信，整体上市这种新型的盈利模式必将被越来越多的上市公司所采用，也必将有越来越多的上市公司通过整体上市进入蓝筹股的行列。深能源集团也是一个较为成功的整体上市案例。深能源集团整体上市直接提升了公司估值水平。集团整体上市解决了困扰市场的关联交易、同业竞争制度性问题，风险溢价降低，公司内部资源整合和结构调整将大幅减少管理成本，增加现有企业改善价值；同时大量优质资产以及在建储备项目的注入，权益装机容量将从 153 万千瓦增加到 398 万千瓦，提高 1.6 倍，总装机容量达到 586.5 万千瓦，未来发展具备强劲动力，2010 年装机超过 1000 万千瓦。在广东、深圳地区的行业地位显著加强，企业竞争力全面提升。保证了公司未来持续较高的增长率；公司现金充足，分红回报率较高。并且，公司收购完成后，仅委托管理费每年减少约 1.5 亿元。此外，公司的管理架构将作重大调整，管理层次将大为减少，效率大大提高。据公司高层透露，未来将成立财务公司负责资金统筹运作，解决目前不合理的财务结构（50 亿元银行存款，60 亿元银行借款），经过优化后仅财务费用每年可减少 1 亿元左右。公司预测模拟计算，整体上市将使公司 2006 年每股收益从 0.56 元提升至 0.63元。2007 年摊薄每股收益将达到 0.70 元（《重要文件提速　整体上市打造新蓝筹》，www.cnfol.com，2006 年 12 月 19 日 8:02，中金在线/股票编辑部）。

大力推进国企改制上市和整体上市。这将进一步推进我国大型国有经济主体股份制企业集团整体改制和整体上市。

二、我国大型国有经济主体行政性企业集团的股份制改造问题研究

1. 使集团公司成为国有资产经营者

要把大型国有经济主体现有行政性企业集团改造成股份制企业集团关键在于应对集团公司实行股份制改造。企业集团的集团公司分别可以是产业企业、商业企业和银行等金融机构（企业）。集团公司实行股份制改革的途径可以有多种。主要包括：

——集团公司与其他单位合资兴办股份制企业，一开始就建立有限责任公司，使其成员企业间的合并或联合，建立在资产联合的基础上，以资产作为联系纽带互相联合起来。被集团公司合并的企业成了集团公司的一部分，集团公司是它的总公司，它便成了集团公司的分公司，达到控股额的，作为参股公司组成半紧密层。

——集团公司以其资产向其成员企业入股，同时把这些成员企业改建成有限责任公司。

——集团公司以其部分资产向其成员企业入股，并将其成员企业改建成有限责任公司，这些成员企业以其资产向集团公司入股，集团公司和成员企业互相持股。

——与国有资产管理体制改革综合进行。由国资委委托集团公司经营及成员企业的国有资产，成为国有股股权代表，成为国有资产的经营者，等等。

采用上述前三种办法或途径都必须对其成员企业普遍进行股份制改造。如果集团成员企业中的国有资产即国有股权代表问题不解决也是不可行的。而上述第四种办法或途径则可以比较现实地解决这个问题。因此，集团公司成为国有资产经营者，便成了集团公司股份制改制的一个重要关键问题。

——如果集团公司成了国有资产的经营者，它便可以成为国有股的股权代表。凡有国有资产的成员企业，集团公司都是它的股东。同时这些公司就可以成为集团公司的完全持股公司、控股公司或参股公司。这样，也就可以把大型国有经济主体行政性企业集团真正改造成为一种具有多层次组织结构的经济组织。

——如果集团公司成了国有资产的经营者，并通过所持国有股股权，对其作为紧密层的子公司或分公司控股或完全控股，对其作为半紧密层的公司企业进

行参股。这样又可以使我国现有大型国有经济主体行政性企业集团的成员企业,由以经济技术联合为基础的浅层联合,进一步发展成为以资产为联系纽带、资产联合为基础的深层联合。

——集团公司成了国有资产的经营者,现有大型国有经济主体行政性各成员间的联合建立在资产联合的基础上,集团公司对其紧密层的子公司或分公司可以实行资产经营一体化集权和分权结合的领导体制。对其半紧密层的参股公司可以实行统一经营的集权分权领导体制。对其松散层的关联企业可以用统一经营方针予以指导。

由于集权分权领导体制形成了,集团内部各组成部分在集团中的地位和功能相应也就可以确立。这时,集团公司的主要功能是研究和确定企业集团的长远发展方向,确定资金投放的战略决策。因而,它便成了集团的利润中心;子公司或分公司所属工厂企业的主要功能是提高产品质量,降低产品成本。因而,它便成了集团的成本中心。

——集团公司成了国有资产的经营者,国有资产成了国家股股份资产、股份资产具有社会流动性,其流动可以不受地区、部门、产业、行业和不同所有制企业限制。这样,可以推动我国现有大型国有经济主体行政性企业集团向巨型规模和多角化经营方向发展。

以上分析说明:集团公司成为国有资产经营者,就能够使集团公司成为股份制企业的真正核心,从而也就可以使我国现有大型国有经济主体行政性企业集团存在的种种主要弊端和问题相应都能得到解决。

从这个意义上来说,集团公司成为国有资产经营者,本身就是我国现有大型国有经济主体行政性企业集团实施股份制企业集团改造的客观要求。

适应我国企业改革发展的需要,我国已设立了国资委专门管理国有企业的国有资产。但是,国资委仍然是一级政府行政管理机构,因而,它是不能直接经营国有资产的。为了保证国有资产合理投放,及时流动和增值,又需要把国有资产委托给一些专门经营国有资产的经济组织去经营。这种经济组织可以是单纯经营国有资产的投资管理公司,它们经营国有资产是没有产业范围限制的,其经营的目的单纯是为了国有资产增值。但是,这类经济组织的建立必须以国有企业普遍实行股份制为前提,经营国有资产的另一类经济组织也仍可以是股份制企业集团的集团公司。每个集团公司可以经营一定产业范围内的国有资产,其经营目的不单纯是为了国有资产增值,而且还需促进产业发展。

实行集团公司经营国有资产的管理制度的重要意义在于:

——国有资产产权主体明确。在这种制度下,国有资产的产权主体就是企业集团的集团公司。它是国有资产所有制的唯一代表,它是国有资产所有者——国家代表。

——国家经济管理职能和国有资产管理职能能够分开。在这种制度下,国家经济管理职能,即国家作为全社会经济生活的组织者和管理者的经济行政管理职能,就完全划归国家各级经济行政管理部门,即各级政府经济管理机关了。它们负责整个国民经济的调节、控制和管理工作。国有资产管理就完全划归集团公司了。

——有利于加强宏观调控。在这种制度下,国家可以通过各种加强宏观管理的方式加强对集团公司的国有资产投资管理和国有资产管理的宏观调控。

2. 促进核心层的壮大和发展

核心层的形成和壮大是把大型国有经济主体行政性企业集团改造成股份制企业集团的一个关键问题。因而,把大型国有经济主体行政性企业集团改造成股份制企业集团又需要促进集团核心层即集团公司的形成和壮大。

我国大型国有经济主体行政性企业集团改造成股份制企业集团时,现有集团核心层的形成和壮大在很大程度上要受现行体制和政策的限制和所有制关系的限制。为此,组建企业集团仍应强调坚持打破部门、地区、行业、所有制的界限,促进企业组织结构合理化,要在自愿互利,符合社会需要和互有需要的基础上,由企业自主组建集团。仍应坚持要求各地区和各部门积极引导和支持本地区、本部门的企业跨出地区和部门参加集团。但是,在组建和开展企业集团的实践过程中,由于市场体系发育不完全,现在有些资源仍需依赖主管部门的行政分配。加上现在在一定程度上仍存在条块分割,部门保护,这在一定程度上制约了企业集团核心的形成和壮大。为此,在由现行企业集团逐步向股份制企业集团发展过程中,可以采取种种方式促进核心集团的形成和壮大。比如:集团公司可与各成员企业主管部门签订承包、租赁合同,然后再由集团公司承包或租赁协作企业。逐步减少各主管部门的直接干预,逐步发展与其成员企业间的控股、持股和参股关系;还可实行产权有偿转让。产权转让可以通过以承担债务为条件,实现企业资产转让或经营转移,出资购买企业产权、先转移经营权后转让产权和企业兼并等方式使其产权转让、使被兼并企业成为核心层企业的控股和完全持股的企业。

　　把大型国有经济主体行政性企业集团改造成股份制企业集团，现有企业集团核心层的形成和壮大还要受到现行税收制度、金融制度和外贸制度等宏观管理制度和政策的制约。在税收制度方面，应规范对企业集团的税收管理制度，避免重复征税，并应采用适当倾斜政策，减轻企业集团税负，扶植和促进集团核心层的形成和壮大；在金融管理制度方面，银行不仅应努力搞好集团成员企业联合中资金存量重组的联系服务工作，而且应在对企业集团的投资和技改等增量资金的需要方面提供信贷资金支持，并采用适当倾斜政策扶植集团核心层的形成和壮大；在外贸管理制度方面，除应给予企业集团直接对外经济联系的权力外，还应采用适当对外贸易倾斜扶植政策，促进企业集团核心层的形成和壮大。

　　3. 提高企业对组建企业集团的积极性

　　现在有些企业对把大型国有经济主体行政性企业集团改造成股份制企业集团缺乏内在动力，没有多少积极性，其主要原因是国家对这类股份制企业集团的组建、管理和发展的许多政策尚不够明确和完善，有些制度也尚未健全。表现在国家现在没有一个专门管理和研究企业集团的部门机构，这类股份制企业集团在整个经济体系中的意义和地位还不明确，不少企业担心加入这类股份制企业集团后只会多一个"婆婆"。同时，条块分割、部门所有，行政干预和种种行政侵权行为，往往也使企业对加入集团顾虑重重。因而，要提高企业对组建这类股份制企业集团的积极性，国家应逐步建立健全促进和保护这类股份制企业集团组建和发展的有关法律和法规。并且，还应建立研究和管理企业集团组建和发展的专门部门机构。

　　现在企业缺乏组建集团的积极性的另一方面原因是企业集团自身还存在不少问题，特别是利益分配和组织建设方面存在的问题。由于现有行政性企业集团多是一种松散的企业联合组织，成员企业之间联系纽带十分虚弱，因而相互之间在市场利益方面往往会具有相当强的排斥性。所以，对相互联合往往就会缺乏内在动力。同时，由于集团成员企业要受不同地区、部门和所有制分配关系的影响，现行利益分配制度的不完善和不规范性往往又会使有些企业的利益受到一定的损害。并且，由于现行企业人事制度还不完善，还存在一些不合理的地方，有些企业担心入集团后其领导干部的职权会下降。为了解决这些问题，就必须努力加强成员企业之间的联结纽带，使之逐步实现以资产为纽带。这样便可以提高集团成员企业间的聚合水平及集团内部的凝聚能力。同时还必须建立健全集团内部各种合理的分配制度,调节好成员企业之间的利益分配关系。并且,还应该努力缩小组建和发展企业集团过程中的种种行政干预,规范现有行政性企业集团的组织建设。

第十三章　我国大型国有经济主体股份制改造的主辅分离、辅业改制

在我国大型国有经济主体实行股份改造增强控制力的改制重组过程中,实行主辅分离、辅业改制重组,是搞好整个改制重组工作重要组成部分,对搞好整个改制重组工作、做强做大大型国有经济主体,增强大型国有经济的控制力都具有十分重要的意义和作用。

本章分析研究推进我国大型国有经济主体主辅分离、辅业改制,做强做大的意义、思路、对策与政策问题。

第一节　主辅分离、辅业改制的意义和作用

一、主辅分离、辅业改制的制度安排

2002 年 9 月,中央、国务院召开全国再就业会议,会议明确提出鼓励有条件的国有大中型企业实施主辅分离、辅业改制,多渠道分流安置企业富余人员和关闭破产企业职工后,在原国家经贸委等八部门根据《中共中央国务院关于进一步做好下岗失业人员再就业工作的通知》(中发[2002]12 号文,以下简称"中发12 号文件")精神,联合制定下发的《关于国有大中型企业主辅分离、辅业改制分流安置富余人员的实施办法》(国经贸企改[2002]859 号,以下简称"859 号文件")中,对国有大中型企业实施主辅分离、辅业改制作出具体政策和操作办法的制度安排的。

1. 主辅分离、辅业改制的制度安排的内容、原则和条件

主辅分离、辅业改制制度安排的内容主要是国有大中型企业在进行结构调整、重组改制和主辅分离中,可利用企业内部的非主业资产、闲置资产和关闭破产企业的有效资产(以下简称"三类资产"),改制创办面向市场、独立核算、自负

盈亏的法人经济实体,采取多种渠道分流安置企业富余人员和关闭破产企业职工,减轻社会的就业压力。对于改制为非国有控股的企业,允许改制企业用三类资产中的国有净资产支付解除职工劳动关系的经济补偿金;职工个人取得的经济补偿金,可在自愿基础上转为改制企业的等价股权或债权。

主辅分离与过去分离辅业最大的区别、最重要的特点是提出辅业单位要改制为产权多元化的经济实体,建立以产权清晰为基本特征的现代企业制度和规范的法人治理结构,成为一个合格的市场主体,不能再是一个没有任何产权变化的国有独资企业。过去的主辅分离只解决了分灶吃饭、独立核算的问题,大多数没有触及产权关系和劳动关系的改革,因此分离得并不彻底,实际上分而不离,主体企业还要承担无限责任。应该说,企业过去进行的分离辅业是改革的第一步,也就是通过独立核算培养辅业的竞争能力和适应市场的能力,为进一步实施辅业改制奠定基础和条件。

实行主辅分离、辅业改制必须遵循的原则:一是正确处理改革、发展、稳定的关系,充分考虑企业、职工和社会承受能力,整体规划、分步实施,确保稳定。这项工作是一项改革制度安排,改革难度大,政策性强,涉及职工切身利益,还涉及企业产权变动、资产处置、债权债务处理等一系列重点问题和多方面的利益关系,在操作中如果政策把握不准,工作不细致,容易引发不稳定。因此,在操作中要特别注意处理好改革、发展、稳定的关系。二是实施改制分流要与企业的结构调整、改制重组和做强主业相结合,符合国家产业政策,有利于加快企业发展,促进企业资产结构、组织结构、人员结构的优化。这主要是针对国有企业多年来形成的大而全、小而全的结构提出来的。各企业实施过程中,一定要按照以上原则,注意统筹规划,把主辅分离与企业的结构调整、改制重组和做强主业结合起来。三是实施改制分流要依法进行,规范操作,坚持"公开、公平、公正"的原则,维护国家、企业及职工的合法权益,防止国有资产流失和逃废银行债务。企业在操作中要特别注意规范工作程序,依法规范操作。对国有资产的处置必须依法进行,按规定的管理权限和程序报批。要维护职工群众的合法权益,强调改制分流方案要充分听取职工的意见,职工安置方案需要经过改制企业职代会批准。

国有大中型企业主辅分离、辅业改制,分流安置本企业富余人员兴办的经济实体,凡是利用原企业"三类资产"的;独立核算、产权清晰并逐步实现产权主体多元化的;吸纳原企业富余人员达到30%(含以上)的以及与安置的职工变更或签订新的劳动合同的,经有关部门认定,税务机关审核,可享受三年内免征企业所得税的政策。

2. 主辅分离、辅业改制的范围和形式

国有大中型企业应根据企业发展战略和结构调整的需要，以精干主业、减员增效、安置富余人员为目标，从本企业实际出发，合理界定"三类资产"的范围。非主业资产指按照企业改革发展的要求和专业化分工原则，需要分离的辅业资产、后勤服务单位的资产以及与主业关联度不大的其他资产；闲置资产指闲置一年以上的企业资产；关闭破产企业的有效资产指政策性关闭破产企业中，符合国家产业政策、有一定获利能力，并用于抵偿职工安置等费用部分的资产。改制企业安置的富余人员，是指原企业需精简分流的富余人员。

改制企业应当按照《中华人民共和国公司法》和其他有关法律法规的规定，通过合资、合作、出售等方式，逐步实现产权主体多元化。具备一定市场生存能力的改制企业，可直接改制为非国有法人控股的法人实体；暂时不具备上述条件的改制企业，可保持国有法人的控股地位，但必须产权清晰、独立核算、面向市场、自负盈亏。改制企业与原主体企业除产权关系外，不再具有行政隶属关系，原主体企业仅以出资额为限承担有限责任，并依法享有股东权利。改制企业要建立以产权关系为基础的法人治理结构，建立健全相应的组织机构，制定各项管理制度，完善监督约束机制。原主体企业在改制企业设立过程中，有责任帮助推荐考核经营者人选并监督其产生程序的合法性。防止恶意侵犯投资人和职工合法权益的行为。

3. 主辅分离、辅业改制企业的资产处置与债权债务关系和有关劳动关系的处理

改制分流过程中涉及资产定价、损失核销、产权变更等有关国有资本管理与财务处理的事项，按照财政部《企业公司制改建有关国有资本管理与财务处理的暂行规定》(财企[2002]313号)办理：改制企业可用国有净资产支付解除职工劳动关系的经济补偿金等，由此造成的账面国有资产减少，按规定程序报批后冲减国有资本；改制企业的国有净资产按规定进行各项支付的不足部分，应由原主体企业予以补足；剩余部分可向改制企业的员工或外部投资者出售，也可采取租赁、入股或转为债权等方式留在改制企业；完成改制分流的单位，原主体企业要按规定及时办理相关的资产转移产权登记手续；按照国家和当地土地管理的有关法律法规，改制企业占用的原主体企业的行政划拨土地，只要不改变土地用途，经所在地县级(含)以上人民政府批准，可继续以划拨方式使用；需要转让土

地使用权的,依法办理转让手续;需要改变用途的,应按照《划拨土地目录》(国土资源部令第9号)核定,改变后的用途符合《划拨土地目录》的可继续以划拨方式使用,不符合《划拨土地目录》的,应依法办理土地有偿使用手续,允许将土地出让收益用于支付改制成本,具体办法由各地人民政府制定。

原主体企业要做好改制企业的债权债务清理工作,进行必要的债务审计,落实债权债务人。防止利用改制之机逃废银行或其他债权人的债务。改制企业原为独立法人的,要继续承担和落实原有的债权债务关系;从原主体企业分立重组的改制企业,按商定的比例承担债务,并及时办理有关手续。改制企业对所欠原主体企业的债务,要制定出切实可行的还款计划,按期偿还;原主体企业要按规定妥善处理拖欠职工的集资款、工资、医药费和欠缴社会保险费等债务问题。

改制分流过程中应依法规范劳动关系。对从原主体企业分流进入改制企业的富余人员,应由原主体企业与其变更或解除劳动合同,并由改制企业与其变更或重新签订三年以上期限的劳动合同。变更或签订新的劳动合同应在改制企业工商登记后30天内完成。

对分流进入改制为非国有法人控股企业的富余人员,原主体企业要依法与其解除劳动合同,并支付经济补偿金。职工个人所得经济补偿金,可在自愿的基础上转为改制企业的等价股权或债权。

对分流进入改制为国有法人控股企业的富余人员,原主体企业和改制企业可按国家规定与其变更劳动合同,用工主体由原主体企业变更为改制企业,企业改制前后职工的工作年限合并计算。

改制企业要及时为职工接续养老、失业、医疗等各项社会保险关系。

主辅分离、辅业改制有规定申报程序必须按申报程序有关政策进行实际操作。

二、实行主辅分离、辅业改制的意义和作用

无论是在我国大型国有经济主体的股份制改造还是战略性重组调整中,富余人员往哪里去的问题都是不可回避的难题,也是我国大型国有经济主体实行股份制改造,实行战略性重组调整中存在的一个突出的矛盾问题。

面对我国人口多、就业压力大的现实,大型国有经济主体不可能像发达市场经济国家的企业那样,采取简单的经济性裁员方式,将富余人员直接推向社会。必

须从实际出发,既要继续坚持减员增效的改革方向,也要考虑到社会的承受问题,采取多种措施分流安置富余人员,尽量减少社会再就业的压力,这也是大型国有经济主体的股份制改造和战略性重组调整必须承担的一项社会责任。①

随着大型国有经济主体的股份制改造和战略性重组调整力度的加大,再就业和社会稳定的压力越来越大。将主辅分离、辅业改制作为大型国有经济主体分流安置富余人员的重要形式,可以有效利用存量国有资产,组建或重组辅业企业,搞活辅业企业,通过改制辅业企业的发展分流安置大量企业的富余职工,减轻大量社会再就业的压力。

因此,将主辅分离、辅业改制作为大型国有经济主体分流安置富余人员的重要形式,也是统筹大型国有经济主体改革与促进再就业的一项重要措施。并且,也是一项在实施大型国有经济主体的股份制改造和战略性重组中扩大就业,在扩大就业中加快大型国有经济主体的股份制改造、战略性重组及改革和发展的一项行之有效的制度安排。

大型国有经济主体实行主辅分离既能有效利用存量国有资产,通过改制企业的发展分流安置大量企业的富余职工,减轻大量社会再就业的压力,又能够有力推进大型国有经济主体的股份制改造和战略性重组,完善国有资本有进有退、有序流动的机制,使大型国有经济主体精干主业,做到有所为,有所不为,将有限的资源集中到需要做强做大的主业方向上,改善大型国有经济主体企业的资源配置结构。也正因为如此,积极稳妥地推进主辅分离、辅业改制,也是实现大型国有经济主体改制、重组,做强做大,增强控制力的一项重要战略任务。②

实践已经显示:主辅分离、辅业改制对实现我国大型国有经济主体改制重组和发展都具有十分重要的积极作用。

第一,主辅分离、辅业改制作为大型国有经济主体改制重组和发展分流安

---

① 我国大型国有经济主体国有资产中辅业资产占有相当大的一定量和比例。据 2004 年统计,仅中央企业超过 8 万亿元的国有资产中辅业约为 6000 亿元,而在中央企业 1000 万职工中,就有超过 300 万的岗位在辅业领域,约占三分之一。《中国证券报》2004 年 10 月 9 日报道。

② 截至 2006 年 3 月底,全国共有 1216 家国有大中型企业实施主辅分离、辅业改制,涉及改制单位 8547 个,分流安置富余人员 196.9 万人。政策实施三年多来,通过主辅分离改制分流安置富余人员及新增就业岗位,降低失业率约 1 个百分点。中央企业 1519 户辅业改制企业经济效益由改制前一年亏损 8.2 亿元,到 2005 年盈利为 11.7 亿元。《1216 家国有大中型企业实施主辅分离、辅业改制初见成效》,《经济日报》2006 年 7 月 21 日报道。

置企业富余人员的重要渠道,这就使大型国有经济主体深化改革与维护企业和社会稳定找到了一个现实结合点。

富余人员的分流安置,仍然是国企改革中的一个突出的矛盾。与过去国有企业在减员增效中采取下岗分流的方式不同的是,在主辅分离中,从主体企业中分离的大多数富余职工都在改制后的辅业获得了较为稳定的就业岗位,可以大大缓解社会稳定和再就业的压力。并且还用较少的改革成本解决了企业大量富余人员问题。①

第二,主辅分离、辅业改制能有力推进大型国有经济主体结构性重组调整,从而能为主体企业的壮大主业,做强做大,加快发展奠定良好基础。

大型国有经济主体在计划体制下形成的大而全、小而全的不合理结构,已成为市场经济条件下自我发展的一大障碍。主辅分离、辅业改制正在逐步化解这一历史遗留问题。②

第三,能使改制企业在产权清晰的基础上转换经营机制,增强活力,提高经济效益。

辅业改制后绝大多数辅业企业都以多种方式实现了产权多元化,由于产权

---

① 据初步测算,在实行主辅分离两年多时间内,我国有大中型企业通过主辅分离,分流安置富余人员及新增就业岗位,降低失业率大约 0.7 个百分点。另据 2004 年 10 月统计数据,69 家中央企业分流安置职工人数占其职工总数的 9%,涉及三类资产总额占 69 家中央企业资产总额的 2%。中石化在辅业改制中用资产支付的改革成本比协议解除劳动合同支付的改革成本降低了 38.5%。并且大多数分流职工在改制企业得到安置,改革的推进更加积极、平稳。中央企业没有因主辅分离、辅业改制而出现职工群体上访事件(熊志军:《一项意义深远的改革》,www.tjec.net,2005 年 8 月 25 日,百度快照)。

② 中石化四川维尼纶厂实施改制后,企业运行良好,主业也由于辅业改制的实施而更加精干高效,迅速扭亏为盈,2003 年实现利税超过 2 亿元,实现了主业和辅业共同良性发展。据 2004 年统计,中央企业已批复的改制单位中,机械、制造、修理、印刷等中小加工类单位占 32.2%;餐饮、娱乐、商贸、旅游等多种经营、服务类单位占 26.6%;建筑、房地产、监理、设计、安装等单位占 14.2%;客货运输类单位占 6.9%;医院、技校、物业等社会服务单位占 13.7%;其他类单位占 6.4%。这些辅业资产的剥离,促进了大型国有经济主体的结构调整与优化,为主体企业集中资源做强主业创造了条件。中石化四川维尼纶厂实施改制后,企业运行良好,主业也由于辅业改制实施而更加精干高效,迅速扭亏为盈,2003 年实现利税超过 2 亿元,实现了主业和辅业共同良性发展。据 2004 年统计,中央企业辅业改制单位中有 93.9% 的单位改制为非国有控股公司,其中职工股占总股本的 57%,国有法人股占 18%,非国有外来投资者占 15%。产权清晰使得改制后的企业经营机制发生了深刻变化,员工的市场竞争意识、生存危机意识大大增强。中石油廊坊管道厂改制后,积极拓展外部市场,改制一年后销售收入由原来 80% 左右依赖主体企业转变为 80% 来自于外部市场(熊志军:《一项意义深远的改革》,www.tjec.net,2005 年 8 月 25 日,百度快照)。

清晰,责任明确,企业经营机制发生了根本性变化,增强了活力和发展后劲。①

第二节　推进主体主辅分离、辅业改制思路、对策和政策

一、推进主辅分离、辅业改制的条件和要求

主辅分离、辅业改制涉及产权关系和劳动关系,是国有企业最深层次的改

---

①　中石油华北石油管理局第二机械厂1065名职工参加了整体分流改制。新公司成立一年多来,企业的经营状况迅速好转,2003年利润从上年的34万增长到520万元。中石油物探局装备制造总厂原下属厂改制后市场份额和经济效益大幅度增长,市场竞争力不断提高,吸引了外商的投资兴趣,2003年底该企业职工持股会将51%的股权以接近1000万欧元的价格,出售给法国一家公司,职工股东股权溢价达73%,企业也因合资增强了新产品研发和拓展国际市场等方面的能力,获得了新的发展机遇。辅业改制后的企业实现了产权多元化,由于产权清晰,责任明确,企业经营机制发生了根本性变化,市场竞争意识、生存危机意识大大增强,与原主体企业的关系也由过去的“等、靠、要”转变为“主动上门服务”。

燕山石化客运公司改制后,根据用户需求全面调整公交线路,生产厂房建设到哪里,职工班车就延伸到哪里;职工小区开发到哪里,公交线路就延伸到哪里。一些企业改制后,在继续巩固内部市场的同时,积极拓展外部市场,争取更大的生存发展空间,业务量大幅度增长。此外,一些企业在辅业改制中利用产权交易市场,探索多种改制方式,也提高了企业经济效益。武汉钢铁集团公司的辅业改制通过北京产权交易所,按招标方式公开选择投资者,并根据投资者资格、条件、收购方案等制定评标方案,提出妥善安置职工,承担债权债务,保证企业持续稳定发展等要求,8家辅业单位共吸引外来投资者32名,有3家国有资产出现溢价竞标,最高溢价比例为1.25倍。不仅实现了国有资产转让收益最大化,有效规避了国有产权转让过程中的各种风险,更重要的是为改制企业引入了有实力的投资方,增强了改制企业的发展后劲。上海宝钢集团公司建设公司改制中,通过上海联交所公开竞价实施产权转让,外来投资者与原企业管理技术骨干分别按60%和40%受让国有产权,整体转让价格高出净资产评估价近2000万元,国有资产增值率达到28.5%,实现了国有资产的保值增值(熊志军:《一项意义深远的改革》,www.tjec.net,2005年8月25日,百度快照)。

新华网北京2006年7月20日电(记者何雨欣)国务院国有资产监督管理委员会副主任邵宁在全国国有大中型企业主辅分离改制分流工作会议上作了介绍,截至2006年3月底,全国共有1216家国有大中型企业实施主辅分离、辅业改制,分流安置富余人员196.9万人,其中改制企业安置富余人员130.3万人。初步测算,主辅分离、辅业改制这项政策实施以来,通过分流安置富余人员及新增就业岗位,降低失业率约1个百分点。

辅业企业改制后,整体发展状态良好,据对1519家国务院国资委监管的中央企业统计,辅业改制企业经济效益由改制前一年亏损8.2亿元增加到2005年盈利11.7亿元,企业净资产也由改制时125.5亿元增加到153.9亿元。

“主辅分离、辅业改制中,通过盘活低效存量资产,有效降低了职工安置的成本,国务院国资委已批复分流改制方案的76家中央企业,涉及‘三类资产’总额占其资产总额的2.7%,其分流安置职工人数占职工总数的12.7%。也就是说,用2.7%的资产解决了12.7%的人员的分流安置。”《全国还有200万职工拟通过主辅分离政策进行安置》,中华网,www.//news.china.com/zh_cn/domestic/945/2006072...42K,2008年2月26日,百度快照。

革,是关系到改制员工的切身利益,政策性强,操作难度大。尤其是在原大型国有经济主体企业改革还不完全到位的情况下,推进这项改革必须具备一定的条件和要求。经过这几年一批企业前期的实践和探索显示,推进这项改革一般必须具备以下必要条件和要求:

1. 引导职工群众转变观念

注重引导职工群众转变观念参与改革是主辅分离、辅业改制成功的关键因素。长期以来,国有企业职工是企业的主人的观念根深蒂固,职工的命运与企业的命运捆在一起。辅业改制要求参与改革的职工与原主体企业解除劳动关系,这确实是一场十分深刻的革命。因此,让职工理解、接受和参与改革是辅业改制成功的关键。辅业改制推进比较顺利的企业,都非常重视政策的宣传解释工作,通过各种形式向职工宣讲政策,引导广大职工逐步转变观念,积极参与改制。在改制时,主管领导要面对面与职工沟通,把企业经营状况、面临的市场形势如实告诉职工,把改制后企业的发展机遇、职工的安置办法等给职工讲清讲透,对职工提出的问题当面答疑解惑,打消职工的思想顾虑,及时消除认识上的障碍。在实施过程中要坚持做到改制方案经职代会讨论,充分听取职代会的意见,职工安置方案经职代会审议通过。只有政策宣传到位,工作扎实细致,职工权益得到保护,这样一项深层次的改革才能做到进展平稳,才不会引发职工上访等不稳定事件。

2. 确保国有资产不流失和维护职工合法权益

确保国有资产不流失和维护职工合法权益是主辅分离、辅业改制成功的基本条件和要求。

实施辅业改制的企业必须非常重视严格按照国家有关法律法规和政策规范操作,既要注意做到在盘活资产的同时确保国有资产不流失,又要切实维护职工的合法权益。一是要根据主体企业突出发展主业、调整优化结构的要求,将实行辅业改制的资产,严格限定在"三类资产"的范围,在主辅分离时不能把主业资产界定为"三类资产"。二是在资产清查、财务审计、资产评估和作价等资产处置的关键环节上要注意按照有关政策要求规范操作,集团公司把好审核批准关,产权转让必须进入产权交易市场。三是要严格按照国家有关政策规定理顺职工劳动关系,对职工的经济补偿金及相关债权的处理,要做到公开公正透明,要通过有关部门的认定。

3. 主体企业对改制企业的支持和扶持

主体企业对改制企业的支持和扶持是主辅分离、辅业改制成功的重要条件和要求。在实施主辅分离、辅业改制过程中,主体企业要为改制企业的健康发展创造必要的条件。因为辅业改制不是简单的甩包袱,而是要使辅业得到更好地发展,只有辅业发展起来了,有了自我生存和发展的能力,才能真正走向市场,彻底摆脱对主业的依赖,达到分流安置的目的。否则,分流安置的富余人员与主业的关系很难完全切断。因此对已经实施改制的辅业不能一改了之、撒手不管,还应"扶上马送一程"。

根据一些企业的成功做法,主体企业一般应在以下方面给予改制企业一定的支持:一是对改制辅业与主体企业之间原来的"内部市场",在符合市场规则和同等优先的原则下,可在一定期间内予以必要的承诺;二是要帮助企业解决进入市场初期的实际困难,比如,由于金融体制不完善,企业的流动资金贷款渠道可能不通畅,就需要主体企业帮助解决;三是对企业的治理结构要进行必要的指导和监控,包括经营者的选聘,引导改制企业规范运作、科学管理,防止出现恶意侵犯职工权益和企业利益的行为。在这个问题上原主体企业既不能过分干预、包办代替,也不能放任不管;四是要帮助改制企业建立党团和工会组织,积极协助落实改制企业的属地化管理工作,做好党团工会等各种关系的交接,使改制企业尽快适应体制改革后的新变化。

4. 选择好改制企业的带头人

选择好改制企业的带头人是主辅分离、辅业改制成功的组织保证。实行主辅分离、辅业改制,改制企业建立规范的法人治理结构,对企业转变机制和长远发展,具有重要意义,尤其是改制企业经营者和领导班子的推荐人选,直接关系到改制企业的兴衰成败。

一些改制企业在这方面探索了多种方式,一是广泛推荐候选人之后,通过差额选举确定最终人选;二是原主体企业帮助推荐,再由改制企业的员工进行民主评议;三是原主体企业在改制前对管理不善、不能胜任的经营者和经营班子及时进行调整。由于充分尊重了职工群众意见,严格按照法定程序产生,保证了改制工作的顺利推进。实际上改制企业经营者的产生还可以采取更多的方式,比如从集团内部或人才市场招聘等,这样更有利于扩大选人的视野。①

二、大型国有经济主体实施主辅分离、辅业改制有关问题及其对策

实施主辅分离、辅业改制涉及国有企业深层次的矛盾,特别是直接关系到参

---

① 参见邵宁:《总结经验 扎实工作 进一步推进主辅分离辅业改制工作》,百度快照2005年8月14日。

与改制企业员工的切身利益,推进这项改革对稳定有一定风险,困难大,问题多。必须认真分析研究这些困难和问题,并采取有力的对策措施,才能有效推进这项重要改革深化发展。

1. 抓住机遇,转变观念,加快步伐问题

当前国有企业开展主辅分离改制分流面临着种种机遇:一是国家为企业开展主辅分离改制分流提供了良好的政策机遇。党中央、国务院明确提出国有大中型企业实施主辅分离改制分流的政策,发了859号文件及一系列相关的配套文件,对开展这项工作提出具体实施办法。对主辅分离、辅业改制包括职工经济补偿、资产处置、土地使用、税收减免等提供了一系列的政策优惠,这些政策规定为大型国有经济主体进一步深化改革、进行结构调整,做好主辅分离改制分流工作提供了政策依据和操作指导。二是党的十六大报告提出全面建设小康社会的奋斗目标,为主辅分离改制分流提供了良好的发展机遇。全面建设小康社会的奋斗目标为我国经济发展注入了新的活力和后劲,新一轮的经济增长,市场需求的扩大,城乡人民生活方式多样化对三产服务业的大量需求,为企业进行主辅分离改制分流创造了良好的外部条件。三是加入WTO后,中国良好的投资环境和市场机遇吸引了越来越多的外资进入,中国正在成为全球制造中心和物流采购中心,新的经济格局的形成,为分离改制的企业提供了生存发展的广阔空间。四是新的国有资产管理体制的确立,提供了更有利的改革机遇。随着国有资产出资人逐步到位,国有经济的战略性调整和国有企业重组将更加深入有序地展开,国有资产监督管理部门将进一步加强对主辅分离、辅业改制的指导,相关的配套政策将更加完善,审批程序也将更加规范。

面对上述这些非常难得的机遇,大型国有经济主体应进一步努力转变观念,抓住机遇,加快推进主辅分离、辅业改制步伐,进一步统一认识,处理好以下几个关系:

一是积极推进改革与维护稳定的关系。处理好改革发展稳定的关系是国有企业改革的一条基本经验。实施主辅分离、辅业改制涉及国有企业深层次的矛盾,特别是直接关系到参与改制企业员工的切身利益,因此,推进这项改革对稳定是有一定风险的,必须把握好改革的时机和节奏,协调好改革的力度、发展的速度和社会可承受的程度。这需要大家对改革形成共识,充分认清国有企业改革的紧迫性,坚持改革的方向。只有积极推进辅业分离,使改制企业早日进入市场,才能最终化解国有企业中冗员过多、结构不合理等深层次矛盾和问题,实现企业的长期发展和稳定。消极片面地强调稳定而放慢改革的步伐,甚至把稳定与改革对立起来,对企业的长期稳定发展都是不利的。

二是壮大发展主业与放开搞活辅业的关系。企业的竞争能力首先体现在主营业务的竞争能力上,主辅分离、辅业改制的重要内容或目的,就是要精干壮大主业,不断提高主营业务的竞争力。较长时间以来,国有大中型企业多普遍存在主业不突出问题。主营业务太多,业务跨度过大,严重影响到企业的资源配置效率。实施主辅分离应立足于在进一步搞好企业的战略定位和发展规划的基础上,把非主业部分分离出去,集中有限的资源,真正做到主业突出,资产优良,发展壮大企业的核心能力。辅业的分离改制同样也是为了更好的发展,但改制以后的辅业发展不再是依附于主业发展,而是使辅业的体制和经营机制发生根本变化,成为真正的市场主体,这样才能实现可持续的良性的发展。

三是做大与做强的关系。实行主辅分离、辅业改制,剥离一部分辅业资产,必然会影响企业的规模。有些企业担心实施主辅分离后企业规模缩小了,甚至地位会随之下降,因此,对一些属于辅业的资产往往舍不得分。尽管在市场经济中扩大企业经营规模,也是企业生存和发展的重要方式之一,但大不等于强,没有竞争力的规模,往往会成为企业发展的包袱。过去一些企业盲目追求做大,把达到一定的规模作为企业发展的首要目标,大量铺摊子,有很深刻的教训。这次主辅分离的改革,可以说为企业"瘦身"提供了难得的机遇。企业的地位,无论是在市场中的地位,还是在国资委的地位,归根到底取决于企业的竞争能力和盈利能力,而不是企业的规模大小。因此,下决心把不属于主营业务范围和不应该管理的辅业资产、机构分离出去,使企业发展重心从盲目扩张做大转到着力做强上来,才是巩固和提升企业地位的明智之举。

2. 建立改制企业完善、规范的治理结构制度问题

职工整体处于绝对控股地位、职工持股平均化、外来投资的比重不高是当前辅业改制的重要特点。[①]

---

① 根据 2004 年国资委对已实施主辅分离改制分流的 20 家中央企业的 651 户改制企业股权结构情况进行的统计,股本总额合计为 62 亿元,其中职工股总额为 35.6 亿元,占 57.4%,651 户辅业企业改制共支付经济补偿金 34.4 亿元,人均补偿金 3.4 万元,其中经济补偿金转成股份合计29.3 亿元,占职工股份总额的 82.2%。国有法人股 11.4 亿元,占股本总额的 18.3%;非国有外来投资者股份总额 9 亿元,股本总额的 14.6%(邵宁:《总结经验　扎实工作　进一步推进主辅分离辅业改制工作》,百度快照 2005 年 8 月 14 日)。

　　辅业改制以后,由原来纯国有企业或国有控股企业一步跨越到股权多元化的公司制企业,尤其是内部职工总体控股、平均持股的股东结构,不利于改制企业建立规范的公司治理结构,在一定程度上影响企业的发展决策。有的企业沿用"集体领导"方式,这很容易造成决策失误或无人负责现象以及对经营者授权不足,难以形成有力的经营指挥系统。

　　由此可见,建立改建企业规范的治理结构制度问题也是进一步加快推进主辅分离、辅业改制需要认真研究解决的一个重要问题。

　　建立完善、规范的法人治理结构对加强改制企业管理,实现改制企业制度创新具有十分重要的现实意义。

　　辅业改制企业法人治理结构作为改制股份制企业的组织管理机构,不同于传统国有企业组织管理机构。由于传统的国有企业实行的是一种所有权与经营权及其职能、机构合一的企业制度,企业的组织管理机构只是代表国家一个所有者行使组织管理企业的各种职权,其基本职能是对企业生产经营活动进行组织和管理。而辅业企业改制成股份制企业后,由于股份制企业实行的是一种所有权与经营权及其职能、机构分离的企业制度,企业组织管理机构,即企业法人治理结构不只是代表所有者,而应代表包括国家股股东在内的各种股东,即各种不同所有者行使企业的各种职权。其职能不仅仅限于对企业经营进行组织和管理,还应包括保护不同所有者权益、合理进行利益分配、正确协调所有者与经营者间及所有者内部和经营者内部的各种关系等等。因而,辅业企业改制成股份制企业就必须建立完善、规范的企业法人治理结构。否则,改制企业会和传统的国有企业或集体企业的组织管理机构一样,没有进行实质性的改革。这样,既无法达到加强企业科学管理体系建设和加强企业管理的目的,又无法使大型国有企业通过股份制改造,真正建成"产权清晰、权责明确、政企分开、管理科学"的现代企业制度。

　　建立完善、规范的改制企业治理结构制度必须理顺分离企业的产权关系。对于改制分流的辅业企业要努力构建多元化的产权结构,可通过吸收各类非国有投资,构建多元化产权结构体制。而不应再构建一批一元化产权结构的独资企业。

　　建立完善、规范的改制企业治理结构制度,应着力解决改制企业股东会、董事会、监事会不完善不规范问题。为此,也需要理顺产权关系,完善出资人制度;需要理顺股东会、董事会与经理人关系,完善、规范董事会、经理人机构;需要理顺董事会、经理人与监事会关系,完善、规范监事会。通过建立完善、规范的治理结构制度可以使改制企业内部建立起合理的权力结构,提高改制企业经营管理效率,推进企业发展,增进企业和职工的利益。

此外,要建立改制企业完善、规范的治理结构制度,还必须建立改制企业内部的股份制企业的人事制度、激励和约束机制制度。

3. 进一步努力做好辅业改制中维护职工合法权益工作问题

建立改制企业内部的股份制企业人事制度、激励和约束机制制度问题是关系企业及其职工切身利益的根本问题,也是企业改制的重要难点问题。特别是改制企业人事制度改革中的职工身份置换和再就业安置问题。解决这两个难题,需支付巨大的改革成本,更需要采取有效政策措施保障改制企业职工合法权益。在这方面,2004 年 2 月 1 日正式施行的国资委、财政部颁布的《企业国有产权转让管理暂行办法》已有了暂行规定。但这些暂行规定尚须随我国大型国有企业股份制改造实践发展而不断充实完善。

进一步努力做好辅业改制中维护职工合法权益工作应进一步提高认识,努力搞好辅业改制企业职工安置。辅业改制企业职工安置直接关系到广大职工的切身利益和社会稳定。辅业改制企业要按照有关政策和要求,将辅业改制企业中职工安置工作放在极其重要的地位,切实抓紧做好职工安置工作。劳动保障部门应进一步严格把好关口,规范企业操作行为。辅业改制企业的职工安置方案,必须提交职工代表大会讨论通过,必须经劳动保障部门审核备案。

进一步努力做好辅业改制中维护职工合法权益工作应进一步做到政策宣传落实到位,加大督导力度。辅业改制企业要使职工了解相关政策,明确自身权益,避免因职工不了解政策引发的不稳定。

进一步努力做好辅业改制中维护职工合法权益工作应进一步加强失业调控,认真做好社会保障和再就业工作。辅业改制企业应分类处理好与职工的劳动关系,及时接续各项社会保险关系,妥善处理工伤职工有关工伤保险问题。对符合条件的,要及时提供失业保险待遇。要特别做好离退休人员社会保障工作,确保企业离退休人员基本养老金按时足额发放,采取措施解决好医疗保险问题,并将他们纳入居住地街道社区社会化管理服务。

859 号文件对企业主辅分离、辅业改制时职工处理问题给予许多鼓励政策。由于大集团子公司情况、收入差异大,如不统筹安排职工处理问题可能会有扩大差异、加大改制成本等问题。建议政策上可鼓励集团型的大公司在集团范围内适当集中管理、统筹平衡职工的处置成本。国家亦可制定包括税收在内的政策，鼓励大公司将这些业务统起来外包出去。此外，还应允许集团根据情况对集团内改制企业职工补偿等社保支出进行统筹安排。

4. 进一步完善有关主辅分离政策问题

目前，鼓励大中型国企主辅分离从实际情况来看，还存在以下四个方面的问题需要进一步完善相关的具体政策：一是主业和辅业的标准不确定，企业难以把握，结果被分离的辅业规模一定都比较小；二是操作过程不规范，有些企业为降低改制难度，特别是职工身份转换的难度，将企业资产量化到职工个人的同时并没有同时进行职工身份的转换；三是不同效益企业改制的积极性不同，效益好的企业职工由于容易获得经济补偿或资产容易量化到个人，改制的积极性高，而效益差的企业由于难于解决经济补偿问题而改制的积极性不高；四是经济补偿金的问题，现行政策不明确且仅针对改制出台，没有考虑与一般保障制度的衔接问题，在实际操作中经济补偿金因为企业效益不同、计算方法不同而差异很大。

第十四章　我国大型国有经济主体产权多元化

　　产权多元化是大型国有经济主体产权制度改革的一般模式,也是我国大型国有经济主体改革和发展的客观要求。在我国大型国有经济主体实行股份制改造,增强控制力的改制重组过程中,实施产权多元化是搞好整个改制重组工作的重要组成部分,在当前和今后相当长的时期内都应是我国大型国有经济主体改革和发展突破的重点。实施产权多元化对搞好整个改制重组工作,做大做强大型国有经济主体、增强控制力都具有十分重要的意义和作用。

　　本章分析研究我国大型国有经济产权多元化的意义及其推进的思路、对策与政策问题。

第一节　产权多元化与我国大型国有经济主体产权多元化

一、产权多元化是大型国有经济主体产权制度改革的一般模式

　　本书中所谓产权多元化是指企业财产不是由单一出资者投资形成,而是由众多出资者投资形成的多个财产所有者组成的企业产权制度。

　　实行产权多元化企业产权制度的企业通常都是由多个财产所有者的资金(资本)集中或联合形成或组成的。在企业发展史上,由个人独资企业和合伙制企业到股份制企业的历史转变或发展过程,实质上就是企业产权制度由一元化向多元化的历史转变或发展过程。现代典型的股份制企业股份有限公司就是实行产权多元化企业产权制度的典型的企业制度。

　　由于实行产权多元化企业产权制度的股份制企业实行财产所有权和经营权两权分离的企业产权制度,企业投资者作为企业财产所有者不直接从事企业经

营并仅以其投资资本对企业承担有限责任,这就可以使企业集中或联合巨额社会资本并借此达到规模经济。同时,由于实行产权多元化的股份制企业实行财产所有权和经营权职能、机构分离经营权职能机构专门化、独立化的企业治理结构制度,企业拥有法人财产权,有权根据市场需求变化自主从事各种生产经营活动,并能有效提高企业生产经营效率。正因为实行产权多元化具有诸多巨大优越性,所以,现代大企业和企业集团一般都是实行产权多元化企业产权制度的。

实行产权多元化企业产权制度是世界各国大型国有经济主体产权制度改革的一般模式。[①]

鉴于传统大型国有经济主体企业制度的种种弊端和运行的低效率,在国际上,从 20 世纪 70 年代就开始进行国有企业(含大型国有经济主体)的产权多元化改造,80 年代后期已形成世界范围内国有企业(含大型国有经济主体)的产权多元化改造热潮。这种现象在欧洲一些国家和日本尤为明显。

意大利在 80 年代推行国有企业的股份制改造时就出售了大型国有企业埃尼下属萨伊彭姆公司的 20% 股份,伊利下属中南银行的 74% 股份、西尔蒂电讯安装公司的 40% 股份。进入 90 年代,意大利的一些国有大型工业企业,如玻璃公司、新比隆公司和部分钢铁公司,以及三大银行即商业银行、信贷银行和不动产银行,都已实现了产权多元化的股份制改造的目标;国家保险公司在国家控股情况下出售了部分股份。埃尼下属 360 家国有企业中的 86 家盈利企业已全部出售,收回了国有资本 3.4 亿里拉,减少了雇员 1200 多人;竞争性的食品行业的国有企业,已全部实现产权多元化的股份化。意大利由国库部负责统一发行国有企业股票的有关事项,并成立专门金融证券机构负责国有企业股票的销售业务,还在伦敦、布鲁塞尔和东京上市国有企业的股票,寻找国外投资者。

20 世纪 80 年代后期以来的奥地利国有企业经营不善,亏损严重,弊端日益暴露,通过预算拨款进行补贴的结果使国家财政负担沉重,迫使政府不得不对国有企业进行改组。从 90 年代起,奥地利对国有企业进行产权多元化的股份制改造,把经营不善的大型国有经济主体分解为若干小公司,把民航局改为股份公司,国家在信贷银行参股 48%,在奥地利银行仅拥有 20% 的股份,在工业控股公司的目标是保留 25% 的国家股。

---

① 参见邓荣霖:《外国国有企业的来龙去脉》,董有编著:《国有企业之路美国》,兰州大学出版社 1999 年版,第 1—16 页。

法国在 1986 年至 1988 年期间,在全国范围内进行了一次国有企业的产权多元化的大改组,涉及工业领域、金融业的十多家大型国有经济主体,通过出售近千亿法郎的国有资产实现了产权多元化的股份制改造,主要有圣戈班公司、通用电气公司、孟特拉公司、兴业银行、巴黎巴银行、法国商业信贷银行、农业信贷银行、法国电视一台、电话制造总公司、哈瓦斯广告公司等。进入 90 年代,法国政府大大加快了国有企业的改组步伐。1993 年 7 月,法国国民议会通过专门法律对全国 21 家大型国有经济主体进行产权多元化的股份化改造,涉及竞争性领域的所有国有企业,在随后的两年多时间里,就完成了诸如埃尔夫石油公司、罗纳克化工公司、国民工商银行及其他一些国有企业的股份制改造目标。法国国防电子集团"汤姆逊公司"的国有股权已出售 60%。在矿业、化工、军火等行业的国有企业则向社会"敞开供应"国有股权的股票。1997 年 9 月,法国最大的国有企业,即法国电信公司宣布向社会公开出售其 20% 至 25% 的股权,可使政府获得 400 多亿法郎的套现收入,以弥补法国财政预算的不足,并为加入欧洲单一货币体制做好财政准备。这是法国历史上规模最大的一起国有企业产权多元化的股份化行动。法国政府为此不惜投入 1.5 亿法郎的广告费,利用影视明星和一些家喻户晓的历史故事,在各类媒体上喊出"有你也有我"、使国有企业改制工作进入新的热潮。法国对国有企业改组的基本形式有三种:一是把实际从事工商经营活动的原有政府部门,改组为独立的企业法人,如原有邮政电信部门分别由两个独立的企业法人所替代;二是把国有企业改组成股份有限公司,如烟草火柴工业开发局、雷诺汽车公司等便采取这种改组方式;三是把国有企业的部分或全部股权,公开向社会公众私人出售、转让。

英国从 1979 年末和 1980 年初开始对国有企业进行产权多元化的改组,出售了英国国家石油公司的一部分股权,并把一些小型国有企业出售给私人经营。80 年代中后期,英国扩大和加快了国有企业改组的进程,政府公开宣布可以扩展到一切部门,包括公共服务部门如环卫、建筑服务、住宅维修、洗染以至部分学校和医院,涉及生产部门和其他各类领域,先后出售了一大批国有企业的部分股权或全部股权,如英国航空空间公司、英国电缆和无线电公司、英国电信公司、英国煤气和天然气公司、英国钢铁公司及一些电力公司和自来水公司等。到 1991年底,英国国有企业仅剩下英国铁路公司、邮政公司、国家煤炭局、英格兰银行、国家公共汽车公司等 5 家。1993 年起又先后转让了英国铁路公司、邮政公司、国家煤炭局的部分股权。英国通过对国有企业改组的多种形式,包括出售给私人经营、出售给本企业经理和雇员、采用招标方式向社会公开出售国有企业等，全面地大规模地改组国有企业的做法，对欧洲其他一些国家国有企业的改组产生了重要影响，几乎波及欧洲的所有国家和各个部门。

日本在20世纪70年代中期开始探索对国有企业的改组，但实际上是80年代中期着手进行国有企业的改组工作，主要表现为对原有三家非公司制的国有企业，即日本电信电话公社、日本国有铁路公社、日本烟草专卖公社进行民营化改造。日本的"公社"是指由政府（包括中央和地方）百分之百出资建立的企业，即国有企业，不同于"公司"、"会社"的"民营化"改造内容，包括出售国有企业的部分股权或全部股权、改变政府对国有企业的行政审批制度为法律认可制度、国有企业内部实行公司制的法人治理结构、劳动人事制度和财务会计制度。日本电信电话公社的民营化改造，是从1985年4月开始进行的股份制改造，依据《日本电信电话株式会社法》，改名为日本电信电话株式会社，即日本电信电话股份有限公司。"会社"的含义，是股份有限公司。通过出售1/3的股权后，政府拥有日本电信电话株式会社66.2%的股权。1996年12月，日本宣布，将在1999年内把日本电信电话公司的业务分解为日本长途电话公司、东日本电信公司和西日本电信公司，现有的日本电信电话公司总部改为持有这3家公司所有股份的控股公司，以利于打破独家垄断经营，促进行业竞争，改善服务工作。日本烟草专卖公社的民营化改造，是在1985年废除日本烟草专卖制度之后，又出售了原日本烟草专卖公社1/2的股权，并改名为日本烟草产业株式会社。通过对原日本烟草专卖公社的股份制改造，政府在日本烟草产业株式会社拥有1/2的股权，陆续关闭了一些亏损的烟厂，裁减了一批雇员，减少了烟草种植面积，改变政府与企业的行政领导关系为股东与企业之间的经济利益关系。日本国有铁路公社的民营化改造，与日本电信电话公社和日本烟草专卖公社不同的是，政府出售了原日本国有铁路公社的百分之百股权，称之为"完全民营化"模式，而日本电信电话公社和日本烟草专卖公社的改组称之为"部分民营化"模式。1987年4月，日本国有铁路公社正式实行分割化和股份化，把包括新干线在内的全国国有铁道切割为北海道、东日本、东海、西日本、四国、九州等6个区段，分别成立6家民间客运铁道公司和一家货运铁道公司，并允许从事跨地区、跨行业的经营活动，包括商业、旅游业、宾馆业、广告代理业、不动产借贷业、信息服务业、电气通信业等，迅速扭转了国有铁路经营长期恶化的局面。

各国大型国有经济主体产权多元化的内容和特点主要是：

　　——把原来百分之百国有资本的单一股东的大型国有经济主体,改成拥有多个股东的公司制企业,是各国大型国有经济主体产权多元化的主要内容。国外大型国有经济主体把原来百分之百国有资本的单一股东的大型国有经济主体改成拥有多个股东的公司制企业的产权多元化有多种实现方式和途径。①

　　——通过立法和司法来出售大型国有经济主体的股权。各国对大型国有经济主体股权的出售,都经过议会立法,并由政府严格执法,采取措施来出售大型国有经济主体股权。国外的国有化运动,是依法进行的;对大型国有经济主体改组,即通过出售国有企业存量资产来改变国家的持股比例,也是依法进行的。如法国、意大利、奥地利等国在80年代中后期都先后颁布有关大型国有经济主体改组的专项法令,法国还成立了专门委员会,依据法令规定的条款,负责出售国有企业存量资产的相关事项,包括对原有存量大型国有经济主体资产的估价和最终出售价格的决定。

　　——出售大型国有经济主体的基本方式是把大型国有经济主体改造为股份有限公司和有限责任公司。在改造的整个过程中,注重出售时机,采取分期分批出售的做法,力求卖个好价钱。实践的结果,出售的都是盈利的国有企业,亏损的国有企业卖不出去。如意大利的大型国有经济主体改组,一般要经历3至5年的过程;奥地利法令规定国有企业改组过程中政府给予资助,进行内部整顿,改善财务状况,然后才使国有企业出售出去。

　　——通过资本市场出售大型国有经济主体股权并形成稳定的“核心”股东队伍。如法国规定出售国有企业(大型国有经济主体)股权的正常程序是通过资本市场,在主要考虑股市价格和资产的市场价值基础上,分析现实利润和未来前景,进而实现对国有企业的改组。为了形成稳定的“核心”股东队伍,在利用资本市场公开出售的过程中,也可通过其他途径来出售大型国有经济主体股权,如法国埃尔夫石油公司的股份制改造,是由10个大企业和银行各自分别购买1%的股权,这些股东在购买国有企业股权之后公司内部职工出售约占国有资产10%的股权,职工持股后一般不会再出售股票,以利于形成稳定的股东队伍。

　　——对特殊行业中的股权出售予以特别规定。如意大利规定,垄断性行业

---

　　①　英国亚当·斯密研究所曾将撒切尔政府在大力推行国有经济主体“民营化”中,采取的实现产权多元化的多种方式和途径归纳为22种。陈宝明编著:《国有企业之路:英国》,兰州大学出版社1999年版,第295—300页。

和社会公益性行业,包括能源、运输、电讯、国防、公共服务等行业的国有企业股权出售,必须经过国家批准,而且个人股东持股不得超过5%,若超出5%则要限期解决,在解决之前只有5%的投票权。法国规定,在卫生、安全、防卫等领域的国有企业股权出售若超过5%,则事先须经政府有关部门批准。

世界各国实践表明:国有大型国有经济主体的产权多元化对我国大型国有经济主体的改革和发展都具有十分重要的意义和作用:

第一,产权多元化可以推进大型国有经济主体的国有资本的合理流动和转移,在较大程度上盘活国有资本。如英国政府曾通过对经营不善、微利和亏损的大型国有经济主体的产权多元化改革,不仅消除了多年的财政重负,而且获得了1000多亿英镑的收入,从而为政府加强教育、科研、职工再培训以及基础设施建设提供了可能,国有资本由死钱变成了活钱。

第二,产权多元化可以推进大型国有经济主体的技术水平和经营机制的改进,使竞争能力和经营效率得到较大提高。如2000年德国邮政公司上市后,经营收入从1992年的113亿欧元增加到2001年的334亿欧元,利润从1990年亏损7.2亿欧元变为2001年实现税前利润26亿欧元。①

第三,产权多元化可以推进大型国有经济主体集中社会资本。大型国有经济主体产权多元化意味着民间资本准入,而民间资本进入大型国有经济主体企业后,虽使得国有资本存量相对减少,但国有资产的质量却得到很大程度的提高,而且带来社会总资本增量的增加,因而成为推动国民经济增长的一种重要因素。

二、产权多元化是我国大型国有经济主体改革和发展的客观要求

1. 实行产权多元化企业产权制度是我国大型国有经济主体自身的客观要求

如前所述我国大型国有经济主体一般都是规模巨大的、经营范围广泛的、具有生产经营网络体系系统的企业。像这样的大型或巨型企业在市场经济主体制条件下,必须实行社会资本(资金)集中或联合的企业资金制度或企业产权占有权制度;实行财产所有权和经营权两权分离的企业产权使用权、收益权和处分权

---

① 中国社会科学院研究生院《推进国有大中型企业产权多元化改革》课题组:《国有大中型企业产权多元化改革研究报告》,《中国工业经济》2003年第7期。

制度;实行财产所有权和经营权职能、机构分离经营权职能、机构专门化、独立化的企业治理结构制度。而要实行这些企业产权制度和企业治理结构制度,就必须实行产权多元化企业产权制度的股份制企业制度。由此可见,实行产权多元化企业产权制度首先是由我国大型国有经济主体自身的性质特点决定的。

2. 实行产权多元化企业产权制度是我国大型国有经济主体改制的客观要求

我国传统大型国有经济主体虽是大型或特大型企业,但作为国有独资企业的产权结构与个人独资企业并无差异,不同之处只在于前者的出资方是作为全体人民代表的国家。由政府代表国家执行财产所有权,意味着财产所有权具有国家政权或行政权力性质,经济权利在此对政治权力具有依附性,产权权能具有高度统一性,它们高度集中在政府手中,企业不仅是独立的产权主体,而且产权不允许进入市场进行交易。这种制度造成的后果就是权利运作的高成本和低效率,政府则要承担过重的财政负担。

我国大型国有经济主体要适应建立社会主义市场经济新体制,发展社会主义市场经济的客观要求从根本上解决权利运作的高成本和低效率,政府则要承担过重的财政负担问题就必须改革其一元化产权制度,实行股份企业的多元化产权制度。

3. 实行产权多元化企业产权制度是我国大型国有经济主体提高竞争力的客观要求

加入 WTO 对我国大型国有经济主体来说,一方面可以在更广泛的产业领域、更广阔的地域范围参与市场竞争;另一方面要能够在激烈的竞争中立足,就必须提高其竞争力。竞争力不是单纯的靠"大"堆砌起来的,而是企业的整体实力,包括超前的技术、高质量的产品、具有挑战性的发展战略等,所有这些都依赖于企业制度的创新,而企业制度的创新最根本的首先又应是产权制度的创新。

通过产权多元化,随着非国有资本进入大型国有经济主体,其产品、技术、人才、观念、管理方法等都会随之进入大型国有经济主体企业。通过利用非国有资本,大型国有经济主体中一些低质量的存量资产有可能转变为高质量的资产,而意识形态的转变、管理方法的更新等制度方面的进步对我国大型国有经济主体而言尤为重要。大型国有经济主体的可持续发展,固然离不开技术上的领先,但技术的进步必须有高效的企业制度来保障。经济发展史表明,世界上的著名企业无一不拥有一套优秀的管理、经营和产权制度。我国加入 WTO 后,外资可进入大型国有经济主体,大型国有经济主体正可以引入这些优秀制度,从而大大增强大型国有经济主体在国内甚至在世界的竞争力。

我国大型国有经济主体的股份制改革(即所谓"改制")在某种意义上可以说是产权多元化改革的起步阶段,取得了很大成绩,也积累了丰富的经验。然而,由于这些改革是在国有产权关系基本不变的前提(政府所有和控制)下,中央政府进行的部分权力下放或局部的调整,因此,大型国有经济主体已有的改革有的虽已开始打破了国有产权的封闭格局,并在一定程度上形成了多元产权兼容共生和相互制衡的机制。但是,由于这些企业仍处于政府权力绝对控制之下,因此并未形成真正意义上的多元产权主体相互制衡的机制。所以,有必要对大型国有经济主体进行较大幅度的产权多元化改革,这对于完善大型国有经济主体企业的权利制衡机制、弥补国家投资的不足、提高大型国有经济主体的效率水平和国有资产的辐射力,都具有十分重要的意义。

3. 产权多元化改制是我国深化大型国有经济主体改革,建立现代企业制度的关键环节

目前和今后一定时期内,深化国有经济和大型国有经济主体改革,仍然是整个经济体制改革的关键环节。大型国有经济主体作为大型国有经济主体改革的主要目标仍应是要建立"产权清晰、责权明确、政企分开、管理科学"的现代企业制度,实现企业制度创新。

建立现代企业制度,不同于以往大型国有经济主体外部环境和条件的改善,需要从企业内部深层次的矛盾和机制上寻求突破,实现企业体制机制的转换和创新。产权关系的调整是企业体制机制转换的前提,但产权关系的调整并不必然会实现体制的转换。企业产权改制不仅要实现产权主体明确,关键还要做到产权结构合理。

目前全国大部分中小型大型国有经济主体和集体企业已经完成了以产权改革为基本内容的改制工作,甚至改革难度较大的国家重点企业的改制面也已经很大了。从实际情况来看,大量大型国有经济主体改制企业都存在一些带有共性的改制不彻底的问题,主要是大型国有经济主体改为国有独资公司或国有控股的有限责任公司,但这种改制没有从根本上触及产权制度、转换企业体制机制,名为公司制,实为工厂制;没有从根本上改变单个国有资本独占的单一所有制,企业依然没有实行投资主体多元化的股份制改造,致使企业缺乏增量资金,缺乏科学的管理和制衡机制。这种不彻底的产权改革,都未解决好产权多元化

的问题,致使改制企业体制机制的转换和创新难以实现,规范的现代企业制度尚未完全建立,国有资产出资人尚未完全到位,法人治理结构尚不完善,经营者的市场化配置尚需深化,激励与约束机制不够健全,长期积累的深层次矛盾和问题亟待解决。按照党的十六大精神,大型国有经济主体深化改革,应在实现企业产权结构多元化与合理化方面进行突破,把大多数国有独资企业和大部分国有控股企业改造成为多元投资主体共同持股的混合所有制企业,从而才能实现企业体制机制的转换和创新。

4. 产权多元化是我国深化企业内部权利结构改革,建立健全企业的激励约束机制的客观要求

大型国有经济主体深化改革建立现代企业制度,实现企业体制机制的转换和创新,都要深化企业内部权利结构改革,建立健全企业的激励约束机制。建立现代企业制度产权制度和公司治理结构制度都需要建立健全企业强有力的激励机制和约束机制。从我国大型国有经济主体改革的实际情况来看,目前一般主要是解决了经营者的短期激励问题,尚未建立有效的长期激励约束机制。纵观西方国家大型国有经济主体近几十年来的改革发展,股权激励是极富成效的激励和约束制度之一,是企业建立长期激励制度的有效途径。其具体方式主要有期权或股票期权、部分股权或优先股与员工持股计划等。

大型国有经济主体深化改革建立现代企业制度,实行股权激励制度和约束制度,必须从产权和完善公司治理结构方面入手。产权清晰、产权多元化是实行股权激励约束的必要条件。产权多元化可使包括国有股东在内的各个投资主体拥有对企业的监控权和利润的索取权,行使对企业的所有权,有助于克服国有股东不到位的弊端。实现所有者职能到位,国家所有者职能将从根本上端正企业的行为。来自所有者追求最高经济效益的动机形成了对企业的激励约束,避免经营风险的谨慎会形成对企业的约束。同时,在产权多元化的条件下,有利于企业推行民主管理、民主决策,从而建立健全现代企业的法人治理结构。

三、我国大型国有经济主体产权多元化的现实可行性分析

目前,我国实施大型国有经济主体产权多元化已具有现实的可行性基础和条件:

第一,我国实施大型国有经济主体产权多元化的理论支撑点已经形成。

一是产权体系论,即产权是一组权利而不是一种权利,具体包括所有权、占

有权、支配权、收益权、处分权等，其中每一种权利都可以独立为单独的权利。就是说，各种单独的权利都可以从整体产权中分离出来。对于现代企业来说，最重要的产权分离是所有权和经营权的分离。二是产权可交易论，即产权是一种稀缺的资源，它必须通过交易才能达到最佳配置和使用。产权的交易既可以是产权整体的交易，也可以是其中的部分权利的交易。这种交易与其他商品的交易一样，是平等权利人之间的平等交易，通过这种交易，权利人获取产权收益。三是资金（资本）一般论，即资金（资本）是能够带来剩余产品价值的价值，不论是非国有资本还是国有资本都是如此。而且资本是流动的，通过这种流动，可以实现资本最大限度的增值。

第二，我国非国有资本，尤其是民营经济发展，为大型国有经济主体实现产权多元化创造了条件。

改革开放三十多年来，我国各地坚持以公有制经济为主体，多种经济成分长期共同发展的方针，坚持以"三个有利于"为标准，坚持从实际出发，遵循客观经济规律，尊重人民群众的创造精神，把发展城乡非公有制经济作为推动地方经济发展的重要举措，非公有制经济得到了较快的发展，出现了一批资产过百万、过千万、过亿，甚至过数百亿的私营企业。个体、私营等非公有制经济从业人员由最初主要是待业青年和社会闲散人员，逐步发展到工人、农民、知识分子以及辞职干部、转业军人和离退休人员参加的多元化社会群体。非公有制经济在国民经济中所占比重日益增大，社会地位日益提高，与整个国民经济的关系越来越密切，已经发展成为推动国有企业改革和发展与国有经济调整的重要力量。

据统计，截至 2004 年底，我国个体工商户达到 2350 万户，从业人员 4887 万人，比改革开放初的 1981 年分别增长了 11.7 倍、21.5 倍；私营企业达 365.1 万户，从业人员 5017.3 万人，分别比 1989 年增长了 39.5 倍、29.6 倍。① 到 2005 年 9 月，中国私营企业已达 419 万户，注册资金总额达到 5.8 万多亿元；民营企业上市公司近年也发展迅速。有关方面统计资料显示，在沪深证券交易所上市的私营企业有 336 家，在香港有 119 家，在美国有 66 家，在新加坡有 55 家。② 2005 年我国个体私营企业已达 2894 万户，注册资金总额已达 289742.9 亿元，产

---

① 《2005 中国统计年鉴》，中国统计出版社 2006 年版，第 5—19 页。
② 黄孟复介绍，http://www.zglsw.com，中国网 2005 年 12 月 10 日。

值已达 37239.6 亿元,上征税收已达 4101.6 亿元,从业人员已达 75825 万人。①

　　随着我国非国有经济的发展,尤其是民营经济发展,大量很有经济实力的民营企业不断成长壮大,许多民营企业已参与了国企改组改造。据我们调查统计:到 2003 年辽宁省累计 2797 户国有及国有控投企业,通过采取股份制、股份合作制、整体出售、合资合作、破产和兼并等多种方式,转制为非国有及非国有控股企业,占 1997 年末地方国有企业总数的 87.1%;有近 2000 户企业实现了民营或民营控股,占已转制企业的 70% 以上;启动停产、半停产企业 617 户,盘活国有企业闲置资产 213 亿元;减少企业亏损 54 亿元;企业办社会职能的分离率达到 64%;5.4 万人在转制后企业安排就业。另据不完全统计,2003 年末至 2004 年 5 月,四川省各级党委、政府已吸引约 60 亿民间资金参与了 126 户国企的改组改造。

　　我国非国有经济的发展,尤其是民营经济发展,大量很有经济实力的民营企业不断成长壮大,许多民营企业已参与了国企改组改造,这就为大型国有经济主体引进非国有资本和境内外战略投资者参与改制、重组,实现产权多元化创造了重要的经济基础条件。

　　第三,我国国家制定相关政策为实施国有企业产权多元化改革提供了支持。

　　1992 年党的十四大确立了社会主义市场经济体制的改革目标,1999 年出台的《中共中央关于国有企业改革和发展若干重大问题的决定》提出了"推进国有企业战略性改组"。2000 年颁布的《大型国有经济主体建立现代企业制度和加强管理的基本规范(试行)》等文件,都是指导大型国有经济主体产权多元化改革的政策依据。

　　党的十六届三中、五中全会及《国务院关于 2005 年深化经济体制改革的意见》(国发〔2005〕9 号)提出了实行国有资本调整和国有企业重组,完善国有资本有进有退、合理流动的机制。

　　2005 年 2 月印发的《国务院鼓励支持非公有制经济发展的若干意见》是鼓励支持非公有制经济发展和树立民间投资者信心,拓展投资领域,促进非公有制经济参与国有经济调整和重组的纲领性文件。

　　2006 年 12 月国资委还为贯彻落实党的十六届三中、五中全会精神,根据

---

① 成思危主编:《中国非公有制经济年鉴》(2007),民主与建设出版社 2007 年版,第 732—739 页。

《国务院关于 2005 年深化经济体制改革的意见》（国发［2005］9 号），就国有资本调整和国有企业重组的基本原则、主要目标和主要政策措施，提出了《关于推进国有资本调整和国有企业重组的指导意见》。

2007 年十七大报告中提出，深化国有企业公司制股份制改革，健全现代企业制度；优化国有经济布局与结构，增强国有经济实力、控制力、影响力；加快建立国有资产经营预算制度，完善国有资产管理体制与制度。这些措施为实施国有企业产权多元化改革提供了更大的支持。

第四，国外大型国有经济主体产权多元化的不少成功经验可供我国借鉴。

如苏联和东欧国家都是实行典型的计划经济体制国家，存在大量传统的大型国有经济主体，德国在统一后对东德地区大型国有经济主体的大规模改革和重组，取得了很大的成功。东欧其他国家对大型国有经济主体的改革和重组，也取得了很大的成功。我国许多大型国有经济主体，特别是其中的大型国有经济主体与它们有诸多相似之处，其成功的改革经验有不少方面都非常值得我们借鉴。还有国外其他国家和地区不少大型国有经济主体的产权多元化改革也多有自己的特点，我们也可以有选择性地予以借鉴。

四、我国大型国有经济主体产权多元化的实现

企业的产权多元化即是企业财产不是由单一出资者投资形成，而是由众多出资者投资形成的多个财产所有者组成的企业产权制度。实行产权多元化企业产权制度的企业通常都是由多个财产所有者的资金（资本）集中或联合形成或组成的。现代典型的股份制企业股份有限公司就是实行产权多元化企业产权制度的典型的企业制度。

我国大型国有经济主体产权多元化实质上也就是要实现股权多元化。根据本报告关于我国大型国有经济主体股份制改造的模式设计，在其改制实施过渡模式阶段一般可实行不同国有股股权，包括不同国家股、国有法人股、企业法人股和职工个人股权多元化改制或改制重组模式；在其改制实施目标模式阶段一般可实行不同国有和非国有股股权多元化，包括不同国家股、国有法人股、法人股和职工个人股和各种非国有股，包括各种非国有法人股和社会公众自然人股股权多元化重组模式。

我国大型国有经济主体产权多元化或股权多元化可根据不同大型国有经济主体在国民经济中的特殊地位和作用一般也可设计为国有股份公司和国有控股

公司(或国有控股经营公司)两种主要模式(后者包括大型国有经济主体企业集团的集团公司和上市公司)。

1. 关系国家安全的行业,如军事工业、造币工业和航天工业等行业主业企业,一般可以采取把国家独资改造为多个国家股东合资,形成多元国有股权结构,以形成多元产权主体制衡格局。

2. 基础产业、社会公益性行业和一些特殊行业,如石油、天然气、矿业,城市供水、供电、煤气、通信、大型运输设施、水利设施。环保工程、国家的银行和非银行机构、药品等等行业主业企业,一般可采取国家绝对控股公司或控股经营公司的企业形式,非国有的法人和个人可以适量参股,总参股量以不超过50%为限。对于微观效益不高的一些社会公益性企业,为鼓励非国有的法人和个人参股,国家可给予其一定的政策性补贴。

3. 国民经济支柱产业以及国家重点支持的高新技术产业,如电子、汽车、石油、化工、新材料、新能源、海洋工程、生物工程等行业主业企业,一般可采取国家相对控股的企业形式,非国有的法人和个人可以加大参股量,具体参股比例以单个法人和个人的持股比例不超过国家股比例为限。这两类产业是国民经济发展的骨干力量,允许非国有的法人和个人较大量地参股,可以较少的国有资产推动较大的资产运营,加快企业的技术进步,从而有利于增强国有资产的实力和运营效率,实现技术和制度的同步创新。

4. 对于大型国有经济主体中那些需要退出的竞争性产业企业,可以考虑逐步退出,由非国有的法人和个人经营;或者允许非国有的法人和个人占大股,国家只以普通参股者的身份进入。个别关系国家或地方国计民生的重要的特殊企业国家或地方还可以以"黄金股"股权参股。国家参股以上两类企业不仅有助于这两类企业经营机制、治理结构和经营效率的大幅度改善,而且有助于这两类企业国有资产的增值,于国于民都有利。

根据2006年12月国资委《关于推进国有资本调整和国有企业重组的指导意见》精神,我国大型国有经济主体实行产权多元化,国有经济对关系国家安全和国民经济命脉的重要行业和关键领域应保持绝对控制力,包括军工、电网电力、石油石化、电信、煤炭、民航、航运等七大行业。这一领域国有资本总量增加、结构优化,一些重要骨干企业发展成为世界一流企业。

其中,对于军工、石油和天然气等重要资源开发及电网、电信等基础设施领域的中央企业,国有资本应保持独资或绝对控股;对以上领域的重要子企业和民航、航运等领域的中央企业,国有资本保持绝对控股;对于石化下游产品经营、电信增值服务等领域的中央企业,应加大改革重组力度,引入非公经济和外资,推进投资主体和产权多元化。

同时,国有经济对基础性和支柱产业领域的重要骨干企业保持较强控制力,包括装备制造、汽车、电子信息、建筑、钢铁、有色金属、化工、勘察设计、科技等行业。这一领域国有资本比重下降,国有经济影响力和带动力增强。

其中,机械装备、汽车、电子信息、建筑、钢铁、有色金属行业的中央企业要成为重要骨干企业和行业排头兵企业,国有资本在其中保持绝对控股或有条件的相对控股;承担行业共性技术和科研成果转化等重要任务的中央企业,国有资本保持控股。①

第二节　加快股份制改造,实现产权多元化

一、股份制改造是实现产权多元化的首要基本途径

由于产权多元化实质上是要实现股权多元化,股份制改造是实现产权多元化的首要基本途径。所以,加快股份制改造应成为推进大型国有经济主体产权多元化的首要思路和战略。

我国大型国有经济主体在股份制改造中可以通过多种途径实现产权多元化:

——原有大型国有经济主体可通过将国有资产全部折价作股,转化为国有股份,再吸收社会单位法人和社会居民及职工入股、改组改造成股份有限公司或有限责任公司;

——原有大型国有经济主体可通过将国有资产部分折价作股,转化为国有股份。部分出售给本企业职工和社会单位法人,转换为法人和个人股份,改组、改造成股份有限公司或有限责任公司;

——新建、扩建大型国有经济主体时,可吸收社会单位法人和社会居民自然人以股投资,将国家投资、法人投资和个人投资认股分别转化为国有法人及个人股份组建成股份有限公司或有限责任公司;

——新建、扩建大型国有经济主体时,可将原有企业国有资产折价作股,转

---

① 《李荣融重要讲话》,www.cnfol.com,2006 年 12 月 19 日,中金在线。

化为国有股份。增资部分通过发行股票吸收社会单位法人和社会居民自然人股票投资入股,改组、改造或组建为股份有限公司;

——将原有国有经济主体财产作价入股到兼并方股份有限公司或有限责任公司时,兼并方企业也可以通过对原有国有经济主体企业控股,实现兼并,将被兼并方原有国有经济主体企业改组、改造为股份有限公司或有限责任公司;

——在原有国有经济主体企业与其他企业联合时可将联合企业资产转化为股份资产,改组改造成股份有限公司或有限责任公司,或在各企业联合转股的同时再吸收社会单位法人及社会居民自然人入股改组、改造为股份有限公司或有限责任公司;

——在组建企业集团过程中可将其核心层、紧密层和半紧密层企业同时改组、改造成股份有限公司或有限责任公司。核心层企业组建股份有限公司或有限责任公司时,可采取入股方式向紧密层、半紧密层企业控股或参股,紧密层、半紧密层企业可以相互持股并通过募股方式组建有限责任公司或股份有限公司;

——大型国有经济主体的中小型辅业企业,还可将国有资产部分或全部出卖给本企业职工和社会单位法人,将国有资产部分或全部转换成法人与个人股份,改组、改造为有限责任公司或股份合作制企业(股份合作公司),等等。

二、加快股份制改造是推进产权多元化的首要思路和关键性战略举措

第一,加快大型国有经济主体股份制改造推进产权多元化,首先应努力推进大型国有经济主体产权制度改革。

现在我国大量大型国有经济主体,特别是多数中央企业都还是一元化产权结构的国有独资企业或国有独资公司。要改制为多元化的股份制公司,首先必须加快努力推进产权制度改革。

由于企业产权即所有权或财产所有权,包括占有权、使用权、收益权和处分权。企业产权制度改革包括企业产权占有权、使用权、收益权和处分权制度改革。因此,加快大型国有经济主体产权制度改革,就要加快推进大型国有经济主体企业实施占有权、使用权、收益权和处分权制度改革。

一是应加快把我国大型国有经济主体原有的一元性企业产权占有权制度改造成多元性企业产权占有权制度,实行股份制企业的多元性企业产权占有权制度。为此,大型国有经济主体股份制改造在股权设置方面,除按现行《公司法》规定应将企业国有资产转化为国有股份资产设置国有股、可吸收外单位法人、社

会个人和外资投资入股、设置法人股、社会个人股及外资股外,是否还应设置企业法人股和职工个人股问题是两个长期有争议的问题。我们认为,在我国大型国有经济主体实施股份制改造时,解决是否应设置企业法人股和职工个人股问题这是难以回避、难以绕过的一道坎。因为在大型国有经济主体改制过程中和改制后,如何保证改制企业的稳定发展,如何解决持久稳定地调动和发挥企业及职工的积极性问题,较之于中小国有企业改制发展来说具有更加特殊的重要意义和作用。设置企业法人股和职工个人股对解决大型国有经济主体股份制改制过程中和改制后企业的稳定发展,以及持久地调动和发挥企业及企业职工的积极性,推进企业的发展,增进企业及其职工的利益都具有十分重要的意义和作用。

二是应加快把我国大型国有经济主体原有的以国家为唯一产权主体、企业财产所有权和经营权合一,或企业所有者财产和企业经营者财产合一的企业产权使用权制度,改造成为企业财产所有权和经营权明确分开,或企业所有者财产和经营财产明确分开的企业产权使用权制度,实行股份制企业的企业法人财产制度,并使企业法人财产关系具体化。我国大型国有经济主体改制成股份制企业,实行企业法人财产制度,才能明确企业产权关系,从而才能明确国家与大型国有经济主体间的经济关系和大型国有经济主体的权、责、利关系;并且实行企业法人财产制度,使大型国有经济主体的财产关系具体化,大型国有经济主体也才能利用企业法人财产独立地开展一切生产经营活动和资本经营活动;同时,也只有这样,改制大型国有经济主体才能真正具有完善的经营权,并且也才能真正对企业财产经营承担完全的经营责任。实行企业法人财产制度,使改制股份制企业能真正实行自主经营,对推进企业的生长发展,增进企业及其职工的利益都具有十分重要的意义和作用。

三是应加快把我国大型国有经济主体原企业国家所有者财产独享产权收益权的企业产权收益权制度,改造成国家所有者财产和企业经营财产及其他投资者财产共享产权收益权的企业产权收益权制度。实行股份制企业的企业产权收益权制度,即实行按股平等分配股利的企业产权收益权制度。我国大型国有经济主体改制成股份制企业,实行股份制企业产权收益权制度,使经营者的利益与其从事自主经营活动紧密相连,才能促使自身努力提高从事自主生产经营活动的主动性和积极性;使经营者的利益与其从事的自我生长、自我发展的生产经营活动紧密相连,才能促使自身努力提高从事促进企业成长和发展的主动性和积极性;使经营者的利益与其从事企业自我约束的生产经营活动紧密相连,才能促使自身努力提高从事促使企业自我约束生产经营活动的主动性和积极性。实行股份制企业产权收益权制度使改制企业及其职工能合理分享企业改革和发展利益。这对持久地调动改制企业及其职工的积极性,推进企业发展,增进企业和职工利益也都具有十分重要的意义和作用。

四是应加快把我国大型国有经济主体原企业国家所有者财产独享产权处分权的企业产权处分权制度,改造成国家所有者与企业经营共享产权收益权的企业产权处分权制度。实行股份制企业的企业产权处分权制度,即实行股份制企业的企业产权变动、终止制度,包括企业产权合并与分立、增资与减资制度和破产、解散与清算制度等企业产权处分权制度。我国大型国有经济主体改制成股份制企业,实行股份制企业的产权处分权制度,企业对其经营财产具有处分权,才能真正成为商品生产者和经营者,从而才能合理组织商品生产和经营活动;企业对其经营财产具有处分权,企业经营财产具有流动性,可以在社会上合理流动,才能优化资源配置,提高企业经营效率和经济效益。实行股份制企业产权处分权制度使改制企业能够合理处置经营财产,有效配置企业资源,对推进企业发展,增进企业及其职工的利益也同样具有十分重要的意义和作用。

第二,加快大型国有经济主体股份制改造推进产权多元化,应努力加快推进治理结构制度改革。

企业治理结构制度改革是我国大型国有经济主体实行股份制改造的重要组成部分。加快把我国大型国有经济主体改造成股份制企业还必须加快将其原有所有权与经营权不分,所有权与经营权职能、机构合一,经营权职能、机构不能专门化、独立化的企业治理结构制度,改造成股份制企业的企业所有权与经营权明确分开,所有权与经营权职能、机构明确分开,经营权职能、机构专门化、独立化的企业治理结构制度,实行"股东会—董事会—经理人—监事会"企业组织管理机构制度。实行股份制企业内部的人事制度和激励约束机制制度。

在我国大型国有经济主体治理结构制度改革中,目前需要注重研究解决的问题主要是:

一是加快建立改制大型国有经济主体完善、规范的法人治理结构制度问题。一般大型国有经济主体改制为股份制企业时都建立了企业法人治理结构制度。但许多改制企业的法人治理结构制度都很不完善、不规范。我们应该正确认识到建立完善、规范的法人治理结构对加强改制企业管理,实现大型国有经济主体制度创新具有十分重要的现实意义。企业法人治理结构作为股份制企业的组织管理机构,不同于传统国有企业组织管理机构。由于传统的国有企业实行的是一种所有权与经营权及其职能、机构合一的企业制度。企业的组织管理机构只是代表国家一个所有者行使组织管理企业的各种职权,其基本职能是对企业生产经营活动进行组织和管理。而大型国有经济主体改制成股份制企业后,由于股份制企业实行的是一种所有权与经营权及其职能、机构分离的企业制度。企业组织管理机构,即企业法人治理结构不只是代表国家一个所有者,而应代表包括国家股股东在内的各种股东,即各种不同所有者行使企业的各种职权。其职能不仅仅限于对企业经营进行组织和管理,还应包括保护不同所有者权益、合理进行利益分配、正确协调所有者与经营者间及所有者内部和经营者内部的各种关系等等。因而,加快大型国有经济主体改制成股份制企业就必须加快建立完善、规范的企业法人治理结构。否则,改制国有企业会和传统的国有企业的组织管理机构一样,没有进行实质性的改革。这样,既无法达到加强企业科学管理体系建设和加强企业管理的目的,又无法使大型国有经济主体通过股份制改造,真正建成"产权清晰、权责明确、政企分开、管理科学"的现代企业制度。加快建立完善、规范的改制企业治理结构制度,应着力解决改制企业股东会、董事会、监事会不完善不规范问题。为此,需要理顺产权关系,完善出资人制度;需要理顺股东会、董事会与经理人关系,完善、规范董事会、经理人机构;需要理顺董事会、经理人与监事会关系,完善、规范监事会。通过建立完善、规范的治理结构制度可以使改制企业内部建立起合理的权力结构,提高改制企业经营管理效率,推进企业发展,增进企业和职工的利益。

二是加快建立改制企业内部的股份制企业的人事制度、激励和约束机制制度问题。加快建立改制企业内部的股份制企业人事制度、激励和约束机制制度问题是关系企业及其职工切身利益的根本问题,也是大型国有经济主体改制的重要难点问题。与中小国有企业股份制改造比较,大型国有经济主体这些方面改制难度更大,但有利条件相应也更多。这方面有两个突出问题尤其值得高度重视。一是关于在建立改制企业内部的股份制企业的人事制度时是否应建立股权激励制度问题;二是在改制企业人事制度改革中如何保障改制大型国有经济主体职工合法权益问题。我们认为,在大型国有经济主体实行股份制改造,改革人事制度和激励约束机制制度时,实行企业股权激励制度是解决改制企业持久地调动企业领导和经营者的积极性,从根本上搞活改制大型国有经济主体问题的重要战略措施,它对促进改制企业发展,增进企业和职工利益也具有重要意义和作用;我国大型国有经济主体改革在改制企业人事制度改革中如何保障职工合法权益问题的是一个重要难点问题。解决这个难题,需支付巨大的改革成本,更需要采取有效政策措施保障改制大型国有经济主体职工合法权益。

第三,加快大型国有经济主体股份制改造推进产权多元化,应努力加快政府管理大型国有经济主体体制创新。

加快大型国有经济主体实施股份制企业产权制度改革和治理结构制度改革,还必须相应进行政府管理大型国有经济主体体制创新。因此,加快大型国有经济主体股份制改造推进产权多元化还必须推进政府管理大型国有经济主体体制创新。

一是应加快改变政府管理大型国有经济主体股份制企业的方式。实行股份制必须相应改革政府管理大型国有经济主体的体制,不能再沿用管理国有企业的方式管理大型国有经济主体股份制企业。大型国有经济主体改为有限责任公司或股份有限公司后,要解除与原有的上级行政管理部门的行政隶属关系。政府要按照社会经济管理职能和所有者职能分开的原则,依法对大型国有经济主体股份制企业进行规范管理。政府要制定有效措施,切实减轻股份制企业的负担,加快要素市场建设,为大型国有经济主体股份制企业创造良好的环境。

二是应加快建立国有资本出资人制度。大型国有经济主体进行股份制改革,要明确股份制企业的国有资本出资人即国有股的股东,建立国有资本出资人制度,理顺出资关系。要积极探索国有资本出资人行使职权的组织形式和运作方式,建立约束和激励经营者的制度和规则。出资人按投入企业的资本额享有所有者权益,对企业承担有限责任。公司要依法行使法人财产权,以其全部法人财产承担民事责任,接受股东约束,维护股东权益,承担偿债责任,实现自主经营、自负盈亏、自我约束、自我发展。

三是应加快依法规范国有股股东行为。国有股股东按照持股比例依法行使股东权利,履行股东义务,承担股东责任。要坚持同股同权同利原则,遵守公司章程,维护股东会或股东大会的决议,维护公司合法利益,维护国有股的权益。

四是应加快大型国有经济主体股份制改造推进产权多元化,应努力强化管理和监督。

加快大型国有经济主体股份制改造,还必须强化对大型国有经济主体股份制改制工作的管理和监督。

一是应健全法律法规,严格依法办事。完善大型国有经济主体股份制改革的法律法规,应加快制定大型国有经济主体改建为股份制公司和股份制企业集团的实施办法、发起设立股份有限公司的规定、公司内部职工持股会管理办法、有限责任公司变更为股份有限公司的办法、非上市公司监管办法以及公司股东行为规范、法人治理机构行为规范等配套法规。应严格按照《公司法》及有关法律法规进行大型国有经济主体股份制改革,对触犯《刑法》,构成妨害公司、企业的管理秩序罪的,要严肃追究法律责任。

二是应加强对大型国有经济主体股份制改制工作的规范和管理。加强对企业制定改制方案工作的规范和管理,严格制订和审批企业改制方案,严格对公司设立申报材料的审查,确保公司设立申报材料的真实。落实企业债务责任,防止变相逃债、废债。加强对改制企业的财务审计、清产核资、资产评估、产权界定和产权转让工作规范化运作的管理,防止国有资产的流失,切实维护职工的合法权益。

三是应加强对大型国有经济主体股份制企业的监管。大型国有经济主体改制股份制企业,要依法规范公司的行为,规范股东行为,督促公司法人治理机构规范运作,推动企业落实转换经营机制的措施。

四是应加强对中介机构的监管。明确参与大型国有经济主体企业改制工作的中介机构的权利、义务和责任,加强从业人员的职业道德教育和管理,依法规范其行为。建立中介机构行业组织,强化自律机制,监督从业人员严格按照有关规定从业、执业。

2006年12月18日,国务院办公厅转发国资委《关于推进国有资本调整和国有企业重组的指导意见》,对加快股份制改造,推进国有资本调整和国有企业重组提出了以下主要政策措施:

1. 加快国有企业的股份制改革。除了涉及国家安全的企业、必须由国家垄断经营的企业和专门从事国有资产经营管理的公司外,国有大型企业都要逐步改制成为多元股东的公司。对于因各种原因不能进入股份制公司的存续企业,要加大改革与重组的力度,改革重组工作可继续由母公司负责,也可交由国有资产经营管理公司等其他国有企业负责。

2. 大力推进改制上市,提高上市公司质量。积极支持资产或主营业务资产优良的企业实现整体上市,鼓励已经上市的国有控股公司通过增资扩股、收购资产等方式,把主营业务资产全部注入上市公司。要认真贯彻落实《国务院批转证监会关于提高上市公司质量意见的通知》(国发〔2005〕34号)要求,对上市公司控股股东以借款、提供担保、代偿债务、代垫款项等各种名目侵占上市公司资金的,有关国有资产监管机构应当加大督促、协调力度,促使其按期全部偿还上市公司资金;对不能按期偿还的,应按照法律和相关规定,追究有关责任人的行政和法律责任。同时,要建立长效机制,严禁侵占上市公司资金。

3. 积极鼓励引入战略投资者。引入战略投资者要有利于增强企业技术创新能力,提高产品的档次和水平,改善经营管理,促进企业持续发展。引入境外战略投资者,要以维护国家经济安全、国防安全和产业安全为前提,防止产生垄断,切实保护企业的自主知识产权和知名品牌,推动企业开发新产品。

4. 放开搞活国有中小企业,建立劣势企业退出市场的机制。采取改组、联合、兼并、租赁、承包经营、合资、转让国有产权和股份制、股份合作制等多种形式,继续放开搞活国有中小企业。对长期亏损、资不抵债、不能清偿到期债务的企业和资源枯竭的矿山实施依法破产,对符合有关条件的严格按照有关规定抓紧实施政策性关闭破产。

5. 加快国有大型企业的调整和重组,促进企业资源优化配置。依法推进国有企业强强联合,强强联合要遵循市场规律,符合国家产业政策,有利于资源优化配置,提高企业的规模经济效应,形成合理的产业集中度,培育一批具有国际竞争力的特大型企业集团。在严格执行国家相关行业管理规定和市场规则的前提下,继续推进和完善电信、电力、民航等行业的改革重组。对不具备优势的国有企业,应采取多种方式,大力推动其并入优势国有大企业,以减少污染、节约资源、保障安全生产、提高效率。优势国有大企业要通过增加投资以及资产、业务整合等措施,充分发挥资产的整体效能,促进重组后的企业加快发展。

6. 积极推动应用技术研究院所(以下称"研究院所")与相关生产企业(包括大型工程承包企业)的重组。鼓励研究院所与相关生产企业重组,实现研发与生产相互促进、共同发展,提高企业的技术创新能力。积极探索研究院所与生产企业重组的有效途径和形式,可以由一家生产企业与研究院所重组,也可以由多家生产企业共同参与研究院所股份制改革。对主要担负基础研究、行业产品和技术监督检测的研究院所,应尽量由多家生产企业共同参与其股份制改革,并采取相应措施,确保其正常运行和发展。

7. 加大对亏损企业国有资本的调整力度。对有望扭亏的国有企业,要采取措施限期扭亏,对由于经营管理不善造成亏损的,要撤换负有责任的企业负责人。对不属于重要行业和关键领域的亏损企业,短期内难以扭亏的,可以向各类投资主体转让,或与其他国有企业进行重组。要依照有关政策,对重要行业和关键领域亏损严重的重要企业,区别不同情况,采取多种方式和途径,推动其改革重组,促进企业发展,并确保国有资本控股。

8. 围绕突出主业,积极推进企业非主业资产重组。要通过多种途径,使部分企业非主业资产向主业突出的企业集中,促进企业之间非主业资产的合理流动。对于非主业资产的中小企业,可采取多种形式放开搞活,符合主辅分离、辅业改制政策要求的,要加快主辅分离、辅业改制、分流安置富余人员的步伐。

9. 加快国有大型企业内部的重组。要简化企业组织机构,对层级过多的下属企业进行清理、整合,通过关闭、破产、撤销、合并、取消企业法人资格等措施,原则上将管理层次控制在三级以内。要完善大企业的母子公司体制,强化母公司在战略管理、资本运作、结构调整、财务控制、风险防范等方面的功能,通过对业务和资产的调整或重组,发挥企业整体优势,实现专业化和规模化经营。

10. 加快建立国有资本经营预算制度。国有资本经营预算要重点围绕国有资本调整和国有企业重组的方向和目标,统筹使用好国有资本收益,保障和促进企业结构调整和技术进步,提高企业核心竞争力。

11. 促进中央企业和地方人民政府所出资企业(以下简称"地方企业")之间的重组。对不属于重要行业和关键领域的中央企业,下放地方管理有利于发挥地方优势、有利于与地方企业重组提高竞争力的,在征得地方人民政府同意并报经国务院批准后,可以将其交由地方国有资产监管机构或地方企业管理;地方企业并入中央企业有利于优势互补的,在征得地方人民政府同意后,可以将其并入中央企业。鼓励中央企业和地方企业之间通过股权并购、股权置换、相互参股等方式进行重组。在地方企业之间,也应按此要求促进重组。

12. 进一步规范企业改制方案的审批工作。国有独资企业引入非国有投资者的改制方案和国有控股企业改制为国有资本不控股或不参股企业的方案,必须按照《国务院办公厅转发国务院国有资产监督管理委员会关于规范国有企业改制工作意见的通知》(国办发〔2003〕96 号)、《国务院办公厅转发国资委关于进一步规范国有企业改制工作实施意见的通知》(国办发〔2005〕60 号)以及企业国有产权转让等有关规定严格审批。企业改制涉及财政、劳动保障等事项的,需报经同级人民政府有关部门审核同意后,报国有资产监管机构协调审批;涉及政府公共管理审批事项的,依照国家有关法律法规,报政府有关部门审批。要充分发挥企业职工代表大会和工会的作用,国有独资企业引入非国有投资者的改制方案和国有控股企业改制为国有资本不控股或不参股企业的方案,必须提交企业职工代表大会或职工大会审议,充分听取职工意见;职工安置方案需经企业职工代表大会或职工大会审议通过后方可实施改制。

13. 完善国有及国有控股企业之间重组的审批程序。对国有及国有控股企业之间的重组,国家已有规定的按规定程序审批,未作规定但因重组致使国有资产监管机构所出资企业减少或者增加的,由国有资产监管机构报本级人民政府审批,其余重组方案由国有资产监管机构审批。具体重组方案应及时向职工代表大会通报。

14. 进一步统一认识。各地区、各有关部门要深入学习、全面理解、认真贯彻落实党中央、国务院关于深化国有企业改革、调整国有经济布局和结构的精神,提高对国有资本调整和国有企业重组重要性、紧迫性、复杂性的认识。国有及国有控股企业负责人要正确处理国家、企业、个人之间的利益关系,服从国有资本调整和国有企业重组的大局,积极拥护、支持国有资本调整和国有企业重组。要严格执行国家产业政策和行业规划,对涉及国家产业政策和行业规划的重大国有资本调整和国有企业重组事项,国有资产监管机构应会同相关行业主管部门和有关地方政府共同研究决策。

15. 切实加强组织领导。地方各级人民政府和国有资产监管机构要高度重视推进国有资本调整和国有企业重组工作,搞好调查研究和可行性分析,充分听取各方面的意见,从本地区实际出发,统筹规划,加强领导,周密部署,积极稳妥地推进,维护企业正常的生产经营秩序,确保企业和社会稳定。国资委和有关部门要加强调研、监督和指导,掌握各地工作动态,及时对国有资本调整和国有企业重组中的重大问题研究提出政策建议。国有及国有控股企业要充分发挥企业党组织的政治核心作用尤其是保证监督、宣传引导、协调服务等作用,精心组织实施,深入细致地做好职工的思想政治工作,维护职工合法权益,确保国有资本调整和国有企业重组的顺利进行。

上述政策措施都应是当前加快我国大型国有经济主体产权多元化的重要政策措施。

第三节　加快资产重组,推进产权多元化

一、资产重组是大型国有经济主体产权多元化的重要实现途径

资产重组是企业资产结构按照不同时期的经济发展走向及市场变动的需要进行的优化配置和重新组合。资产重组作为实现产权多元化的重要实现途径是我国大型国有经济主体的必然选择。

第一,资产重组是转变经济管理体制的必然选择。转变经济管理体制是搞活我国大型国有经济主体,促进我国大型国有经济主体提高经济效益最重要的根本战略。实现企业管理体制转变,必须打破传统的大型国有经济主体的一元性产权结构,建立股份制企业的多元性产权结构。为此,也就必须对原有大型国有经济主体的资产进行资产重组。

第二,资产重组是企业转变经济增长方式的必然选择。转变经济增长方式是我国大型国有经济主体适应市场经济新体制的一项根本战略。实现经济增长方式的转变,必须彻底改变粗放式经济增长方式,走内涵式扩大再生产之路,最大限度地利用存量资产,追求资本利润最大化,实现企业最大经济效益。只有通过企业资产重组,实现企业资产存量优化组合,以存量引进增量,以增量启动存量,才能有效地弥补调整、改造资产不足,加快企业优势扩张、劣势转化、实现经济增长方式的根本转变。

第三,资产重组是增强企业市场竞争能力的客观要求。在实行市场经济新体制条件下,市场竞争激烈,我国大型国有经济主体要在市场竞争中保存和发展,必须努力增强自身的竞争能力和经济实力。而要如此企业就必须努力上规模、上档次。但目前我国大型国有经济主体多数规模相对较小、档次相对较低、规模效益低、经济效益低,因而市场竞争能力弱、实力弱。而要解决这些问题,也就需要通过企业资产重组,营造具有强大经济技术实力的大型企业和企业集团。只有这样,才有利提高我国大型国有经济主体市场竞争能力和经济实力。

第四,资产重组是整体上搞活国民经济的必然选择。市场经济条件下,由于各种市场经济机制,特别是竞争机制的作用,优胜劣汰是企业生存发展的客观规律。因此,在市场经济中,企业必然有生有死,不可能每个企业都一样。通过企业资产重组、业绩优良的优势企业可以得到进一步发展,而业绩差劣的劣势企业将进一步被淘汰,资本(资金)可以通过合理的社会流动,进一步集中到社会需

要的产业部门和企业。因而,也就必然从整体上搞活我国国民经济。

第五,资产重组也是经济全球化发展形势下我国经济发展的战略选择。合作、兼并重组已成为近年来世界经济发展最强劲的发展趋势,成为经济全球化发展最明显的标志。本世纪以来,世界范围的兼并浪潮已多达四五次,每一次浪潮都是发达国家进行全球化战略调整的重要一环。因此,可能存在着比较大的扩容空间。我国已成为世界经济日益重要的组成部分,在全球经济的影响下,实施以资本为纽带,通过市场形成的具有较强竞争力的,跨地区、跨行业、跨所有制和跨国经营的大企业战略也就必然成为我国经济发展的客观要求。

二、加快资产重组,推进产权多元化的思路对策

由于资产重组也是实现产权多元化的重要实现途径,加快资产重组也应成为推进大型国有经济主体产权多元化的一个重要思路战略。

我国大型国有经济主体资产重组的主要内容应是企业产权重组。企业产权重组包括企业产权、债权与股权结构调整和企业因合并、分立、增减资本以及内部优化组合其资产总量与资产结构时的产权、债权与股权结构调整。

我国大型国有经济主体产权重组一般可通过内部重组、合并重组、分立重组等途径实现。主要是通过产权转让来实现的。产权转让既可以采取产权市场有偿交易形式进行,也可以采取无偿形式实施。产权转让的对象,既可以是整体产权,也可以是部分产权。企业产权重组一般又可以以兼并、收购、拍卖、授权、合并、分立、租赁、承包、划转、托管、破产等形式来实现。① 在这些产权重组实现形

---

① （1）兼并是一企业购买另一企业产权并使购买企业丧失法人资格或改变法人实体的行为。企业兼并的主要方式有四种:一是承担债务,即在资产与债务等价情况下,兼并方以承担被兼并方债务为条件接收其资产;二是购买式,即兼并方出资购买被兼并方企业资产;三是吸收股份式,即被兼并企业的所有者将被兼并企业的净资产作为股金投入兼并方,成为兼并方的一个股东;四是控股式,即一个企业通过购买其他企业的股权,达到控股,实现兼并。

（2）收购应是企业产权需要者通过出资购买方式获得企业产权的行为。但一般多指收购公司在证券市场上购买被收购公司发行的股票从而达到控制被收购公司的目的。收购方式目前尚不能成为主要的产权重组实现形式。不过从发展趋势来看,收购是一种大有作为的产权重组实现方式。

（3）拍卖是企业产权交易双方通过集中竞价形式有偿转让企业产权的实现方式和途径。我国拍卖的企业主要应是大型国有经济主体中的一些辅业中小型企业和企业部分闲置设备、厂房和土地使用权等。由于拍卖是通过市场公开竞价转让企业整体产权或法人部分产权;产权转让价格具有公开性、公平性,可以较好防止产权转让过程中企业资产特别是国有资产流失。因而,从发展趋势来看,拍卖可能成为今后大型国有经济主体中的一些辅业中小型企业产权重组的一种主要实现方式和途径。

式中,兼并、收购应是最主要的、大量的实现形式,破产、拍卖、承包、租赁也应占有一定比例,但这些实现形式,所占比例甚少。

资产重组的债权重组是指企业资产重组的过程中,将企业负债通过债务人负债责任转移和负债转变为股权等方式的重组行为。从企业内部看,它是一种资产与负债的转移行为。从企业外部看,又是一种所有者权益的变化。负债重组一般有两种主要方式:一种是债务人负债责任转移。这种形式指负债企业将

---

(4)授权又叫授权经营。它是由政府(国有资产管理局)作为国有产权的所有者,将企业国有资产经营权直接无偿授予企业集团的集团公司(核心企业或控股公司)或国有资产经营公司(国有资产中介经营机构)持有并经营。20世纪90年代初我国已经开始国有资产授权经营试点。目前,国有资产授权国有资产中介经营机构经营和授权企业集团的集团公司经营试验仍在继续进行试点和规范发展。实践表明,这种产权重组方式可以作为一种重要的过渡性产权重组方式和途径。

(5)合并是公司组织之间混合的若干形式的总称。广义的公司合并包括公司合并(狭义的合并)和公司联合两方面的内容。狭义的公司合并是指任何两个或两个以上公司,依法批准并入其中一个公司的行为。公司联合是指任何两个或两个以上公司依法批准合成一个新设公司的行为。合并是市场经济发展的必然趋势和要求,也是大型国有经济主体企业产权重组的一种重要方式和途径。

(6)分立指企业(公司)分立,是指一个公司分成若干公司,并依法成立新公司的企业产权重组方式和途径。企业(公司)分立,也既是市场经济发展的必然趋势和要求,也是我国大型国有经济主体企业产权重组的一种重要方式和途径。

(7)租赁与承包是在所有制性质不变情况下,企业财产所有者在一定期间内将企业经营使用权有偿让渡给租赁者或承包者的产权重组实现方式和途径。采用租赁、承包形式重组企业产权是盘活存量资产,并使出租和发包企业获得适量经济收益的有效产权重组实现方式和途径。从发展的趋势看,这两种产权重组实现方式和途径也必然是我国大型国有经济主体企业通过产权重组,改善和加强经营管理的重要实现形式。

(8)划转是政府通过行政手段改变企业产权行政隶属关系,以无偿形式进行整体产权重组的实现方式和途径。划转一般在大型国有经济主体间是以吸收划转企业历史债务和全体职工安置为基本条件。它可以成为大型国有经济主体中的一些辅业中小型企业产权重组的一种重要实现方式和途径。

(9)托管是企业所有者将其企业的整体或部分资产经营权以契约形式在一定条件和期限内,委托给其他法人或自然人进行经营管理。托管与租赁、承包虽同为企业法人产权,即企业经营权有限期让渡,但又与租赁、承包有所不同。其明显区别是租赁、承包是以获取租金和承包利润为条件的经营权转让,而托管是以考核委托资产的增值率为核心的经营权让渡。托管更有利于保障所有者权益。因而,它也可以成为大型国有经济主体中的一些辅业中小型企业产权重组的一种重要实现方式和途径。

(10)破产是对资不抵债,不能清偿到期债务的企业,由法院根据债务人或债权人的申请,将其财产强制出售或拍卖,变价归还债权人的一种产权重组实现形式。破产是市场经济中优胜劣汰的重要经济机制,有了这种市场经济机制,有利于企业优胜劣汰,也有利于盘活企业存量资产,提高资产运营效率。因而,也是一种重要的企业产权重组实现方式和途径。

其债务划归其他实体拥有。如子公司的债务划归母公司或控股公司所有。债务人负债责任的转移一般可根据企业重组实际情况,按照"负债随资产转移"的原则进行重组;另一种是债转股。这种形式是为了减少负责公司的负债而将负债转化为股权的行为。

负债重组对一般企业来说能够减少负债,优化资本结构,提高资本运营效率,提高企业效益。对上市公司更具有许多特殊意义:第一,负债重组通过调整上市公司资产负债结构,一方面可以优化上市公司指标;另一方面又可有利于增强公众对上市公司的投资积极性;第二,通过负债重组减少了上市公司负债,尤其是长期负债,可以使企业的利润指标有所增长,这有利于上市公司向社会公众筹集更多资金;第三,调整企业流动负债或减少部分债务,这有利于企业对负债的披露;第四,负债重组使部分负债转为股权不但可以使上市公司优化股本结构。而且,负债重组以后,上市公司筹集的资金不必用来还债,主要用于上市公司发展,这又有利于增强上市公司的市场竞争能力和实力。

我国大型国有经济主体加快资产重组推进产权多元化必须把握正确的原则。一是应坚持公有制为主体、多种所有制经济共同发展的基本经济制度的基本原则,毫不动摇地巩固和发展公有制经济,增强国有经济的控制力,发挥国有经济的主导作用。毫不动摇地鼓励、支持和引导非公有制经济发展,鼓励和支持个体、私营等非公有制经济参与国有资本调整和国有企业重组;二是应坚持政府引导和市场调节相结合的基本原则,充分发挥市场配置资源的基础性作用;三是应坚持加强国有资产监管,严格产权交易和股权转让程序的基本原则,促进有序流动,防止国有资产流失,确保国有资产保值增值;四是应坚持维护职工合法权益,保障职工对企业重组、改制等改革的知情权、参与权、监督权和有关事项的决定权的基本原则,充分调动和保护广大职工参与国有企业改革重组的积极性;五是应坚持加强领导,统筹规划,慎重决策,稳妥推进,维护企业正常生产经营秩序,确保企业和社会稳定。

我国大型国有经济主体加快资产重组,推进产权多元化的还应明确主要目标。其主要目标应是进一步推进国有资本向关系国家安全和国民经济命脉的重要行业和关键领域集中,加快形成一批拥有自主知识产权和知名品牌、国际竞争力较强的优势企业;加快国有大型企业股份制改革,完善公司法人治理结构,大力发展国有资本、集体资本和非公有资本等参股的混合所有制经济,实现投资主体多元化,使股份制成为公有制的主要实现形式。

三、培育和发展大企业集团推进产权多元化

由于资产重组是实现产权多元化的重要实现途径,而资产重组过程作为产权多元化的实现过程又是通过结构调整实现的。大企业集团是结构调整的主要载体,在结构调整中肩负着重要的历史使命。培育和发展大企业集团正是推进资产重组的有效组织形式。为了推进大型国有经济主体结构调整和资产重组,我国实施培育和发展大企业集团战略具有十分重要的意义和作用。

第一,大企业集团是产业结构升级的主导力量。

现代市场的竞争,已从传统产业的竞争走向新兴产业的竞争。哪一个国家、哪一个地区新兴产业率先形成和发展壮大,它就能取得市场竞争的主动权。

第二次世界大战后,随着产业集中化趋势的增强,大企业集团日益成为产业结构升级的主导力量。正是大企业集团的技术创新和产业化活动不断创造出新的产业群,把产业结构一步步推向更高的层次;大企业集团先进的技术和管理通过产业协作链条传递到数量众多的中小企业中去,从而带动一大批企业,乃至整个国民经济技术水平和管理素质的提高。

当前,我国经济的发展,关键就在于产业结构的调整和升级,促进新一代高技术含量、高附加值的新产业的发展。新兴产业主要是资金密集型和技术密集型产业,一般都具有很高的规模经济要求和技术素质要求。具有大规模生产的成本优势,高强度投入形成的技术开发优势和销售网络遍及全球的营销优势。我国在这些领域要迅速发展壮大,就必须从一开始就降低生产成本,加大技术开发力度,促进产品销售。这就要求必须大规模组织生产,这一点只有大企业集团才能做到。

因此,只有大企业集团的发展壮大,形成一批世界级的"航空母舰",我国产业结构才能升级,产业才有国际竞争力。

第二,大企业集团是产业集中度提高的有效组织形式。

在当今世界,市场竞争格局已发生了质的变化,由过度竞争走向相对垄断竞争已成为重要趋势。一个企业、一个产品只要获得相对垄断权,它就能得到较多的市场份额,得到超额利润,这个特点已十分明显。

大企业集团正是提高产业集中度的有效组织形式和途径。在工业发达国家,几乎所有重要的产业都是大企业集团占据主导地位。大企业集团绝对规模大,占有市场份额就大,就能左右本行业甚至整个经济的基本走向。

同时,大企业集团实力强大,其所进行的并购活动更是推动提高产业集中度的巨大力量。多年来,这种并购活动越来越频繁,并购的规模越来越大。并购活动既是跨国公司壮大自己、提高竞争力的有效途径,同时也在不断调整、校正产业结构的扭曲。结构调整是需要主体的,一个国家产业结构调整的规模和效果主要取决于结构调整主体的能力和实力。在市场经济条件下,这个主体只能是大企业集团和大公司。

目前,经济全球化日益加深,国际竞争已超越了国界。国与国之间的经济竞争,越来越演化为大公司和企业集团之间的竞争:一个国家的经济实力和国际竞争力,集中体现在大公司和企业集团的实力和竞争力上。没有自己的大公司和企业集团一个国家在国际经济竞争中就会陷于被动,在国际分工、资源配置、财富分配上必然要吃亏,在国际经济舞台上就没有发言权。

我国是以公有制为主体的社会主义国家。发挥国有经济在国民经济中的主导作用,提高国有经济在国民经济中的控制力是我国社会制度的要求,也是我国现阶段经济发展的要求。在关系国计民生的关键领域和重要行业,国有大公司和大企业集团一直发挥着不可替代的主导和支柱作用。我国现阶段经济发展中从战略上调整国有经济布局,坚持有进有退、有所为有所不为。这种"有进"、"有为",就主要体现在国有大公司和企业集团的发展上。

第三,大企业集团是技术创新的主力。

在当今世界,市场竞争产业结构升级、产业集中度提高都要以技术进步和技术创新为基础。科学技术的发展越来越快,技术创新所需要的人力、财力投入也越来越大,这就出现了技术创新主体日趋集中于大企业集团和大公司的趋势。同时,强大的技术创新能力和事实上的技术垄断使得大型跨国公司在全球竞争中处于遥遥领先的地位,技术开发也是他们竞争制胜的最主要的法宝。

在我国今后重点发展的资金密集型和技术密集型产业领域中,技术因素将取代劳动力因素成为产业竞争力的基础。换句话说,未来产业的竞争主要是产业技术的竞争,拥有了先进实用的技术,就有可能在市场竞争中站住脚,技术进步缓慢就必然会被市场淘汰。但现代技术的开发,现代产品的研制需要巨大的资金投入,这是中小企业所不能承受的,也是国家所不愿投入的。而大企业集团是技术进步和科技成果转化的主体,是一个国家产业技术结构优化的主导力量。大企业集团对于推进产业技术进步和技术结构优化有诸多优势:一是在资金方面具有优势。技术的开发、产品的研制、工业性中试等等都需要必要的大量资金投入,大企业相对来说资金雄厚,筹资能力较强,能够迅速地聚集所需资金。二是在人才方面具有优势。大企业中集中有大批高素质的技术人才,他们了解新产品应用技术的前沿,具有丰富的科学知识和生产知识。三是市场方面具有优势。企业是市场竞争的主体,经济效益是其追求的主要目标,他的开发更注重产业应用技术,更有利于促进现实生产力的解放和发展。

因此,我国培育和发展大企业集团对推进技术进步和技术创新,从而推进结构调整也具有十分重要的意义和作用。

第四,培育和发展大企业集团是加快与国际经济接轨的必由之路。

随着经济全球化发展,国内外市场正在逐步接轨,国内企业不仅面临着国内企业和产品的竞争,而且面临着国外企业和产品的竞争,随着我国对外开放速度的加快,特别是我国加入世贸组织后,这种竞争变得日趋激烈。

加入世贸组织对我国各行业发展的影响大体上可以分三种情况:第一类是我国具有比较优势的行业,包括纺织、轻工、煤炭、建材等。其中服装、丝绸、羽绒制品、家用电器、一般机电产品、日用机械、皮革制品、鞋类、玩具等产品优势明显,有可能进一步扩大市场份额。第二类是与国际先进水平有一定差距的行业,主要是冶金、化工、石化和机械行业。典型产品有钢材、成品油、合成材料、化肥、农药、农业机械、重大技术装备、机电一体化设备等,这类产品将受到国外中高档产品的进口冲击。第三类是基础薄弱、缺乏竞争能力的行业,最突出的是汽车工业,尤其是轿车工业。我国轿车厂生产的大多数车型基本上是引进技术,绝大部分轿车厂都不具备整车独立开发能力。这种状况将使我国汽车工业在入世后面临严峻考验。

加入世贸组织后我国面临挑战的行业,几乎都是现在增长较快,今后若干年国内市场潜力较大、产业关联度高、对国民经济发展影响较大的行业;而那些具有比较优势的行业,都是那些国内市场早已饱和,在国际市场已经占有较大份额且不断遭遇贸易摩擦的行业。一个国家要保持国民经济的持续稳定发展,必须不断有市场潜力大、成长性好的主导产业来带动,而我国目前的主导产业和今后潜在的主导产业几乎都在受到冲击的范围内。

加入世贸组织后我国那些面临挑战的行业如果承受不住国际竞争,我们靠什么来带动国民经济的持续稳定发展?我国面临挑战的这些行业大都属于资金、技术密集型产业。这类产业一般有很高的规模经济要求和技术素质要求,只有大规模生产才能降低成本,保证产品价格上的竞争力;只有大规模投入才能形成自主开发能力,保持产品在技术上的竞争力。这些都只有大公司和企业集团才能做到。分散的、小规模的企业组织结构是不能适应发展资金、技术密集型产业要求的。因此,加入世贸组织之后,能够站出来迎接跨国公司挑战的,只有我们自己的大企业集团。

加入世贸组织后,在经济全球化的竞争格局下,如果我们的企业集团和大公司能够承受住国际竞争,并在竞争中发展壮大,就会为我国经济拓展出广阔发展空间,国民经济的持续、稳定发展就有了重要保证。如果我们的大企业集团在国际竞争中站不住脚,我国国民经济发展很可能会因为市场的制约而陷入停滞,这种可能性不是不存在。在这种大的形势下,我国培育和发展大企业集团对我国经济的长远发展有着至关重要的战略意义。

随着我国改革开放的深化发展,国外企业主要是大企业和跨国公司在华直接投资,参加对华贸易的日益增多。我国的大量中小企业无论是在企业规模、技术水平、资金基础、人才资源、管理素质等方面都无法和国外大企业竞争,就连国内大企业也无法与之抗衡,存在明显的差异。因此,我国只有培育和发展大企业集团才能在激烈的国际竞争中立于不败之地。

当前和今后相当长的时期内,我国培育和发展大企业集团,推进产权多元化可采取的战略措施主要应是:

1. 加快现代企业制度建设,促进体制机制转换

按照现代企业制度建设的要求,加快现有大企业和企业集团的股份制改造,促进体制机制转换,这是培育和发展大企业集团的前提和基础。

我国现阶段的企业集团许多都是在股份制还没有广泛实行的情况下组建的,虽然有些企业集团在股份制方面作了一些探索,但并不是规范的。我国现行大量企业集团基本是以生产联合和经营联合为基础而组建的,集团内部企业之间的关系是行政关系或生产关系,企业之间缺乏资本纽带和明晰的产权关系。要实施培育和发展大企业集团战略,推进产权多元化,加快企业集团的股份制改造势在必行。

为完成集团企业的公司制改造首先应对现有企业集团进行清产核资、产权界定,通过授权经营对企业集团内部的产权关系加以明确,由母公司对授权范围内的国有资产行使出资者权利,加快子公司的法人治理结构建设,母公司依其所持股份,对子公司和参股公司行使资产受益、选择经营者、重大投资和经营决策、资产重组和产权转让权利。在此基础上,集团公司将控股和参股资产进行股份

化,通过控股和参股对成员企业进行股份制改造。

其次应建立企业集团规范的内部关系机制和体制,发挥企业集团整体优势。大企业集团内部公司间可以通过专业化分工和协作,把不同产品中结构相近、工艺相似的零部件进行大批量专业化生产,使产品和零部件生产者达到经济规模;集团的核心企业可以通过控股参股等形式,支配比自身资产大得多的资产,按统一的发展战略和规划集中使用可以发挥单个企业无法相比的巨大威力;能够在较短时间内完成产业及产品转换、调整和优化,减轻经济波动的冲击,减少资金运用的风险。

我国当前大量的企业集团,特别是大型国有经济主体组建的各种非股份制企业集团的内部关系机制和体制很不规范,以资本为纽带的母子公司体制尚未形成或尚未完全形成,核心企业和子公司没有建立规范的产权关系机制和体制,核心企业主导地位没有确立,综合协调功能不强,难以发挥集团整体优势。因此,还必须构建规范的母子公司体制。第一,应建立规范的母公司与直属单位的关系体制。这种体制实际是一种总公司与分公司之间的关系。各直属单位都是总公司的分支机构,总公司可以根据业务发展需要而设立。总公司是独立法人,分公司等直属单位没有法人资格,它们没有自己独立的名称、章程和财产,而是和总公司共负盈亏、合并纳税,它们的经营收入都汇总到总公司,其法律和债务责任也都由总公司承担。第二,应建立规范的母公司与全面控制的子公司的关系体制。子公司和母公司是平等互利的法人,它有自己的章程、名称和财产,实行独立核算、自负盈亏、单独纳税,承担法律责任和有限债务责任。母公司与子公司一切经济来往是经济与法律关系;资金调动是债权债务关系;货物流动是买卖关系;人事安排必须按法定程序和公司章程办事;子公司以股利形式向母公司交割利润。第三,应建立规范的母公司与部分控股的关联公司的关系体制。母公司与关联公司的关系比较复杂,关联公司除有母公司的股份外,主要是其他公司的股份,关联公司的前董事会由多方出资者共同组成,它对经营活动中的重大决策具有较大的独立性,母公司对其经营活动的控制比较困难,关联公司处于母公司半紧密型层次上。母公司根据自己持有关联公司的股权承担责任,享受权利。

2. 提高核心竞争力,做优做强大企业集团

核心竞争力是企业安身立命之本,培育和发展大企业集团必须把企业发展的目标紧紧锁定在提高企业核心竞争力这一根本性的问题上。要围绕提高核心

竞争力对企业进行重组或调整。第一,我国的大企业一般都存在主辅不分过于臃肿的问题,与主业无关的部分太多,母子公司链条拉得过长,还有不良的资产、富余的人员、办社会的负担。为提高企业核心竞争力必须努力推进主辅分离,把与主业无关的部分剥离出去、把过长的管理链条截短,使能够体现核心竞争力的主业部分更突出、更精干,更有条件快速发展。第二,增强企业技术创新能力是提高企业核心竞争力的关键。大企业集团增强企业技术创新能力应树立自主创新主体意识,每一个大企业都要建立自己的技术开发中心,提高研究开发费用在销售收入中所占的比重,形成有利于技术创新和科技成果转化的管理体制和运行机制。从体制上把科技人员的积极性和创造性充分调动起来,使企业真正成为技术创新主体;应重视对外部环境的分析预测、准确把握社会经济、科学技术发展趋势,正确确定技术创新的方向,建立完善、敏感的信息系统,注意对行业、企业技术创新集中地带和技术发展的前沿的追踪与分析,选好技术创新切入点,努力培育自主知识产权产业,大力推进自主民族品牌战略。

3. 壮大规模做大大企业集团

与国际大型跨国公司相比,我国大企业集团存在着很大的差距。无论在销售收入、市场占有率、研究开发投入和能力、管理和营销水平等方面都不在一个层次,既不够强、更不够大,培育和发展大企业集团还必须壮大企业规模。第一,可通过开展资本经营,实现生产要素的合理流动和资产存量的合理配置,壮大企业规模;第二,应对企业集团债务进行重组。对企业集团进行债务重组应采取多种形式和渠道:包括通过国有投资机构扩大投资注入资本金;充销银行呆坏账,逐年增加充销规模,集中用于大企业集团的需要;通过证券市场,包括发行债券、推动定向募集和股票上市,从其他机构、企业和公众那里募资,并在一定条件下向国外发行债券和发行股票;广泛吸收非国有资本进入国有企业集团,改善国有企业集团的资产结构。等等;第三,应加速大企业集团的兼并收购步伐。我国现有的企业集团,可以充分发挥其在资金、技术、人才、设备和资源等方面的优势,利用结构调整的有利时机,根据自身的发展需要,通过产权运作采取承担债务式兼并、控股式兼并、购买式兼并和政府无偿划转式兼并等方式收购、兼并一批有技术经济联系的企业。同时也可以通过大企业之间进行"强强"联合,尽快缩短与世界级大公司的差距。通过兼并和收购,迅速壮大企业规模,调动更多的经济资源增强实力,充分发挥各企业的优势,充分运用各自的经营渠道和产品市场,提高企业市场占有率。

4. 政府大力支持大企业集团的发展

在我国经济体制改革的现阶段,大企业集团培育和发展的外部环境还不完善,企业的一些历史遗留问题还需要政府帮助解决;政府应大力支持大企业集团的发展,为培育和发展大企业集团创造良好的外部环境。同时,现阶段政府还有一些支持企业发展或帮助企业卸包袱的政策手段。为了加快我国大公司和企业集团的发展,尽快提高国际竞争力,应该集中地、配套地向大企业集团实施政策支持,帮助他们尽快甩掉包袱,增强发展的活力和能力;今后一段时期,政府还应在市场机制的基础上,充分发挥国家的宏观调控能力,以落实国家产业政策和实现国家中长期经济发展战略为目标,重点支持一批大企业集团的发展,使具有市场竞争实力的大企业集团成为我国经济发展的主导力量,成为转变经济增长方式,提高经济增长质量的主力,成为进行产品结构、产业结构和企业组织结构调整的主体,成为参与国际竞争的国家队,成为国有资产运营、管理和投资的主体。

第一,应以国家产业政策为依据,协调、指导大企业集团发展战略的制定,将大企业集团作为国家宏观调控的重要依托。建立国家产业发展趋势信息发布制度,定期向大企业集团发布有关产业结构政策、经济规模标准、产业技术政策、产业布局政策等信息,密切国家与大企业集团的信息联系。国家产业政策主管部门,应加强对大企业集团长期发展战略的宏观指导与协调,将集团发展战略作为贯彻国家产业政策的有效途径,充分发挥大企业集团调整资产存量、优化投资增量,推动产业结构升级的主体作用。对国家计划单列大企业集团的重大发展规划应注意与行业总体发展规划衔接,其总体规划方案获得国家批准后,大企业集团可自行审批各单项工程的立项和可行性研究报告。限额以上单项工程的开支按有关规定报经国家审批后纳入国家计划。

第二,应制定产业技术政策,鼓励大企业集团成为技术开发、技术创新的主体。国家在制定和实施产业技术政策过程中,应以大企业集团作新技术开发及产业化的主体,使大企业集团成为技术创新、新产品开发的主导,以大企业集团的技术进步带动整个产业素质的提高,以此推动经济增长方式的转变,增强企业在国内外市场上的竞争力。国家应发布产业技术目录,指导大企业集团的产业技术创新活动。国家应设立关键技术产业化基金,支持大企业集团技术开发及产业化进程。国家应集中有限力量,对国民经济发展有重要影响的行业和重点产品中支持一批大企业集团,通过采用新技术、新工艺、新材料和引进先进设备,提高产品的市场竞争力,并发挥行业的带动作用和示范作用。国家应制定明确的技术装备政策,确定一批需要立足于国内研制的重大成套设备,主要是大型成套设备和自动控制系统,组织大企业集团和科研院校进行联合攻关,在科研费用、外汇、贷款贴息等方面给予支持。国家应建立发展高技术产业基金,加大对高技术产业的投资力度,加快企业技术装备的更新。国家应积极利用国内外资金,加快大企业集团技术改造。在安排国外政府贷款时,要优先考虑大企业集团。国家应鼓励企业与大专院校、科研单位进行联合攻关和新产品开发,将科研成果尽快投入生产。在重要行业中依托大企业集团建立若干个国家级技术开发中心,跟踪世界先进科技水平,成为引进—消化—吸收—创新的行业带头人,奠定了我国产业发展的技术优势。

第三,应使具备条件的大企业集团公司成为国家授权投资的机构。国有资产所有权由国务院代表国家统一行使,授权大型企业、企业集团经营。这是国有资产管理、监督、运营体制的核心,也是确立大公司和企业集团资产经营主体地位的基础。各级政府作为国有资产所有者的代表,有责任积极推进这项改革,通过授权经营、规范政府和企业的关系,明确双方的权利和责任,建立国有资产经营责任制度。授权之后,政府作为国有资产的管理者,还要建立健全对企业经营者的选任、约束和激励制度。

第四,应增强大企业集团的投融资功能,增强集团自我发展壮大的能力。集团的投融资功能,是促进企业集团发展壮大,参与国内外市场竞争的基本条件,也是企业集团实现集团发展战略的重要手段。国家在基本建设和技术改造总规模内,应优先安排试点企业符合产业政策的建设项目。国家应选择有条件的试点企业集团母公司作为重点建设项目的投资主体。应使大企业集团成为投融资主体充分运用股票、债券、增资、合资等多种筹融资形式,广泛吸纳社会各方面的资本,增加集团的资本控制能力和控制范围,调动更大的资本为集团服务。国家在制定企业债券和股票发行计划、考虑企业到境内外上市以及制定利用外资计划和政策等方面要根据产业政策的需要,优先考虑具备条件的大企业集团。集团母公司可以在国内外金融市场上进行融资。应对国家重点支持的企业集团的财务公司,根据资信等级、经营状况,按照不同企业的不同需要,适当扩大其业务范围和经营权限,允许其与银行开展正常的资金拆借、允许开展外汇和商业票据等中间业务,可以放松企业集团开办专项资金、租赁公司和信托投资公司等非银行金融机构的限制,形成企业集团的扩张机制。

第五,应鼓励大企业集团通过兼并收购,壮大企业集团规模,优化存量资产配置。通过产权运作对现有相关企业的兼并收购,是世界各国企业集团迅速发展壮大的有效途径。我们应充分借鉴世界各国成功的经验,特别要鼓励大企业集团对相关优势企业的收购兼并。这样,可以使我国大企业集团壮大规模、增强实力、提高市场竞争力,扩大市场占有率。国家应逐步完善我国的税收及行业管理体制,鼓励企业集团跨地区、跨行业的兼并收购举措,促进企业完善功能、壮大实力。

第六,应鼓励大企业集团开展国际化经营,增强国际竞争力。随着我国经济发展国际化进程的加快,我们应不断提高我国产业在国际经济循环中的层次,谋求更高的比较利益。这就要求国家重点培育大企业集团,使我国的企业集团成为在国际市场上具有竞争力的强手;应积极培育大企业集团国际化经营能力,使我国的大企业集团逐步成为具有自主技术、自主产品的跨国公司;应根据大企业集团的实际需要,在融资、外贸自主权等方面给予更大的支持。应鼓励有条件的企业集团开展境外投资和经营,对外承包工程、输出劳务、开展国际交流与合作。

第四节　鼓励民营企业参与国有企业改革,
推进大型国有经济主体产权多元化

一、民营企业参与国有企业改革现状

对于大型国有经济主体中那些需要退出的竞争性产业企业,可以考虑逐步退出,由非国有的法人和个人经营;或者允许非国有的法人和个人占大股,国家只以普通参股者的身份进入。个别关系国家或地方国计民生的重要的特殊企业,国家或地方还可以以"黄金股"股权参股。因此,支持和引导非公有制经济发展,鼓励和支持个体、私营等非公有制经济参与国有企业改革——国有资本调整和国有企业重组,应成为推进大型国有经济主体产权多元化的重要战略。

十六大以来,随着我国国有资产管理体制改革的深入,民营企业早已较广泛地参与国有企业改革了。据国家统计局2003年2月统计:全国国有及规模以上非国有工业总产值141481.2亿元中国有及国有控股企业工业总产值为55406.6亿元,占38.4%。在东北三省国有及规模以上非国有工业总产值中,国有及国有控股企业工业总产值,所占的比重都大大高于全国38.4%的平均水平。最高的黑龙江省占80.2%,吉林省为77.8%,最低的辽宁省亦为61.9%。据四川国资部门提供的资料显示,到2003年末四川省还有1258个国有及国有控股企业。

总资产为 3901 亿元,从业人员 99 万人,当年实现销售收入 1730 亿元,完成工业增加值 577 亿元,净利润 81 亿元,分别为规模以上工业的 64%、33% 和 61%。东北等老工业基地,国企改革已进入攻坚破难阶段,体制创新任务特别繁重,民营企业参与国企改革是推进国企产权制度改革,实现国企制度创新的重要战略举措和实现途径。近几年来,各地方政府在推进民营企业参与国企改革方面也已出台了不少政策,为民营企业参与国企改革创造了政策条件,民营企业参与国企改革工作正在努力推进。到 2003 年辽宁省累计 2797 户国有及国有控股中小工业企业,通过采取股份制、股份合作制、整体出售、合资合作、破产和兼并等多种方式,转制为非国有及非国有控股企业,占 1997 年末地方国有中小工业企业总数的 87.1%;有近 2000 户企业实现了民营或民营控股,占已转制企业的 70%以上;启动停产、半停产企业 617 户,盘活国有企业闲置资产 213 亿元;减少企业亏损 54 亿元;企业办社会职能的分离率达到 64%;5.4 万人在转制后企业安排就业。另据不完全统计,2003 年末至 2004 年 5 月,四川省各级党委、政府已吸引约 60 亿民间资金参与了 126 户国企的改组改造。

当前,我国民营企业参与国有企业改组、改造的主要形式有:民营企业兼并国有企业的资产或国有股权;民营企业收购国有破产业的有效资产;民营企业受让国有企业债权人的债权,将企业改组为民营企业或民营控股企业;国有企业将本企业的部分资产作为出资与民营企业共同出资设立股份制企业;国有企业通过增资扩股,吸收民营企业投资,将该企业改组为民营控股企业;国有大中型企业实施主辅分离,吸收民营资本实施辅业改制;国有企业通过契约将资产交由具有较强经营能力且能承担风险的民营企业有偿经营,即委托经营;民营企业租赁国企闲置的厂房、设备,盘活国有资产,发挥生产效益,即租赁经营。

民营企业参与国有企业的改革有力推动了国有经济的战略性调整和国有企业的战略性改组,促进了国有企业扭亏脱困,对盘活国有存量资产,优化资本结构和资源配置,减轻各级财政负担发挥了重要作用。辽宁抚顺挖掘机厂与宁波永清实业公司达成并购协议,宁波永清实业公司注入 1.06 亿元对其收购有效资产进行重组。原抚顺碳素厂由民营企业控股经营后,盘活国有资产 3.6 亿元,第一年就实现利润 289 万元,税金 1045 万元,成为全国碳素行业前 4 强企业。原国企熊岳印染厂累计亏损近亿元,被民企时代集团收购改制后,投资近 1 亿元,企业起死回生并出口创汇。辽宁铁岭市国营陆平机器厂通过引入域外民营资本实施转制以来,销售收入由改制前的 1999 年不足 1 亿元增加到 2003 年的 5 亿多元,利润由不足 200 万元突破 5000 万元,员工人均年收入也由 6400 元增加到 1.8 万元。

民营企业参与国有企业改革,不仅盘活了国有资产,也促进了民营经济的极大发展,实现了"双赢"。辽宁裕腾集团收购国有企业沈阳玻璃制瓶厂后,当年就实现产值 1 亿多元,现已形成产值超 2 亿元的跨地区瓶业集团。沈阳北泰重组四川内江峨柴后,快速发展,2003 年主营业务已突破 10 亿元,年均增长速度达 55% 以上。四川德胜集团公司以 6000 万元收购破产四川大渡河钢铁有限公司后,2004 年 1 至 5 月已产钢 11 万吨,销售收入 3.3 亿元,入库税金 2480 万元,比上年同期分别增长 27.9% 、57.1% 和 68.1%。四川宝光集团收购郎酒集团后,遏制了郎酒集团从 1997 年至 2000 年企业利税总额连年下滑的势头,2003 年初实现利税 8116 万元,同比增长 11%。

二、民营企业参与国有企业改革存在的主要问题

从东北等老工业基地民营企业参与国有企业改革的实际情况看,当前存在主要问题是:

1. 歧视观念与推进阻力问题

社会上还存在"恐私、轻私、限私"的陈旧观念,一些地方政府支持民营企业参与国有企业改革不少政策措施都不能真正落实到位。

一些地方没有对民营经济实行国民待遇,没有消除不利于民营经济发展的体制性障碍,没有消除对民营经济的歧视。

一些国有企业职工对民营企业参与国有企业改革,思想上难以接受,主要是对身份改变顾虑较多,造成改革工作受阻,有的甚至还出现一些企业和社会不稳定现象。

2. 法制与政策环境条件尚不完善问题

当前民营企业参与改组国有企业的有关法律、法规和政策还不完善,市场化、规范化的运作机制还不健全。在资产评估、市场竞价、人员安置、债务处理等方面缺乏操作性强的政策措施,也缺乏保证产权交易公平、公正的监督体系。

3. 政府和中介服务比较落后问题

政府有关服务还比较落后,办事效率不高,专业提供产权收购、产权托管、产权招商、资产评估、信息咨询等服务的合格中介机构还不完善,网络化的规范产权交易市场还未形成,信息不对称,交易风险很大。

国有企业监管部门对国有企业进行调整和重组的战略安排还不周全。国有企业历史遗留问题没有得到根本解决,增加了改组、改造的成本和难度。有些国有企业与政府部门在产权关系上仍然是政企不分,政府的"老板"行为较多,特别是政府部门关、卡、拖的现象还大量存在;国有企业银行债务、职工就业、社保、医保等问题比较突出,使民营企业望而却步;国有企业产权流动不畅,民营资本缺乏进入、退出机制。

4. 民营企业自身的素质缺陷与行为不规范问题

有的民营企业在参与改组改造前可行性分析不足。有的民营企业对参与国企改组改造认识不清、准备不足,有的不具备并购、整合的能力,却盲目进入,也有的存在投机心理,缺乏长远打算,结果是陷入困境,甚至危及原企业的生存。

有的民营企业看重的是国有企业的土地或寄希望于政府给予优惠政策,没有全力投入重组后的改造工作,只完成表面上的组合,并未真正进行整合,给企业发展带来隐患。甚至有的民营企业改造国有企业的目的不是为了发展,而是为了"恶意炒作"和"套现"。部分民营企业,重组国有企业后没有有效地保障职工的合法权益,未妥善处理好改制企业管理和人员的关系。

三、积极引导鼓励与推进民营企业参与国有企业改革的对策

目前我国国有企业比重还比较大,积极引导民营企业参与国有企业改革要在盘活存量和引进增量资产两个方面做文章。同时还要做好国有企业、民营企业、政府和中介机构四个方面的文章,目前困难还多,任重道远。为了积极引导、鼓励、推进民营企业参与大型国有经济主体股份制改造、建议采取下列对策措施:

1. 进一步转变观念,加快推进民营企业参与国有企业改革

要继续破除"恐私、轻私、限私"的陈旧观念,进一步树立民营企业参与国有企业改革有利于国民经济协调发展的科学观念。在国有企业改革中,民营企业有增量资产和经营机制灵活等优势,国有企业有存量资产、优秀的人才队伍等优势,两者优势互补、协调发展、相互促进,有利于国民经济的协调发展。因此,各级政府部门都要继续破除对民营企业、民营经济发展的歧视和偏见都要对民营企业和国有企业一样实行"国民待遇"。

要进一步加强改制国有企业原有职工观念转变工作,努力营造良好的改革氛围。新的形势下应该有什么样的员工和股东关系、企业和政府关系、企业和银

行关系等等,这其中有利益问题,也有观念问题。市场经济条件下应该具备的效益观念、危机观念、团队观念、制度观念等都需要加强舆论宣传和有效培训,从而为企业按市场经济要求进行经营管理创造良好的氛围,减轻阵痛,减少摩擦,避免冲突。国企改革正在深化,许多大型民营企业也正在调整发展战略。通过民营企业参与国企改革,一方面民营企业可以实现低成本扩张,加速自身的发展步伐;另一方面有利于国有企业实现产权多元化,确立明确的产权关系,盘活国有资产,提高企业的生存发展能力,这是一个双赢的过程。因此,政府、企业和社会各界都应该大力支持和推进民营企业参与国有企业改革。

2. 进一步加快民营企业参与国有企业有关法律、法规和政策建设

建议中央和地方政府及有关部门应继续努力完善民营企业参与国有企业改革有关的市场准入、权益保护、金融支持及社会监管等方面的法律、法规和政策。既要明确规范民营企业参与国有企业的有关制度和行为,又要明确规范被参与改革国有企业方的有关制度和行为。努力为民营企业参与国企改革提供一个公开、公平、公正的政策环境。

政府在融投资渠道方面对民营企业应实施必要的支持政策。民营企业兼并国有企业大多数是要承担巨额债务,付出现金,而且还面临继续投资改造企业的资金压力。有的被兼并的国有企业已经资不抵债,或者债务巨大,还有一些因担保而形成的潜在债务等,改造成本相当高,需要有大量的资金来保障。但目前民营企业的融资渠道有限,因此,容易造成一些企业在兼并重组后,后续资金不能到位,影响企业的经营发展。

3. 进一步改进政府和中介机构的服务

为了进一步积极引导、鼓励和推进民营企业参与国有企业改革,中央和地方政府应进一步加强有关信息发布工作,法律知识宣传培训工作;要教育政府各部门努力转变职能,提高效率,增强服务意识,加强服务工作,努力建设社会信用。

国有资产监管部门应继续加强改制、重组国有企业改革规划工作,妥善处理好改制重组国有企业的历史遗留问题和社会负担问题,银行及其资产管理公司,应及时处理改制重组国有企业的不良资产债务问题,要努力为民营企业参与国有企业改革创造必要条件。

中央和地方政府还应继续努力创造条件,建立为民营企业参与国企改革改造服务的平台。特别是应加快产权收购、产权托管、产权招商、资产评估、信息咨询等服务的合格中介机构的培育,加快网络化的规范产权交易市场的建设,推进

规范程度和改进服务。

4. 进一步引导民营企业努力提高自身素质,积极参与国有企业改革

民营企业参与国企改革要符合和纳入企业发展战略,不能为参与而参与,要认真分析利弊得失,正确定位,慎重决策,并留有余地。要根据企业发展的要求和能力,选择熟悉的行业和合适的对象,选择适当的形式和途径。不管采取什么形式,都必须有利于国企和民企各自优势的发挥,新企业必须在短期内形成自己的新优势,必须尽快完善治理结构和管理机制,必须尽快完成企业文化的有效整合。

民营企业要学会运用法律和政策手段参与国有企业改革。在参与前要进行可行性研究,制订周密的参与方案,对对方的隐蔽性债务等不确定性因素要有足够的估计,要不断提高兼并重组的能力。要对国有资产、对职工有责任感。要注重企业的诚信建设,有效保障职工的合法权益。要正确处理好管理和人员问题,不能忽视不同企业文化的差异,要组织好新的管理团队。要帮助员工转变思想观念,树立市场意识、风险意识和竞争意识,同时加强制度建设和管理。要充分发挥员工的聪明才智,充分调动员工的积极性、主动性和创造性,同时注意解决实际问题,尽快形成团队精神和团结合力,共同搞好企业。

第五节　发展资本市场,推进我国大型
国有经济主体产权多元化

一、进一步明确发展资本市场的重要意义和任务

资产重组无论是产权重组、债权或股权重组,都离不开长期资金市场,即资本市场。因此,大力发展资本市场应成为推进资产重组,推进产权多元化的又一重要推进战略。

改革开放以来,我国资本市场发展迅速,已经取得了举世瞩目的成就。资本市场初具规模,市场基础设施不断改善,法律法规体系逐步健全,市场规范化程度进一步提高,已经成为社会主义市场经济体系的重要组成部分,为国有企业、金融市场改革和发展,优化资源配置,促进经济结构调整和经济发展作出了重要贡献。

为了进一步推进我国资本市场的发展。首先应进一步明确发展资本市场的重要意义和任务。进一步提高认识,把发展资本市场作为我国完善社会主义市

场经济体制,完善金融市场结构,提高金融市场效率,维护金融安全,推进国有经济的结构调整和资产重组,推进产权多元化的重要战略决策。

发展资本市场对我国实现本世纪头 20 年国民经济翻两番的战略目标具有重要意义。一是有利于完善社会主义市场经济体制,更大程度地发挥资本市场优化资源配置的功能,将社会资金有效转化为长期投资。二是有利于国有经济的结构调整和战略性改组,加快非国有经济发展。三是有利于提高直接融资比例,完善金融市场结构,提高金融市场效率,维护金融安全。

我国资本市场是伴随着经济体制改革的进程逐步发展起来的。由于建立初期改革不配套和制度设计上的局限,资本市场还存在一些深层次问题和结构性矛盾,制约了市场功能的有效发挥。这些问题是资本市场发展中遇到的问题,也只有在发展中逐步加以解决。

《中共中央关于完善社会主义市场经济体制若干问题的决定》指出:要"大力发展资本和其他要素市场。积极推进资本市场的改革开放和稳定发展,扩大直接融资。建立多层次资本市场体系,完善资本市场结构,丰富资本市场产品。规范和发展主板市场,推进风险投资和创业板市场建设。积极拓展债券市场,完善和规范发行程序,扩大公司债券发行规模。大力发展机构投资者,拓宽合规资金入市渠道。建立统一互联的证券市场,完善交易、登记和结算体系。加快发展土地、技术、劳动力等要素市场。规范发展产权交易。积极发展财产、人身保险和再保险市场。稳步发展期货市场。"

胡锦涛在党的十七大报告中指出:要"以推进金融体制改革,发展各类金融市场,形成多种所有制和多种经营形式、结构合理、功能完善、高效安全的现代金融体系。提高银行业、证券业、保险业竞争力。优化资本市场结构,多渠道提高直接融资比重。加强和改进金融监管,防范和化解金融风险。"

在全面建设小康社会的新形势下,我国推进资本市场改革开放和稳定发展的任务应是:以扩大直接融资、完善现代市场体系、更大程度地发挥市场在资源配置中的基础性作用为目标,建设透明高效、结构合理、机制健全、功能完善、运行安全的资本市场。要围绕这一目标,建立有利于各类企业筹集资金、满足多种投资需求和富有效率的资本市场体系;完善以市场为主导的产品创新机制,形成价格发现和风险管理并举、股票融资与债券融资相协调的资本市场产品结构;培育诚实守信、运作规范、治理机制健全的上市公司和市场中介群体,强化市场主体约束和优胜劣汰机制;健全职责定位明确、风险控制有效、协调配合到位的市场监管体制,切实保护投资者合法权益。

二、完善相关政策,促进资本市场稳定发展

我国资本市场的稳定发展需要相应的政策引导和支持。应进一步完善相关政策,为资本市场稳定发展营造良好环境。

1. 应进一步完善证券发行上市制度。健全有利于各类优质企业平等利用资本市场的机制,提高资源配置效率。

2. 应进一步重视资本市场的投资回报。要采取切实措施,改变部分上市公司重上市、轻转制、重筹资、轻回报的状况,提高上市公司的整体质量,为投资者提供分享经济增长成果、增加财富的机会。

3. 应进一步鼓励合规资金入市。要继续发展证券投资基金。支持保险资金以多种方式直接投资资本市场,逐步提高社会保障基金、企业补充养老基金、商业保险资金等投入资本市场的资金比例。要培养一批诚信、守法、专业的机构投资者,使基金管理公司和保险公司为主的机构投资者成为资本市场的主导力量。

4. 应进一步拓宽证券公司融资渠道。要继续支持符合条件的证券公司公开发行股票或发行债券筹集长期资金。要完善证券公司质押贷款及进入银行间同业市场管理办法,为证券公司使用贷款融通资金创造有利条件。稳步开展基金管理公司融资试点。

5. 应进一步规范上市公司非流通股份的转让行为,防止国有资产流失。要稳步解决目前上市公司股份中尚不能上市流通股份的流通问题。在解决这一问题时要尊重市场规律,有利于市场的稳定和发展,切实保护投资者特别是公众投资者的合法权益。

6. 应进一步完善资本市场税收政策。要研究制定鼓励社会公众投资的税收政策,完善证券、期货公司的流转税和所得税征收管理办法。

三、健全资本市场体系,丰富证券投资品种

1. 应建立多层次股票市场体系。要在统筹考虑资本市场合理布局和功能定位的基础上,逐步建立满足不同类型企业融资需求的多层次资本市场体系,研究提出相应的证券发行上市条件并建立配套的公司选择机制。要继续规范和发展主板市场,逐步改善主板市场上市公司结构。分步推进创业板市场建设,完善风险投资机制,拓展中小企业融资渠道。要积极探索和完善统一监管下的股份转让制度。

2. 应积极稳妥发展债券市场。要在严格控制风险的基础上,鼓励符合条件的企业通过发行公司债券筹集资金,改变债券融资发展相对滞后的状况,丰富债券市场品种,促进资本市场协调发展。要制定和完善公司债券发行、交易、信息披露、信用评级等规章制度,建立健全资产抵押、信用担保等偿债保障机制,逐步建立集中监管、统一互联的债券市场。

3. 应稳步发展期货市场。要在严格控制风险的前提下,逐步推出为大宗商品生产者和消费者提供发现价格和套期保值功能的商品期货品种。

4. 应建立以市场为主导的品种创新机制。要研究开发与股票和债券相关的新品种及其衍生产品。要加大风险较低的固定收益类证券产品的开发力度,为投资者提供储蓄替代型证券投资品种。

四、提高上市公司质量,推进上市公司规范运作

1. 应提高上市公司质量。上市公司的质量是证券市场投资价值的源泉。上市公司董事和高级管理人员要把股东利益最大化和不断提高盈利水平作为工作的出发点和落脚点。要进一步完善股票发行管理体制,推行证券发行上市保荐制度,支持竞争力强、运作规范、效益良好的公司发行上市,从源头上提高上市公司质量。要鼓励已上市公司进行以市场为主导的、有利于公司持续发展的、并购重组。要进一步完善再融资政策,支持优质上市公司利用资本市场加快发展,做优做强。

2. 应规范上市公司运作。要完善上市公司法人治理结构,按照现代企业制度要求,真正形成权力机构、决策机构、监督机构和经营管理者之间的制衡机制。要强化董事和高管人员的诚信责任,进一步完善独立董事制度。要规范控股股东行为,对损害上市公司和中小股东利益的控股股东进行责任追究。要强化上市公司及其他信息披露义务人的责任,切实保证信息披露的真实性、准确性、完整性和及时性。建立健全上市公司高管人员的激励约束机制。

3. 应完善市场退出机制。要采取有效措施,结合多层次市场体系建设,进一步完善市场退出机制。要在实现上市公司优胜劣汰的同时,建立对退市公司高管人员失职的责任追究机制,切实保护投资者的合法权益。

五、促进资本市场中介服务机构规范发展,提高执业水平

1. 应把证券、期货公司建设成为具有竞争力的现代金融企业。要根据审慎

监管原则,健全证券、期货公司的市场准入制度。督促证券、期货公司完善治理结构,规范其股东行为,强化董事会和经理人员的诚信责任。要健全客户交易结算资金存管机制,切实维护投资者合法权益。证券、期货公司要完善内控机制,加强对分支机构的集中统一管理。完善以净资本为核心的风险监控指标体系,督促证券、期货公司实施稳健的财务政策。要鼓励证券、期货公司通过兼并重组、优化整合做优做强。建立健全证券、期货公司市场退出机制。

2. 应加强对其他中介服务机构的管理。要规范发展证券期货投资咨询机构、证券资信评级机构,加强对会计师事务所、律师事务所和资产评估机构的管理,提高中介机构的专业化服务水平。

六、加强法制和诚信建设,提高资本市场监管水平

1. 应健全资本市场法规体系,加强诚信建设。要按照大力发展资本市场的总体部署,健全有利于资本市场稳定发展和投资者权益保护的法规体系。要清理阻碍市场发展的行政法规、地方性法规、部门规章以及政策性文件,为大力发展资本市场创建良好的法制环境。要按照健全现代市场经济社会信用体系的要求,制定资本市场诚信准则,维护诚信秩序,对严重违法违规、严重失信的机构和个人坚决实施市场禁入措施。

2. 应推进依法行政,加强资本市场监管。要按照深化行政审批制度改革和贯彻实施《行政许可法》的要求,提高执法人员的自身素质和执法水平。要树立与时俱进的监管理念,建立健全与资本市场发展阶段相适应的监管方式,完善监管手段,提高监管效率。要进一步充实监管力量,整合监管资源,培养一支政治素质和专业素质过硬的监管队伍。通过实施有效的市场监管,努力提高市场的公正性、透明度和效率,降低市场系统风险,保障市场参与者的合法权益。

3. 应发挥行业自律和舆论监督作用。要发挥证券期货交易所、登记结算公司、证券期货业协会、律师、会计师、资产评估等行业协会的自律管理作用。要引导和加强新闻媒体对证券期货市场的宣传和监督。

七、加强协调配合,防范和化解市场风险

1. 应营造良好的资本市场发展环境。资本市场的风险防范关系到国家的金融安全和国民经济的健康发展。各地区、各部门都应关心和支持资本市场的规范发展,在出台涉及资本市场的政策措施时,要充分考虑资本市场的敏感性、

复杂性和特殊性,并建立信息共享、沟通便捷、职责明确的协调配合机制,为市场稳定发展创造良好的环境和条件。

2. 应共同防范和化解市场风险。各地区、各部门应切实履行《公司法》等有关法律法规规定的职责,采取有效措施防止和及时纠正发起人虚假出资、大股东或实际控制人侵占上市公司资产的行为;各地区和有关主管部门应依法加强对退市公司的管理,确保退市工作平稳顺利。对有重大经营风险必须退出资本市场或采取其他行政处置措施的证券、期货公司、地方人民政府、金融监管部门以及公安、司法等部门,要加强协调配合,按照法律法规和有关政策规定,采取积极有效措施做好风险处置工作。各地区、各部门必须建立应对资本市场突发事件的快速反应机制和防范化解风险的长效机制。

3. 应严厉打击证券期货市场违法活动。各地区应贯彻落实国务院关于整顿和规范市场经济秩序的有关精神,严格禁止本地区非法发行证券、非法设立证券期货经营机构、非法代理证券期货买卖、非法或变相设立证券期货交易场所及其他证券期货违法活动。财政、公安、审计、工商等政府部门和国有资产监督管理机构应加强协调配合,加大打击力度,维护资本市场秩序。

八、认真总结经验,积极稳妥地推进对外开放

1. 应严格履行我国加入世贸组织关于证券服务业对外开放的承诺。要鼓励具备条件的境外证券机构参股证券公司和基金管理公司,继续实行合格的境外机构投资者制度。

2. 应积极利用境外资本市场。要遵循市场规律和国际惯例,支持符合条件的内地企业到境外发行证券并上市。支持符合条件的内地机构和人员到境外从事与资本市场投资相关的服务业务和期货套期保值业务。认真研究合格的境内机构投资者制度。

3. 应加强交流与合作。要落实与香港、澳门更紧密的经贸合作关系。进一步加强与相关国际组织及境外证券监管机构的联系与合作。

第十五章 处置不良资产 推进大型国有经济主体股份制改造

在我国经济体制改革的现阶段,推进大型国有经济主体股份制改造和发展的外部环境还不完善,大型国有经济主体股份制改造的一些配套问题还需要认真研究解决;不良资产和债务问题,就是影响和推进大型国有经济主体股份制改造,增强控制力需要认真研究解决的一个重要配套问题。

本章着重对如何处置不良资产,推进大型国有经济主体股份制改造问题做一些分析研究。

第一节 我国处置不良资产的现状分析

一、我国处置不良资产现状

不良资产包括企业不良资产和银行不良资产。企业不良资产是企业资产的账面价值大于实际价值的这部分资产。主要包括:企业应收款项的呆坏账损失;企业固定资产损失和企业各类投资损失。银行不良资产主要是银行信贷资产中难以按期收回的各种贷款。包括已经过期,借款人延期未还的逾期贷款;借款人短期无偿还能力,但有相应资产作保证的呆滞贷款;经过确认,借款人已无力偿还的呆滞贷款和银行自身经营决策失误及经营管理不善而造成的经营效益低下的资产。

不良资产问题是现代经济和金融业发展中的一个全球性难题。我国在经济体制转轨过程中,由于多种复杂因素的影响,也生成、积累了大量不良资产。①

---

① 据有关部门公布的数据,截至2004年,我国除剥离到金融资产管理公司的1.4万亿元不良资产外,国有独资商业银行不良贷款还高达2万多亿元,占全部金融机构不良贷款的80%,不良贷款率也高达21%。朱登山:《化解银行不良资产的有效途径》,《经济日报》2004年10月9日。

　　巨额不良贷款不仅使信贷资金循环严重受阻,迟滞了企业改革和国有经济战略性改组的进程,而且成为我国大型国有经济主体企业和银行深化改革和对外开放的一个不可逾越的障碍。有效处置不良资产,早已成为我国深化改革和发展亟待解决的一个重要问题。

　　为了有效处置我国企业和银行的不良资产,我国借鉴国际经验,把一部分不良资产剥离到银行体系之外,交由金融资产管理公司进行集中的专业化处置。①

　　近些年来,我国国有商业银行通过大规模剥离、金融资产管理公司(AMC)集中处置和自主性处置不良资产,使其不良贷款率较大幅度下降,财务状况得到改善。处置不良资产已取得显著成效。

　　近些年来,虽然我国处置不良资产已取得显著成效,但目前不但还有相当大一部分历史上积累的,已经剥离的不良资产尚未处置。而且,还出现了大量新的不良资产损失。②

　　我国大型国有经济主体企业和银行的大量不良资产和债务是长期生成和积

---

　　① 1999 年我国成立了信达、华融、东方、长城四家金融资产管理公司(AMC),分别负责收购、管理和处置从国家开发银行、中国建设银行、中国工商银行和中国农业银行剥离的不良资产,实际共剥离 13939 亿元。截至 2004 年 12 月末,四家 AMC 累计处置不良资产 6750.6 亿元,累计回收现金 1370.10 亿元,占处置不良资产的 20.29%。李德:《我国金融资产管理公司运营状况和发展方向的分析》,《经济要参》2005 年第 23 期。

表1　我国金融资产管理公司资产处置情况(截至 2004 年 12 月末)　　　单位:亿元

	AMC 合计	华融 AMC	长城 AMC	东方 AMC	信达 AMC
累计处置	6750.60	2095.40	2099.10	1045.50	1510.60
其中:					
现金回收	1370.10	413.40	215.70	232.90	508.10
阶段处置进度	48.40%	51.40%	60.70%	39.60%	40.25%
现金回收率	20.29%	19.73%	10.27%	22.27%	33.64%

资料来源:中国银监会。

　　② 据国资委公布的数据显示:2004 年中央企业清产核资清出各类不良资产损失高达 3521.2 亿元。而在 2003 年,181 户中央企业的不良资产和债务损失共计也达 3177.8 亿元,占中央企业资产总额的 4.2%,占中央企业净资产的 9.9%,加上财政部已核准的近千亿元资产损失,2003 年中央企业不良资产和债务损失已占总资产的 5.4%(《国资委新政向 3500 亿电信央企不良资产开刀》,《通信产业报》2005 年 11 月 14 日,www. tech. memail. net/051114/132,33,2023026,00. . . . 27K,2006 年 6 月 17 日,百度快照)。另有有关数据显示:而在过去几年中,四大商业银行也共计核销损失接近 2 万亿元(顾瑞珍:《谁该对巨额国有资产"蒸发"负责?》,新华网 2005 年 3 月 4 日)。近几年来,政府替关闭清算的金融机构和商业银行不良资产"埋单",总共花了人民币 5 万亿元。按照我国的 GDP 是 15 万亿元来计算,5 万亿元就占我国 GDP 三分之一。《第一财经日报》2006 年 4 月 24 日。

累起来的。目前还在继续生成,有的甚至还在扩大。①

二、我国处置不良资产格局面临根本转变

我国大型国有经济主体处置不良资产采用了多种手段和办法。但一般归纳起来,行政化与市场化手段和办法是化解企业不良债务的两种基本手段和办法。

目前,我国大型国有经济主体改革实践中采用的手段和办法主要有冲销呆坏账、剥离不良贷款、债转股、股权出售、产权置换、资产重组、资产出售、资产证券化、外资参与及其他债务和破产等。其中冲销呆坏账、剥离不良贷款、债转股这三种主要是行政化或政策性手段和办法,其余各种主要是市场化手段和办法。

现在,我国大型国有经济主体改革实践中大量实施的最主要的是冲销呆坏账、剥离不良贷款、债转股这三种行政化手段和办法。

主要以这三种手段和办法处置不良资产虽已显现一定成效,但是,它是不能从根本上解决大幅度处置企业金融债务,消减银行不良贷款问题的。这是因为:

第一,主要以行政化手段和办法处置不良资产一般都是政策性项目,处置这些不良资产是企业实行的优惠倾斜政策,其处置不良资产具有很高的政策条件要求。近几年来,符合国家政策条件要求容易操作的处置不良资产的政策性项目都做了,余下的多是些实施处置不良资产有一定困难的政策性项目。因此,再以行政化手段和办法进行化解企业不良债务处置企业金融债务,消减银行不良贷款这是难以推进的;

第二,主要以行政化手段和办法处置不良资产主要是靠国家财政出资处置不良资产,这在处置不良资产启动初期,是完全必要的,但要长期坚持下去,处置不良资产的规模不断扩大,会造成中央财政和金融资产管理公司的运作不堪重负,国家财政根本承担不起;

第三,主要以行政化手段和办法处置不良资产后,一些企业的经营状况依然如故,由于还维持低效率运行,进而又在产生大量新的不良债务;

第四,主要以行政化手段和办法处置不良资产后,一些企业不但经营情况没有改变,而且公司治理结构也没有大的改善,金融资产管理公司在企业重大事务

---

① 新华网北京7月21日电(记者刘诗平、白洁纯):2008年6月末,我国境内商业银行不良贷款余额仍为1.24万亿元。其中,国有商业银行不良贷款仍为11031.7亿元。www. news. xinhuanet. com/fortune/2008—07/21/content_8740909. htm—29k—,网页快照。

决策上并不具备决策权,化解企业不良债务处置企业金融债务缺乏企业制度保证;

第五,主要以行政化手段和办法处置不良资产最难以克服的道德风险,还会进一步加剧银行体系的风险。

正是由于以上种种原因决定了我国现在主要以行政化手段和办法处置不良资产格局必然要发生根本转变。由于主要以市场化手段和办法处置不良资产是市场经济条件下通行的一般手段和办法,也是当今国外发达国家和地区的普遍经验。在我国完善市场经济体制发展市场经济的今天,不良资产处置格局必然要向由以行政化手段和办法为主,向以市场化手段和办法为主的格局转变。

第二节　强化债权管理　化解不良资产

一、强化管理化解不良资产的基本思路

从微观上看,我国大型国有经济主体企业和银行的不良资产和债务首先是企业和银行经营管理不善造成的。

一是由企业和银行债权管理不善,企业应收款项的呆坏账损失或银行信贷资产中难以按期收回的各种贷款造成的;

二是由企业实物资产管理不善,企业资产盘亏、毁损报废以及技术淘汰等造成的固定资产损失,或银行自身经营管理不善而形成经营效益低下的资产造成的;

三是由企业投资管理不善,盲目投资、低水平重复建设、对外投资监管不力等造成的各类投资损失或银行自身经营决策失误而形成经营效益低下的资产等等造成的。①

---

① 据国资委公布的数据显示:2004 年中央企业清产核资清出各类资产损失这 3521.2 亿元(其中,按原制度清查出的企业资产损失 1843.7 亿元[抵减盘盈资产后净损失为 1500.3 亿元],按新的《企业会计制度》清理出预计资产损失 1677.5 亿元)中,由于债权管理不善发生应收款项的呆坏账损失造成的约占资产损失总额的 40%;由于实物资产管理不善发生固定资产损失包括资产盘亏、毁损报废以及技术淘汰等造成的固定资产损失约占资产损失总额的 30%;由于投资或经营管理不善,盲目投资、低水平重复建设、对外投资监管不力等造成的各类投资损失,约占资产损失总额的 15%。《国资委新政向 3500 亿电信央企不良资产开刀》,《通信产业报》2005 年 11 月 14 日,www. tech. memail. net/051114/132, 33, 2023026, 00. . . . 27K, 2006 年 6 月 17 日,百度快照。

从微观上看,我国大型国有经济主体企业和银行的不良资产和债务首先是经营管理不善造成的,这就决定了我们必须采取相应的强化管理的对策才能化解不良资产。

总的说来化解不良资产应采取以下三方面对策措施:

1. 强化企业债权管理,防止企业应收款项的呆坏账损失或防止银行信贷资产中难以按期收回的各种贷款,确保大型国有经济主体企业和银行资产安全的对策措施;

2. 强化企业实物资产管理,防止企业资产盘亏、毁损报废以及技术淘汰等造成的固定资产损失或强化银行自身经营管理,防止形成经营效益低下的资产的对策措施;

3. 强化企业投资管理,防止盲目投资、低水平重复建设、对外投资监管不力等造成的各类投资损失或强化银行自身经营决策失误而形成经营效益低下的资产强化的对策措施。

在以上这三方面对策措施中,当前,最重要的是要强化债权管理。

二、强化债权管理对策措施

1. 强化债权管理首先应治理逃废债务

长期以来,由于我国法律法规对借款人如无偿债能力或故意逃债、废债应当承担法律责任有关规定还不健全,还不能全面保证在企业和银行债权不受损失;同时有些地方政府、部门在破产中起主导作用,而又不依法办事,地方、部门保护主义严重,在改制过程中不规范操作,把企业转制改革看做是逃废债务的"法宝",假破产,真逃债,直接给企业和银行带来金融风险。

为要治理逃废债务问题,要从法律的角度明确标准,规定可以采取的措施,依法保障债权,维护债权人的合法权益。一是全国人大已修订颁布了新的《破产法》,国务院应尽快制订与之相配套的实施细则,对禁止在"破产"名义逃废债务的具体问题作出切实可操作的规定;二是还应对《民法通则》、《担保法》、《合同法》等进行修订,增加关于债权管理的法律条文,切实保障债权人的合法权益,强化对违约行为的责任追究。

2. 强化债权管理应进行信用风险管理

长期以来,在债权管理方面,由于我国企业普遍没有进行信用风险管理,应收款项的呆坏账损失成为一种普遍的现象,而且许多企业逾期账款应收款项的呆坏账损失特别严重。①

　　为了削减和预防避免大量呆坏账损失,企业应该从根本上改变信用管理落后的状况,必须从企业的管理入手,采取全程信用管理模式,对企业的应收账款进行全过程、全方位的管理。

　　(1)建立合理的信用管理组织机构。目前我国大量企业在组织机构及其职能设置上不能适应现代市场竞争及信用管理的要求,需要建立一套科学的信用管理组织结构。为此:一是需要建立企业最高管理决策层对信用决策业务的领导和控制组织机构,即应当建立一个在总经理或董事会直接领导下的独立的信用管理部门(或设置信用监理),有效地协调企业的销售目标和财务目标,在企业内部形成一个科学的风险制约机制,防止任何部门或各层管理人员盲目决策所可能产生的信用风险;二是需要明确划分信用管理职能。将信用管理的各项职责在各业务部门之间重新进行合理的分工,信用部门、销售部门、财务部门、采购部门等各业务部门各自承担不同的信用管理工作,必须按照不同的管理目标和特点进行科学的设计。

　　(2)建立全程信用风险管理制度。目前我国一些企业不能很好地实施信用管理措施,是因为缺少一套科学的信用管理制度。为此,需要建立一套全程信用风险管理制度。一是需要建立企业信用事前控制制度。它应是对客户信用信息的搜集、客户资信档案的建立与管理、客户信用分析管理、客户资信评级管理和客户群的经常性监督与检查等方面的,企业客户资信管理制度;二是需要建立企业信用事中控制制度。它应是对客户信用政策的制定及合理运用、信用限额审核和销售风险控制等方面的,企业赊销业务管理制度;三是需要建立企业信用事后控制制度。它应是企业对应收账款总量控制、销售分类账管理、账龄监控与货款回收管理和债权管理等方面的,企业应收账款监控制度。

　　(3)应用先进的信用管理技术。目前我国大量企业在信用管理的业务手段上,与国外管理先进的企业相比还相当落后,掌握信用管理技术的人才也相当稀缺。为要较好地实施信用管理必须努力应用先进的信用管理技术。为此:一是

────────────

　　① 2004年中央企业实现利润4784.6亿元,清产核资共清出各类资产损失共3521.2亿元。由于债权管理不善发生应收项的呆坏账损失造成的约占资产损失总额的40%即达1408.48亿元,应收款项的呆坏账损失造成的资产损失吞噬了企业利润29.4%,它大大削弱了中央企业的偿付能力和继续参与市场竞争的能力。《国资委新政向3500亿电信央企不良资产开刀》,《通信产业报》2006年6月17日,www.tech.memail.net/051114/132,33,2023026,00....27K。

需要建立客户信用分析模型,科学分析、预测客户信用风险的大小,科学判断客户的真实偿付能力;二是需要采取科学、规范的办法完善客户的信用风险等级划分办法;三是需要在实践中科学地对客户制订信用限额。①

三、加强企业信用环境制度和制度建设

当前,我国信用秩序相当混乱,信用缺失现象相当严重。并且,忽视甚至践踏信用现象也较为普遍。②

较长时间以来,我国银行因企业、个人信用环境不好、信用制度不健全惜贷现象相当普遍。同时银行不良贷款长期居高不下,信贷风险困扰金融机构的现象也相当严重。

与此同时,我国资本市场、特别是证券市场信用缺失现象也相当严重。著名的"基金黑幕"、"银广夏造假"、"郑百文虚增盈利"等等案例早已闻名中外。

现在我国国家政府信用、银行信用、商业信用和民间信用的环境和制度都不同程度存在种种问题,但其中银行信用和商业信用问题最为突出。信用环境不良、信用制度不完善、不规范正是影响我国投资和消费扩大,影响我国金融、商贸

---

① 参考谢旭:《如何应对账款拖欠难题?》,《中外管理》2002 年第 11 期。

② 近年来,我国民事案件逐年递增,1999 年为 351 万件,2000 年为 473 万件,2001 年总量为 507 万件,1993—1997 年民事案件共为 2241.7 万件占全国诉讼案件总量的 60.2%,1998—2002 年民事案件共 2962 万件,占全国诉讼案件总量的 77%,比 1993—1997 年提高了 16.8 个百分点,比 1993 年至 1997 年增加了民事案件 678 万件,其诉讼金额达 31971 亿元,增长 2.4 倍。不管是绝对数量还是所占诉讼件总量的比例都呈上升趋势,其中主要还是债权债务案件。失信导致合同失效现象也频繁出现。《中华人民共和国最高人民法院公报》,1998—2003 年。

《新华每日电讯》2003 年 3 月 5 日报道,据工商部门不完全统计和有关调查数据显示:我国全年签订合同 40 亿份,标的 140 万亿,平均合同履行仅占 50%。

《江苏经济报》2002 年 3 月 6 日报道,我国每年因逃废债务造成的直接经济损失约 1800 亿元,由于合同欺诈造成的直接经济损失约 55 亿元,由于产品质量低劣和制假售假造成的经济损失至少在 2000 亿元,由于三角债和现金交易增加的财务费用约 2000 亿元。这样,每年由于信用问题造成的损失高达 5855 亿元。而我国一年 GDP 新增产值仅约 7000 亿元。

《金融时报》2002 年 9 月 19 日报道,国务院发展研究中心副主任在陈清泰 2002 年 9 月 18 日召开的"社会主义信用建设与中国诚信发展专业座谈会"上曾指出:"据有关方面估计,我国企业失信行为带来的直接和间接损失已达 GDP 的 6%—10%。"

《第一财经日报》2005 年 3 月 4 日(记者侯利红)报道,上海社科院市场信用研究所所长助理马文洛向记者透露了这样一组数据:因假冒伪劣、合同违约、行贿受贿、虚假信息披露等信用缺失行为,我国企业每年都要付出近 6000 亿元损失的巨大代价,这相当于中国每年财政收入的 37%,相当于全国 GDP 减少 2 个百分点。马称"这还是两年前的数字"。

等企业经济、产业经济及整个国民经济发展的一个重要原因。而要实现建设小康社会的宏伟战略目标,我们必须立足现实,面对现实我们必须选择努力加强信用环境和制度建设,才能进一步推进我国投资和消费扩大,推进我国金融业、商贸业等企业经济、产业经济及整个国民经济发展。正因为如此,当前,我国加强信用环境和制度建设自然就具有现实紧迫性。

强化债权管理,加强信用环境制度和制度建设,重点是应加强企业信用环境制度和制度建设。

当前我国信用秩序混乱,信用缺失现象产生的一个重要原因在于企业信用建设尚不完善、不规范,企业信用管理也还很不适应市场经济发展的客观需要。应把企业信用建设作为我国信用体系建设的基础。加强企业自身信用建设和企业信用管理工作对企业生存和发展都具有十分重要的意义和作用。因此,加强信用环境和信用制度建设还应努力加强企业信用建设和企业信用管理工作。为此,应采取以下几方面政策措施:

1. 应努力增强企业诚信观念,提升企业诚信意识,努力塑造企业的诚信品牌形象。诚信是企业生存发展的基础和灵魂。企业的生存发展必须建立在诚信基础之上才可能真正具有拓展能力和超强的竞争力。各级企业行政管理部门、广大企业经营者和企业职工都应在不断提升诚信意识的基础上,把打造企业诚信品牌作为创造企业无形资产的重要战略。

2. 应尽快建立企业信用制度。企业信用制度是企业信用行为和信用活动的基本规范或一般规定。其主要内容应包括:企业信用行为和信用活动的规范界定,为企业提供信用服务中介机构的业务范围和经营规则;企业信用风险防范、监督管理和责任追究的相关政策措施等等。我国应依据国家相关法律法规和政策、借鉴国内外成熟经验和规范做法,抓紧制定符合我国社会主义市场经济条件下,企业发展客观需要的企业信用制度。

3. 应加强企业内部信用管理。加强企业信用建设一个重要内容是需要建立企业内部信用管理制度,加强企业内部信用管理,堵塞企业内部漏洞,防止企业信用风险。加强企业内部信用管理应建立规范的企业信用组织管理机构、企业客户资信管理制度、企业授信制度、企业应收账款管理制度和企业内部信用管理责任制度等等企业内部信用管理制度,并切实执行这些企业内部信用管理制度。

4. 应建立企业信用评价体系。加强企业信用建设应建立规范、统一的企业信用评价体系。应以企业信用制度为依据(在企业信用制度未建立前以企业信用相关法律法规为依据)制定企业信用评价标准,建立企业信用评价机构,加强对企业信用评价工作的协调、指导和监管工作。

5. 应建立企业信用担保体系。建立企业信用担保体系可建立各种形式的企业信用担保机构,按市场规律运作,有效防范企业信用风险,提高企业运营效率。

6. 应尽快建立企业信用查询系统。我国各级企业行政管理部门、工商、银行、统计、技监、海关、税务、司法等与企业信用管理有关部门应联合组建企业信用信息征集系统和企业信用信息数据库,提供企业信用数据统一检索平台,逐步实现企业信用信息查询、交流和共享的社会化。

第三节　债务重组化解不良资产

一、化解企业不良债务的基本政策

目前我国大型国有经济主体企业资产质量明显不高,大量不良债务存在,影响企业的正常经营,降低企业信誉,也相应会加大金融风险,成为制约进一步深化改革与发展,进行股份制改造的一大障碍。

因此,必须着力消减化解大型国有经济主体企业不良债务,卸掉多年生成和积累起来的企业债务包袱,才能进一步为深化改革和发展,进行股份制改造打好基础,创造条件。

我国大型国有经济主体企业债务现在主要体现在金融债务上,尤其是不良债务数额大、比重高。[①] 在现实经济生活中,企业的不良债务反映到银行,就表现为银行的不良债权或不良资产。所以,大型国有经济主体企业不良债务与银行不良债权和不良资产是同一个矛盾的两种表现。正因为如此,消减化解大型国有经济主体企业不良债务,主要是要消减银行不良贷款,化解银行不良资产。

---

① 据工商、农业、中银、建设四大国有商业银行统计,2004 年底,大型国有经济主体企业较多的辽宁省国有企业在四大国有商业银行的不良债务达 692 亿元,加上中国银行、建设银行股改时剥离的 283 亿不良贷款,总计达 975 亿元,约占国有企业贷款总额的四分之一。其中,工商银行的不良贷款 586 亿元(在工商银行股改需要剥离 730 亿元不良贷款之中),占国有企业在银行不良债务的 60%(2005 年 7 月 21 日,辽宁省人民政府研究室:《处置国有企业不良债务的对策研究》,www.cce365. com/wenzhang_detail. asp?id =660...59K,2006 年 8 月 21 日,百度快照)。

目前我国大型国有经济主体企业不良债务或银行不良贷款是个社会范围内共同存在的问题;这个问题的形成,不是个别企业、个别银行经营中的失误或个别企业、个别银行对市场不适应造成的。而是社会经济体制剧变造成的必然结果。

从宏观上看,我国大型国有经济主体企业和银行的不良资产和债务多数都是长期生成和积累起来的,其成因除企业和银行经营管理不善外。同时,也是我国经济改革和经济运行过程中诸多矛盾长期发展的必然产物。

第一,它是由于我国长期实行高度集中的计划经济体制的产物。

在计划经济体制下,企业资金先是由国家财政拨款包干供给,后来由财政拨款改为银行贷款。这种企业资金制度改革的初衷在于增强企业的时间价值观念,促进企业改善经营机制,提高企业资金使用效益。这种改革在当时及实行改革后的一般时期内,收到了一定成效。但由于企业未实行市场经济经营机制、经营效益低,不少银行信贷成为负债,企业负债率高,致使银行贷款难以收回或根本无法收回,这样,便造成大量银行不良资产。

第二,它是由于我国长期实行高度集中的信贷体制的产物。

在我国高度集中的计划经济体制下,银行信贷也高度集中。在高度集中的有计划的信贷体制下,银行信贷不是根据企业进行商品生产和经营的实际需要,而是根据政府、部门和地方经济计划的要求或各级行政部门及其行政长官的旨意投放。由于计划经济体制下各部门、各地方的经济发展计划或行政部门及其行政长官的旨意往往脱离客观需要。或盲目追求"小而全"、"大而全";或盲目争项目、上项目,资本金注入不足或无资本金注入;或大量重复建设;或主观臆断,往往造成投资失误。这也导致大量银行贷款成为不良负债,使银行信贷成为不良资产。①

第三,它是由于我国长期实行传统的企业制度和银行制度的产物。

---

① 据人民银行2003年底对10.8万户企业调查,由于企业盲目投资及其经营不善造成的不良债务占46.2%。同时,在高度集中的有计划的信贷体制下,为了维护社会稳定和国家有关政策接收划转以及指令性发放的贷款,银行相应承担了大量政策性贷款任务。这些政策性贷款自然也是无法收回的。有关经济统计资料显示:从80年代中期到90年代末,是我国国有企业高负债和不良债务的主要形成期,其中由于政策性因素形成的不良贷款就约占25.7%。2005年7月21日,辽宁省人民政府研究室:《处置国有企业不良债务的对策研究》,www.cce365.com/wenzhang_detail.asp?id=660...59K,2006年8月21日,百度快照。

从宏观意义上分析,在我国传统的企业制度和银行制度条件下,企业和银行的资金制度、财产制度和经营管理制度都是所有权与经营权合一的,政企不分的经济组织制度。企业和银行的资金筹集和投放都受计划制约,企业需要资金,通过政府(部门或地方)计划指令由财政拨款或银行贷款供给,银行信贷指标依据政府(部门或地方)旨意投放。企业取得银行信贷资金后,由于仍实行的是一种不能自主集资和投资的企业资金制度,并且实行的是一种企业财产所有权与经营权及其职能、机构合一的企业财产制度和企业经营管理制度,企业产权关系不清晰、责权关系不明确,政企不分、管理不科学。这就往往容易造成大量投资决策失误,经营效益低下,并且容易造成企业高额亏损和不良负债。而由于银行不仅贷款投放受计划和行政旨意制约,贷款收回也因受企业投资经营效益低下制约和政府行政旨意制约而无法保全。这样也必然使大量银行信贷成为不良资产。与此同时,由于传统的银行制度,也是一种所有权与经营及其职能、机构合一,政企不分的金融企业制度。银行在非信贷业务的经营管理中,决策失误、经营管理不善,也必然使部分资产因经营效益低下而成为不良资产。从我国国有企业和银行改革发展历史进程来看,我国大型国有经济主体企业和银行的不良资产和债务,多数也正是在我国经济、金融体制改革和我国经济运行过程中生成积累起来的。

我国改革前至上世纪80年代初期,国有企业的固定资产投资基本是由国家财政无偿拨款供给的,所需流动资金,多数时期由财政和银行两家双口供应。财政的无偿资金供给占据相对主要的地位。

80年代中期,随着经济体制改革的推进,企业债务问题开始形成和积累。1983年和1985年,国家先后推行企业流动资金的全额信贷供应和"拨改贷"两大措施。企业流动资金的全额信贷供应使国有企业的流动资金源于对银行的负债。"拨改贷"使国有企业的固定资产投资资金也主要来源于对银行的负债。

企业实行流动资金的全额信贷供应和"拨改贷"两大改革措施后,由于国有企业未实行市场经济经营机制,经营效益低;国有企业留利水平低,自我积累少,资金主要靠负债解决;国有企业承担的非经济职能多,社会职能过多,社会负担重;国有企业产权关系不明晰,预算约束软化,负债约束弱化。容易不顾偿债能力与筹资风险盲目举债;国有企业融资渠道单一,实行"拨改贷"后,国有企业只能依靠银行筹措资金,致使银行负债越来越多;国有企业受行政干预及政策因素影响大。常常被迫接受地方政府盲目立项投资,被迫缴纳各种不合理的摊派费,企业恶性负债比重大等等原因,在实行企业流动资金的全额信贷供应和"拨改贷"两大改革措施后负债率不断增高,银行大量贷款难以收回或根本无法收回,这样,便开始使大量银行信贷成为不良债权,开始造成了大量银行不良资产。

不过在 80 年代中期,推行企业流动资金的全额信贷供应和"拨改贷"两大措施后,虽已开始导致一些企业的负债率陡然上升,企业债务问题开始显现,但没有尖锐化。因为当时有两个因素掩盖了企业债务问题。一是与"拨改贷"同时实施的第二步利改税采用了税前还贷的措施,使企业具有一定的税前还贷能力,没有受到债务负担的挤压;二是由于各专业银行的国家出纳性质尚未改变,按照国家有关政策,承担了重点项目、统购统销、技改等贷款及相关的配套贷款,银行资产质量问题尚未引起重视,体制性因素掩盖了银企债务问题。是 90 年代中期经济体制市场化改革中,企业债务问题才成为表面化和尖锐化问题,并且才成为进一步深化国有企业改革和金融改革的障碍。

1993 年,按照国际惯例,我国实行了与市场经济体制相吻合的新财会制度,使国有企业财务与国家财政之间除规范的税利联系外彻底分开,国家对企业的资金投入表现为所有者权益,企业实行自负盈亏,切断了企业资金无偿来源于国家财政的通道。国家同时取消了国有企业税前还贷的规定,而由企业依靠自身的力量来偿还。这时企业债务问题成为企业的敏感问题,成为从根本上影响到企业的生存和发展的问题。

从银行方面看,90 年代中期我国专业银行的商业化把银行的资产质量问题提到了银行经营的日程上来。1995 年专业银行商业化改革把银行推向了注重流动性、安全性和盈利性的经营轨道,资产质量高低成了商业银行至关重要的经营指标,并直接关系到银行在国内外的信誉评级。按照商业化的银行经营原则,为保证自身对社会公众存款客户的支付能力,银行必须收回企业的债权,但企业按照税后还贷的规定和现有盈利水平却无力偿还,造成银企债务矛盾更加尖锐化。

改革开放三十多年以来,我国经济体制、银行信贷体制、企业制度和银行制度虽已有了不少改革,但这些改革还是一个不断逐步深化发展的过程。目前,我国经济体制、银行信贷体制、企业制度和银行制度的种种弊端虽已经有了一定程度的消除,但仍未从根本上解决问题。所以,我国大型国有经济主体银行和企业不良资产和债务还在继续生成,有的甚至还在扩大。

正是由于目前我国大型国有经济主体企业不良债务或银行不良资产是社会

经济体制转变的必然结果。所以,我们就不可能借个别企业的整顿和提高经营管理水平来解决,也就不可能借少数企业破产,银行呆账贷款冲销或财政拨补得到真正的解决。它只能由财政、银行、企业、社会投资者共同承担、共同解决。只有把企业不良债务的消减,同银行不良贷款的转化消减、企业产权制度改革与现代企业制度的建立、国家投资制度的改革以及引进外资结合起来,综合治理,统筹解决。

也正是由于目前我国大型国有经济主体企业不良债务或银行不良资产是社会经济体制转变的必然结果。所以又不是银行或企业单方面可以解决的,也不是仅靠银行或企业改善经营管理就能根本解决的问题。而要政府、企业、银行三家共同分担、共同努力才能根本解决的问题。

二、行政化手段和办法化解企业不良债务评析

目前我国大型国有经济主体消减企业不良债务采用的行政化手段和办法主要有冲销呆坏账、剥离不良贷款、债转股等。采用这三种手段和办法化解企业不良债务,虽已显现一定成效,但仍难于大幅度处置企业金融债务,消减银行不良贷款,不能从根本上解决化解企业不良债务问题。

1. 冲销呆坏账

冲销呆坏账这是当今世界上各国在商业银行不良贷款占全部贷款比率过高时,较普遍采取的处置企业金融债务,消减银行不良贷款的重要办法和途径,也是我国大型国有经济主体企业化解企业不良债务的一种手段和办法。

问题在于我国在 1999 年以前,商业银行只能按差额提取 1% 的呆账准备金,而且这 1% 的呆账准备金在使用时必须得到财政部和税务部门等的层层批准,呆账的冲销很难。2001 年以来,允许商业银行根据贷款的实际情况提取呆账准备金,但是,因为不良债权数额庞大,银行是难以承受的。同时,并且提取过多的呆账准备金,又会使银行长期亏损,银行营业经营是难以维持的。

因此,通过采用冲销呆坏账冲销损失类贷款只是一种十分有限地降低不良贷款比率的办法和途径,它是不能大幅消减银行不良贷款,并从根本上化解企业不良债务问题的。因而是不能成为今后化解企业不良债务问题的主要手段和办法的。

2. 剥离不良贷款

剥离不良贷款也是当今世界各国在商业银行不良贷款占全部贷款比率过高

时,较普遍采取的处置企业金融债务,消减银行不良贷款的重要手段和办法,也是我国大型国有经济主体企业化解企业不良债务的一种手段和办法。为处置企业金融债务,消减银行不良贷款,我国从1999年开始,已先后通过组建四家金融资产管理公司,对口收购四家国有商业银行在1995年以前形成的总额高达1.4万亿元的不良贷款。在此之后,本来认为四家银行应该轻松上阵转向国有商业银行,不应该再出现不良资产,但时隔几年之后,中行、建行和工行又实施了再次剥离。①

由此看来,用剥离不良贷款来处置企业金融债务,消减银行不良贷款也是不能大幅降低不良贷款比率,削减企业消减银行不良贷款的。国家在2000年曾宣布今后不再从国有商业银行剥离新的不良贷款。可见,剥离不良贷款也是不能成为今后化解企业不良债务问题的主要手段和办法的。

3. 政策性债转股

政策性债转股是把一部分有市场、有发展前景、仅由于负债过重而陷入困境的企业,通过金融资产管理公司,将银行的债权转为股权,帮助企业走出困境,防范和化解金融风险。它也是1999年根据中国国情,并借鉴美国资产重组托管公司(RTC)等国外解决银行机构坏账经验而采取的一项重要措施。②

政策性债转股实施后主要在减轻债转股企业利息负担;增强债转股企业的市场竞争力;促进债转股企业非生产经营性资产剥离;促进中西部国有企业的发展等方面显现了一定的成效和作用,并对国有企业改革和发展起到了一定的推动作用。

但是,因为债转股主要是对1995年底以前的银行不良贷款实行债转股,在这之后银行内部形成的不良贷款依然需要解决;债转股毕竟只是一种股权融资方式。债转股实施后,银行的债权会转到资信较好的企业,但债权或股权潜在的

---

① 统计资料显示:四大金融资产管理公司从央行再贷款6700亿元,才收回来2000亿元,借人民银行6700亿元,既没付息,也没还本,收回三分之一不到。无怪乎有人认为"倘若不剥离,仍然放在四家国有银行,收回率最少也能达到这个水平。"余丰慧:《5万亿元金融不良资产大单不能白埋》,www.cnfol.com,2006年4月26日,新华网。

② 截至2004年6月底,4家金融资产管理公司政策性债转股项目总共已有557户,涉及转股金额3060.79亿元。其中,已签约未批准项目6户,转股金额28.30亿元;已注册新公司项目456户,注册资本7263.68亿元,股权金额2036.92亿元。4家资产公司累计实现股权退出变现59.72亿元,股权现金分红62.66亿元。《四部委摸底债转股项目》,www.ctiqd.com.cn/printpage.aspArticleID=73393K,2005年7月17日,百度快照。

风险并没有减少,其原因可以是多重的。如企业经营的风险、企业重组整合的风险、企业制度的风险,等等,但关键是企业制度风险,因为规范的现代公司法人治理结构不可能在相对短的时间内普遍建立起来,实施债转股还有许多"道德风险"。

实施政策性债转股的上述制度性缺陷,正如国资委改组局在专门撰文分析,为什么要清查政策性债转股时曾指出:首先是债转股的规模不断扩大,造成中央财政和金融资产管理公司的运作不堪重负,而企业的经营状况依然如故,一些企业由于还维持低效率运行,进而又在产生大量新的不良债务;其次是一些国企在债转股后,其经营情况并没有改变,公司治理结构也没有大的改善,再加上融资产管理公司面对国有企业固有的产权缺陷,在企业重大事务决策并不具备决策权;最后就是最难以克服的道德风险进一步加剧了银行体系的风险。①

据报道:实施债转股近六年来,金融资产管理公司已经将容易操作的企业项目都做了,余下的就是实施债转股有一定困难的。其困难大致分为三类:一是企业资产状况差,实施债转股效果不经济的;二是原企业资产状况不错,但并不愿意被金融资产管理公司将债权转为股权的;三是债转股的转让价格问题上不能达成一致。

正是基于这些原因和情况,看来实施政策性债转股也不可能成为我国大型国有经济主体企业今后大幅度处置企业金融债务,消减银行不良贷款问题的主要手段和办法的。

三、市场化手段和办法化解企业不良债务评析

既然上述行政化手段和办法不可能成为我国大型国有经济主体企业今后大幅度处置企业金融债务,消减银行不良贷款问题的主要手段和办法。那就只有市场化手段和办法才可能成为我国大型国有经济主体企业今后大幅度处置企业金融债务,消减银行不良贷款问题的主要手段和办法。

所谓化解企业不良债务的市场化手段和办法是指应通过资本市场交易债务资产证券或产权,化解企业不良债务的手段和办法。化解企业不良债务的市场化手段和办法当前和今后一定时期内主要是指商业性债转股、股权出售、产权置

---

① 《四部委摸底债转股项目》,www. ctiqd. com. cn/printpage. aspArticleID = 7339 3K, 2005 年 7 月 17 日,百度快照。

换、资产重组、资产出售、外资参与及其他债务等等。

市场化手段和办法是国外大量处置企业金融债务,消减银行不良贷款的主要手段和办法。

在国外发达国家和地区,冲销呆坏账通常是商业银行不良贷款占全部贷款比率过高时,根据贷款的实际情况提取呆账准备金,冲销呆坏账损失的。而不是由政府通过政策优惠给企业核销呆坏账损失的。

在国外发达国家和地区,金融资产管理公司借助于社会中介机构将不良贷款估价后直接购买,不良贷款折价出售造成的损失由银行自己负担,银行往往是将这部分损失归入损失类贷款用贷款呆账准备金及时冲销。成立金融资产管理公司在购入不良贷款后,将承担不良贷款变现的所有风险。而不是不良贷款剥离所有风险损失全都由国家"埋单"。

在国外发达国家和地区,债转股也是商业性债转股,要按《公司法》股权制度要求运作而不是按行政化政策要求操作。

主要以市场化手段和办法大量处置企业金融债务,消减银行不良贷款也是我国大型国有经济主体企业和银行深化改革和发展的客观需要。

第四节　规范发展资本市场　化解企业不良债务

一、资本市场与企业不良债务

我国大型国有经济主体企业不良债务和银行不良资产的生成和扩大除前述体制原因外,其重要原因那就是长期以来我国资本市场很不发达,特别是长期以来,作为资本市场主要组成部分的证券市场和产权市场尚未形成或虽已形成,但还很不发达。

第一,在我国长期实行计划经济高度集中的财政金融体制下,由于只允许单一的银行信用存在,不可能出现多种信用形式和融资的工具,有价证券等资本商品无法形成。所以,资本市场也就不可能形成、发展起来。长期以来,由于作为资本市场主要组成部分的证券市场,包括股票市场、债券市场和投资基金市场等有价证券市场没有形成和发展起来,我国企业(主要是指国有企业)的融资仅靠银行信贷,融资渠道单一。在资本金补充单纯依赖银行信贷的条件下,企业高负债经营风险容易转嫁给银行,而使银行投向企业的贷款形成不良资产。

第二,在我国长期实行计划经济高度集中的财政金融体制下,由于融资渠道单一集中,银行和企业产权市场未形成发展起来,银行信贷资金和企业经营财产的产权都不能通过证券市场和产权市场,在社会上流动。企业贷款形成的存量资产和增量资产,因无法适应市场供求关系变化需要而盘活或回避化解风险,往往也容易因经营效益低下导致高额负债经营,而致使银行信贷资产成为不良资产;银行因企业产权无法进行社会流动,也就无法将投向企业的信贷资产,通过产权交易进行重组变现收回,因而也会形成大量不良资产。

第三,在我国长期实行计划经济高度集中的财政金融体制下,由于作为资本市场的证券市场和产权市场没有形成,企业和银行融资与投资渠道高度集中统一、单一。企业需要资金全靠银行、银行也要依赖企业。即使企业经济效益低下,银行也仍然要被迫向企业继续提供贷款。这样,也往往会造成企业大量亏损,高额负债和银行不良资产同步增长。同时,由于证券市场、产权市场没有形成,银行资金来源少,负债流动水平低,业务范围窄,收入结构单一,融资效率低,许多资产因经营效益低下,抗风险能力弱,也必然成为不良资产。

当然,近十几年来,随着我国企业股份制改革和国家财政金融体制的逐步深化发展,作为我国资本市场主要组成部分的证券市场和产权市场已逐步形成和发展。企业和银行的不良债权债务关系已经有了可喜变化,银行经营水平和经营效益有所提高,但由于资本市场和产权市场还很不发达,化解企业和银行不良资产形势仍然相当严峻。所以,我国应继续深化企业和银行体制改革,继续深化财政金融体制改革、特别应继续努力规范发展资本市场,努力运用资本市场机制化解企业不良资产,从而化解银行不良资产。

二、规范发展资本市场对化解企业不良债务的意义

随着经济体制改革的逐步深化发展,现代企业制度的逐步建立和完善,直接融资比重会越来越提高,资本市场具有广阔的发展前景。规范发展资本市场对化解银行不良资产的意义和作用会越来越大。并且,发展资本市场对化解大型国有经济主体企业不良债务和银行不良资产具有特别重要的现实意义。

首先,规范发展资本市场对促进企业深化改革、增强活力、提高效益、加快发展具有十分重要的现实意义。

我国大型国有经济主体企业改革目前仍处在建立"产权清晰、责权明确、政企分开、管理科学"的现代企业制度,实现制度创新的攻坚阶段。大型国有经济主体企业制度创新是一个把深化企业制度改制同调整优化企业结构,加大企业

技改力度,加强企业管理结合起来,也就是把改制同改组、改造和加强管理结合起来的系统工程。

第一"改制",即大型国有经济主体企业制度改革的基本或主要形式是股份制或公司制。大量大型国有经济主体企业要推行股份制,要组建股份有限公司和股份制企业集团,就需要发行股票、债券、投资基金。股票、债券、投资基金要合理流动和流通,这就必须要有相应的证券市场。证券市场是资本市场最重要最主要的组成部分,因此,随着大型国有经济主体企业股份制改制的发展,股份制或公司制的大量实行,大型国有经济主体企业制度改革本身也就需要规范发展资本市场。正因为如此,规范发展资本市场可以促进我国大型国有经济主体企业改制深化发展。

第二"改组",即大型国有经济主体企业结构调整和资产重组。大型国有经济主体改制企业在建立"产权清晰、责权明确、政企分开、管理科学"的现代企业制度,实现其制度创新的过程中,必须适应市场激烈竞争的需要,适时合理调整企业产业结构、企业组织结构和企业产品结构,进行企业债务重组或资产重组。所以,大型国有经济主体改制又必须和改组结合起来。大型国有经济主体改组、无论是债务重组还是资产重组都离不开长期资金市场,即资本市场。因此,随着我国大型国有经济主体企业重组的发展,同样也需要规范发展资本市场。正因为如此,规范发展资本市场又可以促进我国大型国有经济主体企业改组,即结构调整和资产重组发展。

第三"改造",即大型国有经济主体企业技术改造。大型国有经济主体改制企业在建立"产权清晰、责权明确、政企分开、管理科学"的现代企业制度,实现其制度创新的过程中,要实现其优化结构的改组目标,必须进行相应的技术改造,并应加快技改速度,加大技改力度。所以,大型国有经济主体企业改制又必须和改造结合起来。大型国有经济主体企业要实现其技改目标,需要选好技改项目,更需要筹措大量技改资金,技改资金属长期资金。也需要通过资本市场直接融资,才能从根本上解决大量企业的技改资金问题。因此,随着我国大型国有经济主体企业技改速度加快,力度加大,同样也需要规范发展资本市场。正因为如此,规范发展资本市场又可以促进我国大型国有经济主体企业技术改造发展。

第四,大型国有经济主体企业在建立"产权清晰、责权明确、政企分开、管理科学"的现代企业制度,实现制度创新的过程中,无论是继续深化企业制度改革,还是要进一步搞好改组和改造工作都离不开加强管理,都必须和加强管理结合起来。加强企业管理,既需要内在压力,又需要外在压力。资本市场不仅是大型国有经济主体企业改制、改组和改造的助推器,而且也是从企业外部促进其加强管理,改善运营机制的重要市场制度。要从企业外部促进大型国有经济主体企业加强管理,同样也需要大力规范发展资本市场。也正因为如此,规范发展资本市场还可以促进我国大型国有经济主体企业加强管理。

正是由于规范发展资本市场,可以推进我国大型国有经济主体企业改制、改组、改造深化发展和加强管理,因而,也就可能进一步促进我国大型国有经济主体企业增强活力,提高效益,加快发展,降低资产负债率。大型国有经济主体企业资产负债率的降低意味着对银行的负债减少。因而,规范发展资本市场,对推进企业减少银行债务,直接化解银行不良资产的现实意义是十分重大的。

其次,规范发展资本市场对促进银行改革发展,增强活力,提高效益,加快发展也具有十分重要的意义。

第一,规范发展资本市场,可以开辟银行新的资金来源,提高负债的流动水平。发展资本市场对大型国有经济主体商业银行的资产来源数量具有双重影响:一方面,它可以提高整个社会的储蓄水平,扩大包括商业银行在内的整个社会金融体系的资金来源;另一方面又可以改变社会资金在各个金融机构的分配格局,在分流部分居民储蓄存款的同时,其流回银行体系的资金又可以成为增加商业银行新的资金的重要来源。流回银行的证券发行市场上的股票申购资金、股本资金、股票交易资金、券商结算资金等,其流动性特别强。商业银行吸收这类性质的存款越多,其负债的流动性也就会越高。因而,这对化解银行不良资产也就具有重要现实意义。

第二,规范发展资本市场,可以改变和扩大银行业务范围,改善银行收入结构。随着证券市场的发展,企业融资渠道多样化、企业可以通过发行股票、债券、投资基金集资融资而减少对银行中长期信贷的需求。银行在减少中长期信贷业务的同时,可以大力拓展中间业务,为企业在资本市场上进行直接融资提供各种金融服务。如拓展诸如代理发行股票、债券和投资基金证券、代理证券收益分配、代理投资基金保管业务、代理实行证券交易资金清算业务以及企业并购咨询、策划、融资等种种投资银行业务。这样,也就可以使银行收入结构多样化。

第三,规范发展资本市场,可以促进金融业的竞争,从而促进大型国有经济主体银行提高融资效率。发展资本市场不但可以促进银行和非银行金融机构的竞争,而且可以促进商业银行之间的竞争。银行业竞争的加剧也就必然促进金融市场融资效率的提高。银行在竞争中要不断提高融资效率也就必然要加强科学决策,加强经营管理,努力降低经营成本,提高经营效益。

正是由于规范发展资本市场可以促进银行开辟新的资金来源,提高负债流动水平,可以扩大银行业务范围,改善银行收入结构,提高银行融资效率。从而可以提高银行资产经营效益和抗风险能力,因而,这对化解银行因经营效益低下形成的不良资产的现实意义也是十分重大的。

三、规范发展资本市场化解企业不良债务的思路对策

规范发展资本市场,化解大型国有经济主体企业不良债务和银行不良资产需要把资本市场发展的一般规律和要求与我国大型国有经济主体企业和银行的实际情况结合起来,为此,我们可遵循以下几条基本思路和对策。

第一,对具有大量银行不良债权的大型国有经济主体企业应加快其股份制改造速度,加大其股份制改造力度。完善其股份制改制制度,规范其股份制改制行为。

由于股份制企业是作为资本市场重要组成部分的证券市场的基础和重要组成部分,搞好具有大量银行不良债权大型国有经济主体企业的股份制改造,既可以促进这些企业加快建立"产权清晰、责权明确、政企分开、管理科学"的现代企业制度的步伐,增加这些企业对市场经济的适应能力,提高这些企业的活力和经济效益,降低这些企业的资产负债率,从而减少这些企业对银行的负债;又可以促进证券市场和产权市场进一步规范发展,从而推进企业和银行制度创新和发展。

具有大量银行不良债权企业未进行股份制改造的,应努力创造条件,尽快抓紧进行股份制改造;正在进行股份制改造的应加大其改造力度,加快其改造速度;已进行改造的应进一步完善制度、规范行为。特别应努力积极探索其重点难点问题。尤其应努力解决好建立健全国有资本出资人制度问题,理顺出资人制度与法人制度的关系;努力建立完善、科学、规范的法人治理结构,理顺法人治理结构与党的基层组织、职工民主管理的关系;加大剥离企业办社会职能;完善监督机制,加强企业经营管理的透明度;妥善处理好下岗职工再就业和社会保障问题;进一步推进政企分开,加快公司进入市场,实行自主经营、自负盈亏步伐。

第二,进一步加快规范发展证券市场的步伐。

由于证券市场包括证券发行市场和证券交易市场,规范发展证券市场,既要

规范发展证券发行市场,又要规范发展证券交易市场。

规范发展证券发行市场,可以通过利用证券发行市场,对具备股票、债券和投资基金发行条件的,具有大量银行不良债权的大型国有经济主体股份制企业,增发股票、可转换债券、债券和投资基金、改善企业资产负债比例、优化企业资本结构、降低银行信贷资产风险,减少银行不良资产;规范发展证券交易市场,可以使具有银行不良债权的上市企业股票、债券和投资基金交易规范,降低交易成本和风险、提高企业信誉和效益,促进企业发展。

国家和地方可采取适当倾斜优惠政策,扶持支持那些暂时困难而发展前景好的具有大量银行不良债权的大型国有经济主体企业,通过公司股票上市、增发股票、债券或可转换债券等方式改善资产负债比例,优化资本结构,逐步化解银行不良债权。同时应坚决贯彻《公司法》和《证券法》,努力规范股票、债券、投资基金、可转换债券等证券发行交易制度和行为,逐步扩大上市证券品种和规模,大力培育机构投资者。努力发挥证券市场对化解大型国有经济主体企业不良债务和银行不良资产的功能和作用。

第三,进一步加快培育和规范发展产权市场的步伐。

由于产权市场既包括股权产权市场,又包括非股权产权市场。同时这两种产权市场都可以使具有银行不良债权的企业通过并购、重组、盘活存量资产、改善资产质量、优化资本结构和债权、债务结构。所以,规范发展产权市场,既可以促进大型国有经济主体企业结构调整和资产与债务重组,又可以使大型国有经济主体企业降低资产负债率,减少银行不良债权,化解银行不良资产。国家和地方应努力加快产权市场法制建设,进一步建立健全产权交易市场制度,进一步规范产权交易行为。在产权交易中,应努力搞好资产评估、产权界定、议定公平的交易价格、努力降低交易费用成本、努力做好并购、重组双方的磨合工作和其他各种善后工作,特别应注意在产权交易中要努力防止公有资产流失和逃废银行债务。

第四,将部分银行不良债权转换成商业性股权。

对于那些暂时困难而发展前景看好的具有银行不良债权的企业,银行可逐步将这些企业的部分不良债权转成商业性股权,通过参与企业股份经济运作逐步收回信贷资产,从而化解不良资产。

第五,大力发展资本市场的中介组织,为化解大型国有经济主体企业不良债务和银行不良资产及企业重组服务。

　　为了适应发展资本市场,推进大型国有经济主体企业资产债务重组和化解其不良债务和银行不良资产的客观需要,应在努力规范发展已有资本市场的各种金融中介组织的基础上,进一步建立和发展一些产权交易中介组织、投资基金中介组织,逐步建立完善我国的投资银行体制。

　　在大力发展资本市场的中介组织,逐步建立完善我国的投资银行体制的过程中,特别应努力发展我国商业银行的投资银行业务。国有商业银行也应努力深化改革,加强管理,提高资产经营效益,提高抗御风险的能力,加快其自身的股份制改造和发展进程。

第十六章　分离政策性业务　推进大型国有经济主体股份制改造

大型国有经济主体政策性业务主要是指银行政策性金融业务和企业办社会政策性负担有关业务。分离银行政策性业务和企业办社会问题也是影响和推进大型国有经济主体股份制改造,增强控制力需要认真研究解决的一个重要配套问题。

本章主要对如何分离大型国有经济主体政策性业务,包括银行政策性金融业务和企业办社会政策性负担有关业务问题做一些分析研究。

第一节　分离银行政策性业务

一、银行政策性业务及其存在

银行金融业务包括商业性金融业务和政策性金融业务。政策性金融是政府以国家信用为基础,以优惠性存贷利率为贯彻国家特定经济社会发展政策而进行的一种特殊性资金融通行为。它包括一切政策性贷款,存款、投资、担保、贴现、信用保险、存款保险、利息补贴等。它们大都属政策性贷款。

政策性金融在当今世界各国的普遍存在乃是市场机制失灵的产物。在现代市场经济的基本结构中,市场机制和原则虽然构成社会经济资源配置和经济运行协调的基础,但却不能解决经济社会中的所有问题。若干非经济因素往往会使市场机制产生"市场失灵"现象。金融市场在调节金融资源的配置中,由于金融市场的不充分竞争和金融机构本身的特性,导致不能有效地配置金融资源,也必然存在着"金融市场失灵"。对此也就需要政府通过创立政策性金融业务来校正,才能实现社会资源配置的经济有效性和社会合理性的有机统一。所以说政策性金融是市场机制失灵的产物。

我国在计划经济体制下,银行大量金融业务都是政策性金融业务。在市场经济体制下,银行政策性金融业务的存在和发展也是市场经济发展的客观要求。

我国经济体制改革建立的社会主义市场经济体制,从本质上说就是以市场作为主要的资源配置方式的经济。我国社会主义市场经济体制的建立,已初步建立起有序有效的市场体系,市场的参与主体已开始成为自主经营、自负盈亏、自我约束、自我发展、自担风险的法人实体,其经济活动均已直接或间接地处于市场关系中。在追求盈利最大化的动机和求生存、求发展的竞争压力下,迫使企业面对市场变化状况选择资源配置方式。市场通过价值规律的作用、供求关系的变化和竞争机制的功能来推动生产要素的流动,促进了我国资源的优化配置,提高了资源使用效率。

但由于我国市场经济体制建立不久,市场机制还不健全、不完善。我国还没有完全建立起健全、完善、高效的市场体系;价格等市场信号还不能完全正确、灵敏地反映供求关系的变化。我国市场机制不完善,也必然使市场机制作用的发挥存在着缺陷,如:市场机制不能为社会提供所必需的公共项目,市场机制使经营风险增大、投资增多,但那些对社会经济发展有意义的产业和项目往往又得不到资源配置;市场调节具有一定的短期性和盲目性,它偏爱短期获利项目和那些实力雄厚的企业,而且有些对经济、社会协调稳定发展有重要作用的长远项目和那些势单力薄的厂商也常常被无情的摒弃。同时由于市场机制不健全,经济、社会不能协调、稳定、健康、和谐发展,又会形成产业之间、行业之间、地区之间的两极分化。必须弥补和纠正这些缺陷,才能使我国资源达到更高层次上的合理配置。

而要弥补和纠正这些缺陷,政府就需要应用适当的行政手段进行经济干预。政府需要从发展的角度考虑基础经济优先增长问题,以缓解基础"瓶颈"的压力。政府必须运用行政机制对经济进行宏观调控,以纠正市场行为,维系经济健康发展秩序,从而获取最佳社会经济效益。促进经济社会快速协调、稳定、持续、和谐发展。政策性金融业务正是一种政府可以运用的、配合贯彻经济社会发展政策调控经济社会发展的重要工具或手段。

由此可见,我国市场机制尚不完善,市场导向和选择不尽合理和有效,客观上需要政府在经济社会发展中应用适当的行政手段发挥更为重要的作用,来维持经济健康正常运行,实现宏观调控,促进经济社会快速协调稳定持续和谐发展。这正是我国市场经济体制下存在和发展政策性金融业务的根本原因或条件。发展政策性金融业务也正是我国适应市场经济新体制,全面、正确和有效地发挥市场机制的优点,克服其缺陷的基本对策。

二、分离政策性金融业务是国有商业银行股份制改造的客观要求

在我国市场经济条件下,一般共有三类社会经济活动:一是商业性活动。社会经济活动中绝大部分是追求利润最大化的商业性活动。二是纯公益性活动。纯公益性活动只有投入而无收益。三是有部分社会经济活动。而从最后结果看,是商业性或基本上是商业性活动,但在一定时期内不具备商业性或商业性表现并不充分,而又具有较好的社会效益,从长远看也具有较好的企业经济效益和较好的社会效益,企业也有偿还能力。

三类不同的社会经济活动决定要有三种不同的融资方式与之相适应。第一类的商业性活动所需的资金应按市场原则配置,资金配置的主体应是以追求盈利为目的的商业银行、融资公司、投资公司等商业性金融机构的融资来解决。第二类纯公益性活动所需的资金,大量不能按市场原则配置,必须是无偿的。因为,它只有投入而无收益,所以,只能由社会统一解决。财政资金是国家通过税收等方式筹集的,是无偿的资金来源,可以无偿地提供给社会所需的经济活动。因此,纯公益性活动的资金供应大量可采取财政拨款方式解决。第三类社会经济活动是既不同于商业性经济活动,又不同于纯公益性活动,对这类经济活动的资金供应,是既不能完全按市场原则来配置资金,又不能由财政拨款来解决。大量需要采取政府的政策性融资来解决,财政补贴部分利息。因为,商业性金融机构——商业银行是经营商业性金融业务的金融企业,是以利润最大化为经营目标,为了获得高额利润,商业银行不愿把资金投向社会效益好、财务效益低的产业、行业和部门。政府从发展的角度考虑基础部门优先增长,以平衡和协调国民经济结构,由政府组建政策性金融机构来解决这类经济活动的资金需要。所以,适应我国市场经济条件下各种社会经济活动融资需要的、完善的金融体系必须包括中央银行、商业银行、政策性银行等多种金融机构,才能充分发挥金融体系的整体功能,促进社会经济发展。

我国在计划经济体制下,大量银行金融业务都是政策性金融业务。改革开放以后,虽在专业银行机构内部实行政策性业务与商业性业务分开管理,但结果却导致政策性业务与商业性业务混同,专业银行经营行为严重扭曲。在国有专业银行改为国有商业银行后,国有商业银行仍然既承担着商业性金融业务,又承担着政策性金融业务。虽然商业性金融业务和政策性金融业务是不同性质的,但它们同时存在于专业银行的整体资金运营中。国有商业银行往往会顾此失彼,或出现政策性金融业务挤占经营性金融业务;或出现经营性金融业务挤占政

策性金融业务现象;同时,国有商业银行承担大量政策性金融又会增加国有商业银行的经营困难;最根本的是随着经济、金融体制改革的不断深入,要使我国现有国有商业银行通过股份制改造转换成真正的商业银行,如果商业银行仍身兼政策性业务和商业性业务,会使商业银行在资金运用、利率、财务核算等方面始终都不能按商业原则办事,都不能按现代商业银行经营机制运行,这就会严重地阻碍商业银行商业化。因此,要把作为大型国有经济主体的国有商业银行改造成真正的商业银行,就必须将其政策性业务与商业性业务分开,并组建政策性银行专门承担政策性业务。而作为大型国有经济主体的国有商业银行必须通过股份制才能改造成真正的商业银行。可见,分离政策性业务,组建政策性银行专门承担政策性业务又是国有商业银行股份制改造的本质要求。

我国于1994年进行金融体制改革,将四大商业银行的有关政策性业务分离出来,成立专门经营政策性金融业务的政策性银行——中国农业发展银行、国家开发银行、中国进出口银行,以实现政策性金融和商业性金融分离,解决国有商业银行身兼二任的问题后,三大政策性银行通过其经营活动,分别主要在基础产业、农业及进出口领域的经济活动中,提供政策性资金支持,增强政策性金融在宏观经济调控中的力量和作用,并为政策性金融体系的构建奠定良好的框架。三大政策性银行在国务院的领导下,按照国家宏观经济政策和产业政策及区域发展政策,逐步完善了筹融资机制,加大了对国家基础设施、基础产业和支柱产业、资本性货物出口的贷款支持,合理调整了信贷结构,在一定程度上有效防范和化解了金融风险,促进了国民经济发展。三大政策性银行的设立,对分离国有商业银行政策性业务虽已取得一定成效,但从实际效果来看,国有商业银行政策性业务分离仍很不彻底。国有商业银行政策性业务与商业性业务在很大程度上仍是分而不离。较长时间以来,政策性银行承担的只是政策性金融增量中的一部分,政策性金融增量中的其余部分,如相当的重点建设项目贷款和巨额政策性金融存量以及对亏损或半亏损国有企业发放的"安定团结贷款"及"扶贫贷款"等仍由商业银行承担。

目前,国有商业银行仍承担政策性金融业务,不利于自身的机制转换,同时,也增加了国有商业银行的经营困难。一方面,国有商业银行不能按照效益趋向决定贷款的投向与投量,贷款的质量难以保证,收本收息往往没有着落。另一方面,政策性业务与商业性业务一并经营,容易掩盖国有商业银行自身经营矛盾,其主观决策失误造成的损失,往往可以找到客观理由加以搪塞,也就是说,在这种背景下,国有商业银行经营失误的责任界限不明确,决策失误与操作失误也就成为必然。[1] 也正因为如此,把政策性业务从国有商业银行中分离出来,这也是国有商业银行实行股份制改造成真正的商业银行的现实要求。

三、彻底分离政策性金融业务的基本思路对策

要通过股份制改造把现有国有商业银行改造成真正的商业银行,既必须彻底分离国有商业银行政策性业务,提高商业银行商业化经营度。而彻底分离国有商业银行政策性业务,就是使政策性业务从商业银行全部退出,商业银行只经营商业性业务。为此:

第一,应继续剥离国有商业银行承担的政策性业务,同时,不能再让商业银行承担新的政策性业务了。倘若剥离暂时有困难,应采取必要的措施,让商业银行逐年消化其承担政策性业务带来的财务包袱,进而消化存量风险资产。

第二,政策性银行应全面进入政策性业务,政策性银行对政策性业务不应再有选择余地。特别是应将政策性贷款划归政策性银行经营,要将已划过来的政策性贷款恢复其本来面目,使政策银行理所当然地承担政策性责任和义务。

我国还处在由计划经济向市场经济体制转轨过程中,国有商业银行改革与发展和政策性银行的完善与发展,仍要受到诸多体制和环境制约。

从经营体制来看,目前国有商业银行经营中仍然存在的政策性业务与商业性业务双轨并存体制,这是使国有商业银行政策性金融业务分离但分而不离的根本原因。不成熟的市场,不健全的法制,也造成了许多有悖于商业银行商业化运作的外部环境条件,它们也从根本上制约着政策性业务从国有商业银行经营中彻底分离出来。正因为如此,彻底分离政策性金融业务,还需要继续深化我国国有商业银行商业化及其配套金融体制改革,继续努力改善国有商业银行商业化运作的外部环境条件,使国有商业银行实行银政分开和商业化运作,办成真正的商业银行。

为了降低国有商业银行经营中仍然存在的政策性业务而带来的经营风险,国有商业银行经营中应努力采取种种有效措施,努力提高经营水平和效益。为此:

1. 应努力组织资金,改善存款结构,降低付息水平。通过吸收低成本存款,间接创利,消化收息水平低下引起的亏损,以逐渐消化已存在的大量不良资产;

---

[1]　陈支农:《国有商业银行财务贫困性增长现象解析》,www. fec. com. cn/grtg/content. php3? elanmu = p . . . 20K,2006 年 5 月 24 日,百度快照。

2. 应加快剥离不良资产和自身下大力量盘活等方式,提高资产质量,改善收息状况,提高资产收益水平;

3. 应严格执行利率规定,努力降低负债成本。国有商业银行要强化成本观念,不能片面地不计成本地抓存款,而应力求杜绝直接或变相的高息揽存;

4. 应大力拓展新的业务领域,特别应努力拓展信托、代理、租赁、担保、咨询等中间业务领域,努力实现多元化经营;

5. 应严格控制非生息资产,如固定资产、应收利息、库存现金等的增长,努力提高资金使用效益。

目前我国政策性银行完善与发展,仍要受到诸多体制和环境制约这也是影响国有商业银行政策性金融业务分离、分而不离的重要原因。因为政策性银行的资金性质虽然是以信贷方式运用的财政性资金,但其经营方针也应是以不亏损为原则。同时其贷款利息又必须低于商业银行的贷款利息以体现倾斜扶植政策。这就要求政策性银行必须具有低成本且相当稳定的资金来源渠道。但我国的政策性银行的资金规模十分有限,且主要借助向商业银行出售金融债券融通而来,而商业银行资金又主要是以高成本从居民手中借来的,结果政策性银行资金成本在高位徘徊,运转步履维艰,无法发挥项目的政策性优惠,只能起到政策性项目资金供给作用。

由此也就决定了在现行体制下,通过机构分设根本不能有效解决政策性业务与商业性业务的分离问题,即使得到有效分离,也只能解决合理的增量部分,如重点建设项目贷款、出口贸易贷款、收购农副产品贷款,而庞大的不合理部分如对亏损或半亏损国有企业的"安定团结贷款"等,仍只能由专业银行承担。

为了解决国有商业银行政策性业务与商业性业务的彻底分离问题,需要进一步完善政策性金融体系,大力发展我国的政策性银行。

1. 进一步完善政策性金融体系应建立政策性金融法规

世界各国在成立政策性金融机构之前,均通过立法形式对政策性金融机构的地位和各项业务活动作出明确而具体的规定。而我国在三家政策性银行运转了多年以后,至今还没有专门界定政策性金融业务,规范、保护政策性金融业务的法规。立法的滞后不利于政策性金融经营机制的完善,也不利于为政策性金融的运行创造良好的外部环境。

因此,当前应促使尽快制定相关政策性金融法规,进一步明确中国政策性金融的地位、作用、权利和职责,规范其经营行为,理顺内外关系。

2. 进一步完善政策性金融体系应建立对政策性银行资本金补充机制

资本金约束是制约政策性银行作用发挥的一个重要问题。由于资本金不足,使目前我国政策性银行不能适应入世后保持较高资本充足率的要求,也难以满足支持境外能源等重大项目及企业"走出去"的需要。这一问题会随着政策性银行的快速发展,变得越来越突出。

因此,国家应把注资工作作为当前重要大事抓好,应认真研究国家外汇注资和财政注资、地方注资、核销残值转成资本金、发行高级次级债等增资方式。

由国家外汇注资和财政注资,是促进银行改革发展的有效方式。特别是外汇注资,工、中、建等几家商业银行已经注资,政策性银行也应享有同等待遇,通过注资达到解决资本金不足、支持企业"走出去"、改善国家外汇结构等的目的。

国家的财政支出中也应逐年加大对政策性金融的资本金投入。

3. 进一步完善政策性金融体系应明确政策性银行的地位和作用

必须明确国家开发银行在当前政策性金融体系中的主导地位,适当增大其信贷规模。加强农业金融的基础地位,充分发挥政策金融对农业的支持作用,对农业的政策性贷款应做到稳中有升,农业发展银行在政策金融体系中的重要作用应长期保持。随着国际经济一体化的进程,进出口银行的地位也不能削弱。同时也要认识到,加强现有政策银行的建设,不等同于单纯扩大贷款规模,而应以提高政策性资金的运用效率为主。

中国人民银行在2005年11月出版的《金融稳定报告》中明确提出,政策性银行的经营环境已经发生变化,需要对其职能定位进行动态调整。有业内人士指出,从目前来看,国内对资本利用的手段和技术都与以往不同,中长期商业性资金已能够比较容易和安全地进入基础产业、基础设施和机电产品领域。过去需要政策性金融大力支持的这些产业现在已成为成熟的商业竞争性行业,要求政策性金融支持的基础已不复存在。除了外部经营环境的变化外,政策性银行自身积年累月形成的不良资产也令其很难再按既有的模式负重前行。因此,提出国内政策性银行市场化经营的条件业已成熟。政策性银行应转型定位为综合性开发金融机构。

从目前来看,不少的政策性银行利用商业贷款方式也可以存活,但这并不代表不再需要政策性金融支持。只是说随着市场机制的日益成熟,政策性银行对需要政策性金融大力支持的领域的项目,已"具有完成政府政策目标和依赖市场开拓业务的双重特性。"

政策性银行作为传统政策性机构(银行)强调按照国家指令办业务,然后国家财政"兜底"。作为综合性开发金融机构则要强调自主经营,自担风险,市场化运作,在商业上有可持续性。因此,正如王松奇所指出,"政策性银行在转型为综合性开发金融机构之后,在财务管理和考核上应当采取分账管理方式,分别设立指令性账户和指导性账户。指令性账户主要体现政策性属性,用于记录反映完成国家政策性任务目标的资金、财务状况,指导性账户则用来记录和反映配合国家产业政策、发展战略所从事的各项自营性、开发性项目的资金和财务信息,并统筹《商业银行法》允许开展的所有业务,不享受政策优惠。"①

也正因为如此,作为综合性开发金融机构的不同政策性银行在完成政府政策目标和依赖市场开拓业务的权重和重点方面仍应有区别。有的政策性银行如国家开发银行和进出口银行,由于它们已具备进行市场化经营的条件,商业化运作前景明朗,在转型为综合性开发金融机构之后,虽也是具有完成政府政策目标和依赖市场开拓业务的双重特性的金融机构,但其支持依赖市场开拓业务的权重高,重点突出,能转型成为以市场化经营为主的政策性银行。有的政策性银行如农发行,由于它还不具备进行市场化经营的条件,商业化运作前景不明。在转型为综合性开发金融机构之后,虽也是具有完成政府政策目标和依赖市场开拓业务的双重特性的金融机构,但其支持依赖市场开拓业务的权重低,重点不突出,仍将是支持完成国家政策性任务为主要目标的政策性银行。因为无论是发达国家还是发展中国家,对农业的政策性金融支持都是放在重要位置的。中国是农业大国,保证农业稳定、农产品流通需要大量政策性融资,从目前来看,靠商业银行是无法达到这个目的的。农发行的问题不是其自身的定位问题,而是整个农业政策性金融体系的发展和定位问题。在新农村运动的背景下,国家对农发行的支持不会小。②

4. 进一步完善政策性金融体系应适时增设新的政策金融机构,完善政策金融体系

鉴于目前三家政策性银行不能满足我国现阶段大规模需要政策性银行的内在需求,需要逐步增设一批不同类型的政策性银行,在遵循必要性和可能性以及循序渐进原则的前提下,我国近期应设立以下政策性金融机构:(1)高新技术合作开发银行,可考虑由政府、科研机构和企业合作组建,以推动科技成果的产业

---

① 《中国新闻周刊》2006 年 3 月 21 日。

② 郇丽:《去年开始酝酿的中国三大政策性银行改革今年启动》,《中国新闻周刊》2006 年 3 月 21 日。

化和商品化,提高我国产业结构的技术含量,增强国际竞争能力;(2)就业扶助银行,可考虑由政府和企业集中直接或间接用于就业的部分资金组建而成,通过发放优惠贷款,资助失业者自开就业门路,鼓励中小企业吸收下岗职工;(3)中小企业信贷银行,可考虑由中央政府联合地方城市商业银行共同出资组建股份制中小企业信贷银行;(4)从长远角度来看,我国还应设立住房银行,助学信贷银行,在西部等不发达地区设置区域性开发银行等政策金融机构。[①]

第二节　分离企业办社会职能

一、必须分离企业办社会职能

企业办社会是指企业兴办的与企业生产经营没有直接联系的承担企业生产产前产后社会服务和职工生活、福利、社会保障等社会职能的企事业单位和行政管理机构。

这些企事业单位和行政管理机构具体到企业,除了包括企业的后勤单位之外,还包括企业的一些公益性事业单位和行政管理机构。

长期以来,我国国有企业除了直接生产经营之外,还进行大量的非生产性活动,如企业自办大、中、小学等学校;企业自办医院,门诊部、卫生所、保健所等医疗卫生机构:企业自办食堂、浴室、托儿所、幼儿园、劳服公司、生活服务公司、供热、供水、房产、行政等后勤服务机构和企业的公安、武装、交警、消防、计划生育、社保、居委会等社会职能部门等等。这些企事业单位和行政管理机构大多带有补贴、福利、安置等性质和特点。因此,兴办这些企事业单位和行政管理机构均属于企业履行社会职能。

企业办社会是计划经济体制下,我国政府和企业职责分工不清,政企不分的产物。企业办社会的主要原因是政企不分。因为,政府最重要的身份是社会的管理者,在计划体制下,政府被赋予管理社会至高的权力,但又没有承担起管理社会的全面责任。政府管理社会的权力和责任不对称,被赋予的权力大而承担的责任小。政府应把整个社会作为管理对象,全面履行社会职能,全面承担履行社会职能的责任。而实际上却让国有企业履行了不少社会职能,承担了不少履行社会职能的责任。比如,国有企业缴了教育附加费,却要国有企业自己办

学校、办托儿所;国有企业缴了失业保险金,却要国有企业自行消化富余人员,解决待业人员问题。总而言之,政府把作为社会管理者履行社会职能的许多责任推给了企业,企业只好背着不得不背的兴办承担各种社会职能的企事业单位和行政管理机构的包袱。企业办社会就是这样形成的。

在计划经济体制下,企业办社会为稳定职工队伍、提高职工生产积极性;为改善职工生活,促进生产发展;为维护社会安定曾作出了一定贡献。

但是,企业办社会由于占用企业的人力、物力和财力,降低了企业的盈利能力。严重阻碍了企业的经济发展和经济效益的提高,导致了大型国有经济主体企业的活力不足,适应市场的能力差,影响了企业的发展潜力和发展后劲。企业办社会造成社会资源的浪费和低效,造成了国家对国有企业的预算软约束。

企业办社会降低了大型国有经济主体企业资本金的利润率,严重阻碍了企业的经济发展和经济效益的提高,导致了大型国有经济主体企业的活力不足,适应市场的能力差,影响了企业的发展潜力和发展后劲,成了大型国有经济主体企业的沉重负担。①

正因为企业办社会降低了大型国有经济主体企业资本金的利润率,严重阻

---

① 国有企业办社会,其承担的负担究竟有多大? 目前虽还没有准确的数字,但有关权威人士曾粗略的估计:我国国有企业自办的中小学还有 1 万多所,自办的医院有 6100 多所,国有企业每年用于办社会的支出有 456 亿元。国有企业中,医院、学校等各种为职工生活服务的福利设施所占用的实物性非生产性资产约占企业总资产的 15%—20%,支付给离退休和冗员职工的养老金和失业保险金约占资产的 20% 左右,所以,这种非生产性的资产总和应该占国有企业总资产的 35%—40%。国有企业承担的社会负担除了以上所说的供后勤、建学校、办医院和承担各种养老金和保险金等所带的负担外,还有一部分作为企业负担的就是其承担的各种社会摊派费用。由于企业与地方政府社会职能划分不清,社会服务体系发展相对滞后和某些行政行为的不规范,诸多公益建设投入往往推给企业,企业负担也在不断加重。据不完全统计,经国务院和各部委批准的各种收费和基金,加上地方上的各种收费和基金,项目达到了 2000 多种,总额相当于财政收入的 40% 以上。据专家分析,中国企业目前税与费的总体负担已占到国民生产总值的 25% 到 30%,超过了发展中国家的平均水平。政府部门或相关单位在各项税收之外向企业征集的相当庞大的非税收入大大加重了企业负担(商俊峰:《解决国有企业分离办社会职能问题的思路》,www.21manager.com/dispbbs.asp? BoardID = 10& ... 38K,2006 年 9 月 25 日,百度快照)。另据《21 世纪经济》2003 年 8 月 27 日报道:国家有关部门领导介绍,2003 年,东北三省 1424 家国有大中型企业,共承担这中小学、医院、公检法等社会职能单位 11166 个,涉及在职职工 153.8 万人,每年支付的费用在 192.7 亿,其中,中直企业办社会 3476 家,涉及职工 30 万,每年支付的费用在 130 亿;企业办大集体方面,仅一汽、鞍钢、第一重型机械厂、哈尔滨电站设备集团、航空二集团和中石油的下设大集体企业就有 1700 家,总资产 270 亿,职工 30 万;由此估计,中央监管的企业办大集体企业共有 4000 家,涉及职工 60 万,每年支付的费用在 400 亿。

碍了企业的经济发展和经济效益的提高,导致了大型国有经济主体企业的活力不足,适应市场的能力差,影响了企业的发展潜力和发展后劲。已成了大型国有经济主体企业的沉重负担。为了使大型国有经济主体企业通过股份制改造成为真正的自我经营、自负盈亏、自我发展、自我约束的市场竞争主体,必须分离大型国有经济主体企业办社会职能。只有分离企业办社会职能,才能使大型国有经济主体企业真正回归企业的本质,实现真正意义上的政企分开;只有分离企业办社会职能,才能使大型国有经济主体企业切实减轻国有企业的社会负担,专注企业发展。

二、分离企业办社会职能的基本思路政策

由于企业办社会是计划经济体制下,我国政府和企业职责分工不清,政企不分的产物。企业办社会的主要原因是政企不分。在市场经济条件下,政府的职能重点是加强和完善国家的宏观调控,作为市场调控主体,立足经济全局,调整各种经济关系,处理重大社会经济问题,协调各种利益矛盾,保证国民经济协调稳定地发展;企业是自我经营、自负盈亏、自我发展、自我约束的市场竞争主体。它的职能应是有效配置生产要素,最大限度地提高经济效益。政府和企业职能分工明确,各司其职。才能保证市场经济按照正确的方向健康发展。因此,分离企业办社会职能最根本的是加快改革政企不分的管理体制,关键是加快政府转变职能,使政府全面履行管理全社会的社会职能,全面承担起履行管理全社会的社会职能的责任。政府应逐步扩大社会管理的社会职能范围,并逐步接收"企业办社会"的企事业单位和行政管理机构的移交和进行集中管理。

企业办社会企业兴办的企事业单位和行政管理机构种类很多。按企业办社会形成的业务类别,一般可以划分为四个基本类型:一、企业设置的国家行政管理机构。如法院、公安等所执行的社会职能;二、企业兴办的后勤服务机构。如食堂、浴池、幼儿园等所发挥的社会职能;三、企业兴办的学校。包括高等院校和中小学,职、技校等所发挥的社会教育职能;四、企业兴办的医疗卫生机构,如医院、疗养院、诊所等。

政府应根据企业兴办的这些企事业单位和行政管理机构的不同类型,采取区别性的分离政策。

1. 对在企业设置的国家行政管理机构的分离

由于这一部分职能是政府部门应该承担的,所以,对这部分企业执行国家行

政职能的行政管理机构,政府应无条件的接受,应进行一次性全部分离并按属地原则移交地方管理。

2. 对企业自办的学校的分离

国有企业承办的学校从幼儿园到高等院校种类繁多,各类学校的性质不同。分离各类学校的政策措施也应有所区别:(1)全日制普通中小学的分离。由于这部分学校属于国家基础教育部分,特别是小学和初中属于国家义务教育性质。政府应接收这类性质的学校。(2)高等教育的分离。由于这部分学校的管理和投资主体应是国家。因此,企业承办的高等教育也应由国家来接受。(3)职业教育的分离。由于企业发展本身也需要对员工进行技术培训,因此,再分离企业办的学校时,职、技校、中等专业学校可以继续留在原企业。企业可通过整合现有的学校资源基础,以较小的成本、较快的速度建成自己的员工培训基地。(4)幼儿园等则完全应放开,可以引入民间资本,实行市场化经营。这对政府和企业都将有好处。

3. 对企业自办医疗机构的分离

分离企业自办医疗机构,应按照国家经贸企改有关政策,区别情况进行处理:(1)如果符合当地区域卫生规划的企业自办医院,既可从企业分离出来实行产业化经营,也可按照自愿的原则,由企业与当地政府协商移交,将医院的资产、人员成建制移交当地政府,由当地政府统一管理。当地政府接收有困难的,企业可单独或与其他企事业单位联合办医,组建独立的法人单位。(2)凡不符合当地区域卫生规划要求的企业自办医院,可以停办或撤院改建成为企业内设卫生所(卫生室、医务室)、门诊部。

我国大量企业办的医院等医疗机构一般多是病床使用率很低,诊疗人次数少,资源利用低下,效用低下。要分离这些医院首先应调整现有资源的存量。凡不符合当地区域卫生规划要求的企业自办医院,可以停办或撤院改建成为企业内设卫生所(卫生室、医务室)、门诊部。在调整的基础上,再逐步分离国有企业承办的医疗机构。在进行分离时,那些成为卫生室和医务室的医疗机构可以继续留在内部,因为有些企业为应付意外事件确实需要有一个能作应急处理的卫生室,并且卫生室和医务室的规模比较小,也不会给企业带来什么大的负担。那些规模比较大的,达到国家或当地的卫生管理要求的医院则应逐步分离,以便减轻企业的负担。对这部分的医疗机构在分离的时候还可由企业与当地政府协商移交,将医院的资产、人员成建制移交当地政府,由当地政府统一管理。由于医院具有经营性的特性,所以,在分离时还可以改制为民营医院。

4. 后勤服务机构的分离

这部分不是企业直接的生产部门,但是这部分基本属于经营性的,也提供商品和服务。因此,对这一部分机构的分离可以按照市场化和社会化的原则来分离。把原来由"无偿"或"低价"提供变为"有偿提供",然后逐步实现后勤部门与母体公司的分离,实现后勤服务的社会化,最终完成对该部分机构的完全分离。

这部分分离基本一般是分以下几步走。第一步,在企业内部实行初步分离,组成企业内部独立核算的服务性经济组织,主要以补偿性的优惠价为本企业及其职工服务,也可以盈利性的市场价为社会提供服务。在这一阶段,企业可以从人、财、物等方面给予支持,"扶上马,送一程"。第二步,企业给服务性经济组织较为完整的经营自主权。服务性经济组织的服务对象从以本企业为主转向为本企业为社会并重,企业一般不干预其经济活动。服务性组织继续在企业内部实行承包,在包服务质量的同时,还要包上缴给企业的盈利。第三步,服务性经济组织组成具有独立法人地位的经济实体,办成"大企业"中的第三产业性"小企业"。"大企业"是"小企业"的资产所有者,而"小企业"完全自主经营,它们之间是资产所有权与经营权的关系。第四步,随着这些"小企业"实力的增强,可以走股份制改造的路子。"大企业"可以将原来投入的固定资产和资金作为股份,同时吸收社会资金,形成资本多元化的股份制企业,在新的体制下以新的机制为企业和社会提供有关的服务。至此,这些股份制企业就不再是原来意义上的"企业办社会"了。①

三、分离企业办社会职能的几个问题

1. 分离"企业办社会"的资金问题

分离"企业办社会"存在许多难点问题。最大的难点问题是政府接纳能力不足,关键是资金问题。

要解决这个问题一方面政府应增加对分离"企业办社会"的改制成本的投入。一方面还可引导社会资金对办社会进行投资。为此,政府可适当利用政策优惠手段、引导社会资金进行多层次办学、办校、办服务业等方面的"办社会"。

---

① 商俊峰:《从政府和企业的职能分工看企业办社会问题》,《经济研究参考》2006 年第 1 期。

同时政府还可利用市场机制的作用,引导资金的流速和流向,使多层次进行办社会的工作,把一些企业办社会的功能承接过来,以减除企业的负担。

2. 分离"企业办社会"的企业配套改革问题

要改革政企不分管理体制,加快分离企业办社会职能,一方面应加快政府转变职能,使政府全面履行管理全社会的社会职能,全面承担起履行管理全社会的社会职能的责任;另一方面也应要求企业努力转变观念,深化改革,加快改革步伐,主动积极采取有效措施,配合政府职能转变,共同加快企业办社会的分离。

一是企业要转变观念。企业要打破自给自足的思想意识,充分认识到企业办社会并不是企业的职能,只有逐步从企业办社会的沉重负担中解脱出来,大型国有经济主体企业才能与其他所有制企业处于平等竞争的地位,才能保证企业有很好的经济效益。经济效益好的大型国有经济主体企业才是职工提高生活水平的根基,企业要教育职工不能只看到眼前的福利待遇,更要看到企业的长远发展。

二是要做到企业福利制度货币化。长期以来,福利制度实物化,既是企业的一个负担,又使职工的消费结构单一化,限制了社会上第三产业的发展。福利制度货币化是推进政府办社会的必要前提,是推进生产要素全面市场化配置的重要条件。所以,企业要抛去办社会的负担,第一步必须要做到福利制度货币化。

三是要使办社会的服务业走向社会。企业要首先扩大服务范围,使服务性,带经营性的办社会部门面向社会服务,逐步使所经营的价格市场化,推动这些部门成为面向市场、面向社会、自我经营、自负盈亏的经营实体。

四是要有步骤地移交学校、医院等公益性的服务业。有步骤地分离学校、医院等公益性的服务行业,移交前要做好准备工作和资金、人员的交接,双方要以互助为原则,从长远考虑,其中政府要做好组织协调工作。

五是要有步骤地解决富余人员问题。企业办社会在一定程度上起到了安置富余人员的作用。富余人员的安置问题也成了解决企业办社会的难点问题。所以我们要花大力气解决富余人员问题,可有计划地分期分批地在社会可承受的范围内把富余人员推向社会。

3. 分离"企业办社会"的政府配套改革问题

分离"企业办社会"还存在的一个重要难点问题是如何解决分离"企业办社会"后企业职工在社会保障住房保障等方面的后顾之忧问题。实行分离"企业办社会"前,国有企业富余人员由企业包干安置,退休后在企业领退休金,住房也由企业提供保障,实行分离"企业办社会"后,职工可能对社会保障、住房保障等方面存在后顾之忧。为要解决这些后顾之忧问题。政府部门必须加速社会保障体系和住房保障体系建设。努力搞好富余人员分流安置工作。

4. 为企业卸下"办社会"包袱问题

这些年来,国有大中型企业办社会,随着各种社会负担的加重,补贴的增加,物价的上涨,包袱越背越大越重。

"企业办社会"是计划经济体制的产物。国有大中型企业现在是背着沉重的包袱闯市场,不可能与非国有经济企业站在同一起跑线上公平竞争,制约着企业转机建制。要为国有大中型企业卸下办社会的包袱,使之轻装走上市场,主要应采取以下政策措施:

1. 政府部门要积极建立和完善失业、养老、医疗等社会保障制度。根据现阶段国家财力不足的状况,增加对社会保障投入的途径可考虑:中央和地方各级财政承担一点、从破产企业资产中和拍卖国有资产回收资金中提取一点、企业按职工工资总额的一定比例筹交一点、从职工的工资中切出一点。采取这"四个一点"的做法,各方面比较容易接受。

2. 设立社会保障税,规范社会保障负担。当前社会保障存在的一个问题是负担不均,大量企业没有承担社会保障负担的义务。为了实现全社会的统筹,使之法制化、规范化,从根本上解决社会保障问题,应由国家正式制定法规,开征"社会保障税",作为全社会应履行的义务。

3. 管好用好社会保险基金。目前,不少地方社会保障基金有较大结余,有的省滚存余额很大。因此,管好用好这笔社会保障基金十分重要,在保证基金正常支付和安全流动的前提下,通过多渠道确保其保值增值。

第十七章 加快大型国有经济主体
实行股份制的法制建设

　　大型国有经济主体股份制改造创造良好的法制环境。在我国大型国有经济主体进行股份制改造中,更需要发挥法制的保障和促进作用。加快法制建设对大型国有经济主体股份制改造,增强控制力具有十分重要的意义和作用。

　　本章着重对如何加快法制建设,努力为我国大型国有经济主体股份制改造创造良好的法制环境的意义、思路和对策问题做一些分析研究。

第一节　法制建设与大型国有经济主体股份制改革

一、大型国有经济主体股份制改革迫切需要法制的保障和促进

　　我国进行大型国有经济主体股份制改革的目的和实质是要进行企业制度创新,建立现代企业制度,本身就必须充分发挥法律的规范、引导、调节、保障的功能。因为,股份制改革制度的设计必须应用法律科学。股份制改革制度的建立必须采用法律形式。股份制改革新制度的推行必须运用法律手段。只有这样,才能保障大型国有经济主体股份制改革的顺利进行。

　　同时,我国大型国有经济主体股份制改革涉及方方面面的利益关系,必然伴随着复杂的利益冲突。这又必须运用法律手段来调整。比如,企业的分立、合并、兼并、破产就必须用一整套的法律法规来加以规范。企业人员分流,就需要加快社会保障方面的法制建设。我们必须运用法律来建立准则、调整关系、维护秩序、稳定人心,妥善地协调各方面的利益要求,正确处理好改革、发展、稳定三方面的关系,只有这样,才能为大型国有经济主体股份制改革创造良好的法制环境。

二、依法保障和促进大型国有经济主体股份制改造是我国国企改革的重要实践经验的总结

党的十一届三中全会以来,我国大型国有经济主体改革已取得了很大进展。纵观其改革的历程,我们可以看到,改革的每一项举措都要出台相关的法律法规,改革的每一步前进都离不开相关法律的保障和促进。

例如,在"扩大企业自主权"阶段,1979 年国务院发布了《关于扩大国营工业企业经营管理自主权的若干规定》。随后,制定了《国营工业企业暂行条例》。1984 年,国务院又颁布了《关于进一步扩大国营工业企业自主权的暂行规定》、《国营企业第二步利改税试行办法》等法规。依据这些法规,全国各地大型国有经济主体实行扩大自主权,为进一步改革打下了基础。

在"转换企业经营机制"阶段,1986 年颁布《民法通则》,初步建立了企业法人制度法律制度。1988 年颁布《全民所有制工业企业法》,规定国家依照所有权和经营权分离的原则授予企业经营管理权。大型国有经济主体企业开始实行承包制。为了推动全民所有制工业企业的承包经营责任制的进行,国务院于 1988 年 2 月颁布了《全民所有制工业企业承包经营责任制暂行条例》,确立了在坚持企业的社会主义全民所有制的基础上,按照所有权和经营权分离的原则,以承包经营合同形式,确定国家与企业的责、权、利关系,使企业遵循自主经营、自负盈亏的经营管理制度。1990 年 8 月,国务院生产委员会又印发了《关于认真做好工业企业新一期承包工作的几点意见》,推动全国两期承包衔接工作的全面展开。1992 年国务院发布《全民所有制工业企业转换经营机制条例》,进一步扩大了企业经营权范围,促进了政企分开和转变政府职能。

在"企业制度创新"阶段,1993 年党中央作出了《关于建立社会主义市场经济体制若干问题的决定》。同年 12 月,国家颁布了《中华人民共和国公司法》。2000 年国务院办公厅关于转发国家经贸委《国有大中型企业建立现代企业制度和加强管理基本规范》。2002 年党中央作出了《关于国有企业改革和发展若干重大问题的决定》。2003 年党中央作出了《关于完善社会主义市场经济体制若干问题的决定》。2004 年国资委下发的《关于规范国有企业改制工作的意见》。2005 年国资委下发的《关于进一步规范国有企业改制工作实施意见》等等相关的法律法规,这些相关的法律法规都为大型国有经济主体企业进行股份制(公司制)改革,建立现代企业制度提供了法律依据。

实践表明,我国大型国有经济主体改革的历程,是运用法律法规管理经济的

探索过程,也是我国市场经济法律体系建立和完善的过程。在我国大型国有经济主体进行股份制改革中,更需要发挥法制的保障和促进作用,使改革的成果获得法律的确认,使改革措施上升为法律规范,使大型国有经济主体股份制改革的制度建设再上升到一个新的水平。

三、用法律保障和推进大型国有经济主体股份制改革是国际上通行的经验

20 世纪 70 年代末以来,为了实现国有经济的战略调整和国有企业的改组、改造,一些发达国家纷纷掀起大型国有经济主体股份制改造浪潮。各国在大型国有经济主体股份制改造中,普遍都进行了相关立法,并且都十分重视发挥法律制度的作用,因而使这些改造不同程度地实现了预期目标。与此同时,一些国家还制定特别法律,对不同类型的国有企业进行分类规范。并且有的国家对大型国有经济主体股份制改造还采取了一企一法制度。

例如:日本大型国有经济主体股份制改造制定了《民营化法》。根据《民营化法》,1985 年 4 月 1 日,日本电信电话公社被改为日本电信电话股份公司(NTT),日本专卖公社被改为日本烟草股份公司。两年后的 1987 年 4 月 1 日,日本国有铁路也实行了民营化,并被分成 6 家客运铁路公司和 1 家货运铁路公司。这些企业在民营化初期是政府拥有全部股份的特殊公司,根据法律条文,若干年后再把部分股份出售给民间,成为公私混合所有的企业。1987 年 9 月,日本还废除了《日本航空公司法》,使日本航空公司实现了彻底的民营化,即从原来政府持有三分之一股份的特殊法人改为政府不持有股份的完全民营的股份公司①。

此外,日本还为大型国有经济主体股份制改造企业制定单一的企业法律。如《日本电信电话股份公司法》。②

又如,法国大型国有企业股份制改造(大型国有经济主体股份制改造)是由国家颁布大型国有企业股份制改造法律,通过法律确认大型国有企业股份制改造及股份制改造企业的合法性。20 世纪 80 年代法国大型国有企业股份制改造时,法国议会曾通过了两个重要法律,一是 1986 年 7 月 2 日的《授权法》,这是法

---

① 复旦大学日本研究中心:《日本公有企业民营化及其问题》,上海财经大学出版社 1996 年版,424 页。

② 吕忠泽编著:《国有企业改造之路日本》,兰州大学出版社 1999 年版。

国大型国有企业股份制改造的法律基础,确定了大型国有企业股份制改造的对象、范围和时间,规定了改造的程序和方法;二是 1986 年 8 月 6 日的法律规定了大型国有企业股份制改造的实施方式。另外,还有两个实施大型国有企业股份制改造法律的法令。1989 年,议会对其又进行了修改和补充。1993 年大型国有企业股份制改造过程中,议会也颁布了大型国有企业股份制改造法,规定对 21 家大型国有企业股份制改造。①

　　大型国有经济主体股份制改造的法律结构包括三部分:宪法结构、商事法律、大型国有经济主体股份制改造法律。从宪法上需要确定三个基本原则即私人所有权、工业和贸易自由及法律面前人人平等;商事法律是大型国有经济主体股份制改造的必要条件和成功的保障,所以必须具备良好的商法体系,包括《财产法》、《合同法》、《公司法》、《金融证券法》、《劳动法》、《贸易法》、《竞争法》、《税收法》等;大型国有经济主体股份制改造法则主要涉及大型国有经济主体股份制改造过程中的具体问题和特殊事项。在出售国有资产的过程中涉及各种法律问题,如所有权的形式、新组织的结构、出售工作的经办人或顾问、投标本身等等。有关法律和规章条例自始至终有效地规范着大型国有经济主体股份制改造的各种工作活动。②

　　20 世纪 70 年代末以来,各国制定的大型国有经济主体股份制改造相关法律法一般具有以下一些相同的特点:如规定把原来百分之百国有资本的单一股东的国有企业,改成拥有多个股东的公司制企业;规定通过立法和司法来出售国有企业的股权;规定以出售国有企业的基本方式是把国有企业改造为股份有限公司和有限责任公司;规定通过资本市场出售国有企业股权并形成稳定的"核心"股东队伍;规定对特殊行业中的国有企业股权出售予以特别规定等等。

　　总之,世界上发达国家,都由立法机关制定法律或由政府颁布法令进行大型国有经济主体股份制改造,这已成为国际上通行的成功做法。相比之下,我国大型国有经济主体股份制改造量多面广,市场经济立法又起步较晚,因而依法保障和促进大型国有经济主体股份制改造的任务显得更为繁重和紧迫。

---

① 杨开峰编著:《国有企业改造之路:法国》,兰州大学出版社 1999 年版,第 312 页。

② 参见杨开峰编著:《国有企业改造之路:法国》,兰州大学出版社 1999 年版,第 313 页。

第二节　完善股份制企业制度的法律法规

一、完善股份制企业产权制度的法律法规

在建立现代企业制度的"产权清晰、权责明确、政企分开、管理科学"的基本要求中,"产权清晰"居于首要地位。在我国大型国有经济主体股份制改造中,要实现"产权清晰"首先是要建立现代企业的产权制度,但目前这方面制度的法律法规尚不完善,需要从建立现代产权制度、国家出资人制度和投资主体多元化与职工持股制度等几方面进一步健全和完善。①

1. 完善现代产权制度法律法规

按照现代公司法的产权制度一般原理,公司作为一个社会化的资本实体必须在产权上和人格上与投资者之间划出明确的界限。为此,我国大型国有经济主体实行股份制需要建立把投资者的财产所有权转换为股权和法人财产权的现代产权制度的法律法规。

进一步健全和完善股份制企业的现代产权制度的法律法规,应明确股权在整体上代表着全体投资者对企业这一财产集合体的所有权。投资者只能通过股东大会,作为一个团体来对企业这一整体财产享有和行使所有权。除法律另有规定的特殊情况外,从一般意义上讲,股权代表着单个股东基于投资而享有的一系列的权利,其中主要包括股东参与利润分配的权利,出席股东大会并就公司经营方针和投资计划、任免董事和监事等一系列重大事项参加表决的权利,以及了解企业经营情况和财务情况、对经营者的违法行为提出异议的权利。但是,个别股东无权决定公司的具体事务和支配公司的具体财产。股东对企业债务的责任以其出资额为限。

我国大型国有经济主体实行股份制后,政府只要在法律规定范围内行使国家在公司中的股权,就能够实现政企分开和出资人到位。这样,长期存在的所有权干涉企业经营权、政府对企业实际上承担无限责任等政企不分的问题就可以得到比较妥善的解决。同时,通过采取进一步的制度性措施,实现国家出资人代表到位,保证国家股权的充分行使,也可以有效地避免国有资产流失的问题。

---

① 参见王卫国:《依法保障和促进国有企业改造》,www. duozhao. com/lunwen/dak3/lunwen_ 53394_ ... 12K,2006 年 7 月 26 日,百度快照。

由投资者所有权转换而来的法人财产权是一种直接支配企业现实财产并包含了所有权全部权能的权利地位。这种权利地位使企业获得了作为法人所必要的财产基础。公司通过它的法人代表机构（董事会），独立地运用企业财产，从事自主经营。其经营行为的法律后果完全归属于公司法人。公司的法人代表机构由股东大会任命，承担着谋取公司利益、维护股东权益的诚信义务和注意义务。

我国大型国有经济主体实行股份制后，企业只要依照法律规定行使其法人财产权，就能够充分实现自主经营、自负盈亏。这样，我们长期为之努力的落实企业经营权的目标就可以得到有效的实现。

以上就是我国大型国有经济主体实行股份制改造应建立的产权制度。按照这种产权制度，股权与法人财产权在两个不同平面上各自展开。股东依法行使自己的股权，不会削弱企业的法人财产权；企业依法行使自己的法人财产权，也无损股东权益。因此，国家在法律规定的范围内充分享有和行使股权，既可以有效地克服现行企业制度"政企不分"的弊端，又可以有效地解决"所有者虚位"的难题。实际上，我国大型国有经济主体实行股份制改造建立现代企业的产权制度，是实现政企分开和确保国家所有权到位的两全之策。

2. 完善国家出资人制度法律法规

党的十五届四中全会提出："政府对国家出资兴办和拥有股份的企业，通过出资人代表行使所有者职能"。从制度上落实这一要求、就必须实现企业中的国家出资人代表主体到位、职权到位和责任到位。其中，首先要解决的是主体到位问题。

从我国大型国有经济主体在股份制改造中的现行做法看，充当国家出资人代表的主体，主要可有以下三种形式。

第一种形式是政府授权的大型国有经济主体企业集团或者国有独资公司。这种形式是由已有的大型国有经济主体企业发展而来。实践证明，这是落实国家出资人代表的成功做法。目前，已经有一些大型国有经济主体企业通过发展壮大，成为具有多级资本结构的"金字塔"式的大型国有经济主体大型企业或企业集团。处在"塔尖"的公司（例如，中石油、中石化、国家电力公司、上海汽车），通过独资或控股方式，拥有众多的下属企业。这些公司具有很强的资本经营能力和市场竞争能力。它们作为国家出资人代表，能够有效地行使其下属企业中的国家出资人权益，实现国有资产保值增值。对这些公司，应当授予《公司法》

规定的"投资公司和控股公司"资格(其转投资不受法定比例的限制)和《公司法》规定的"国家授权投资的机构"资格(有权设立国有独资公司)。但是,这种资格授予应以"塔尖"为限。

第二种形式是政府组建的国有资产经营公司。这类公司实际上是由政府主管部门转变而来。实践中,不少这类的公司在不同程度上还带有原来的行政色彩。目前,有些地方已经制定了地方法规(例如,《××市国有资产授权经营公司管理暂行办法》),对这类公司的设立、权利和职责、投资决策、资产收益、运行监控等事项作出了规定。我们认为,对于国家出资人代表的这种新形式,可以在实践中继续探索、总结和完善,并在条件成熟的时候制定相关的法律法规。

第三种形式是由政府国有资产监督管理部门——国资委直接充当国有企业的国家出资人代表。这在国外有大量先例。根据我国国有企业股份制改造的经验,对于国有独资的大型、特大型企业,即大型国有经济主体,可以由国资委直接行使国家出资人权利。

在上述第一、二种情况下,可以从法律上把国家出资人代表与政府之间的关系界定为一种资产信托关系。前者应当以国有资产为受益人,独立地行使出资人的资本收益、重大决策和选择经营者等权利,并承担国有资产保值增值的责任和上缴投资收益的义务。后者负责向前者委派董事、监事,并对前者实施必要的监督。这样规定,有利于实现国家所有权到位和政企分开的目标。

3. 完善投资主体多元化与职工持股制度法律法规

党的十六届三中全会提出,积极推行公有制的多种有效实现形式,大力发展国有资本、集体资本和非公有资本等参股的混合所有制经济,实现投资主体多元化,使股份制成为公有制的主要实现形式。要使集体资本和非公有资本(包括外资)等参股到国企中来,从而实现投资主体多元化,必须完善投资主体多元化的产权关系立法。一是应加强关于个人财产及其运用的法律规定。明确保护与之相联系的代理权、使用权、经营权、收益权等各种权利,明确界定各项权能之间的关系。二是应加强投资主体产权关系法律规定。明确不同投资主体的法律地位和投资活动中的各种产权关系。三是应进一步逐步完善《公司法》、《证券法》等与产权相关的法律,形成比较完整严密的关于产权的法律体系。只有形成了比较完整严密的关于产权的法律体系,民营企业、外资企业才能放心地加入到大型国有经济主体股份制改造中来,从而我国的大型国有经济主体股份制改造才能向纵深方向发展。

　　大型国有经济主体要改制为投资主体多元化的公司,职工持股是投资主体多元化中的一个重要构成要素。职工持股在国外是较为普遍的做法。西方国家在实行雇员参与制时,以法律的特别规定允许职工购股和公司给职工送股,以加强企业与职工的利益连带关系,实现资本要素与劳动力要素的互济共存。有些公司还通过以股权换取职工减薪避免了破产。

　　我国大型国有经济主体改制中出现的职工持股,是国有企业产权制度改造的一种有益尝试,可以积极而稳妥地加以推行。实践中,职工取得股份的方式,较为可行的大体有两种:一是个人出资购股;二是将公益金等企业积累的一部分量化为职工股。对于这些方式,需要在调研、论证的基础上,制定并完善相关法规(包括有关股权激励条例)加以规范。同时,也要注意对职工持股中可能出现的短期行为和其他消极现象采取必要的防范措施。

二、完善公司法人治理结构制度法律法规

　　党的十五届四中全会指出:"公司法人治理结构是公司制的核心"。全会对形成"各负其责、协调运转、有效制衡的公司法人治理结构"提出了具体要求。完善公司法人治理结构制度法律法规是落实这些要求的重要保证。

　　1. 完善合理配置公司机关职权法律法规

　　现代企业的法人治理所遵循的基本原则就是分权制衡。实现分权制衡就是要以科学的职权配置形成法人内部各机构间的功能互补和权力制约,要以周密的程序安排形成各机构的高效有序运行,要以严格的制约措施对各机构人员加以有效的行为规制。

　　有关企业法人治理的制度建设,主要是企业内部的组织结构和管理机制。在股份制公司的法人治理机构中,股东大会是最高权力机构,但不是常设机构。在股东大会之下的公司常设机关,其职权大体包括决策、执行和监督三部分。对这三部分职权的配置方式,从世界各国的情况看,主要有三种模式。第一种模式是设两个机关,一是董事会,负责决策和执行;二是监事会,负责监督。西欧许多国家采用这种模式。这种模式有利实现议行合一,提高经营效率,而且经营者队伍精干,管理成本较少。第二种模式也是设两个机关,一个负责决策和监督,称为董事会,另一个负责执行,称为经理或高级职员。这是英美采用的模式。这种模式有利于形成对执行机关的强有力的鞭策和监督。第三种模式是设三个机关,即董事会为决策机关,经理层为执行机关,监事会为监督机关。西欧有些国

家对股份有限公司规定了这种模式。这种模式实行比较彻底的分权制衡，但机构较复杂，对人才资源需求较大。我国现行公司法对股份制的公司一般都采用的是第三种模式。其实一些国有独资公司的常设机关，也可以借鉴第一种模式，但应辅之以集体决策制度和外部监督制度。

在合理配置法人治理机关职权的基础上，应对各机关运行的程序规则和责任机制给予高度重视。目前，在大型国有经济主体企业改制成立的公司中，公司各机构的职权在章程中都写得很清楚，但实际上往往没有形成各负其责和有效制衡。其制度方面的原因，除职权配置不尽合理外，在很大程度上要归结为程序保障和责任制约的欠缺。因此，完善公司法人治理结构制度法律法规，需要对法人机关的工作程序和个人责任作出更加明确和严格的规定。

2. 完善股东大会制度法律法规

落实股东大会制度是实现法人内部制衡的必要条件。目前，在我国大型国有经济主体企业改制后成立的公司中，由于公司产权过分集中，某个国家股东处于绝对控制地位，加之我国证券市场尚不成熟，产权交易市场也未建立，而社会个人股数量和持股比例有限，个人股东（股民）一方面倾向于进行短期的投机操作；另一方面即使想关心公司的长远发展，也由于种种限制而"心有余而力不足"。股东大会实际上变成了某一个或少数三五个国家股东会议或董事会扩大会议，难以形成规范、有效地对董事会、经理层、监事会及公司行为的制衡约束机制。同时，这种情况又阻碍了法人内部制衡的实现，也不利于吸引社会投资。

对此，大型国有经济主体在股份制改造中，应通过调整公司产权结构，实现投资主体的多元化。只有实现公司股权和投资主体多元化，使投资者到了位，并分别以其出资额为限对公司负有限责任，才能改变过去国有独资一统天下的局面。实行股权多元化，特别是要广泛吸收非国有资本、外资入股，这样，企业的股东就由一个变成了两个或多个。单个国有股东只会是多个股东中的一个，就不可能再搞一言堂了。各家股东出于维护各自利益的需要，都会极力排斥任一股东因追求自己的特殊利益，而使其他股东利益受损。即便是股东份额较大的单一国有股东，当他违背《公司法》和《公司章程》规定，图谋自己的不当利益时，也会受到其他股东的有力制约。

要切实落实股东大会作为公司最高权力机构的法律地位，包括任何单一国有股东在内的所有股东都只能根据股权平等的原则，依据《公司法》和《公司章程》，按其出资份额行使职权，并依法决定公司的重大决策，使各家股东的利益在公司的总体利益中得到实现。从而可以避免任何个人、机构法人或国家单独控制股东大会。

除了从产权结构上进行调整，从严限制设立国有独资公司的范围外，一项根本性的对策，就是要完善股东大会制度法律法规，才能落实股东大会制度，使股东大会真正成为公司的最高权力机构，成为全体股东平等行使股东权的场所。

第一，完善股东大会制度法律法规必须从制度上切实保障股东大会选任董事的权力。在法人治理结构中，股东大会选任董事的权力是投资者保护自身权益的法宝，也是选拔经营管理人才和提高企业素质的保证。因此，无论是政府部门还是各级党组织，都要尊重股东大会的这项法定权力。政府和党组织可以通过出资人代表向股东大会推荐人选、提出建议，但任命董事的权力只能由股东大会行使。

第二，完善股东大会制度法律法规必须在表决程序制度上，切实保障采取适当保护小股东的措施。这对于维护股东大会决策民主是必要的。如，维护小股东了解公司经营情况和查阅公司账簿的权利；设立能够使小股东集体行使权利的表决代理制、累积投票制等等。

第三，完善股东大会制度法律法规必须从制度上保障设立董事向股东大会述职制度和股东大会对董事质询、调查和罢免制度。这有利于加强对董事的监督制衡。

第四，完善股东大会制度法律法规必须从制度上规定个别股东代表公司对董事会的违法行为提起诉讼的权利。在公司权益受到公司内部人侵犯时，可能出现董事会、监事会不加追究的情况，这时，持续拥有公司股份达一定期限和一定比例的股东有权出面代表公司提起诉讼。

3. 完善加强董事会法律法规

经验证明，公司治理结构要完善，董事会是关键。因为，董事会对股东负责，受全体股东的委托，享有充分的权力，代表股东进行决策，在公司领导中起着核心作用。健全董事会制度，发挥董事会的核心作用对一个公司的经营有着至关重要的作用。但是，目前在很多股份制改制的国有企业中，老国企时代的"总经理负责制"中个人权力高度集中的机制又在新组建的公司法人治理结构中改头换面，重新登场。公司分权——制衡机制成了"董事会领导下的总经理负责制"，甚至是"董事长领导下的总经理负责制"。未经董事会的授权，董事长处处以"法人代表"和"一把手"自居。董事会制度不健全，董事会不能发挥其核心作用。健全董事会制度,发挥董事会的核心作用必须完善加强董事会法律法规。

第一,董事会法律法规应规定必须从制度上保证董事会职权由董事会集体行使,而不是董事长个人行使。董事会必须作为一个整体来行动。这是各国《公司法》公认的原则,也是我国《公司法》遵循的原则。按照这一原则,董事会的一切决定,都应该以整体名义和整体行动作出。董事长是董事会的召集人,他只有在获得授权的情况下并且在授权范围内,才能单独行使董事会职权。我国现行《公司法》将董事长规定为法定代表人。这不能体现董事会集体行使权力的原则,也不符合国际上通行的"董事均有权对外代表公司"的规则。完善加强董事会职能法律法规可取消这一规定,规定董事均可经章程或股东大会授权对外代表公司。

第二,董事会法律法规应规定必须从制度上理顺董事会与经理层的关系。目前,大型国有经济主体改制设立的公司中,董事会形同虚设的现象比较常见。解决这个问题的办法,就是在完善加强董事会职能法律法规中规定,可让公司根据自身具体情况在章程中对董事会和经理的职权划分作出切合实际的规定。在经理层为独立执行机构的公司中,董事长和总经理应当由二人分任。在这种情况下,法律应当承认总经理在处理日常业务时对外代表公司的权力。如果公司选择法人决策机关与执行机关合一的模式,可以由董事会任命执行董事。执行董事可以聘任经理作为助手(此时的经理不是一级法人机构)。

第三,董事会法律法规应规定必须从制度上优化董事会内部结构。首先,实行外部独立董事制度。外部独立董事应享有某些特别权力。担任公司外部独立董事的人员,必须是本人及其亲属未曾在该公司任职、兼职,并且与公司无任何利害关系的公民。其次,规定上市公司的董事会中必须有一至二名小股东推选的董事。这有利于决策时集思广益,并有利于公司境外上市。

第四,董事会法律法规应规定必须从制度上实行董事持股制度。规定上市公司的董事个人出资购买并持有本公司股份的义务。在公司亏损或者不能清偿到期债务的情况下,董事所持的本公司股份应予冻结。

第五,董事会法律法规应规定必须从制度上强化董事义务,实行董事责任追究制度和董事资格取消制度。董事应当以高度的谨慎和勤勉,忠实地履行职责。董事会决策失误给公司造成损失的,有过失的董事应承担赔偿责任。有弄虚作假、以权谋私等不端行为的董事,应当依法被取消董事资格并不得在任何公司担任董事或经理。

　　董事会法律法规应规定必须从制度上采取以上措施的同时,还应当完善对管理者的选拔和激励机制。应当明确,选拔公司董事、经理是任用企业家,其用人标准和选拔程序有别于提拔党政机关干部。对于企业高级管理人员的报酬和利润分配,可采用与个人能力和经营业绩挂钩的各种办法,如年薪、配售股、奖励股、股票期权等。对此,应出台相应的法规加以规范。

　　4. 完善强化监督机制法律法规

　　现代公司制度发展的一个重要特点,就是管理职能同资本所有权相分离,公司管理者掌握越来越大的权力。这对实现管理科学化和提高企业经济效益是必要的。但是,管理者权力的膨胀导致了"内部人控制"问题,从而引起了各国关注。所以,在《公司法》的改造中,各国都比较注重对投资者和银行债权人的保护。在我国大型国有经济主体股份制改造中,也容易形成"内部人控制"的问题。目前,在大部分大型国有经济主体企业的改制当中,董事会、监事会、经理层均产生自原企业,他们利害相关,使董事会、监事会代表出资人进行决策、监督的功能大大削弱。在这种情况下,要确保国家出资人行使权力到位,完善公司法人治理结构,就必须通过完善监督机制法律法规,强化监督机制。

　　第一,实行外部监督职能在组织上内部化,使国家委派的专职监督人员成为公司监事会成员。目前试行的对大型企业派遣稽查特派员的制度,取得了明显成效。在总结《国务院稽查特派员条例》实施经验的基础上,可在完善强化监督机制法律法规中作出相应的补充,规定对国有独资公司实行外派监事会制度。同时,规定国有控股、参股公司监事会中的国有股代表可以由政府专门机构委派和管理的外部监事担任。

　　第二,强化企业审计机构。通过立法设置企业审计机构并赋予其独立的地位和特别的权力,是国外完善法人治理制度的一条成功经验。我国可在完善强化监督机制法律法规中规定对国家没有委派外部监事的国有控股、参股公司,实行由股东大会任命公司审计员的制度。审计员对股东大会负责,其报酬由股东大会决定。审计员有责任查清公司账目是否依法制作,并对其失职造成的后果承担法律责任。法律应采取措施保护审计员依法独立行使职权。

　　第三,强化公司信息披露制度。信息披露制度是保护投资者和债权人的一项重要制度,也是制约"内部人控制"的一项重要措施。信息披露的主要义务人和责任人是董事会及其成员。我国可在完善强化监督机制法律法规中规定对于在信息披露中弄虚作假的人员,要给予严厉制裁。

第四,建立企业财务信息监测体系。我国可在完善强化监督机制法律法规中规定应建立中央、地方各级企业财务信息监测机构和计算机系统;企业按照法定的制作规范定期向监测机构报送财务信息;监测机构通过计算机分析和人工分析发现企业财务的异常情况,并及时通报有关部门以便调查处理。

第五,强化监事会的职能,真正发挥监事会的作用。由股东大会选举的监事会的职责主要是对董事会和高级经理层的违法乱纪行为进行监督约束。由于改制后的公司一般是由国家股占绝对优势,监事会成员实际上就成了国家股东指定的人员,这就造成监事会很难发挥其监督作用。监事会是受股东会委托,对公司的财务管理和董事、经理人员履行职务的行为进行监督的机构,是公司法人治理结构的重要组成部分。当前,我国大型国有经济主体企业在实行股份制改造中,对监事会的建设重视不够,有些是把监事会与企业党委的纪委放在一起合署办公,纪委书记任监事会主席,纪委和审计人员为监事会成员,存在着人员配置不力,监督制度不健全,工作职能不到位的现象;有些监事会没有摆正监事会的位置,把自己看成是企业的一个部门,发挥不了监事会的权力。完善强化监督机制法律法规应规定必须健全企业监事会,强化监事会的职能,真正发挥监事会的作用。

第三节　制定完善保障和促进大型国有经济主体股份制改造的配套法律

一、制定企业集团法

保障和推进大型国有经济主体股份制改造的法制建设是一项系统工程。要实现依法保障和推进大型国有经济主体股份制改造,就必须实现有关法律法规的系统化、配套化。各项基本法律必须有完整和周密的体系。围绕各项基本法律,要有一系列配套的法规。相关的法律之间要建立有机的联系和协同。应该说,我国现有的经济立法尚未达到这些要求。为此,需要尽快建立健全比较完备的市场经济法律体系。

当前与大型国有经济主体股份制改造有关配套的立法主要应是:(1)制定企业集团法。(2)完善国有资产管理法律法规。(3)完善垄断行业的管制立法。

由于企业集团作为股份制企业的一种特殊组织形式,我国大型国有经济主体的股份制改造应采用股份制企业集团模式,依法保障和促进大型国有经济主体股份制改革首先应有企业集团有关配套法律法规。

我国在上世纪60年代中期曾在工业、交通运输业中试办过托拉斯,但随着"文革"的开始即停止了这项富有深远意义的探索。改造开放后,我国又从进行企业横向经济联合开始推动企业之间相互协作,并进而组建企业集团,以谋求企业的规模效益。由于党和国家的极力扶持和推动,企业集团在我国势成燎原。但由于企业集团内部利益主体的多元化,层次复杂化,管理多样化,利益集团化等特点,决定了其对现行法律(包括公司法、合同法、反垄断法等)势必会带来很多方面的挑战。①

从我国有关企业集团的立法现状来分析,目前我国的企业集团的立法还存在许多的缺陷与不足。主要是:法律层次不高,多为行政法规,且大多是"暂行"规定或"试行"条例之类,缺乏稳定性;立法体现的主要是政府的扶持,并有国有企业为立法中心兼具产权改造的特别目的,而企业集团应有的基本法律理念如"规模效益原则"、"保护竞争原则"、"权责均衡原则"等都未能体现于现行立法中;在基础性的法律法规方面,远未能具备对企业集团调整的配套性特色,显得十分薄弱。因此,加强这方面的立法势在必行。

有的学界人士认为企业集团并非独立的经济实体,不具独立的法人资格,更不是独立的企业形态。因此,对其进行规制的法律规范之地位自然不可与《公司法》、《合伙企业法》、《独资企业法》等相提并论。因而主张以法规层次立法或应以关联企业(企业集团是关联企业的重要形式之一)作为立法的基本调整对象,融企业集团规则于关联企业法之内。实际上,我们在选择立法形式时,应首先考虑到对这项制度的需求,因为法律是为经济政策服务的,经济立法应来源于现实经济生活的实际需要和发展需要,应适合我国的现实国情。

首先,根据我国国民的法律意识和执法者的素质,在我国应制定法律层次的企业集团法律法规。不如此,不足以体现企业集团法律制度的权威性,不能充分发挥法律对企业集团的鼓励和扶持的作用。对于与传统的《公司法》理论有较大冲突的企业集团这种经济组织形式的鼓励和扶持,必须由全国人大或其常委会来制定效力层次最高的法律来保证鼓励和扶持政策的落实。

其次,尽管企业集团属于关联企业的一种重要的也是最典型的表现形式,但

---

① 参见程信和、吴伟峰:《企业集团问题对现行法律的挑战与对策分析》,载《江西财经大学学报》2002年第2期。

企业集团与关联企业之间是既相关又相异的关系,关联企业立法代替不了企业集团立法。目前和今后相当长的时期内,我国要制定一部适用于大大小小关联企业的立法是很困难的,而企业集团由于其在关联企业大家庭中的特殊性,将其列于关联企业法中,其所占篇幅可能也远远会使关联企业立法内部体系不协调。企业集团立法更多的缘由应在于规制这种群体企业内在和外在的特殊方面。我国现行行政性企业集团与规范的企业集团即股份制企业集团有本质区别。我国现在许多有关企业集团的法规都是现行行政性企业集团的法规,带有强烈的行政管理色彩,这并非是企业集团立法所必然具有的,只是具体立法过程中一些不规范表现而已。而不规范的立法操作又是完全可能通过规范化的操作来避免的,正如我国合同方面的立法也曾一度不规范,但后来同样是通过制定统一《合同法》来规范的一样,我国现行行政性企业集团法规的立法不规范方面也应通过制定规范的企业集团法来规范。

第三,正因为我国目前的企业集团立法呈多元化特色,并体现了立法者本身的利益需求,所以,在我国制定一部《企业集团法》就很必要。通过制定统一的《企业集团法》,既可以统一企业集团方面的制度和政策,避免矛盾的进一步发展和扩大,又可以将我国过去对待企业集团的一些不符合市场经济运行规律的政策和做法尽快地改变过来,还企业集团法律政策以应有面目。

最后,企业集团的法律问题牵涉面广,既有公法规范也有私法规范;在私法领域,既有主体法,也有行为法,还有组织法,所以,要在一部法律里面对企业集团的全部法律问题进行规定,恐怕也是不现实的。既要有《企业集团法》,也要有相关的配套法律法规,这样才能构成调整企业集团的完整的法律体系。

也就是说,我国企业集团的立法模式应选择综合立法模式和走一条综合调整的立法之路,以《企业集团法》为核心,辅以相关的配套法律法规。至于企业间的其他关联关系如关联交易等则可能分散到其他法律部门如证券法中去进行规制。①

二、完善国有资产管理法律法规

我国大型国有经济主体企业的资产属于国有资产,实行股份制改造最为核

---

① 参见程信和、吴伟峰:《企业集团问题对现行法律的挑战与对策分析》,《江西财经大学学报》2002 年第 2 期。

心的问题是国有资产产权制度改造问题。从制定全民所有制工业企业法至今，全民所有被国家所有替代是一大进步；从对企业的扩大自主权、实行承包经营转变经营机制、到实行制度创新建立现代企业制度，产权问题一直是最为关键的因素。

我国《宪法》以及《公司法》、《全民所有制工业企业法》，特别是政府部门规章和办法中，都有一些关于国有资产管理的规定，初步形成了一个以行政规章为主来指导企业产权改造的制度框架。

根据中共十五届四中全会《决定》和"十六大"的精神，国务院组建了国家国有资产监督管理委员会，并于2003年4月7日挂牌成立。国有资产监督管理委员会独立于政府部门，有利于政资分开。

但是，这种制度框架也存在不少问题：一是这种框架缺乏系统性。目前我国关于国有资产管理的规定较为杂乱，特别是政府有关部门的规章和办法虽名目繁多，但缺乏系统性。这种系统性的缺乏很容易造成法律、政府部门规章、办法之间的相互矛盾和冲突；二是这种框架缺乏权威性。目前我国国有资产管理的有关法规多是政府有关部门的规章和办法。这些规章和办法法律层级较低，权威性不高，并且法律、政府部门规章、办法之间的相互矛盾冲突还会进一步削弱它们的权威性；三是这种框架缺乏稳定性，目前我国国有资产管理的有关法规多是政府有关部门的规章和办法，易于变动，从而导致国有资产制度缺乏稳定性。因此，要将国有资产管理和大型国有经济主体股份制改造的宏观决策落到实处，迫切需要相应法律的保障和支持。所以，应制定关于国有资产管理和运行的根本性法律。

国有资产管理和运行的根本性法律应该是一个关于国有资产管理、保护、交易的基本法律。其中很重要的一点，就是通过制定国有资产管理和运行的根本性法律从立法上建立一套完善规范的国有资产管理体制。这个体制要真正落实国有资产的管理、监督和经营责任，理顺责、权、利三者关系，明确国有资产产权法律制度及国有资产产权改造产权转换的法律程序，既充分体现国有资产所有权的占有权、使用权、收益权、处置权，又要防止国有资产在国有企业股份制改造、产权转换中流失，对那些在国有企业改制中采用虚假评估、内外勾结、自卖自买等导致国有资产大量流失的行为，制定严厉的法律制裁措施，同时要加强对国有企业职工权益的保护。总之，国有资产管理和运行的根本性法律应该真正体现全民利益的最大化，将国有资产的产权管理纳入法律的层面进行，从而保证今后的经济体制改造能够发生有序的变化,使国有资产形态的转换、国有企业的改造可以在一个法治的框架下进行。

我国已颁布的《全民所有制工业企业转换经营机制条例》、《公司法》和《国有企业财产监督管理条例》,主要是规范企业行为的,而国有资产管理需要同时规范国家或政府行为。政府的行为得不到端正,企业的行为也很难完全合理。为规范国家或政府国有资产管理行为。应逐步重构三层分类管理机构:第一层次为国有资产的立法和最高监督管理机构,即全国人民代表大会;第二层次为国有资产所有权的行政监督管理机构,在中央、省(自治区和直辖市)、市(县、区)三级政府中分别设置国有资产监督管理委员会,实行三级政府国资委监管;第三层次为国有资产投资经营管理机构,即在介于国有资产所有权行政管理组织与企业之间,建立众多的跨行业和跨地区的国有资产投资经营机构。国有资产管理和运行的根本性法律不仅应是规范国有资产管理迫切需要,同时也是规范国家或政府行为,规范国有企业改革和发展的根本要求。

目前我国已制定《中华人民共和国企业国有资产法》。这部《企业国有资产法》针对企业国有资产管理和监督中的突出问题,明确了监管的基本原则,建立了企业国有资产管理监管的体制机制,对关系出资人权益的重大事项,包括企业改制、资产评估转让等容易造成国有资产流失的环节,规定了严格的监管程序和要求。这部法律将于2009年5月1日起施行。但对企业国有资产管理和监督中的突出问题只是作了一般法律规范,尚须在国企改革和发展实践中,特别是在我国大型国有经济主体改革和发展实践中进一步加以完善。

三、完善垄断行业管制法律法规

我国大型国有经济主体多是具有垄断性的大企业,这些垄断性的大企业实行股份制改造后政府要改革对这些改制企业的管制制度。政府管制制度的基础是管制立法。有了管制立法才能确定管制依据、管制规则和所管制垄断行业的基本管制政策和基本产业政策。为此,又需要尽快制定或完善各垄断企业的管制立法。

目前一些垄断企业如电力、铁路等垄断企业,已有管制立法,但立法质量比较低,已不适应当前管制要求。一些垄断企业还没有管制立法。因此,完善已有垄断性企业的管制立法,对没有立法的行业出台比较完善的管制立法,是目前所有垄断性企业政府管制制度建设的当务之急。

目前,我国已有垄断性企业的管制立法存在的突出问题之一是管制立法行业、部门保护特色问题。

目前我国各垄断性行业的管制立法都是原来行业主管部门的部门立法,有明显的行业、部门保护特色。例如,《中华人民共和国电力法》是由电力主管部门原电力部负责起草的;《中华人民共和国铁路法》是由铁道部负责起草的;《中华人民共和国民用航空法》是民航主管部门民航总局负责起草的;《中华人民共和国价格法》是由价格主管部门原国家计委负责起草的;自来水、城市燃气、城市公共交通的全国性行业管理办法,是由建设部负责起草、制定的。在负责管制立法制定的同时,这些部门还负责行业管制立法的实施。行业、部门行业、部门立法的结果,一方面是行业主管部门利用立法权力保护本行业、本部门的利益、权力,使行业垄断行为、部门保护行为合法化。这样,行业主管部门的立法权力与行业保护行为结合起来,就使行业保护合法化。另一方面又使行业、部门主管机构可以根据自己的利益制定法规,也可以根据形势变化引起的部门利益变化改变法规,或使原来的法规处于无约束力状态。

为了解决目前行业主管部门行政立法、行业立法存在的上述严重弊端,避免使行业立法成为行业主管部门手中的工具问题,目前,除了加强人大审查能力、扩大社会参与外,最主要的应是行业立法不能由行业主管部门负责制定,将行业管制规则的制定与管制行为的具体执行彻底分开。具体行业管制部门可以参与立法,但不能主持、主导立法,主持立法的责任应交给有关专门立法机构。

目前,我国已有垄断性企业的管制立法存在的突出问题之二是管制立法缺乏可操作性问题。

目前我国的管制立法,一般只规定了管制的基本原则和基本办法,具体性不够,不能直接执行。

例如:关于电力管理机构,《中华人民共和国电力法》规定,"国务院电力管理部门负责全国电力事业的监督管理。国务院有关部门在各自的职责范围内负责电力事业的监督管理"。这显然是一条含糊其辞的法律条文。没有指明有管理权的政府机构到底有哪些,更没有说明各政府管制机构的管制权限、职责。这些问题,都需要相机处理。

又如:关于电价形成,《中华人民共和国电力法》规定,"制定电价应当合理补偿成本,合理确定收益,依法计入税金,坚持公平负担,促进电力建设"。至于成本如何构成,收益如何确定,怎样算"合理",没有具体规定。这就给主管部门极大的发挥空间,主管部门可以从自己的角度出发,决定什么样的成本、什么样的收益算合理。这样,本来作为管制规则,必须遵守的管制立法形同虚设,成了主管部门可以随意发挥的工具。于是,在"促进电力建设"的旗帜下,电厂建设便出现了放开成本约束,再由成本来决定电价的管制无效状态。纵览整部《中华人民共和国电力法》,可以说处处都定的是"原则"和原则性语言,而在这些原则之下,几乎没有一处作出明确、详细、可直接操作、有明确约束标准的规定。几乎所有问题,都需由管制机构的进一步解释才能清楚。整个电力行业,作为国民经济支柱的一个非常复杂的基础性产业,《中华人民共和国电力法》只用7000字的法律条文就将所有问题给原则性地规定了。留下的空间,由主管部门去发挥。结果正式立法如果没有主管部门的"实施条例"、"实施办法"作补充,基本无法执行。目前我国对其他垄断性企业的立法,基本情况大体上也是如此。

发达国家对垄断性企业的相应的规定是很具体的。澳大利亚《1991年电信法》译成中文,16开纸5号字的法律条文,即有100多页,规定详细的程度达到连一些中上级管制人员的具体管制职责都有规定。美国《1996年电信法》的规定也非常详细。我国也应借鉴发达国家和地区的经验,制定管制立法时对大多数经营、管理行为是不是合法,应有法律条文明文规定。切实注重有关法律规定的可操作性。因此,应彻底修改或重订目前有关行业管制的管制立法,其要求应是:①明确、详细、具体,可直接参照执行;②明确规定管制机构的权力和义务,不能在立法上使管制机构有权力没义务,管制立法应直接起到对管制机构的制约作用;③管制的目的、目标、原则、方法明确。① 目前我国一些垄断企业还没有正式管制立法,应抓紧这些行业的管制立法。

---

① 王学庆等:《管制垄断——垄断性行业的政府管制》,中国水利水电出版社2004年版,第39—51页。

参考文献

《马克思恩格斯全集》第 46 卷,人民出版社 1965 年版。

《马克思恩格斯选集》第 1 卷,人民出版社 1972 年版。

《马克思恩格斯全集》第 1 卷,人民出版社 1965 年版。

《马克思恩格斯全集》第 24 卷,人民出版社 1965 年版。

《马克思恩格斯全集》第 25 卷,人民出版社 1965 年版。

《马克思恩格斯全集》第 42 卷,人民出版社 1965 年版。

马克思:《政治经济学批判》,人民出版社 1986 年版。

江泽民:《高举邓小平理论伟大旗帜 把建设中国特色社会主义事业全面推向二十一世纪——在中国共产党第十五次全国代表大会上的报告》,人民出版社 1997 年版。

《中共中央关于国有企业改革和发展若干重大问题的决定》,人民出版社 1999 年版。

江泽民:《全面建设小康社会 开创中国特色社会主义新局面——在中国共产党第十六次全国代表大会上的报告》,人民出版社 2002 年版。

萨缪尔逊:《经济学》上册,商务印书馆 1975 年版。

巴鲁克、塞利格曼:《美国企业史》,上海人民出版社 1975 年版。

保罗·巴兰、保罗·斯威齐:《垄断资本》,商务印书馆 1979 年版。

哈德罗·德姆赛茨:《竞争的经济、法律和政治维度》,上海三联书店 1992 年版。

[日]龙田节编:《商法略说》,甘肃人民出版社 1985 年版。

德姆赛茨:《关于产权的理论》,《美国经济评论》1967 年第 57 卷。

阿道夫·贝利:《没有财产的权力》,商务印书馆 1962 年版。

许新主编:《转型经济的产权改革》,社会科学文化出版 2003 年版。

[俄]阿纳托利·丘拜斯主编:《俄罗斯式的私有化》,新华出版社 2004 年版。

戎殿新、罗红波主编:《现代企业制度与国外大公司》,经济日报出版社 1998 年版。

科斯等:《财产权利和制度变迁》,上海人民出版社、上海三联书店 1994 年版。

埃瑞克、菲吕博腾等:《新制度经济学》,上海财经大学出版社 1998 年版。

史尚宽:《物权法论》,(中国)台湾荣泰书馆股份有限公司 1957 年版。

〔英〕W. 布莱克斯通:《英国法律论》,费城 1959 年英文版。

青本昌彦、钱颖一主编:《转轨经济中的公司治理结构》,中国经济出版社 1995 年版。

中国集团公司促进会编:《国有企业改革政策演变》,中国财政经济出版社 2003 年版。

费方域:《什么是公司治理?》,《上海经济研究》1996 年第 5 期。

吴敬琏:《现代公司与企业改革》,天津人民出版社 1994 年版。

陈佳贵、黄速建主编:《企业股份制改造》,经济管理出版社 1999 年版。

陈清泰、吴敬琏、谢伏瞻主编:《国企改革攻坚 15 题》,中国经济出版社 1999 年版。

王利明:《国家所有权研究》,中国大学出版社 1991 年版。

梅慎实:《现代公司治理结构规范运作论》,中国法制出版社 2002 年版。

席酉民主编:《企业集团发展模式与运行机制比较》,机械工业出版社 2003 年版。

卓福民主编:《现代经济的支柱企业集团》,上海人民出版社 1991 年版。

许新主编:《转型经济的产权改革》,社会科学文化出版社 2003 年版。

程合红等:《国有股权研究》,中国政法大学出版社 2000 年版。

董有编著:《国有企业之路:美国》,兰州大学出版社 1999 年版。

杨开峰编著:《国有企业之路:法国》,兰州大学出版社 1999 年版。

吕忠泽编著:《国有企业之路:日本》,兰州大学出版社 1999 年版。

陈宝明编著:《国有企业之路:俄罗斯》,兰州大学出版社 1999 年版。

余翔编著:《国有企业之路:英国》,兰州大学出版社 1999 年版。

徐金发、顾家主编,国家经济体制改革委员会生产体制局编:《企业集团的组织与管理》,浙江人民出版社 1988 年版。

伍柏麟主编:《中国企业集团论》,复旦大学出版社 1996 年版。

郭晓利:《企业集团的国际比较》,中国财政经济出版社 2002 年版。

黄庆、贾容芳:《产权变革下的国有企业集团化战略》,科学出版社 2005 年版。

银温泉、臧跃茹主编:《中国企业集团体制模式》,中国计划出版社 1999 年版。

国家经济体制改革委员会生产体制局编:《企业集团的组织与管理》,浙江人民出版社 1998 年版。

王学庆等:《管制垄断——垄断性行业的政府管制》,中国水利水电出版社 2004 年版。

纪尽善编著:《股份经济概要》,四川科技出版社 1988 年版。

纪尽善:《国有企业股份制》,西南财经大学出版社 1992 年版。

纪尽善主编:《股份制改制运作》,中国民主建设出版社 2002 年版。

纪尽善:《国有企业股份制度创新》,中国计划出版社 2002 年版。

纪尽善主编:《股份制规范运作》,民主建设出版社 2004 年版。

纪尽善:《大型国有经济主体股份制初探》,国际港澳出版社 2007 年版。

《中国企业集团年鉴》,机械工业出版社 2004—2005 年版。

《2005 中国统计年鉴》,中国统计出版社 2006 年版。

《现代企业制度实用手册》,改革出版社 1994 年版。

复旦大学日本研究中心:《日本公有企业民营化及其问题》,上海财经大学出版社 1996 年版。

王学庆等:《管制垄断——垄断性行业的政府管制》,中国水利水电出版社 2004 年版。

施天涛:《关联企业法律问题研究》,法律出版社 1998 年版。

国家统计局课题组:《国有经济成为经济发展的控制性力量》,《中国信息报》2000 年 11 月 16 日。

李崇新:《关于国有经济控制力核算的探讨》,《统计与信息论坛》2001 年第 3 期。

李荣融:《关于国有资产监管和大型国有经济主体改革的情况报告》,《全国人民代表大会公报》2005 年第 4 期。

国家发改委产业经济研究所课题组:《中国前 500 家大型企业团发展报告》

（2004 年）。

　　［英］柯林·梅耶：《市场经济和过渡经济的企业治理机制》，转引自《上海经济研究》1996 年第 5 期。

　　［英］奥得弗·哈特：《公司治理、理论与启示》，载《经济学动态》1996 年第 6 期，译自英国《经济学家杂志》1995 年 5 月号。

　　谢旭：《如何应对账款拖欠难题？》，《中外管理》2002 年第 11 期。

　　李德：《我国金融资产管理公司运营状况和发展方向的分析》，《经济日报》2004 年 10 月 9 日。

　　《中华人民共和国最高人民法院公报》1998—2003 年。

　　郇丽：《去年开始酝酿的中国三大政策性银行改革今年启动》，《中国新闻周刊》2006 年 3 月 21 日。

　　全国工商联：《鼓励支持民营企业参与国有企业改组改造》，《中国经贸导刊》2004 年第 7 期。

　　郭宝宁：《论我国政策性金融体系的完善》，《现代财经》2002 年第 3 期。

　　商俊峰：《从政府和企业的职能分工看企业办社会问题》，《经济研究参考》1997 年第 59 期。

　　程信和、吴伟峰：《企业集团问题对现行法律的挑战与对策分析》，《江西财经大学学报》2002 年第 2 期。

　　潘海平、裘立华：《中国民营经济：25 年"异军突起"》，新华网 2004 年 10 月 20 日。

　　顾瑞珍：《谁该对巨额国有资产"蒸发"负责？》，新华网 2005 年 3 月 4 日。

　　余丰慧：《5 万亿元金融不良资产大单不能白埋》，新华网 2006 年 4 月 26 日。

　　《中国国有企业五成以上完成股份制改革》，《中经网》2006 年 8 月 20 日，百度快照，2005 年 1 月 17 日。

　　中国企业家协会研究部：《进一步推进国企产权改革的几点建议》，百度快照，2005 年 8 月 17 日。

　　邵宁：《总结经验　扎实工作　进一步推进主辅分离辅业改制工作》，百度快照，2005 年 8 月 14 日。

　　陈永忠、王君迈、裴厚勤：《四川长虹集团总公司大型国有企业改革与发展的成功范例》，百度快照，2005 年 9 月 15 日。

责任编辑:陈鹏鸣

装帧设计:徐　晖

责任校对:周　昕

图书在版编目(CIP)数据

大型国有经济主体股份制与增强控制力研究/纪尽善　著.
　-北京:人民出版社,2009.6
ISBN 978 - 7 - 01 - 007814 - 4

Ⅰ.大…　Ⅱ.纪…　Ⅲ.大型企业:国有企业-股份制-经济体制改革-研究-
　中国　Ⅳ. F279.241

中国版本图书馆 CIP 数据核字(2009)第 037823 号

大型国有经济主体股份制与增强控制力研究

DAXING GUOYOU JINGJI ZHUTI GUFEN ZHI YU ZENGQIANG KONGZHILI YANJIU

纪尽善　著

人民出版社 出版发行
(100706　北京朝阳门内大街166号)

北京瑞古冠中印刷厂印刷　新华书店经销

2009 年 6 月第 1 版　2009 年 6 月北京第 1 次印刷
开本:700 毫米 × 1000 毫米 1/16　印张:28
字数:483 千字

ISBN 978 - 7 - 01 - 007814 - 4　定价:55.00 元

邮购地址 100706　北京朝阳门内大街 166 号
人民东方图书销售中心　电话 (010)65250042　65289539